해설, 양식, 작성례와
함께 살펴 본

가사
소송사건

쉽게 해결하기

편저 : 이종성
(전 대한법률콘텐츠연구회장)

법문북스

머 리 말

    가족제도는 가족의 구성 또는 기능 등으로 나타나는 사회의 가장 중요한 단위인 사회 제도이다. 가족제도를 통해서 인류가 형성되었으며, 인간은 가족이란 지반을 떠나서는 살 수 없다. 우리나라에서 가부장적 가족제도는 이미 삼국시대에 이루어졌으며, 고려 중기 이후부터는 중국 「당률(當律)」의 영향을 받아 의례상, 법률상으로 엄격해졌다. 조선시대에는 집권이념인 유교의 영향으로 가례(家禮)가 널리 보급되었다. 이에 따라 관혼상제의 예절이 지배층 뿐만 아니라 일반 국민들에게로 널리 퍼졌고, 법률상으로도 상속제·양자제 등에서 규제를 갖추었다.

    이러한 가족제도가 산업이 급격하게 발전함에 따라 인간관계도 복잡하게 변화를 하게 되어 가족 간에 다양한 분쟁이 발생하게 되었다. 즉, 부부간의 분쟁으로 인한 혼인무효, 이혼과 재산분할 문제, 자녀의 양육과 부양료 문제, 친생자 관계 문제 등과 가족 간의 상속과 유언에 관한 문제 등 복잡한 법률상의 분쟁이 지속적으로 많은 가사사건이 발생하게 되었다. 이러한 가사사건을 신속하고 공정하게 처리하기 위하여 정부에서는 기존에 존재하던 '인사소송법'과 '가사심판법'을 폐지하고, 1990년 12월 31일에 '가사소송법'과 '가사소송규칙'을 새로이 제정하였다.

    가사재판사건은 가족 및 친족간의 분쟁사건과 가정에 관한 일반적인 사건을 가정법원의 심리와 재판을 통한 판단작용에 의하여 처리되는 절차를 말하고, 가사재판의 예로는 재판상 이혼, 혼인무효, 친생자관계존부확인, 이혼을 원인으로 하는 손해배상청구, 상속포기, 재산분할, 자의 양육, 상속재산분할 등을 들 수 있다. 이를 크게 분류하여 가사소송사건, 가사조정사건, 가사비송사건으로 '가사소송법'에서 규정하고 있다.

    이 책에서는 이와 같이 복잡하고 다양한 가사재판사건들을 제1장에서는 가사소송사건을, 제2장에서는 가사비송사건을, 제3장에서는 가족관계등록 비송사건을, 제4장에서는 가사신청사건을, 제5장에서는 후견사건 등에 대한 자세한 절차를 관련 양식과 작성례를 함께 알기 쉽게 풀이하여 체계적으로 정리하여 수록하였다. 이러한 자료들은 대법원의 각종 양식, 서울가정법원의 민원상담 매뉴얼, 대한법률구조공단의 서식 등을 참고하였으며, 이를 종합적으로 정리·분석하여 일목요연하게 편찬하였다.

이 책이 가사사건 절차를 잘 몰라서 억울하게 과태료처분을 받으신 분이나 손해를 당한 분, 또 이들에게 조언을 하고자 하는 실무자에게 큰 도움이 되리라 믿으며, 열악한 출판시장임에도 불구하고 흔쾌히 출간에 응해 주신 법문북스 김현호 대표에게 감사를 드린다.

2023. 9.
편저자

차 례

제1장
가사소송사건 ——————————————

제2장
가사비송사건 ———————————————————————

제3장
가족관계등록 비송사건 ─────────────────

제4장
가사신청사건 ────────────────────────────

제5장
후견사건 등 ──────────────

부록

관련 법령 ─────────────────────────────────────

제1장

가사소송사건

【1】 이혼소송

1. 의의

법이 정한 이혼원인이 있는데도 당사자 사이에 이혼의 협의가 이루어지지 않는 경우에 판결에 의하여 이혼의 효과를 발생시키는 절차이다.

2. 관할

① 부부가 같은 가정법원의 관할구역 내에 주소지가 있을 때에는 그 가정법원

② 부부가 최후의 공통의 주소지를 가졌던 가정법원의 관할구역 내에 부부 중 일방의 주소가 있을 때에는 그 가정법원

③ 위의 각 경우에 해당하지 아니하는 때에는 피고의 주소지 가정법원

④ 가정법원 관할은 전속관할이다.

⑤ 피고의 국내 주소, 거소 또는 마지막 주소가 국내에 없거나 이를 알 수 없을 때는 대법원이 있는 곳의 가정법원(서울가정법원)

3. 당사자

부부만이 당사자적격을 가지며, 부부 중 일방이 원고가 되어 배우자를 상대방으로 하여 청구하는 것으로 제3자는 당사자가 될 수 없다.

4. 유의사항

① 관할 : 소 제기 당시 부부의 주소가 같은 가정법원의 관할이 아닌 경우는 쌍방 주소변동 사항이 모두 나타나 있는 주민등록표 초본을 제출

② 인지액 : 위자료(민사소송 등 인지법에 따른 금액의 1/2)

③ 재산분할 : 현금으로 청구하는 경우에는 그 금액을. 부동산으로 청구하는 경우는 부동산 표시등 정확하게 기재하고 근거서류(부동산등기사항전부증명서, 토지대장. 건축물대장) 등을 첨부하여야 한다(민사소송 등 인지법에 따른 금액의 1/2). 다만, 다류 가사소송과 병합되는 경우 합산금액을 기준으로 민사소송 등 인지법에 따른 금액의 1/2

④ 친권자 및 양육자 지정 : 미성년자녀가 있는 경우에만 기재한다.

5. 확정 후 절차

① 재판이 확정된 때에는 1개월 이내에 재판서 정(등)본 및 확정증명서를 첨부하여 시(구), 읍·면의 장에게 그 내용을 신고하여야 한다.

② 부부간에 이혼소송하면서 상간남녀에 대하여 손해배상청구 시에는 가정법원에 제기(부부의 직계비속이 상간남녀에 대하여 손해배상청구 시 민사법원에 제기)한다.

③ 이혼소송을 제기하지 않고 상간남녀에 대하여만 손해배상청구 시 민사법원에 제기한다.

이 혼 소 송 청 구

원   고   (연락 가능한 전화번호:)
　　　　　　　　주민등록번호　　　　 -
　　　　　　　　주민등록지
　　　　　　　　실제 사는 곳
　　　　　　　　등록기준지

피   고
　　　　　　　　주민등록번호　　　　 -
　　　　　　　　주민등록지
　　　　　　　　실제 사는 곳
　　　　　　　　등록기준지

사 건 본 인(미성년 자녀)
　　　　　　　　주민등록번호　　　　 -
　　　　　　　　주소
　　　　　　　　등록기준지

청 구 취 지

1. 원고와 피고는 이혼한다.
2. 사건본인의 친권자 및 양육자로(원고, 피고)를 지정한다.
3. 피고는 원고에게 위자료로 금 만   원 및 이에 대한 이 사건 소장부본 송달 다음 날부터 다 갚는 날까지 연 12%의 비율로 계산한 돈을 지급하라.
4. 피고는 원고에게 재산분할로 금 만   원 및 이에 대하 이 판결 확정일 다음 날부터 다 갚는 날까지 연 5%의 비율로 계산한 돈을 지급하라.
5. 피고는 원고에게 양육비로 이 사건 소장 부본 송달 다음날부터 사건본인이 성년이 되기 전날까지 금 만   원을 매월   일 지급하라.
6. 기 타 (   )
라는 판결을 구합니다.

청 구 원 인

(청구사유를 구체적으로 기재, 별지 기재 가능)

피고의 부정행위, 생사불명. 무단가출. 부당한 대우 등 이혼에 이르게 된 사유, 친권자 및 양육자지정에 관하여 구체적인 쌍방의 가정환경 등

첨 부 서 류

1. 기본증명서(상세)(원고, 피고, 사건본인)   각 1통
1. 혼인관계증명서(원고, 피고)   각 1통
1. 가족관계증명서(상세)(원고, 피고, 사건본인)   각 1통
1. 주민등록표등《초》본(원고, 피고, 사건본인) 각 1통
1. 소장 부본   1부

20   .   .

원고   (서명 또는 날인)

서울가정법원 귀중

휴대전화를 통한 정보수신 신청

 위 사건에 관한 **재판기일의 지정.변경.취소 및 문건접수 사실**을 예납의무자가 납부한 송달료 잔액 범위 내에서 아래 휴대전화를 통하여 알려주실 것을 신청합니다.

◼ **휴대전화번호:**

20   .   .

신청인   원고   (서명 또는 날인)

※ 문자메시지는 재판기일의 지정·변경·취소 및 문건접수 사실이 법원재판사무시스템에 입력되는 당일 이용 신청한 휴대전화로 발송됩니다.

※ 문자메시지 서비스 이용 금액은 메시지 1건당 17원씩 납부된 송달료에서 차감됩니다(송달료가 부족하면 문자메시지가 발송되지 않습니다.).

※ 추후 서비스 대상 정보, 이용 금액 등이 변동될 수 있습니다.

※ 휴대전화를 통한 문자메시지는 원칙적으로 법적인 효력이 없으니 참고자료로만 활용하시기 바랍니다.

◇ 유의 사항 ◇

  소장에는 수입인지 20,000원을 붙여야 합니다.

  송달료는 당사자 수 × 우편료 × 15회분을 송달료 취급 은행에 납부하고 영수

을 첨부하여야 합니다.

※ 재판상이혼을 하려면 민법 제840조에 규정된 다음과 같은 이혼사유가 있을 때
   에 소를 제기할 수 있습니다.

   - 배우자에게 부정한 행위가 있었을 때
   - 배우자가 악의로 다른 일방을 유기한 때
   - 배우자 또는 그 직계존속으로부터 심히 부당한 대우를 받았을 때
   - 자기의 직계존속이 배우자로부터 심히 부당한 대우를 받았을 때
   - 배우자의 생사가 3년 이상 분명하지 아니한 때
   - 기타 혼인을 계속하기 어려운 중대한 사유가 있을 때

[작성례 ①] 이혼청구의 소(유기)

소   장

원 고   ○   ○   ○ (주민등록번호)
         등록기준지 : ○○시 ○○구 ○○길 ○○
         주소 : ○○시 ○○구 ○○길 ○○(우편번호)

피 고   △   △   △ (주민등록번호)
         등록기준지 : 원고와 같음
         주소 : ○○시 ○○구 ○○길 ○○(우편번호)

이혼청구의 소

청 구 취 지

1. 원고와 피고는 이혼한다.
2. 소송비용은 피고의 부담으로 한다.
라는 판결을 구합니다.

청 구 원 인

1. 법률상 부부
   원고와 피고는 19○○. ○. ○. 혼인신고를 마친 법률상 부부로서 그 사이에
   ○녀를 두고 있습니다. { 증거 : 갑 제1호증(혼인관계증명서),갑 제2호증(가족
   관계증명서 }
2. 재판상 이혼 사유 (악의의 유기)
 가. 피고는 원고와 혼인한 후 취업을 할 수 없는 특별한 문제가 있는 것도 아
     닌데 처음부터 일정한 직업없이 지내면서 가족을 부양하지 않는 바람에
     원고가 혼자 힘으로 자녀를 양육하고 가족의 생계를 해결해 왔습니다.
 나. 원고는 세월이 흐르면 피고의 태도가 달라질 것으로 기대하였으나 나아지
     기는커녕 무질서한 생활로 다른 사람들로부터 사기, 횡령죄 등으로 고소
     당하여 피해 다니기 일쑤였고, 19○○. ○월경 또 다시 사기죄로 고소당
     하여 수사기관으로부터 출석요구서가 집으로 송달되자 갑자기 집을 나가
     서는 연락도 없이 지금까지 돌아오지 않고 있으며 최근에 그 주소지를 확

인하여 주민등록등본을 발급 받아 보니 무단전출 직권말소가 되어 있었습니다.

{증거 : 갑 제3호증(주민등록 등본 -말소자 등본) }

다. 피고는 위와 같이 원고와는 소식을 끊고 있지만 광주에 있는 자신의 부모님과는 연락을 하고 있는바, 원고는 광주 시부모님으로부터 피고가 원고와의 이혼을 원하고 있지만 기소중지 상태라 협의이혼 수속을 꺼리고 있을 뿐이라는 말을 들은 사실이 있어 피고와의 무의미한 별거 생활을 청산하고 이혼하기로 마음을 굳혔습니다.

라. 위와 같은 사유에 비추어 볼 때 원고와 피고의 혼인생활은 배우자와 자녀에 대한 부양의무를 저버린 피고의 귀책사유로 인하여 회복할 수 없을 정도로 파탄되었다 할 것이고, 이는 민법 제840조 제2호 소정의 재판상 이혼 사유인 "배우자가 악의로 다른 일방을 유기한 때"에 해당한다고 할 것입니다.

3. 자녀에 대한 친권행사자 문제

원고는 현재 국민기초생활보장수급자로 지정 받아 고○, 중○인 딸 ○명을 양육하고 있으나, 더 이상 딸들의 양육을 감당하기에는 역부족입니다.

반면 시부모님이 원고보다는 경제적 형편이 나은 편이라 이혼시 위 손녀들을 맡아 양육하기로 원고와 합의하였으며, 원고의 딸들도 엄마의 입장을 이해하고 있습니다. 피고도 자신의 본가에는 왕래가 있으므로 피고가 친권을 행사하는데 문제가 없을 것이므로 원고는 딸들에 대한 친권행사자 및 양육권 주장을 하지 않겠습니다.

4. 결론

이상의 이유로 원고는 이 건 이혼 청구에 이르렀습니다.

입 증 방 법

1. 갑 제1호증   혼인관계증명서
1. 갑 제2호증   가족관계증명서
1. 갑 제3호증   주민등록등본(말소자 등본)

첨 부 서 류

1. 소장 부본   1통
1. 위 입증 방법   각 1통
1. 납부서   1통

20○○년　　○월　　○일

위 원고　　○　　○　　○ (서명 또는 날인)

○ ○ 가 정 법 원 귀 중

소   장

원   고   ○ ○ ○(○○○)
　　　　　　　(19○○년 ○월 ○일생)
　　　　　　　　　등록기준지 : ○○시 ○○구 ○○길 ○○번지
　　　　　　　　주소 : ○○시 ○○구 ○○길 ○○번지(우편번호)
　　　　　　　　송달장소 : ○○시 ○○구 ○○길 ○○번지

피   고   △ △ △(△△△)
　　　　　　　(19○○년 ○월 ○일생)
　　　　　　　　　등록기준지 : ○○시 ○○구 ○○길 ○○번지
　　　　　　　　주소 : ○○시 ○○구 ○○길 ○○번지(우편번호)

이혼청구의 소

청 구 취 지

1. 원고와 피고는 이혼한다.
2. 소송비용은 피고의 부담으로 한다.
라는 판결을 구합니다.

청 구 원 인

1. 원고와 피고는 20○○년 ○○월 ○○일에 혼인신고를 필한 법률상 부부로서 슬하에 ○남 ○녀를 두고 지내왔습니다.
2. 원고는 혼인 후 피고 등과 함께 지내던 중 피고가 혼수를 적게 해왔다는 이유로 원고 및 원고의 친정부친에 대해 모욕적인 언행을 서슴치 않더니 급기야는 사소한 문제를 들어 원고를 마구 구타하기 시작하였습니다. 이로 인해 원고는 심한 모욕감에 시달렸으나 자녀들을 생각하여 참고 지내왔습니다.
3. 그러나 피고의 구타 및 모욕적인 언행은 그칠 줄을 모르고 더욱 심해져 20○○년 ○월 ○일 술을 먹고 들어와서는 아무런 이유 없이 원고를 마구 구타하여 원고에게 전치 ○주의 상해를 입히고 또한 이를 말리던 원고의 친정부친을 폭행하였습니다.

4. 이후에도 피고는 사소한 문제를 가지고 원고를 폭행하여 마침내 피고의 모욕적인 언행 및 심한 폭행을 견디지 못한 원고는 친정으로 피신을 하게 되었습니다.

5. 위에서 본 바와 같이 피고의 이러한 일련의 행위들은 민법 제840조 제3호의 '배우자로부터 심히 부당한 대우를 받았을 때' 및 같은 조 제6호의 '기타 혼인을 지속할 수 없는 중대한 사유가 있는 때'에 해당하여 재판상 이혼사유가 된다 할 것이며, 아울러 원.피고간의 혼인의 파탄책임은 전적으로 원고 및 원고의 가족들에게 부당한 대우를 한 피고에게 있다 할 것입니다.

6. 따라서 원고는 더 이상 피고와의 혼인생활을 지속할 수가 없어 부득이 원고의 이혼청구에 불응하고 있는 피고에게 이혼을 구하고자 이건 청구에 이르게 되었습니다.

입 증 방 법

1. 갑 제1호증	혼인관계증명서
1. 갑 제2호증	상해진단서
1. 갑 제3호증	인우보증서

첨 부 서 류

1. 위 입증방법	각 1통
1. 소장부본	1통
1. 납부서	1통

20○○년 ○월 ○일

위 원 고 ○ ○ ○ (서명 또는 날인)

○ ○ 가 정 법 원 귀 중

[작성례 ③] 이혼청구의 소(생사 3년 이상 불분명)

소　　　　장

원　　고　　○　○　○(○　○　○)
　　　　　　　　19○○년 ○월 ○일생
　　　　　　　　등록기준지 : ○○도 ○○군 ○○면 ○○길 ○○
　　　　　　　　주소 : ○○시 ○○구 ○○길 ○○(우편번호)

피　　고　　△　△　△(△　△　△)
　　　　　　　　19○○년 ○월 ○일생
　　　　　　　　등록기준지 : ○○시 ○구 ○○길 ○○
　　　　　　　　주소 : 원고와 같음

사건본인　박　○　○(주민등록번호)
　　　　　　　　등록기준지 및 주소 : 원고와 같음

이혼청구의 소

청　구　취　지

1. 원고와 피고는 이혼한다.
2. 사건본인에 대한 친권자 및 양육자로 원고를 지정한다.
3. 소송비용은 피고의 부담으로 한다.
라는 판결을 구합니다.

청　구　원　인

1. 원고와 피고는 19○○. ○. ○. 혼인신고를 마친 법률상 부부로서 슬하에 사건본인을 두었습니다.
2. 피고는 원고와 결혼전 무직으로 생활하다 원고를 만나 가정을 이루어 생활하면서도 변변한 직업 없이 인근 다방을 전전하면서 그곳에서 만나 알게된 '미스 ○'이라는 여자와 빈번히 외유를 하며 생활하다가 이를 걱정하며 안타까운 마음에"이제 제발 그만하고 가정을 돌보라"는 원고의 애원에도 불구하고 도리어 화를 내며 "니가 내게 뭘 해주었냐"면서 원고에게 욱박지르며 "돈을

내 놓으라"면서 노점을 하며 근근히 벌어온 생활비마저 강취해가 이를 유흥비에 탕진하며 지내 오던 중 19○○. ○. ○. 급기야는 전재산이라고 할 수 있는 피고명의로 되어있던 주택청약부금을 해약하고 이에 따른 금액 ○○○여만원의 금원을 가지고 위 '미스 ○'이라는 여자와 함께 행방을 감추고야 말았습니다.

3. 이에 원고는 선천적인 착함 탓에 돌아오리라는 기대만을 가지고 집나간 피고를 기다렸지만 피고는 근 4년이 지난 지금까지도 연락을 해오지 않고 그동안 백방으로 피고의 소재를 수소문 해 온 원고로서도 어린 자녀를 위해서라도 끝 까지 기다려 보기로 하였지만 자녀의 장래 및 자신의 처지를 그냥 보고만 있을 수 없기에 부득이 청구취지와 같은 판결을 구하기 위해 본 소에 이르렀습니다.

입 증 방 법

1. 갑 제1호증   가족관계증명서
1. 갑 제2호증   혼인관계증명서
1. 갑 제3호증   주민등록(말소자)등본
1. 갑 제4호증   불거주확인서
1. 갑 제5호증   사실확인서

첨 부 서 류

1. 위 입증방법   각1통
1. 소장부본   1통
1. 납부서   1통

20○○.   ○.   ○.

원   고   ○ ○ ○ (서명 또는 날인)

○ ○ 가 정 법 원 귀중

[작성례 ④] 이혼청구의 소(기타 중대한 사유)

소 장

원 고 ○ ○ ○(○ ○ ○)
　　　　　19○○년 ○월 ○일생
　　　　　주소 : ○○남도 ○○군 ○○읍 ○○길 ○○(우편번호)
　　　　　　등록기준지 : ○○군 ○○면 ○○길 ○○
피 고 △ △ △(△ △ △)
　　　　　19○○년 ○월 ○일생
　　　　　주소 : 원고와 같음
　　　　　　등록기준지 : ○○시 ○○길 ○○

이혼청구의 소

청 구 취 지

1. 원고와 피고는 이혼한다.
2. 소송비용은 피고의 부담으로 한다.
라는 판결을 구합니다.

청 구 원 인

1. 원고와 피고는 19○○년 ○월 ○일 혼인신고를 마친 법률상 부부로서 슬하에 자녀는 없습니다.
2. 원고는 피고와 혼인전 당시 농촌에서 비닐하우스에 방울토마토 및 각종 채소류를 경작하여 어느 정도 경제력을 가지고 있는 38세의 미혼남이었으며 결혼소개소에서 만난 피고는 뚜렷한 직업이 없는 27세의 여성이었습니다.
3. 원고는 신혼초부터 피고와의 나이차이(11세)와 피고의 농사경험이 없는 점 등 때문에 듣기 싫은 소리도 다 참아가며 피고를 위해 살아갔으나 피고는 혼인 후 얼마 있지 않아 농사일이 싫다며 직장을 얻는다하여 외출이 잦았고 생필품이 아닌 본인 개인적 물품을 시내 백화점에서만 구입하는 등 사치가 심했습니다.
4. 신혼초부터 원고의 요구에도 부부관계를 자주 거절해오던 피고에게 손자를 기대하시는 원고의 홀어머니께 미안하고 또한 본인도 자식을 두고 싶어 "혹시 당신 피임하느냐?"라고 조심스레 물으니 피고는 "당연하지 않느냐. 당신

처지에 무슨 아이를 낳느냐, 나는 내 자식을 세상에서 가장 호화스럽게 키우려하는데 그럴 능력이나 되느냐?"며 오히려 당연한 듯 말해 원고를 황당하게 만들기도 하였습니다.

5. 이러한 생활을 근 5년 동안 하면서 원고와 피고사이에는 자녀를 두지 못했으며, 피고는 원고에 대한 애정이라고는 전혀 찾아볼 수 없었고 아내로서의 도리, 며느리로서의 도리를 전혀 행하지 않고 근래에 피고는 읍내 사진관에서 사진현상 보조업무를 하며 읍내 자신의 친정집에서 잠을 자고 다음날 곧바로 사진관으로 출근하는 일이 잦았으며, 믿고 싶지 않지만 사진관 주인인 소외 □□□와 업무외적인 만남을 목격한 주변인도 상당하여, 홀어머니를 실망시켜드리고 싶지 않은 마음에 끝까지 참고 생활하려 하였으나 도저히 혼인을 계속하기 어려운 상황에 이르러 본 소를 제기하기 이르렀습니다.

입 증 방 법

1. 갑 제1호증   혼인관계증명서
1. 갑 제2호증   주민등록등본

첨 부 서 류

1. 위 입증방법   각 1통
1. 소장부본   1통
1. 납부서   1통

20○○. ○. ○.

위 원고 ○ ○ ○ (서명 또는 날인)

○ ○ 가 정 법 원 귀 중

소   장

원   고   ○ ○ ○ (李 ○ ○)
　　　　　(19○○년 ○월 ○일생)
　　　　　등록기준지 : ○○시 ○○구 ○○길 ○○번지
　　　　　주소 : ○○시 ○○구 ○○길 ○○번지(우편번호)

피   고   △ △ △ (金 △ △)
　　　　　(19○○년 ○월 ○일생)
　　　　　등록기준지 : ○○시 ○○구 ○○길 ○○번지
　　　　　주소 : ○○시 ○○구 ○○길 ○○번지(우편번호)

이혼등 청구의 소

청 구 취 지

1. 원고와 피고는 이혼한다.
2. 원고에게 피고는 위자료 금 ○○○원 및 이에 대한 이 사건 판결선고일부터 완제일까지 연 12%의 비율에 의한 금원을 지급하라.
3. 소송비용은 피고의 부담으로 한다.
라는 판결을 구합니다.

청 구 원 인

1. 원고와 피고는 19○○. ○. ○. 혼인하여 19○○. ○. ○. 혼인신고를 한 법률상 부부입니다.
2. 피고는 결혼초부터 전문직업을 가진 피고와 결혼을 하면서 원고가 결혼 지참금을 충분히 가지고 오지 아니하였다는 이유로 불만을 품고 원고를 구타 폭행하여 상처를 입힌 사실이 있을 뿐만 아니라 원고의 친가 아버지를 모욕하고 행패를 부리는 등 부부관계가 돌이킬 수 없을 정도에 이르게 하였습니다.
3. 따라서 피고의 원고 및 원고의 직계존속에 대한 심히 부당한 대우로 인해 부부로서의 동거생활을 계속하는 것이 고통스러울 정도가 되어 부부관계가 돌이킬 수 없는 파탄상태에 이른 실정이며, 이는 민법 제840조 제3호의 '배우

자로부터의 부당한 대우를 받았을 때' 및 같은 조 제4호의 '직계존속이 배우자로부터 심히 부당한 대우를 받았을 때'에 해당하므로, 원고는 피고와 이혼 및 원고의 정신적 고통에 대한 손해배상으로서 금 ○○○원을 구하기 위하여 이 사건 청구에 이르게 되었습니다.

입 증 방 법

1. 갑 제1호증   혼인관계증명서
1. 갑 제2호증   주민등록등본
1. 갑 제3호증   상해진단서

첨 부 서 류

1. 위 입증방법   각 1통
1. 소장부본   1통
1. 납부서   1통

20○○년 　○월　 ○일

위 원고 　○　○　○ (서명 또는 날인)

○ ○ 가 정 법 원 귀 중

소　　　　장

원　　고　　○　○　○(○○○)
　　　　　　　　　1900년 ○월 ○일생
　　　　　　　　　등록기준지　　○○시 ○○구 ○○길 ○○
　　　　　　　　　주소　　○○시 ○○구 ○○길 ○○ (우편번호)
　　　　　　　　　전화　　○○○ - ○○○○

피　　고　　△　△　△(△△△)
　　　　　　　　　1900년 ○월 ○일생
　　　　　　　　　등록기준지　　○○시 ○○구 ○○길 ○○
　　　　　　　　　주소　　○○시 ○○구 ○○길 ○○ (우편번호)
　　　　　　　　　전화　　○○○ - ○○○○

이혼무효확인청구의 소

청 구 취 지

1. 원고와 피고 사이에 20○○. ○. ○○. ○○시 ○○구청장에게 신고하여 한
   이혼은 무효임을 확인한다.
2. 소송비용은 피고가 부담한다.
라는 판결을 구합니다.

청 구 원 인

1. 원고와 피고는 20○○. ○. ○○. 혼인 신고한 법률상 부부로서 이후 혼인생
   활을 유지해 오던 중 20○○. ○월부터 피고가 잦은 외박을 하더니 아예 20○
   ○. ○월에는 연락도 없이 집을 나가버렸습니다.
2. 원고는 이미 임신 3개월째라 피고가 돌아오기만을 기다리며 지내던 중 20○
   ○. ○.경 피고로부터 전화가 걸려왔고 다른 여자와 동거하고 있으니 이혼해 달
   라고 요구하였는 바, 원고는 임신사실을 이야기하며 이혼은 할 수 없다고 하
   였고,　이후에도 피고로부터 몇차례 이혼을 종용하는 전화가 걸려왔으나 같은
   이유로 거절하였으며 이후 피고가 임의로 협의이혼신청서를 가정법원에 접수

시켜 원고는 법원에서 통보한 날짜인 20○○. ○. ○. 출두하여 이혼의사가 없음을 밝히기도 하였습니다.

3. 20○○. ○. 원고는 피고의 아이를 출산하였고 아이의 출생신고를 위해 20○○. ○.구청에 갔다가 원고와 피고간에 협의이혼 신고(20○○. ○. ○. ○○시 ○○구청장 접수)가 되어있음을 알게 되었습니다.

4. 원고는 전혀 모르는 사실이었으므로 협의이혼신고시 제출된 서류들을 열람한 결과, 협의이혼의사확인서 등본이 교묘히 위조되었음을 확인하였고, 이에 피고를 공정증서원본부실기재죄로 고소해 둔 상태입니다.

5. 이와 같이 원고와 피고의 협의이혼은 원고가 전혀 모르는 사실이고 원고는 피고와 이혼할 의사가 없기 때문에 ○○구청장에게 신고한 원고와 피고의 협의이혼은 무효이므로 청구취지와 같이 본 건 청구에 이른 것입니다.

입 증 방 법

1. 갑 제1호증   혼인관계증명서(원고)
1. 갑 제2호증   혼인관계증명서(피고)
1. 갑 제3호증   협의이혼의사확인서 사본
1. 갑 제4호증   고소장

첨 부 서 류

1. 위 입증방법   각 1통
1. 소장부본   1통
1. 납 부 서   1통

20○○년 ○월 ○○일
원   고   ○ ○ ○ (서명 또는 날인)

○ ○ 가 정 법 원   귀 중

소   장

원   고   ○ ○ ○(○ ○ ○)
　　　　　　　　19○○. ○. ○.생
　　　　　　　　등록기준지: ○○남도 ○○군 ○○면 ○○길 ○○
　　　　　　　　주소 : ○○시 ○○구 ○○길 ○○ (우편번호)

피   고   △ △ △(△ △ △)
　　　　　　　　19○○. ○. ○○생
　　　　　　　　등록기준지 : ○○남도 ○○군 ○○면 ○○길 ○○
　　　　　　　　주민등록상 주소 : ○○시 ○○구 ○○길 ○○
　　　　　　　　현거소 : ○○시 ○○구 ○○길 ○○ (우편번호)

이혼 등 청구의 소

청 구 취 지

1. 원고와 피고는 이혼한다.
2. 피고는 원고에게 재산분할로서 금 ○○○원을 지급하라.
3. 피고는 원고에게 위자료로 금 ○○○원 및 이에 대한 소장부본 송달 다음날
   부터 다 갚는 날까지 연 12%의 비율에 의한 금원을 지급하라.
4. 소송비용은 피고의 부담으로 한다.
5. 제 2, 3항은 가집행할 수 있다.
라는 판결을 구합니다.

청 구 원 인

1. 원고와 피고는 19○○. ○.에 결혼식을 올리고 살다가 19○○. ○. ○. 혼인
   신고를 한 법률상 부부로서 아들 □□□를 두고 있습니다.
2. 재판상 이혼청구사유에 관하여
   가. 원고와 피고는 결혼 후 서로 믿고, 서로 도우며 행복하게 살며 어떠한 고난
      도 이겨 나갈 수 있는 신뢰하는 부부로 신혼의 꿈을 안고 살기 시작하였
      습니다. 그러나 피고는 결혼 후 얼마동안 지나면서부터 19○○년 여름부

터 아무 이유없이 원고에게 시비를 걸어 사이다 상자로 원고의 얼굴을 때려 현재까지도 그 상처가 남아있습니다. 피고는 그 후로부터는 아무 이유없이 원고를 폭행하여 왔으며 때로는 식칼을 들고 원고를 죽여버리겠다고 하며 한달이 넘어라 하고 상습적으로 원고를 구타하여 왔습니다. 그 뿐만 아니라 피고는 뭇 여성들을 사귀고 그 여자들에게 돈을 쓰며 바람이 나서 다녔고, 원고가 가정에 충실할 것을 만날 적마다 애원하였으나 피고는 원고의 위와 같은 애원도 아랑곳하지 않고, 시간만 있으면 집을 나가서 여자를 만나고, 노름을 하고, 집에 들어와서는 원고를 구타하였습니다.

그리고 애를 못 낳는다고 구박을 하여 같이 병원에 갔으나 남자에게 이상이 있다고 하여 시부모와 의논 끝에 19○○. ○.에 □□□를 데려다가 길러 출생신고를 하였습니다.

나. 그후 원고는 □□□를 위해 모든 노력을 하였으나 피고는 아랑곳하지 않고 계속하여 노름을 하고, 여자들과 어울려 다니고, 원고를 폭행할 뿐만 아니라 아들 □□□가 5살이 되자 아들에게도 상습적으로 폭행을 하고 잘못하면 어린애를 연탄방에 몇시간씩 가두어 놓고 있습니다. 그리고 19○○년에는 원고에게 돈놀이하게 돈 ○○○원만 대출해 달라고 하여 원고가 농협에서 원고의 명의로 ○○○원을 대출 받아 주었으나 돈놀이를 하다가 다 떼었다고 하면서 한푼도 갚지 않아 농협으로부터 원고 앞으로 원금과 연체료를 갚으라는 통고가 왔습니다. 그리고 원고가 가진 고생을 하여 19○○년에 집을 사고 ○월달에 입주하여 살고 있었으나 피고는 19○○년에 이 집이 재수 없다고 하며 집을 팔아야 된다고 우겨 집을 팔아 탕진해 버렸습니다.

다. 그 후 19○○년 여름에 이번에는 틀림없으니 돈 ○○○원만 얻어달라고 하여 없다고 하자 피고는 아들의 교육보험에 가입한 사실을 알고 교육보험에서 대출해 달라고 하여 아들 교육보험에서 금 ○○○원을 대출하여 주었으나 이를 바람 피우는데 다 써버리고 갚지 않고 있습니다.

원고 명의인 교보생명 연금보험에서 ○○○만원을 대출받아 주었는데 이 것도 갚지 않고 있습니다. 이와 같이 위 돈을 피고가 꼭 갚아야 할 원고 명의의 채무입니다.

라. 원고는 피고가 날이 가면 가정에 충실하겠지 하고 오로지 □□□와 가정을 위해 참았으나 피고는 포악한 성격, 헤아릴 수 없는 구타, 도벽, 욕설 등을 계속하여 하였으며 모든 것을 용서하는 심정으로 참고 견디며 가정생활과 부부관계를 유지하려는 원고의 노력을 외면한 채 피고는 계속하여 방탕생활을 하고 조금도 뉘우치거나 가정에 충실치 않고 상습적으로 19○○. ○.까지 원고의 아들 □□□를 계속하여 구타하여 원고는 매를

이길 수가 없어서, 20○○. ○. ○. 아들을 집에 둔 채 집을 나왔습니다. 원고가 집을 나온 후 생계를 위하여 남에 집의 식모도 하고 모든 궂은 일을 다하여 생계를 이어오고 있습니다.

그래서 원고가 피고에게 이혼을 해 달라고 하자 피고는 가만히 있어도 자동이혼이 될텐데 열심히 돈이나 벌어라 하며 거절하였고, 피고는 원고의 배우자로서 한 가정의 가장으로서 한 가정을 이끌어 나가는데 주어진 의무를 다할 책임이 있다 하거늘 이를 무시하고 오히려 인간의 도리를 저버린 채 원고를 상습적으로 폭행하고 멸시하고 욕설하여 가정을 버렸습니다.

마. 더욱이 피고는 원고의 남편으로서 한 가정을 거느릴 의무를 저버린 채 이러한 비인간적 행동과 심히 도의에 어긋나는 상식밖의 행위를 계속함으로 부부 생활을 더 이상 계속할 수 없이 파탄에 이르게 하는 점에 대하여 인간사회에 모든 사람으로부터 비난을 면할 수 없을 것이라 생각되며 이러한 부도덕한 피고와의 부부관계를 유지하려는 노력을 계속하는 원고의 성의와는 달리 심히 부당한 대우를 하는 이상과 같은 피고의 행위는 원고로서는 인내에 한계점에 이르렀다 생각되어 차라리 이혼하고 홀로 일평생을 열심히 살아가는 것이 인간답게 사는 길이라 사료되어 이러한 결심을 하게 되었으나 피고는 현재도 어린 □□□를 상습적으로 계속하여 폭행하고 있습니다.

따라서 피고의 위에 본바와 같은 각 소위는 민법 제840조 제2,3,6호 소정의 배우자가 악의로 다른 일방을 유기 한때, 배우자로부터 심히 부당한 대우를 받았을 때, 기타 혼인을 계속하기 어려운 중대한 사유가 있을 때에 각 해당한다 할 것입니다.

3. 재산분할청구에 대하여

가. 민법 제839조의2에 의하여 이혼당사자인 원고는 피고에게 다음과 같이 재산분할청구권을 가집니다. 재산분할청구권의 성질에 대하여는 우리나라 다수설인 청산 및 부양설에서는 혼인생활 중 취득한 재산은 부부의 공유이고 이것을 혼인해소시 청산하는 것이 재산분할청구권이며 이때 이혼 후 부양청구권의 의미도 함께 내포된다고 하고 있습니다. 그러므로 공동재산의 분할기준은 부부의 기여도 및 이혼후의 이혼당사자의 재산취득유무, 재혼의 가능성, 혼인중의 생활정도, 자녀의 양육권 등이 고려되어야 할 것입니다.

나. 기여도의 측면에서 볼 때, 원고는 19○○년 결혼할 당시 성동구 자양동에 있는 부엌도 없는 단칸방 월세에서 출발하여 현재의 자산수준에 도달하는 데 있어서 부동산 투자를 통한 재산증식으로 부부공동재산을 형성하는데

기여하였습니다. 한편 피고는 별지목록 기재의 부동산을 소유하고 있으며 (갑제 3호증) 위 부동산의 현재 시가는 금 ○○○원 상당입니다. 피고는 그밖에도 ○○○○ 콘도회원권과 승용차가 1대를 가지고 있으나 원고는 이 사건 재산분할의 대상을 피고 소유의 위 부동산으로 한정하겠습니다.

　다. 그런데 위 부동산의 분할방법에 관하여 당사자 사이에 협의가 되지 아니 하고 또한 협의가 불가능한 것이 현실이므로 원고는 현물분할이 아닌 금 액분할을 구하는 것입니다. 나아가 분할금액은 앞서 밝힌 제반사정에 비 추어 볼 때 부동산 가액의 50%인 금 ○○○원 상당이 적절한 것이나 위 부동산에 관한 시가감정을 기다려 그 금액을 확정하기로 하고 우선 일부 로서 금 ○○○원의 지급을 구합니다.

4. 위자료에 대하여

　피고는 결혼생활 ○○년 동안 원고에게 폭행을 가하고, 바람이 나서 돈을 헤 프게 쓰는 등 피고의 귀책사유로 인하여 원, 피고가 이혼하게 되었으므로 이혼으로 인한 원고의 정신적, 육체적, 고통에 대하여도 위자하여야 할 것인 바, 금액은 최소한 ○○○원 이상은 되어야 할 것입니다.

5. 위와 같은 사유로 청구취지 기재와 같은 판결을 받고자 본 청구에 이른 것입니다.

<h2 style="text-align:center">입 증 방 법</h2>

1.　갑 제1호증	혼인관계증명서
1.　갑 제2호증	가족관계증명서
1.　갑 제3호증의 1내지 2	각 주민등록등본
1.　갑 제4호증	등기사항전부증명서

<h2 style="text-align:center">첨 부 서 류</h2>

1. 위 입증방법	각 1통
1. 소장부본	1통
1. 소송위임장	1통
1. 납부서	1통

20○○.　○.　○.

위 원고　　○　○　○(서명 또는 날인)

○ ○ 가 정 법 원 귀 중

소   장

원 고   ○ ○ ○(주민등록번호)
          등록기준지 : ○○시 ○○구 ○○길 ○○
          주소 : ○○시 ○○구 ○○길 ○○(우편번호)

피 고   △ △ △(주민등록번호)
          등록기준지 : 원고와 같음
          최후주소 : ○○시 ○○구 ○○길 ○○(우편번호)

사건본인   □ □ □(주민등록번호)
          등록기준지 및 주소 : 원고와 같음

이혼등 청구의 소

청   구   취   지

1. 원고와 피고는 이혼한다.
2. 사건본인의 친권행사자로 원고를 지정한다.
3. 소송비용은 피고의 부담으로 한다.
라는 판결을 구합니다.

청   구   원   인

1. 혼인 및 자녀관계
   원고와 피고는 19○○. ○월경 결혼식을 올리고 19○○. ○. ○. 혼인신고를
   마친 법률상 부부로서 그 사이에 사건본인을 포함하여 ○남 ○녀를 두었습
   니다.
   {증거: 갑 제1호증(가족관계증명서), 갑 제2호증(혼인관계증명서), 갑 제3호증
   (기본증명서) }
2. 재판상 이혼 청구
  가. 피고는 원고와 혼인할 당시 ○○시에서 초등학교 교사로 근무하고 있었으
      나, 여기 저기서 돈을 빌려 일을 벌리는 통에 급여를 제대로 가져오지 않

는 일이 허다하였습니다. 그러다가 피고가 19○○. ○월경 갑자기 재직하던 학교에 사표를 내고 사라져 수소문 끝에 찾아내니 ○○시 ○○○시장에서 중학교 동창과 한복 원단장사를 하고 있어 원고도 서울로 이사를 하여 피고와 합쳤습니다.

나. 서울로 이사온 후에도 피고는 가족에 대한 책임감이 없어 제대로 부양을 하지 않고 수시로 가출을 일삼았고, 19○○. ○.월경 위 ○○○시장에서 하던 원단 가게가 부도로 망하자 집을 나가 소식이 없었습니다.

다. 이에 원고는 돈 한 푼 없이 세 자녀를 데리고 월세방을 얻어 혼자 힘으로 힘들게 살고 있었는데, 피고는 19○○. ○월경 한번 집에 찾아 온 것을 마지막으로 연락이 두절되었으며 19○○. ○월경 피고와 함께 살고 있다는 어떤 여자로부터 전화가 걸려온 적이 있은 뒤로는 지금까지 원고는 피고의 소식조차 듣지 못하고 있습니다.
{ 증거: 갑 제6호증(원.피고 큰딸의 진술서), 갑 제7호증(사건본인의 진술서), 갑 제8호증(원고 여동생 진술서) }

라. 최근 원고가 피고의 주민등록초본을 발급 받아 본 결과, 피고는 ○○시 ○○구 ○○길 ○○을 마지막 주소로 하여 19○○. ○. ○.자로 무단전출 직권말소가 되어 있었습니다. { 증거: 갑 제5호증(피고의 주민등록 말소자 초본) }

마. 원고는 그동안 세 자녀를 생각해서라도 피고가 다시 돌아와 열심히 사는 모습을 보여만 준다면 모든 것을 이해하고 피고를 받아들이겠다는 생각도 하였으나, 세 자녀를 원고에게 맡겨두고 오랫동안 아무런 연락도 없는 피고의 무책임한 행동을 더 이상 참을 수가 없어 이혼을 결심하게 되었습니다.
따라서 원.피고간 혼인관계는 원고와 자녀들에 대한 부양의무를 저버린 피고의 귀책사유로 회복될 수 없을 만큼 파탄되었다 할 것이므로 원고는 민법 제840조 제2호 소정의 악의의 유기를 사유로 재판상 이혼 청구를 하고자 합니다.

3. 친권행사자지정 청구
사건본인은 현재 원고가 양육하고 있고, 피고는 소재불명이므로 원고를 친권행사자로 지정함이 타당합니다.

4. 결론
이에 원고는 재판상 이혼 및 친권행사자지정청구를 위하여 이 건 소제기에 이르렀습니다.

입 증 방 법

```
1.  갑 제1호증                    가족관계증명서
1.  갑 제2호증                    혼인관계증명서
1.  갑 제3호증                    기본증명서
1.  갑 제4호증               원고 주민등록등본
1.  갑 제5호증              피고 주민등록 말소자 초본
1.  갑 제6 내지 8호증        각 진술서
```

첨　　부　　서　　류

```
1. 소장부본                        1통
1. 위 입증방법                    각 1통
1. 납부서                          1통
```

20○○년　　○월　　○일

위　원고　　○　　○　　○ (서명 또는 날인)

○ ○ 가 정 법 원 귀 중

답 변 서

사 건 20○○드단○○○ 이혼 등
원 고 김○○
피 고 이◇◇

위 사건에 관하여 피고는 다음과 같이 답변합니다.

청구취지에 대한 답변

1. 원고의 청구를 모두 기각한다.
2. 소송비용은 원고가 부담한다.
라는 판결을 구합니다.

청구원인에 대한 답변

1. 원고의 주장을 요약하면, 원고는 피고가 소외 박○○과 부정행위를 하였음과 원고의 부모에 대한 부당한 대우를 이유로 이혼 및 위자료의 지급을 청구하고 있습니다.
2. 그러나 피고는 박○○과 부정행위를 한 바 없습니다. 피고가 박○○을 알고 지내는 사이이기는 하지만 위 박○○과 원고는 직장 동료로서 가끔 업무적인 연락을 하는 사이일 뿐이지 원고가 주장하는 것과 같이 이성으로서 감정을 가지고 만나는 것은 아니며, 업무상 필요로 하는 경우 이외에 사적으로 만난 적도 없습니다.
3. 또한 피고는 원고의 부모에 대하여 매달 20만원씩 용돈도 드리고 매 명절마다 빠지지 않고 찾아가 인사드렸으며, 원고의 어머니가 교통사고로 입원하였을 때 옆을 지키면서 병수발을 들기도 하였으므로, 원고가 주장하는 것처럼 원고의 부모에 대한 부당한 대우를 하였다고 볼 수도 없습니다.
4. 그러므로 원고의 이혼 청구는 민법이 정한 이혼의 요건을 갖추지 못하였으므로, 원고의 청구를 기각하여 주시기를 바랍니다.

20○○. ○. ○.
위 피고 이◇◇ (서명 또는 날인)

○○가정법원 가사 제○단독 귀중

【2】 친권자·양육자 지정 또는 변경 조정신청

1. 의의

　　부모가 이혼하는 경우와 혼인외의 자가 인지된 경우에 당사자가 가정법원에 출석하여 조정신청을 하고 조정을 통하여 친권자·양육자를 지정(변경)하는 제도를 말한다(민법 제909조 제4항).

2. 관할

　　가사조정사건은 그에 상응하는 가사소송사건이나 가사비송사건을 관할하는 가정법원 또는 당사자의 합의로 정한 가정법원 관할이다(가사소송법 제51조 제1항).

3. 신청권자

　　당사자 쌍방을 신청인으로 한다. 다만, 당사자 일방은 신청서에 쌍방의 서류를 구비하여 단독으로 제출(접수)할 수 있다.

4. 조정조서 송달

　　조정 1주일 후에 등기우편으로 송달한다.

5. 조정 후의 절차

　　조정조서 정(등)본을 첨부하여 1개월 내에 시(구)·읍·면의 장에게 그 내용을 신고하여야 한다.

동 의 서

사 건 번 호
청 구 인
사 건 본 인   성명:
　　　　　　　주소:
　　　　　　　주민등록번호:
사 건 본 인   성명:
　　　　　　　주소:
　　　　　　　주민등록번호:

 위 사건본인(들)의 (친권자, 양육자)를 　　　　　에서 　　　　　(으)로 변경하는 것에 동의합니다. 이에 대하여 차후 어떠한 이의도 제기하지 않을 것임을 서약합니다.

20 ．　　．　　．

동의자 성명:　　　　　　　　　(인감날인 또는 본인서명)
　　　　연락 가능한 전화번호:
동의자 성명:　　　　　　　　　(인감날인 또는 본인서명)
　　　　연락 가능한 전화번호:

제출자 :
관 계 :
주민등록번호 :
제출자의 신분확인　　　　　㊞

※ 동의자는 위 동의서에 인감도장을 날인하고 그와 일치하는 인감증명서를 첨부하거나, 인감증명서 대신 본인서명사실확인서를 제출할 경우에는 본인서명으로 하되 같은 필체로 서명하시기 바랍니다.

조정신청서
(친권자·양육자 지정 또는 변경)

| 인지액 5,000원 |
| 송달료 48,000원 |
| (5회본x당사자 수) |

신 청 인:　　　　　(☎　　　　　)
주민등록번호:
주소:
송달장소:
등록기준지:

피신청인:　　　　　(☎　　　　　)
주민등록번호:
주소:
송달장소:
등록기준지:

사건본인:
주민등록번호:
주소:
등록기준지:

신 청 취 지

『사건본인의(친권자, 양육자)를 (신청인, 피신청인)으로 (지정, 변경)한다』 라는
조정을 구합니다.

신 청 원 인

(신청사유를 간략히 기재, 별지 기재 가능)

첨 부 서 류

1. 자녀의 기본증명서(상세). 가족관계증명서(상세), 주민등록표등(초)본 각 1통
1. 신청인의 가족관계증명서(상세), 혼인관계증명서, 주민등록표등(초)본 각 1통
1. 피신청인의 가족관계증명서(상세), 주민등록표등(초)본 각 1통
   [주민등록표등(초)본의 경우 주소가 같으면 1부만 제출]

                            20   .   .   .
                  신 청 인   (날인 또는 서명)
                  피신청인   (날인 또는 서명)

서울가정법원 귀중

※ 유의사항
1. 청구서에는 5.000원의 인지액을 붙여야 합니다.
2. 송달료는 48,000원(5회분x당사자 수)을 송달료취급은행에 납부하고 납부
   서를 첨부하여야 합니다.
3. 지정된 조정기일에 쌍방은 신분증을 지참하여 서울가정법원 305호 조정실로
   출석하이야 합니다.
4. ☎란에는 연락가능한(휴대) 전화번호를 기재하시기 바랍니다.

소   장

원 고   ○ ○ ○(○ ○ ○)
　　　　　　　생년월일 : 19○○년 ○월 ○일생
　　　　　　　등록기준지 : ○○시 ○○구 ○○길 ○○
　　　　　　　주소 : ○○시 ○○구 ○○길 ○○(우편번호)
피 고   △ △ △(△ △ △)
　　　　　　　생년월일 : 19○○년 ○월 ○일생
　　　　　　　등록기준지 및 주소 : 원고와 같음

사건본인   □ □ □(□ □ □)
　　　　　　　생년월일 : 19○○년 ○월 ○일생
　　　　　　　등록기준지 및 주소 : 원고와 같음

이혼 등 청구의 소

청 구 취 지

1. 원고와 피고는 이혼한다.
2. 사건본인의 친권행사자 및 양육자를 원고로 지정한다.
3. 피고는 원고에게 20○○. ○. ○.부터 20○○. ○. ○.까지 사건본인 □□□
   에 대한 양육비로 매월 말일 금 ○○○원의 비율에 의한 금원을 지급하라.
4. 소송비용은 피고의 부담으로 한다.
5. 제3항은 가집행할 수 있다.
라는 판결을 구합니다.

청 구 원 인

1. 원고와 피고는 19○○. ○. ○. 혼인신고를 마친 법률상의 부부이며, 원고와
   피고 사이에는 딸인 소외 □□□을 두고 있습니다.
2. 재판상 이혼청구사유에 관하여
   가. 원고는 유복한 가정의 5남매중 차녀로 태어나 고등학교를 졸업하고 조그
       만 중소기업에 근무하고 있었으며, 피고는 대학을 졸업 후 2년여동안 직

업을 구하지 못하고 있다가 원고가 근무하는 직장에 어렵게 취직이 되었습니다.

나. 원고는 피고와 직장에서 같이 근무하며 자연스럽게 교제를 시작하면서 피고의 가정형편이 어려운 점등을 이해하며 결혼을 반대하는 원고의 부모들을 설득하여 19○○년도에 피고와 결혼을 하였으며, 살림집은 원고가 직장생활을 하며 모아둔 적금과 친정부모의 도움을 받아 마련하였고 원고와 피고는 어려운 환경속에서도 밝은 미래를 꿈꾸며 신혼살림을 시작하였습니다.

다. 그러나 피고는 결혼후 사업을 하겠다며 직장을 그만두었으며, 원고는 직장을 계속 다니면서 피고의 뒷바라지와 가정생활을 힘들게 꾸려나가며 19○○. ○. 딸을 출산하였고, 피고는 사업자금을 마련해 오라며 계속 돈을 요구하여 다툼이 일어나기 시작했고 피고는 사업을 하는 것이 아니라 경마, 도박과 주색에 빠져 있었습니다.

라. 원고는 피고를 계속 설득하며 참았지만 피고는 돈을 주지 않는다며 딸이 보는 앞에서 원고에게 폭행을 가하기 시작했고, 의처증 증세를 보이며 원고의 친정집에 와서도 행패를 부리기 시작했고, 보다못한 친정부모가 이혼을 요구하자 칼을 휘두르며 "다 죽여버리겠다"며 난동을 피워 경찰에 신고까지 하는 일이 있었습니다.

마. 원고는 피고의 행동을 이해하기 힘들어졌으나 딸을 생각하며 참아 보기로 하였으나 피고의 위와 같은 행패와 만행은 더욱 더 심해지기만 하였고, 이제 원고와 피고 사이의 결혼관계는 피고의 폭행과 학대, 의처증 및 경제적 무능력으로 인하여 파탄에 이르게 되었기에 이건 이혼청구의 소를 제기하게 된 것입니다.

3. 양육자, 친권행사자의 지정 및 양육비 청구

현재 10살인 소외 □□□은 폭행을 일삼고 욕설을 퍼붓는 아버지를 미워하고 무서워하며 원고와 생활하기를 원하고 있기에, 이 사건 이혼청구가 인용되는 경우 위 자녀에 대한 양육자 및 친권행사자는 원고로 정함이 상당하고, 피고는 양육비로 20○○. ○. ○○.부터 20○○. ○. ○.까지 매월 말일 금 ○○○원의 비율에 의한 금원을 지급해야 할 것입니다.

4. 결어

그러므로 원고는 피고에게 청구취지 기재의 이혼, 양육자 및 친권행사자의 지정과 양육비 청구 등을 구하고자 이 건 청구에 이른 것입니다.

입 증 방 법

```
1. 갑 제1호증           가족관계증명서
1. 갑 제2호증           혼인관계증명서
1. 갑 제3호증의 1 내지 3   각 상해진단서
```

첨 부 서 류

```
1. 위 입증방법           각 1통
1. 소장부본             1통
1. 납 부 서             1통
```

20○○년   ○월   ○일
원 고   ○ ○ ○ (서명 또는 날인)

○ ○ 가 정 법 원 귀 중

소   장

원 고   ○ ○ ○ (주민등록번호)
　　　　　　　등록기준지 : ○○시 ○○구 ○○길 ○(우편번호)
　　　　　　　주소 : 등록기준지와 같음
피 고   1. 정   △ △(△ △ △) (주민등록번호)
　　　　　　　등록기준지 : 원고와 같음
　　　　　　　주소 : ○○시 ○○구 ○○길 ○○(우편번호)
　　　　　2. 이   △ △(△ △ △) (주민등록번호)
　　　　　　　주소 : ○○시 ○○구 ○○길 ○○(우편번호)
사건본인   □ □ □(주민등록번호)
　　　　　　　등록기준지 및 주소 : 원고와 같음

이혼 및 위자료 등 청구의 소

청   구   취   지

1. 원고와 피고 정△△은 이혼한다.
2. 피고들은 연대하여 원고에게 위자료로 금 ○○○원 및 이에 대한 이 사건 소
   장 부본 송달 다음날부터 다 갚는 날까지 연 12%의 비율로 계산한 돈을 지
   급하라.
3. 사건본인의 친권행사자로 원고를 지정한다.
4. 피고 정△△은 원고에게 사건본인의 양육비로 이 사건 소장 부본 송달 다음
   날부터 사건본인이 성년에 이르기 전날까지 월 ○○○원을 매월 말일에 지급
   하라.
5. 소송비용은 피고들이 부담한다.
6. 위 제2항, 제4항은 가집행 할 수 있다.
라는 판결을 구합니다.

청   구   원   인

1. 재판상 이혼청구 관련
 가. 혼인경위

원고와 피고 정△△는 19○○. ○. ○. 혼인신고를 마친 법률상 부부로서 슬하에 사건본인을 두고 있습니다{갑 제1호증(혼인관계증명서), 갑 제2호증(가족관계증명서)}. 원고와 피고는 「☆☆호텔」 직원 선.후배간으로 만나 사귀다가 결혼에 이르게 되었으며 전세자금융자를 위해 우선 혼인신고부터 하고 19○○. ○. ○. 결혼식을 올렸습니다.

나. 혼인파탄 경위

(1) 피고 정△△는 원고와 혼인한 이후 원고에게 생활비도 제대로 주지 않고 무분별한 소비를 일삼거나 원고 모르게 과도한 채무를 부담하는 등의 사유로 가정불화를 야기하였고 결국 직장을「☆☆호텔」에서「★★호텔」로 이전하며 종전 직장의 퇴직금으로 카드대금 등의 빚을 청산할 수밖에 없었습니다.

(2) 그런데 피고 정△△는「★★호텔」로 이직한 이후 귀가시간이 점차 늦어졌고 특별한 이유 없이 외박을 하는 횟수도 늘어갔으며 한밤중에 위 피고의 핸드폰 벨이 울리는 경우도 많았습니다.

그러다가 20○○. ○. ○.경 피고 정△△는 원고에게 아무 말도 없이 집을 나가 회사에도 출근하지 않고 완전 연락이 두절되어 원고가 20○○. ○. ○. 가출인 신고를 한 사실이 있습니다{갑 제4호증의 1(가출인신고 접수증)}.

(3) 피고 정△△는 가출한 후 같은 달 ○부터 같은 달 ○까지 2박 3일간 ○○도「◇◇호텔」에서 피고 이△△과 함께 투숙하여 성관계를 맺은 사실이 있으며 이 사실은 같은 달 ○일밤 피고들이 원고를 찾아와 시인하여 알게 되었으며 당시 피고 이△△으로부터 사실확인서를 받아둔 사실도 있습니다{갑 제5호증 (사실확인서), 갑 제6호증 (◇◇호텔 계산서)}.

피고 정△△과 피고 이△△은 ○○시「☆☆호텔」에서 웨이터와 웨이트리스로 함께 근무한 사실이 있어{갑 제7호증(비상연락망) } 간통사실이 발각되기 훨씬 전부터 원고 모르게 서로 사귀어왔던 것입니다{갑 제8호증(피고 이△△의 핸드폰에 피고 정△△이 남긴 음성 메시지를 원고가 기록해 둔 것임), 갑 제9호증의 1 내지 4 (피고들이 19○○. ○. ○.부터 19○○. ○. ○.까지 핸드폰을 패밀리로 같이 사용하며 긴밀한 관계를 유지해 온 증거임)}.

(4) 피고 정△△은 20○○. ○. ○. 밤에 잠깐 원고에게 왔다가 다음날 다시 나간 후 ○경 다시 돌아와 원고의 협의 이혼에 응하여 협의이혼 신고서 등을 작성하고 집을 나가 지금까지 소식이 없습니다.{갑 제10호증의 1(협의이혼확인신청서), 같은 호증의 2(이혼신고서)}. 피고 정△△의 주민등록은 말소된 상태입니다{갑 제3호증 (주민등록말소자등본)}.

다. 소 결

　위와 같은 사실을 종합하면 원고와 피고 정△△의 혼인관계는 피고 정△△의 부정행위 및 악의의 유기 등으로 인하여 회복할 수 없을 정도로 파탄되었다고 할 것이므로 원고는 민법 제840조 제1호, 제2호, 제6호의 재판상 이혼사유로 이유로 이 건 이혼 청구를 합니다.

2. 위자료 청구관련

가. 원고와 피고 정△△의 혼인관계는 피고 정△△이 원고 몰래 피고 이△△과 사귀면서 가정을 등한시하고 급기야 가출하여 간통까지 함으로써 파탄에 이르렀고 피고 이△△은 피고 정△△과 한 직장에 근무한 사실이 있어 그가 유부남인 사실을 잘 알고 있으면서도 장기간의 교제와 간통 등 불륜관계를 맺으면서 원고와 피고 정△△의 이혼에 결정적인 역할을 하였으므로 피고들은 연대하여 원고가 이혼으로 인하여 입은 정신적 고통에 대한 위자료를 지급할 책임이 있다고 할 것입니다.

나. 피고 정△△은 현재 그 명의로 된 재산으로 ○○시 ○○구 ○○길 ○○소재 ○○아파트를 분양 받고 기지급한 계약금 8,000,000원이 있고「★★호텔」외식사업부에서는 20○○. ○. ○. 퇴사한 상태이나 그 이전에는 월평균 금 ○○○원의 급여를 받고 있었으므로{갑 제11호증(갑종근로소득세 원천징수 영수증)} 앞으로 동일 업종에 취업하여 그 정도의 수입은 얻을 가능성이 높습니다.

　그리고 피고 이△△은 (주)○○호텔코리아에 근무하며 연봉 ○○○원 정도의 급여 소득이 있습니다.

다. 따라서 혼인의 파탄 경위 및 책임관계, 위 피고들의 소득 및 재산상태, 신분 등 여러 사정을 고려할 때 피고들은 원고에게 적어도 위자료로 금 ○○○원을 지급할 의무가 있다고 할 것입니다.

3. 친권행사자지정 청구 및 양육비 청구

　원고는 피고 정△△의 가출 이후 지금까지 혼자 사건본인을 양육하고 있고, 피고 정△△은 사건본인에 대해 애정이나 책임의식이 없으므로 사건본인의 친권행사자로 원고를 지정함이 타당하다 할 것입니다.

　다만, 원고는 현재 특별한 직업이 없어 사건본인을 양육하기에 경제적으로 어려움이 많으므로 피고 정△△에게 그 양육비로 사건본인이 성년에 이르기 전날까지 월 ○○○원을 매월 말일에 지급해 줄 것을 청구합니다.

4. 결론

　이상의 이유로 원고는 청구취지와 같은 판결을 구하기 위하여 이 건 소제기에 이르렀습니다.

입 증 방 법

1. 갑 제1호증   혼인관계증명서
1. 갑 제2호증   가족관계증명서
1. 갑 제3호증   주민등록말소자등본
1. 갑 제4호증의 1,2   각 가출인신고접수증
1. 갑 제5호증   사실확인서
1. 갑 제6호증   ◇◇호텔 계산서
1. 갑 제7호증   비상연락망
1. 갑 제8호증   핸드폰 음성메시지 기록
1. 갑 제9호증의 1-4   각 핸드폰 고객정보
1. 갑 제10호증의 1,2   협의이혼의사확인신청서 및 이혼신고서
1. 갑 제11호증   갑종근로소득세원천징수영수증

첨 부 서 류

1. 소장 부본   2통
1. 위 각 입증방법   각 1통
1. 납부서   1통

20○○년   ○월   ○일

위 원고   ○   ○   ○ (서명 또는 날인)

○ ○ 가 정 법 원 귀 중

【3】 이혼, 위자료, 재산분할, 미성년자녀 조정신청

1. 의의

가사조정은 법원의 판단작용에 의하지 아니하고 당사자의 사이의 합의에 의한 분쟁해결을 목적으로 한다.

2. 관할

가사조정사건은 그에 상응하는 가사소송사건이나 가사비송사건을 관할하는 가정법원 또는 당사자의 합의로 정한 가정법원이 관할이다(가사소송법 제 51조 제1항).

3. 신청권자

당사자 쌍방을 신청인으로 한다. 다만, 당사자 일방은 신청서에 쌍방의 서류를 구비하여 단독으로 제출(접수)할 수 있다.

4. 조정조서 송달

조정조서 작성일로부터 7일 이내에 송달한다.

5. 조정 후의 절차

조정조서 정(등)본 및 송달증명원을 첨부하여 1개월 내에 시(구)·읍·면의 장에게 그 내용을 신고하여야 한다.

[양식] 조정신청서(이혼, 위자료, 재산분할, 미성년자녀)

조정신청서
(이혼, 위자료, 재산분할, 미성년자녀)

신 청 인 성명: 연락 가능한 전화번호:
주민등록번호
주   소¹⁾
송 달 장 소²⁾
등 록 기준지³⁾

피 신 청 인 성명: 연락 가능한 전화번호:
주민등록번호
주   소
송 달 장 소
등 록 기준지
□ 별지 당사자표시서에 기재 있음⁴⁾

사건본인(미성년자녀)⁵⁾
1. 성명: 주민등록번호:
  주   소
  등록기준지
2. 성명: 주민등록번호:
  주   소
  등록기준지
□ 별지 당사자표시서에 기재 있음

신 청 취 지

신청하고자 하는 부분의 □안에 V표시를 하시고, 부분은 필요한 경우 직접 기재하시기 바랍니다.
피신청인이 여러 명인 경우, 배우자 이외의 피신청인에 대한 청구취지는 별지로 작성한 후 첨부하시면 됩니다.

---

1) 주민등록상 주소를 기재하시기 바랍니다.
2) 우편물 받는 곳이 주소와 다를 경우 기재하시기 바랍니다.
3) 등록기준지는 가족관계증명서 및 혼인관계증명서 맨 앞장 위에 기재되어 있으므로 이를 참고하 여 기재하시 고, 외국인일 경우에는 국적을 기재하면 됩니다.
4) 피신청인이나 사건본인의 수가 많은 경우 별지로 당사자표시서를 작성한 후 첨부하시면 됩니다.
5) 신청인과 피신청인 사이에 미성년 자녀(만 19세가 되지 않은 자)가 있는 경우에 기재하시기 바랍니다.

1. □ 원만한 혼인관계조정을 희망하나, 협의되지 않을 경우 이혼을 원함.
   □ 이혼을 원함.
2. □ 피신청인은 신청인에게 위자료[6]로 _____원 및 이에 대하여 이 사건 신청서 부본 송달일 다음날부터 다 갚는 날까지 연 12%의 비율로 계산한 돈을 지급하라.
3. □ 피신청인은 신청인에게 재산분할[7]로 다음과 같이 이행하라.
   가. □ _____원 및 이에 대하여 이 조정 성립일 다음 날부터 다 갚는 날까지 연 5%의 비율로 계산한 돈을 지급하라.
   나. □ 아래 기재 부동산(□전부 / □지분 _____)에 관하여 이 조정 성립일 재산분할을 원인으로 한 소유권이전등기절차를 이행하라.
      부동산의 표시[8]: \-
   다. □ 기타: \-
4. □ 사건본인(들)에 대한 친권자 및 양육자로 (□신청인 / □피신청인)을 지정한다.
   (기타: \-)
5. □ (□신청인 / □피신청인)은 (□신청인 / □피신청인)에게 사건본인(들)에 대한 양육비로 다음과 같이 지급하라.
   가. □ _____부터 사건본인(들)이 각 성년에 이르기 전날까지 매월 ____일에 사건본인 1인당 매월 _____원의 비율로 계산한 돈
   나.   □   기타:
   \-
6. □ (□신청인 / □피신청인)은 다음과 같이 사건본인(들)을 면접교섭한다.
7. 조정비용은 피신청인이 부담한다.

	일 자	시 간
□	매월 _____째 주	_____요일 ____시부터 _____요일 ____시까지
□	매주	_____요일 ____시부터 _____요일 ____시까지
□	기타:	

---

6) 위자료를 청구할 경우, 뒤에 있는 '위자료 금액에 따른 수입인지금액표'를 참고하여 위자료 급액에 따른 인지를 매입하여 신청서에 붙여 주시기 바랍니다.
7) 재산분할로 현금의 지급을 청구하는 경우에는 위 3의 가항에, 부동산 소유권의 이전을 청구하는 경우에는 나항에, 그 외의 재산, 예를 들어 지분, 주식, 특허권 등의 지적재산권, 동산 등의 명의이전 또는 인도를 청구하는 경우에는 다항에 각각 기재하시고, 기재할 칸이 부족한 경우에는 별지(부동산목록 등)를 사용하시기 바랍니다. 다만, 부동산목록을 작성하실 경우에는 부동산등기부 등본의 부동산표시를 기재하셔야 합니다.
8) 부동산의 소재 지번 등

신 청 원 인

◇ 유의 사항 ◇
1. 피신청인과 이미 합의가 이루어진 부분은 기재하실 필요가 없습니다.
2. 서로의 감정을 상하게 하거나 갈등을 고조시켜 원만한 조정에 방해가 되지 않도록 조정기일 전에는 이 신청서 외에 준비서면 등을 더 제출하는 것을 삼가 주시기 바랍니다.
3. 구체적인 사정은 조정기일에 출석하여 진술할 수 있고, 만일 조정이 성립되지 않아 소송절차로 이행할 경우 준비서면을 제출하여 이 신청서에 기재하지 못한 구체적인 청구원인을 주장하거나 추가로 증거를 제출할 수 있습니다.

1. 신청인과 피신청인은 _____년 ___월 ___일 혼인신고를 마쳤다.9)
   신청인과 피신청인은 (□ 동거 중/□ _____년 __월 __일부터 별거 중 /
   □ 기타: _____)이다.

2. 이혼 및 위자료
   신청인은 아래와 같은 재판상 이혼원인이 있어 이 사건 신청을 하였다(중복 표시 가능, 민법 제840조 참조).
   □ 피신청인이 부정한 행위를 하였음(제1호)
   □ 피신청인이 악의로 신청인을 유기하였음(제2호)
   □ 신청인이 피신청인 또는 그 부모로부터 부당한 대우를 받았음(제3호)
   □ 신청인의 부모가 피신청인으로부터 부당한 대우를 받았음(제4호)
   □ 피신청인의 생사가 3년 이상 불분명함(제5호)
   □ 기타 혼인을 계속하기 어려운 중대한 사유가 있음(제6호)

☞ **아래 3.항은 재산분할청구를 하는 경우에만 기재하시기 바랍니다.**
3. 재산분할청구
   분할하고자 하는 현재 보유 중인 재산은 별지 "재산내역표"에 기재된 것과 같다.
   다음과 같은 사정(중복 표시 가능)을 고려하여 볼 때, 위 재산에 대한 신청인의 기여도는 _____%이다.
   □ 신청인의 소득활동/특별한 수익
   □ 신청인의 재산관리(가사담당 및 자녀양육 포함)
   □ 신청인의 혼전 재산/부모의 지원/상속
   □ 피신청인의 혼전 채무 변제
   □ 피신청인의 재산 감소 행위
   □ 기타: _____

---

9) 혼인관계증명서에 기재된 혼인신고일 또는 혼인증서제출일을 기재하시면 됩니다.

☞ 아래 4.~6.항은 미성년 자녀가 있는 경우에 기재하시기 바랍니다.

4. 친권자 및 양육자 지정에 관한 의견

사건본인(들)에 대하여 신청취지에 기재된 것과 같은 친권자 및 양육자 지정이 필요한 이유는 다음과 같다(중복 표시 가능).

☐ 과거부터 현재까지 계속하여 양육하여 왔다.

☐ (현재는 양육하고 있지 않으나) 과거에 주된 양육자였다.

☐ 별거 이후 혼자 양육하고 있다.

☐ 사건본인(들)이 함께 살기를 희망한다.

☐ 양육환경(주거 환경, 보조 양육자, 경제적 안정성 등)이 보다 양호하다.

☐ 사건본인(들)과 보다 친밀한 관계이다.

☐ 기타: _____

5. 양육비 산정에 관한 의견

(현재 파악되지 않은 상대방의 직업, 수입 등은 기재하지 않아도 됩니다)

가. 신청인의 직업은 _____, 수입은 월_____원(☐ 세금 공제 전 / ☐ 세금 공제 후)이고, 피신청인의 직업은 _____, 수입은 월 ____원(☐ 세금 공제 전 / ☐ 세금 공제 후)이다.

나. (과거 양육비를 청구하는 경우) 과거 양육비 산정 기간은 _____부터 _____까지 ___년 ___개월이다.

다. 기타 양육비 산정에 고려할 사항: _____
_____

6. 면접교섭에 관한 의견

희망 인도 장소: 사건본인(들)을 _____에서 인도하고 인도받기를 희망한다.

면접교섭 시 참고사항: _____
_____
_____

<h2 align="center">첨 부 서 류</h2>

1. 신청인의 기본증명서, 혼인관계증명서, 가족관계증명서, 주민등록등본 각 1통
2. 피신청인의 기본증명서, 혼인관계증명서, 가족관계증명서, 주민등록등본 각 1통
3. 신청인 및 피신청인의 각 주소변동 사항이 모두 나타나 있는 주민등록초본 각 1통 (신청인, 피신청인 중 일방의 주소가 서울이 아닌 경우에만 제출하시면 됩니다.)
4. 사건본인(들)에 대한 (각) 기본증명서, 가족관계증명서, 주민등록등본 각 1통
5. 소명자료 (소갑 제____호증 ~ 소갑 제____호증)

(입증자료는 "소갑 제1호증", "소갑 제2호증"과 같이 순서대로 번호를 기재하여 제출하시면 됩니다.)

※ 신청서에는 판결문, 진단서 등 객관적이고 명백한 증거만 첨부하여 제출하시고, 특히 증인진술서는 증거 제출을 삼가 주시기 바랍니다. 기타 필요한 나머지 증거는 이후 소송절차에서 제출하시기 바랍니다.

※ 상대방의 재산내역 파악 등을 위해 필요한 경우, 별도로 금융거래정보 제출명령 등을 신청하시기 바랍니다.

20 . . .

신청인   (서명 또는 날인)

법원 귀중

재산내역표

※ 신청인과 피신청인의 현재 재산내역에 대해서 알고 있는 내용만 기재하시기 바랍니다. 다만, 자신의 주거래은행, 보험회사 등은 반드시 밝히시기 바랍니다. 상대방의 재산내역 중 알지 못하는 부분에 대하여는 별도의 증거신청을 통하여 재산내역을 확인하고 보완하시기 바랍니다.

소유자			재산의 표시	가액 또는 잔액(원)
신청인	재산	1		
		2		
		3		
		4		
		5		
	소 계			
	채무	1		
		2		
		3		
		4		
		5		
	소 계			
신청인의 순재산 (재산에서 채무를 공제: A)				
피신청인	재산	1		
		2		
		3		
		4		
		5		
	소 계			
	채무	1		
		2		

		3	
		4	
		5	
	소　계		
피신청인의 순재산 (재산에서 채무를 공제: B)			
신청인, 피신청인 순재산의 합계 (A+B)			

재산내역표 기재 방법

현재 보유하고 있는 재산 및 부담하고 있는 채무만 기재하시기 바랍니다.

1. 재   산
   가. 부동산: '재산의 표시'란에 소재지번 등을 기재하고, '시가 또는 잔액'란에 원고가 알고 있는 현재 시가를 기재한 후, 부동산등기부 등본 및 시가 입증 자료(가급적 감정서, 인터넷 KB 부동산 시세, 공시지가 등 객관적 자료를 제출하고, 이러한 자료가 없을 경우 공인중개사의 확인서 등을 제출)를 첨부하시기 바랍니다.
   나. 예금 채권: '재산의 표시'란에 금융기관의 명칭, 계좌번호를 기재하고, '시가 또는 잔액'란에 현재 예금 잔액을 기재한 후, 예금통장사본, 계좌내역, 잔액조회서 등의 자료를 첨부하시기 바랍니다.
   다. 임대차보증금반환 채권: '재산의 표시'란에 부동산의 소재지번을 기재하고, '시가 또는 잔액'란에 임대차보증금 금액을 기재한 후, 임대차계약서 사본을 첨부하시기 바랍니다.
   라. 주식: '재산의 표시'란에 회사의 명칭, 주식의 수 등을 기재하고, '시가 또는 잔액'란에 현재 시가를 기재한 후 주식예탁통장 사본 및 시가 입증 자료를 첨부하시기 바랍니다.
   마. 특허권 등의 지적재산권: '재산의 표시'란에 다른 특허권 등과 구분이 가능한 정도로 권리를 표시하고, '시가 또는 잔액'란에 원고가 알고 있는 시가를 기재하시기 바랍니다.
   바. 동산: '재산의 표시'란에 동산의 종류 및 수량, 현재 있는 장소 등을 기재하고, '시가 또는 잔액'란에 원고가 알고 있는 시가를 기재하시기 바랍니다.
   사. 자동차: '재산의 표시'란에 차량번호와 모델명, 출고된 연도 등을 기재하고, '시가 또는 잔액'란에 원고가 알고 있는 현재 시가를 기재한 후, 자동차등록증 사본, 중고차 시세를 알 수 있는 자료를 첨부하시기 바랍니다.
   아. 보험: '재산의 표시'란에 보험회사, 보험의 종류 및 명칭 등을 기재하시고, '시가 또는 잔액'란에 현재 예상해약환급금을 기재한 후, 예상해약환급금확인서 등의 자료를 첨부하시기 바랍니다.
2. 채   무
   가. 사인 간 채무: '재산의 표시'란에 채권자 성명, 차용 일시 등을 기재하고, '시가 및 잔액'란에 현재 채무액을 기재한 후 차용증 사본 등을 첨부하시기 바랍니다.
   나. 금융기관 채무: '재산의 표시'란에 대출 금융기관의 명칭, 대출일 등을 기재하고, '시가 및 잔액'란에 현재 남아 있는 대출액을 기재한 후, 대출확인서 등의 자료를 첨부하시기 바랍니다.
   다. 임대차보증금반환 채무: '재산의 표시'란에 부동산의 소재지번을 기재하고, '시가 또는 잔액'란에 임대차보증금 금액을 기재한 후, 임대차계약서 사본을 첨부하시기 바랍니다.

[작성례] 이혼, 위자료, 재산분할, 친권행사자, 양육권자지정 및 양육비 청구의 소

소　　　장

원　　고　　○　○　○(○ ○ ○) (주민등록번호)
　　　　　　　　주소 : ○○시 ○○구 ○길 ○번지(○○동, ○○아파트)(우편번호)
　　　　　　　　　등록기준지　　○○시 ○○구 ○○길 ○○

피　　고　　△　△　△(△ △ △) (주민등록번호)
　　　　　　　　주소 : 원고와 같음
　　　　　　　　등록기준지　　○○시 ○○구 ○○길 ○○

사건본인　　□　□　□(□□□) (주민등록번호)
　　　　　　　　등록기준지 및 주소 : ○○시 ○○구 ○○길 ○번지(우편번호)

이혼등 청구의 소

청　구　취　지

1. 원고와 피고는 이혼한다.
2. 피고는 원고에게,
　가. 위자료로 금 ○○○원을 지급하라.
　나. 별지목록 기재 부동산에 관하여 재산분할을 원인으로 한 소유권이전등기
　　　절차를 이행하고 이를 인도하라.
3. 사건본인에 대한 친권행사자 및 양육권자를 원고로 지정한다.
4. 피고는 사건본인에 대한 양육비로 이 사건 소장 부본 송달일 다음날부터 20
　○○. ○. ○.까지 매월 ○○만원을 매월 말일에 지급하라.
5. 소송비용은 피고가 부담한다.
6. 제2의 가.항 및 제4항은 가집행 할 수 있다.
라는 판결을 구합니다.

청　구　원　인

1. 원고와 피고는 19○○. ○. ○. 혼인신고를 마친 법률상 부부이며, 그 사이에
　사건본인 □□□를 출산하였습니다.

2. 이혼사유

　가. 피고는 공과대학을 졸업하고 원고와 혼인한 후 원고의 뒷바라지로 건축사 자격을 획득하여 19○○년부터 ○○건축사사무실에서 일하였으며 원고는 피고의 취직과 함께 다니던 무역회사를 그만두고 가정 주부로서 생활해 왔습니다.

　나. 그런데 피고는 직장을 갖고 난 후 2년정도 지나면서 그전에는 잘 마시지도 않던 술을 마시기 시작했고 '더러워서 남 밑에서 일을 못하겠으니 개인사무실을 차려야겠다'며 원고에게 "넌 시집올 때 아무것도 해온 것이 없으니 친정 부모에게 말해 사무실 개업할 자금을 대라"며 금원을 요구해 원고는 당시 사업에 어려움을 겪고 있던 친정부모에게 그런 말은 꺼내지도 못하고 "고생스럽더라도 조금만 더 참고 돈을 모아 추후에 사무실 개업문제를 도모해 보자"고 하였더니 "내가 돈버는 기계냐"라고 큰소리로 화를 내며 옆에 있던 잡지책을 원고에게 던져 원고를 폭행하였습니다.

　다. 그런 일이 있은 후로 피고는 사소한 일로 화가 나거나 술만 마시면 원고를 심하게 구타하였고 심지어는 19○○. ○.○. 둘째 아이를 임신하고 있던 원고를 술을 먹고 들어와 한밤중에 머리채를 잡고 방바닥에 쓰러뜨려 발로 짓이기는 바람에 놀랍고 무서워 맨발로 집을 뛰쳐나가 결국 아이를 유산하고 말았습니다.

　라. 그 후 원고는 우울증의 증세로 병원을 오가는 신세가 되었으며 자라는 아이에게도 악영향을 끼칠 것 같아 20○○. ○.○. 이혼을 결심하고 아이를 데리고 친정으로 와 현재에 이르렀습니다. 이상과 같이 심히 부당한 대우에 견디다 못한 원고는 피고의 행위가 민법 제제840조 제6호의 혼인을 계속하기 어려운 중대한 사유에 해당하므로 이혼을 청구하는 바입니다.

3. 위자료 및 재산분할

　이상과 같은 피고의 행위가 혼인파탄의 직접적인 원인이 되었기에 원고는 피고의 연봉과 혼인파탄사유를 고려해 위자료로 청구취지와 같은 금액을 청구하는 바이며, 결혼전 원고명의의 18평 아파트를 매매하고 원고의 부모로부터 금전적도움을 받아 현재 주소지의 26평 아파트로 이사하여 살았으므로 피고는 현재의 아파트에 기여한 부분이 전혀 없는바, 청구취지와 같은 방법으로 재산분할을 청구합니다.

4. 친권행사자 및 양육권자 지정

　피고의 행동으로 어린 아이의 성격이 늘 소심해 있고 다른 아이와도 어울리지 못하며 술만 마시면 광폭해지는 피고의 성격에 아이도 피고를 따르지 않는 점을 고려해 아이에 대한 친권행사자와 양육권자로 원고를 지정하는 것이 마땅하기에 아이의 장래를 위해 사건본인에 대한 친권행사자와 양육권자를 원고로 지정해 주실 것을 신청합니다.

5. 양육비 지급 청구

　　다만, 원고는 현재 가정주부로서 원고의 힘만으로 사건본인을 양육하기에는 부족함이 있습니다. 이에 원고는 피고에게 사건본인에 대한 양육비로 이 사건 소장 부본 송달일 다음날부터 사건본인이 성년이 되기 전날인 20○○. ○. ○.까지 매월 ○○만원을 매월 말일에 지급할 것을 청구합니다.

입 증 방 법

1. 갑 제1호증　　　　　　　　가족관계증명서
1. 갑 제2호증　　　　　　　　혼인관계증명서
1. 갑 제3호증　　　　　　　　주민등록등본
1. 갑 제4호증　　　　　　　　진단서
1. 갑 제5호증　　　　　　　　사실확인서
1. 갑 제6호증　　　　　　　　부동산등기사항전부증명서

첨 부 서 류

1. 소장부본　　　　　　　　　1통
1. 위 입증방법　　　　　　　각 1통
1. 소송위임장　　　　　　　　1통
1. 납부서　　　　　　　　　　1통

20○○.　○.　○.

원　　고　　○　○　○ (서명 또는 날인)

○ ○ 가 정 법 원 귀　　중

【4】 혼인무효(취소)의 소

1. 의의

① 혼인무효 : 혼인성립 이전의 단계에서 그 성립요건의 흠으로 유효한 혼인이 성립하지 않음을 주장하는 재판으로, 사유는 크게 당사자 사이에 혼인의 합의가 없는 때와 당사자 사이가 근친(8촌 이내의 혈족관계, 직계인척관계가 있거나 있었던 때, 양부모계의 직계혈족관계가 있었던 때)일 때로 나눌 수 있다(민법 제815조).

② 혼인취소 : 중혼금지규정에 위반한 혼인, 혼인의 연령 위반, 동의 없는 혼인, 근친혼의 금지 위반, 혼인 당시 당사자 한쪽에 부부생활을 계속할 수 없는 악질, 그 밖의 중대한 사유가 있음을 알지 못한 때, 사기 또는 강박으로 인하여 혼인의 의사 표시를 한 때 등의 사유를 들어 제기하는 재판이다.

2. 관할

① 부부가 같은 가정법원의 관할구역 내에 주소지가 있을 때에는 그 가정법원

② 부부가 최후의 공동의 주소지를 가졌던 가정법원의 관할구역 내에 부부 중 일방의 주소가 있을 때에는 그 가정법원

③ 위의 각 경우에 해당하지 아니하는 경우로서 부부중 어느 한쪽이 다른 한쪽을 상대로 할 경우에는 상대방의 보통재판적이 있는 곳의 가정법원, 부부 모두를 상대로 하는 경우에는 부부 중 어느 한쪽의 보통재판적이 있는 곳의 가정법원

④ 부부 일방이 사망한 경우는 생존한 타방의 주소지 가정법원

⑤ 부부 쌍방이 사망한 경우는 부부 중 일방의 최후 주소지의 가정법원

⑥ 가정법원 관할은 전속관할

3. 원고적격

① 혼인무효 : 당사자, 법정대리인 또는 4촌 이내 친족, 이해관계인

② 혼인취소 :

　1) 혼인적령 위반 및 동의 없는 혼인의 경우 : 당사자 또는 법정대리인

　2) 근친혼의 경우 : 당사자, 직계존속 또는 4촌 이내 방계혈족, 검사

　3) 중혼의 경우 : 당사자 및 그 배우자, 직계존속 또는 4촌 이내 방계혈족, 검사

4) 그 외의 취소사유 : 혼인의 의사표시를 한 당사자

4. 피고적격

상대방 배우자. 부부(당사자 이외의 사람이 소를 제기할 때), 검사(상대방으로 될 사람이 모두 사망한 때)

5. 관련 사건의 병합 문제

① 일반적으로 혼인의 무효나 취소 청구의 소에는 예비적·선택적으로 재판상 이혼청구가 병합되거나 위자료 청구가 병합되는 경우가 있다.

② 혼인의 무효를 청구하면서 예비적으로 혼인의 취소 청구를 할 수도 있다.

6. 판결확정 후의 절차

소를 제기한 자는 판결확정일로부터 1개월 이내에 시(구)·읍·면의 장에게 그 취지를 신고하여 등록부의 정정을 신청하여야 한다.

혼인무효확인의 소

원　고:　　　　　　　(연락 가능한 전화번호:　　　　　　　　　　　)
　　　　주민등록번호:
　　　　주　　　　소:
　　　　송　달　장　소:
　　　　등　록　기준지:
피　고:
　　　　주민등록번호:
　　　　주　　　　소:
　　　　등　록　기준지:

청 구 취 지

1. 원고와 피고 사이에 [　　　　년　월　　일]　　　　(시,도)　　　(시,군,구)청장
  에게 신고하여 한 혼인은 무효임을 확인한다.
2. 소송비용은 피고가 부담한다.
라는 판결을 구합니다.

청 구 원 인

(소송을 제기하는 사유를 구체적으로 기재하십시오.)

첨 부 서 류

1. 혼인관계증명서(원고, 피고)　　　　　각 1통
2. 가족관계증명서(상세)(원고, 피고)　　　각 1통
3. 주민등록표등(초)본(원고,피고)　　　　각 1통
4. 혼인신고서사본　　　　　　　　　　　1부
5. 소장부본　　　　　　　　　　　　　　1부

20　　．　　　．　　　．
원고　　　　　　(서명 또는 날인)

법원　귀중

휴대전화를 통한 정보수신 신청

 위 사건에 관한 **재판기일의 지정.변경.취소 및 문건접수 사실**을 예납의무자가 납부한 송달료 잔액 범위 내에서 아래 휴대전화를 통하여 알려주실 것을 신청합니다.

■ **휴대전화번호**:

20   .   .   .

신청인   원고   (서명 또는 날인)

※ 문자메시지는 재판기일의 지정.변경.취소 및 문건접수 사실이 법원재판사무시스템에 입력되는 당일 이용 신청한 휴대전화로 발송됩니다.
※ 문자메시지 서비스 이용 금액은 메시지 1건당 17원씩 납부된 송달료에서 차감됩니다(송달료가 부족하면 문자메시지가 발송되지 않습니다.).
※ 추후 서비스 대상 정보, 이용 금액 등이 변동될 수 있습니다.
※ 휴대전화를 통한 문자메시지는 원칙적으로 법적인 효력이 없으니 참고 자료로만 활용하시기 바랍니다.

◇ 유의 사항 ◇
1. 소장에는 인지액 20,000원 상당의 금액을 현금이나 신용카드·직불카드 등으로 납부한 내역을 기재한 영수필확인서를 첨부하여야 합니다.
2. 송달료는 당사자 수 ×우편료 × 15회분을 송달료 취급 은행에 납부하고 납부서를 첨부하여야 합니다.

[양식 ②] 혼인취소청구

혼 인 취 소 청 구

원   고   (연락 가능한 전화번호:)
　　　　　　주민등록번호   -
　　　　　　주소
　　　　　　등록기준지

피   고
　　　　　　주민등록번호   -
　　　　　　주소
　　　　　　등록기준지

청 구 취 지

1. 원고와 피고 사이의 20   .   .   .자   구청장에게 한 혼인신고는 이
　를 취소한다.
2. 소송비용은 피고의 부담으로 한다.
라는 판결을 구합니다.

청 구 원 인

(혼인신고의 취소를 주장하는 사유를 구체적으로 기재하십시오.)

첨 부 서 류

1. 가족관계증명서(상세)   1통
2. 혼인관계증명서   1통
3. 주민등록등본   1통

20   .   .   .
원고   (서명 또는 날인)

　　　　　　　　　　　　　　　　　　　　　　　　　　　법원   귀중

◇ 유의사항 ◇
　1. 소장에는 수입인지 20,000원을 붙여야 합니다.
　2. 송달료는 당사자 수 ×우편료 × 15회분을 송달료 취급 은행에 납부하고 영
　　수증을 첨부하여야 합니다.

[작성례 ①] 혼인무효확인 등(일방적 혼인신고)

소 　 장

원　　고　　○　○　○　(○○○)
　　　　　　　　　19○○년 ○월 ○○일생
　　　　　　　　　등록기준지　　○○시 ○○구 ○○길 ○○
　　　　　　　　　주소　　○○시 ○○구 ○○길 ○○ (우편번호)
　　　　　　　　　전화　　○○○ - ○○○○

피　　고　　△　△　△　(△△△)
　　　　　　　　　19○○년 ○월 ○일생
　　　　　　　　　등록기준지　　○○시 ○○구 ○○길 ○○
　　　　　　　　　주소　　○○시 ○○구 ○○길 ○○ (우편번호)
　　　　　　　　　전화　　○○○ - ○○○○

혼인무효확인 등의 소

청 구 취 지

1. 원고와 피고의 혼인신고 (20○○년 ○○월 ○○일 ○○구청장 접수)는 무효임을 확인한다.
2. 피고는 원고에게 금15,000,000원 및 소장부본 송달 다음날부터 다 갚는 날까지 연 20%의 비율에 의한 금원을 지급하라
3. 소송비용은 피고가 부담한다.
4. 제2항은 가집행할 수 있다.
라는 판결을 구합니다.

청 구 원 인

1. 피고 △△△은 원고의 스토커로 2년동안 줄기차게 원고에게 구혼을 요구하였으나 원고는 따로 결혼을 약속한 사람이 있어 피고와의 혼인을 단호히 거부하였습니다.
2. 그러나 피고는 원고의 동의 없이 20○○년 ○○월 ○○일 ○○구청에서 혼인신고를 하였습니다.

이 사실을 모르고 원고는 소외 □□□과 ○○예식장에서 20○○년 ○월 ○일 결혼식을 올리고 6월 뒤인 20○○년 ○월 ○일에 혼인신고를 하려던 차에 이미 피고와 혼인신고가 되어 있음을 이유로 소외 □□□와 말다툼 끝에 서로 헤어지는 결과를 초래하였습니다.

3. 이에 원고는 혼인무효확인을 구함과 아울러 피고의 불법행위에 대한 위자료 금15,000,000원을 청구하기에 이른 것입니다.

입 증 방 법

1. 갑 제1호증	혼인관계증명서
1. 갑 제2호증	주민등록등본
1. 갑 제3호증	결혼식 사진
1. 갑 제4호증	증언서

첨 부 서 류

1. 위 입증방법	각 1통
1. 소장부본	1통
1. 납부서	1통

20○○년 ○월 ○일

원   고   ○ ○ ○ (서명 또는 날인)

○ ○ 가 정 법 원 귀 중

소 장

원 고 이 ○ ○ (주민등록번호)

  등록기준지 : ○○시 ○○구 ○○길 ○○

  주소 : ○○시 ○○구 ○○길 ○○(우편번호)

피 고 텐 △△△ (TEN. △△△)

  19○○년 ○월 ○일생, 여

  국적 : 카자흐스탄

  최후 주소 : ○○시 ○○구 ○○길 ○○(우편번호)

혼인무효확인청구의 소

청 구 취 지

1. 가. 주위적 청구

  원고와 피고 사이에 20○○. ○. ○. ○○시 ○○구청장에게 신고하여 한 혼인은 무효임을 확인한다.

 나. 예비적 청구

  원고와 피고는 이혼한다.

2. 소송비용은 피고가 부담한다.

라는 판결을 구합니다.

청 구 원 인

1. 원고는 19○○. ○.경부터 □□□ 교회에 다니다가 □□□에서 주최하는 국제 합동결혼식절차를 통하여 20○○. ○. ○. 한국 ◎◎회관에서 카자흐스탄 국적의 피고와 결혼식을 거행하고, 20○○. ○. ○. ○○시 ○○구청장에게 혼인신고를 함으로써 가족관계등록부상으로는 피고와 부부로 되어 있습니다.

2. 그런데 원고는 위 결혼식 이전에는 피고를 만나 본 사실이 없고 서로 사진만 본 상태에서 □□□에서 정해주는 절차에 따라 피고와 결혼식을 올렸습니다. 그리고 결혼식 후에도 즉시 혼인생활을 위한 동거에 들어가지 못하는 □□

□ 교리에 따라 피고는 원고와 떨어져 ○○시 ○○구 ○○동 ○○ 소재 □ □□ 기숙사에서 40일을 지내야 하였고, 그 기간을 도과한 이후에서야 원.피고는 비로소 정식으로 혼인생활에 들어가도록 예정되어 있었습니다.

따라서 원고는 피고와 결혼식만 올렸을 뿐, 육체관계나 동거 한번 없이 피고의 국내 체류기간 연장을 위하여 20○○. ○. ○. 피고와 혼인신고를 하였던 것입니다.

3. 그러나 피고는 위 □□□의 별거기간을 끝내고 원고와 혼인생활에 들어가기로 예정되어 있던 바로 전날인 20○○. ○. ○. 비자와 여권을 가지고 도망을 가서 지금까지 소재불명상태인바, 출입국사실을 확인해 본 결과 아직 국내 체류 중으로 되어 있었습니다. 피고의 여권은 원래 원고가 보관하고 있었는데 피고가 □□□의 교구장 목사를 통하여 자신의 여권을 돌려 달라고 사정하는 바람에 20○○. ○. ○. 마지못해 피고에게 여권을 주었는데 여권을 받은 바로 다음날 사라진 것입니다.

4. 위와 같은 사실을 종합해 볼 때 피고는 원고와 혼인할 의사 없이 단지 한국에 입국할 목적으로 원고를 기망하여 혼인신고를 한 것으로서 원.피고의 혼인은 혼인 당사자 간에 혼인에 관한 실질적 합의가 결여된 상태에서 이루어진 것으로서 무효라 할 것입니다.

가사 혼인무효가 인정되지 않는다 하더라도, 민법 제840조 제2호 소정의 재판상이혼사유인 "악의의 유기"에는 해당된다고 할 것입니다.

5. 따라서 원고는 청구취지 기재와 같이 주위적으로는 혼인무효확인을 구하고 예비적으로 재판상 이혼을 구하기 위하여 이 건 소제기에 이르렀습니다.

입 증 방 법

1. 갑 제1호증   혼인관계증명서
1. 갑 제2호증   주민등록등본
1. 갑 제3호증   피고여권사본
1. 갑 제4호증   가출인신고 접수증
1. 갑 제5호증   출입국에관한사실증명
1. 갑 제6호증   원고본인진술서

첨 부 서 류

1. 소장 부본   1통
1. 위 각 입증방법   각 1통

1. 위임장   1통
1. 납부서   1통

                20○○년 ○월 ○일
                위 원고   (서명 또는 날인)

○ ○ 가 정 법 원   귀 중

소　　　　장

원　　고　　○ ○ ○ (○○○)

　　　　　　　　　19○○년 ○월 ○일생
　　　　　　　　　등록기준지　　○○시 ○○구 ○○길 ○○
　　　　　　　　　주소　　○○시 ○○구 ○○길 ○○ (우편번호)
　　　　　　　　　전화　　○○○ - ○○○○

피　　고　　△ △ △ (△△△)

　　　　　　　　　19○○년 ○월 ○일생
　　　　　　　　　등록기준지　　○○시 ○○구 ○○길 ○○
　　　　　　　　　주소　　○○시 ○○구 ○○길 ○○ (우편번호)
　　　　　　　　　전화　　○○○ - ○○○○

혼인무효확인청구의 소

청 구 취 지

1. 원고와 피고 사이에 20○○. ○. ○. ○○시 ○○구청장에게 신고하여 한 혼인은 무효임을 확인한다.
2. 소송비용은 피고가 부담한다.
라는 판결을 구합니다.

청 구 원 인

1. 피고 △△△은 원고의 이종사촌이었으나 원고의 어머니와 피고의 어머니가 1951년 8월경 피란 도중 헤어지게 되어 이를 알지 못하고 피고와 원고는 같은 대학 같은 학과에 입학하여 서로에게 호감을 갖고 사귀던 중 결혼을 하고 19○○년 ○월 ○일 ○○구청에서 혼인신고를 하였습니다.
2. 이후 원고 어머니와 피고 어머니가 옛날 이야기를 하던 도중 서로가 6·25때 헤어진 자매라는 사실을 알게되어 원고는 혼인무효확인을 청구하기에 이른 것입니다.

입 증 방 법

1. 혼인관계증명서   1통
1. 제적등본   1통
   (또는, 가족관계기록사항에 관한 증명서)   1통
1. 결혼식 사진   1통
1. 증언서   1통

첨 부 서 류

1. 위 입증방법   각 1통
1. 소장부본   1통
1. 납부서   1통

20○○년 ○월 ○일

원   고   ○   ○   ○ (서명 또는 날인)

○ ○ 가 정 법 원   귀 중

소　　　　　장

원　　고　　○　○　○

　　　　　　　　1900년 ○월 ○일생

　　　　　　　　등록기준지　　○○시 ○○구 ○○길 ○○

　　　　　　　　주소　　○○시 ○○구 ○○길 ○○ (우편번호)

　　　　　　　　전화　　○○○ - ○○○○

피　　고　　김 △　△

　　　　　　　　1900년 ○월 ○일생

　　　　　　윤　△　△

　　　　　　　　1900년 ○월 ○일생

　　　　　　　　○○시 ○○구 ○○길 ○○

　　위 피고들의 등록기준지　　○○시 ○○구 ○○길 ○○

　　　　　　　　주소　　○○시 ○○구 ○○길 ○○ (우편번호)

　　　　　　　　전화　　○○○ - ○○○○

혼인무효확인청구의 소

청　구　취　지

1. 피고들 사이에 20○○. ○. ○. ○○시 ○○구청장에게 신고하여 한 혼인은 무효임을 확인한다.
2. 소송비용은 피고들이 부담한다.

라는 판결을 구합니다.

청　구　원　인

1. 피고 김△△은 원고의 차녀이며, 같은 피고 윤△△는 20○○. ○. ○. 피고 김 △△와 혼인신고를 한 법률상 부부로서 원고에게는 둘째 사위입니다.
2. 피고 김△△은 ○○제과 ○○대리점의 영업사원으로 근무하다 대리점 주인이 었던 소외 망 윤▲▲와 혼인을 하였던 사실이 있습니다. 그러나 원고는 장성 한 자식들이 있는 위 망 윤▲▲와 피고 김△△의 혼인관계를 인정할 수 없어

연락을 두절하고 살았는데, 그 후 몇 년 만에 위 망 윤▲▲가 사망하자 얼마 되지 않아 피고 김△△와 같은 피고 윤△△가 재혼하였다는 소식을 듣게 되었습니다.

3. 피고들은 결혼식을 올리지도 않고 동거에 들어가면서 혼인신고를 마친 후, 법률상 부부로서 살고 있었는데 이후 집안간 왕래하는 과정에서 피고 윤△△가 위 망 윤▲▲의 자로서 피고들 간에 직계인척 관계가 있었던 사실이 밝혀졌습니다.

4. 원고와 가족들은 위와 같은 청천 벽력같은 소식에 우선 당사자들에게 관계를 정리하고 모든 것을 없었던 상태로 되돌릴 것을 요구하였으나 당사자들은 이미 자신들이 법률상 부부이므로 헤어질 수 없다며 가족들의 요구를 거절하고 있습니다.

5. 원고와 가족들은 피고들이 원만히 이번 일을 해결하기를 바랐으나, 피고들은 가족들의 거듭된 요구를 거절하고 있고, 당사자들의 혼인은 민법 제815조 제3호에 해당되어 무효인 혼인에 해당되므로 원고가 스스로 피고들의 패륜적인 관계를 종결시키고자 본 소송에 이른 것입니다.

입 증 방 법

1. 갑 제1호증   가족관계증명서(김△△)
1. 갑 제2호증   가족관계증명서(윤△△)
1. 갑 제3호증   혼인관계증명서

첨 부 서 류

1. 위 입증방법   각 1통
1. 소장부본   2통
1. 납부서   1통

20○○년 ○월 ○일
원   고   ○ ○ ○ (서명 또는 날인)

○ ○ 가 정 법 원   귀 중

【5】 입양무효(취소)의 소

1. 입양무효의 의의

① 입양무효 : 입양의 무효는 당사자의 신고로 이루어진 입양이 실체상 또는 절차상의 흠으로 인하여 입양으로서의 완전한 효력이 발생하지 않는 것을 말한다.

② 무효사유
- 당사자 사이에 입양의 합의가 없는 때(민법 제883조 제1호)
- 양자가 될 사람이 13세 미만인 경우 법정대리인의 승낙(대락)이 없는 때 (민법 제883조 제2호, 제889조 제2항)
- 미성년자의 입양, 피성년후견인의 입양에 가정법원의 허가가 없는 때(민법 제883조 제2호, 제867조 제1항. 제873조 2항)
- 존속 또는 연장자를 양자로 한 때(민법 제883조 제2호, 제877조)

2. 입양취소

① 입양의 취소는 이미 이루어진 입양에 인정한 흠이 있음을 이유로 이를취소하여 양친자 관계를 장래에 향하여 소멸시키는 것이며, 입양취소는 반드시 법원에 청구하여서만, 즉 소로써만 주장할 수 있고, 입양취소의 소는 형성의 소이다.

② 입양취소의 효력은 기왕에 소급하지 아니하고 장래에 향하여서만 효력이 있을 뿐이다(민법 제897조, 제824조).

③ 취소사유
- 성년에 달하지 않은 자가 입양한 때(민법 제884조 제1호, 제866조)
- 입양이 적법한 동의 없이 이루어진 때(민법 제884조 제I호, 제869조 제1항, 제3항 제2호, 제870조 제1항, 제871조 제1항, 제873조 제1항)
- 배우자 있는 자가 배우자와 공동으로 입양하지 아니 하거나 배우자의 동의 없이 양자가 된 때(민법 제884조 제1호. 제874조)
- 입양 당시 양부모와 양자 중 한쪽에서 악질 그 밖에 중대한 사유가 있음을 알지 못한 때(민법 제884조 제2호)
- 사기 또는 강박으로 인하여 입양의 의사표시를 한 때(민법 제884조 제3호)

3. 관할

① 양부모 중 1명의 보통재판적이 있는 곳의 가정법원, 양부모가 모두 사망한 경우에는 그 중 1명의 마지막 주소지의 가정법원의 전속관할에 속한다(가사소송법 제30조 제1호, 제2호).

② 따라서 양부모의 주소 또는 마지막 주소지가 다른 경우에는 전속관할이 경합하게 된다.

4. 원고적격

① 입양무효 : 당사자. 법정대리인 또는 4촌 이내 친족. 이해관계인

② 입양취소 :

- 미성년자가 입양한 때 - 양부모, 양자, 법정대리인, 직계혈족(민법 제885조)
- 부모 또는 직계존속의 동의 없이 양자가 된 때 – 동의권자(구 민법 제886조 전단, 제870조/민법 제886조, 제869조 제1항)
- 미성년자가 적법한 동의 없이 양자가 된 때 - 양자, 동의권자(구 민법 제886조 후단, 제871조/민법 제886조, 제869조 제1항, 제3항 제2호, 제870조 제1항)
- [2013. 7. 1. 전] 후견인이 가정법원의 허가 없이 피후견인을 양자로 한 때 - 피후견인. 친족회원(구 민법 제887조 전단, 제872조)
- [2013. 7. 1. 전] 금치산자가 후견인의 동의 없이 양자를 하거나 양자가 된 때 – 금치산자, 후견인(구 민법 제887조 후단, 제873조) / [2013. 7. 1. 이후] 피성년후견인이 성년후견인의 동의 없이 입양을 하거나 양자가 된 때- 피성년후견인이나 성년후견인(민법 제887조, 제873조 제1항)
- 배우자와 공동으로 하지 아니하고 양자를 하거나 배우자의 동의 없이 양자가 된 때 – 배우자(민법 제888조, 제874조)
- 양친자의 한쪽에게 악질 그 밖에 중대한 사유가 있음을 알지 못한 때 - 양친자의 다른 쪽(민법 제896조)
- 사기 또는 강박으로 인하여 입양의 의사표시를 한 때 - 입양의 의사표시를 한 자(민법 제897조)

5. 피고적격

① 입양무효 : 양친자 중 어느 한쪽이 소를 제기할 때에는 다른 쪽을 상대방으로 하고, 제3자가 소를 제기할 때에는 양친자 양쪽을 상대방으로 하되, 그 중 어느 한쪽이 사망한 때에는 생존자를 상대방으로 한다(가사소송법 제31조, 제24조 제1항, 제2항). 상대방으로

될 사람이 모두 사망한 때에는 검사를 상대방으로 한다(가사소송법 제24조 제3항).

② 입양취소 : 양친자 중 어느 한쪽이 소를 제기한 때에는 다른 쪽을 상대방으로 하고, 제3 자가 소를 제기한 때에는 양친자 양쪽을 상대방으로 하되, 그 중 어느 한쪽이 사망한 때 에는 생존자를 상대방으로 한다(가사소송법 제31조, 제24조 제1항, 제2항). 상대방으로 될 사람이 모두 사망한 때에는 검사를 상대방으로 한다(가사소송법 제31조, 제24조 제3 항). 따라서 제3자가 소를 제기한 때에는 양친(양부모)과 양자 3명이 피고로서 필수적 공 동소송인으로 된다.

6. 판결확정 후의 절차

① 입양무효

확정판결의 효력, 가족관계등록사무를 처리하는 사람에의 통지. 가족관계등록부 기록정정 과의 관계 등은 혼인무효의 소에서와 같다.

② 입양취소

1) 청구를 인용한 확정판결은 제3자에게도 효력이 있고, 청구를 기각한 확정판결에는 재소금지 의 효력이 있다(가사소송법 제21조).

2) 입양취소사유마다 별개의 소송물이라고 할 것이므로 입양취소사유 중의 하나를 주장하여 소 를 제기하였다가 청구기각의 확정판결을 받았더라도 다른 사유를 주장하여 다시 소를 제기 할 수 있다.

3) 입양취소의 청구를 인용한 판결이 확정되면 가정법원의 법원사무관 등은 바로 그 뜻을 등록 기준지의 가족관계등록사무를 처리하는 사람에게 통지하여야 한다(가사소송규칙 제7조 제1 항 제1호). 당사자는 판결확정일로부터 1개월 이내에 판결정본 및 송달/확정증명원을 발급 받아 그 취지를 신고하여 등록부 기록을 바로 잡게 된다.

7. 친양자 입양

① 친양자 입양의 경우 일반양자의 입양무효, 입양취소 규정이 적용되지 않고(민법 제908조 의4 제2항. 제883조. 제884조), 일반양자의 협의상 파양, 재판상 파양에 관한 규정도 적 용되지 않는다(민법 제908조의5 제2항, 제898조. 제905조).

② 친양자 입양무효 : 허용되지 않는다(이유: 친양자 입양은 가정법원의 심리를 거쳐 심판에 의하여 성립되기 때문이다).

③ 친양자 입양취소

1) 당사자적격

　입양 당시 동의할 수 없었던 친생의 부 또는 모가 양친자 양쪽을 상대방으로 하되, 그 중 한쪽이 사망한 경우에는 생존자를, 모두 사망한 경우에는 검사를 상대방으로 한다.

2) 취소사유

　친생의 부 또는 모가 자신에게 책임 없는 사유로 민법 제908조의2 제1항 제3호 단서(부모가 친권상실의 선고를 받거나 소재를 알 수 없거나 그 밖의 사유)에 따른 동의를 할 수 없었음에 한한다.

3) 제척기간 및 관할

　입양 사실을 안 날부터 6개월 안에 가정법원에 소로써 입양취소를 청구하여야 한다., 관할은 일반 입양과 같다.

4) 판결확정의 효력

- 친양자관계는 소멸하고 입양 전의 친생부모와 그 친족관계는 부활하고, 원래의 성과 본을 회복한다. 다만, 친양자 입양 전에 성·본 변경심판에 의하여 친양자의 성·본이 변경되었던 경우 친양자 입양의 취소로 기존의 성·본 변경심판까지 그 효력을 잃는 것으로 볼 수 없으므로 변경 후의 성·본으로 남는다.

- 친양자 입양취소의 효력은 소급하지 않는다. 판결확정 후의 절차는 일반 입양과 같다.

소　　　　장

원　고　　○　○　○ (金○○)

　　　　　　　　19○○년 ○월 ○일생

　　　　　　　　등록기준지　　○○시 ○○구 ○○길 ○○

　　　　　　　　주소　　○○시 ○○구 ○○길 ○○(우편번호)

　　　　　　　　전화　　○○○ - ○○○○

피　고　　1. 김　△　△ (金△△)

　　　　　　　　19○○년 ○월 ○일생

　　　　　　　2. 정　△　△ (鄭△△)

　　　　　　　　19○○년 ○월 ○일생

　　　　　　　　피고들의 등록기준지 : 원고와 같음

　　　　　　　　피고들의 주소 : ○○시 ○○구 ○○길 ○○(우편번호)

　　　　　　　　피고들의 특별대리인　□　□　□

　　　　　　　　　　　　　　　　주소 : ○○시 ○○구 ○○길 ○○

　　　　　　　　　　　　　　　　우편번호 : ○○○○○

입양무효확인의 소

청　구　취　지

1. 원고와 피고들 사이의 20○○. ○. ○. ○○시 ○○구청장에게 신고한 입양은
　무효임을 확인한다.
2. 소송비용은 피고들의 부담으로 한다.
라는 판결을 구합니다.

청　구　원　인

1. 피고들은 입양관계증명서 상 20○○. ○. ○. 원고에게 입양된 양 신고되어
　있 습니다.
2. 그러나 사실은 피고들의 생부인 소외 김□□는 20○○. ○. ○. 원고 및 피
　고들의 생모인 소외 박□□과 상의없이 일방적으로 피고들을 원고의 양자로

하는 입양신고를 함으로서 입양관계증명서와 기본증명서 및 가족관계증명서
상 그와 같이 등재된 것입니다.
3. 그러므로 원고와 피고들 사이의 위 입양신고는 당사자 사이에 입양의 합의
없이 이루어진 것으로서 그로 인한 입양은 무효라고 할 것이므로 그 확인을
구하고자 이 사건 소제기에 이르게 된 것입니다.

입 증 방 법

1. 갑제 1호증의 1, 2   각 가족관계증명서
1. 갑제 2호증의 1, 2   각 입양관계증명서
1. 갑제 3호증의 1, 2   각 기본증명서

첨 부 서 류

1. 소장부본   1통
1. 위 입증방법   각 1통
1. 납부서   1통

20○○년   ○월   ○일
위 원고 ○ ○ ○ (서명 또는 날인)

○ ○ 가 정 법 원   귀 중

소   장

원   고(양부)   1. 김 ○ ○ (金 ○ ○)
                        19○○년 ○월 ○일생
       (양모)   2. 이 ○ ○ (李 ○ ○)
                        19○○년 ○월 ○일생
            위 원고들의 등록기준지   ○○시 ○○구 ○○길 ○○
                        주소   ○○시 ○○구 ○○길 ○○(우편번호)
                        전화   ○○○ - ○○○○

피   고(양자)   △ △ △ (△△△)
                    19○○년 ○월 ○일생
                    등록기준지   ○○시 ○○구 ○○길 ○○
                    주소   ○○시 ○○구 ○○길 ○○(우편번호)
                    전화   ○○○ - ○○○○

입양무효확인청구의 소

청 구 취 지

1. 원고들과 피고사이의 입양신고(○○구청장 20○○. ○. ○.접수)는 무효임을 확인한다.
2. 소송비용은 피고의 부담으로 한다.
라는 판결을 구합니다.

청 구 원 인

1. 원고들은 누군가가 슬며시 원고들의 집앞 대문에 놓아두고 간 기아인 피고를 가엾이 여겨 마침 자녀가 없는 터라 양육하기로 협의하고 현재까지 친자녀처럼 양육을 하여 왔습니다.
2. 원고들은 비록 슬하에 친자녀가 없습니다만 재산은 상당히 축적하고 있어서 자녀가 있는 부부보다 못지 않게 여생을 안락하게 보낼 수 있는 처지였으므로 입양을 할 생각은 전혀 없었습니다.

3. 그런데, 업무상 직장에 제출할 필요가 있어 20○○. ○. ○.경 ○○구청에서 가족관계증명서를 발급받아 내용을 우연히 살펴보는 중에 뜻밖에도 피고가 양자로 입적되어 있는 사실을 알게 되었습니다.

4. 원고들은 양자를 입양할 의사도 없었을 뿐만 아니라 더욱이 원고들에게 그다지 양육의 고마움을 느끼지 못하고 있는 터에 피고를 양자로 입양한다는 것은 전혀 생각해 보지도 않았으며 입양신고에 대하여도 원고들은 전혀 모르는 사실입니다.

5. 그 후로 위 입양사실을 알아보았더니 원고들이 연로한데다가 친자녀가 없는 관계로 피고가 차후 상속에 있어서 상속받기 위하여 몰래 입양신고를 하였다는 사실을 알게 되었으므로 청구취지와 같은 판결을 받고자 본 소에 이른 것입니다.

입 증 방 법

1. 갑 제1호증	가족관계증명서
1. 갑 제1호증	입양관계증명서
1. 갑 제2호증	피고의 자술서
1. 갑 제3호증	증인확인서

첨 부 서 류

1. 위 입증방법	각 1통
1. 소장부본	1통
1. 납부서	1통

20○○년   ○월   ○일

원 고 1. 김 ○ ○ (서명 또는 날인)

2. 이 ○ ○ (서명 또는 날인)

○ ○ 가 정 법 원 귀중

소　　　　장

원　　고　　○　○　○ (주민등록번호)
　　　　　　　　등록기준지 : ○○시 ○○구 ○○길 ○○번지
　　　　　　　　주소 : ○○시 ○○구 ○○길 ○○번지(우편번호)

피　　고　　1. △　△　△ (주민등록번호, 양부)
　　　　　　　　등록기준지 : ○○시 ○○구 ○○길 ○○번지
　　　　　　　　주소 : ○○시 ○○구 ○○길 ○○번지(우편번호)

　　　　　　　2. □　□　□ (주민등록번호, 양모)
　　　　　　　　등록기준지 : ○○시 ○○구 ○○길 ○○번지
　　　　　　　　주소 : ○○시 ○○구 ○○길 ○○번지(우편번호)

　　　　　　　3.◇◇◇ (주민등록번호, 친양자)
　　　　　　　　등록기준지 : ○○시 ○○구 ○○길 ○○번지
　　　　　　　　주소 : ○○시 ○○구 ○○길 ○○번지(우편번호)

친양자입양취소청구의 소

청 구 취 지

○○법원 20　느　호 사건에 관하여 위 법원이 20 ． ． ． 한 심판에 의하여 피고 1. △ △ △, 피고 2. □ □ □와 피고 3.◇◇◇ 사이에 성립한 친양자 입양은 이를 취소한다.
라는 판결을 구합니다.

청 구 원 인

1. 원고는 피고 3.◇◇◇의 친생의 부인데, 최근 피고 3.◇◇◇이 피고 1. △△ △와 피고 2. □ □ □의 친양자로 입양되어 있다는 사실을 알게 되었습니다.
2. 원고는 20○○. ． ． 피고 3.◇◇◇과 함께 ○○시 인근 캠핑장에 갔다가, 위 피고 3.◇◇◇을 잃어버린 이후 경찰서에 실종선고를 접수하였던 사실이 있습니

다.

3. 한편, 피고 3.◇◇◇은 아동보호시설에 보호되고 있던 중, ○○법원 20 느 호 심판에 의하여 원고에게 친양자로 입양되었고, 원고는 위 사실을 20○○. . . 알게 되었습니다.

4. 피고 3.◇◇◇의 친생의 아버지인 원고는 피고 1. △ △ △, 피고 2. □ □ □ 가 피고 3.◇◇◇을 친양자로 입양할 당시 책임질 수 없는 사유로 인하여 민법 제908조의 2 제1항 단서에 따른 동의를 할 수 없었다고 할 것인바, 민법 제 908조의 4에 따라 친양자 입양의 취소를 구하는 바입니다.

입 증 방 법

1. 갑 제1호증   가족관계증명서(원고)
1. 갑 제2호증   친양자입양관계증명서(피고3.)
1. 갑 제3호증   주민등록등본(피고1. 또는 피고2.)

첨 부 서 류

1. 위 입증방법   각 1통
1. 소장부본   1통
1. 납부서   1통

20○○년   ○월   ○일

원   고   ○ ○ ○ (서명 또는 날인)

○ ○ 가 정 법 원 귀 중

[작성례 ④] 입양취소청구의 소(미성년자가 양친이 된 경우)

소   　　　장

원　　고　　○　○　○(○　○　○)
　　　　　　　　　　19○○년 ○월 ○일생
　　　　　　　　　　등록기준지 : ○○시 ○○구 ○○길 ○○번지
　　　　　　　　　　주소 : ○○시 ○○구 ○○길 ○○번지(우편번호)
　　　　　　　　　　원고는 미성년자이므로
　　　　　　　　　　법정대리인 친권자 부　　□　□　□

피　　고　　△　△　△(△　△　△)
　　　　　　　　　　19○○년　　○월　　○일생
　　　　　　　　　　등록기준지 : ○○시 ○○구 ○○길 ○○번지
　　　　　　　　　　주소 : ○○시 ○○구 ○○길 ○○번지(우편번호)
　　　　　　　　　　피고는 미성년자이므로
　　　　　　　　　　법정대리인 친권자 모　　□　□　□

입양취소청구의 소

청　구　취　지

1. 원고와 피고 사이에 19○○. ○. ○. ○○ ○○구청장에게 신고하여 한 입양
　 은 이를 취소한다.
2. 소송비용은 피고의 부담으로 한다.
라는 판결을 구합니다.

청　구　원　인

1. 피고는 원고의 형인 망 □□□의 자식으로 원고의 7살된 조카입니다. 원고의
　 형 □□□가 19○○. ○. ○. 불의의 교통사고로 사망하자 원고의 형수인 □
　 □□는 생계를 위하여 직장에 다녀야 하였으므로 19○○. ○월경 원고의 부
　 모에게 피고를 위탁하게 되었습니다.
2. 원고의 부모님은 손자인 피고를 무척이나 귀여워하셨고 피고와 피고의 모친
　 의 장래를 생각하여 피고를 원고의 양자로 들이기를 원하게 되었습니다. 원

고는 당시 나이 만 16세로 고등학생이어서 법적인 지식도 없었고 피고도 원고를 잘 따르고 하여 원고는 피고를 양자로 하는 문제에 대하여 반대하지 않았습니다. 당시 피고의 모친인 위 □□□는 피고가 성년이 될 때까지 양육비를 부담하기로 약속하였습니다. 이에 따라 19○○. ○. ○. 피고를 원고의 양자로 신고하게 되었습니다.

3. 그러나 피고의 모친인 위 □□□는 19○○. ○○. ○. 서울에서 큰 식당을 운영하는 □□□와 재혼을 하게 되었습니다. 재혼 후 경제적 능력이 훨씬 나아졌음에도 그동안 지급하던 양육비를 지급하지 않을 뿐 아니라 피고를 돌보지도 않고 있습니다. 원고는 현재 만 18세로 아직도 학생으로서 피고를 부양할 능력이 되지 않고 원고의 부모 역시 피고를 부양할 만한 경제적인 여유가 없습니다.

4. 따라서 원고는 피고와의 입양을 취소하여 피고의 친모인 위 □□□가 피고를 양육하였으면 합니다. 민법 제866조는 성년에 달해야만 양자를 할 수 있다고 규정하고 있고 이 규정에 위반하면 가정법원에 입양취소를 청구할 수 있다고 동법 제884조에 규정하고 있습니다. 입양신고 당시 원고는 만 16세였고 현재 나이도 만 18세로 성년에 달하지 않았으므로 동법 제889조에 의한 입양취소청구권도 소멸되지 않았는바 피고와의 입양을 취소하고자 이 사건 청구에 이른 것입니다.

입 증 방 법

1. 갑 제1호증   가족관계증명서(본가)
1. 갑 제2호증   기본증명서(망 □□□)
1. 갑 제3호증   가족관계증명서(양가)
1. 갑 제4호증   입양관계증명서
1. 갑 제5호증   기본증명서(원고)
1. 갑 제6호증   주민등록등본(원고, 피고)

첨 부 서 류

1. 위 입증방법   각 1통
1. 소장부본   1통
1. 납부서   1통

20○○년   ○월   ○일

원　고　○　○　○
미성년자이므로
법정대리인 부 □　□　□ (서명 또는 날인)

○ ○ 가 정 법 원 귀 중

소 장

원 고   ○ ○ ○(주민등록번호)
　　　　　　등록기준지 : ○○도 ○○시 ○○구 ○○길 ○○
　　　　　　주소 : ○○시 ○○구 ○○길 ○○ (우편번호)

피 고 1. △ △ △(주민등록번호)
　　　　　　등록기준지 : ○○도 ○○시 ○○구 ○○길 ○○
　　　　　　주소 : ○○도 ○○시 ○○구 ○○길 ○○(우편번호)
　　　　 2. △ △ △(주민등록번호)
　　　　　　등록기준지 : ○○도 ○○시 ○○구 ○○길 ○○
　　　　　　주소 : ○○도 ○○시 ○○구 ○○길 ○○(우편번호)

입양취소청구의 소

청 구 취 지

1. 피고들이 19○○. ○. ○. ○○시장에게 신고하여 한 입양은 이를 취소한다.
2. 소송비용은 피고의 부담으로 한다.
라는 판결을 구합니다.

청 구 원 인

1. 소송 외 xxx는 19○○. ○. ○. 부 □□□, 모 □□□ 사이에서 출생하였으나 19○○. ○. ○. 신청 외 ◇◇◇, ◇◇◇의 양자가 되었습니다.
2. 하지만 원고는 xxx의 성년 후견인으로서 xxx가 신청 외 ◇◇◇, ◇◇◇의 양자가 되려면, 원고의 동의가 있어야 합니다.
3. 그러나 xxx는 원고의 동의 없이 신청 외 신청 외 ◇◇◇, ◇◇◇의 양자가 된 바, 이는 입양 취소사유에 해당하므로 청구취지와 같은 판결을 얻고자 이건 청구에 이른 것입니다.

입 증 방 법

```
1. 갑 제1호증                    등기사항증명서
1. 갑 제2호증의 1, 2          각 기본증명서(원, 피고)
1. 갑 제3호증                    입양관계증명서
1. 갑 제4호증                    주민등록초본(원고, 피고)


                    첨  부  서  류


1. 위 입증방법              각 1통
1. 소장부본                 2통
1. 납부서                   1통


              20○○.   ○.   ○.
              위 원 고   ○   ○   ○ (서명 또는 날인)


○ ○ 가 정 법 원  귀 중
```

소　　　　장

원　　고　　○　○　○(○　○　○)
　　　　　　　　　19○○. ○. ○. 생
　　　　　　　　　등록기준지 : ○○시 ○○구 ○○길 ○○번지
　　　　　　　　　주소 : ○○시 ○○구 ○○길 ○○번지(우편번호)

피　　고　　1. 김　△　△(△　△　△)
　　　　　　　　　　19○○. ○. ○.생
　　　　　　　2. 이　△　△(△　△　△)
　　　　　　　　　　19○○. ○. ○. 생
　　　　　　　　　위 피고 김△△는 미성년자이므로
　　　　　　　　　법정대리인 친권자　　□　□　□
　　　　　　　위 피고들 및 법정대리인의 등록기준지 및 주소 : 원고와 같음

입양취소청구의 소

청　구　취　지

1. 피고 김△△와 피고 이△△사이에 19○○. ○. ○. ○○구청장에게 신고한 입양은 이를 취소한다.
2. 소송비용은 피고들의 부담으로 한다.
라는 판결을 원합니다.

청　구　원　인

1. 원고는 피고 김△△과 19○○년도에 결혼한 법률상 배우자입니다. 그리고 결혼한지 3년이 지났는데도 원고와 피고 김△△ 사이에는 자식이 없는 관계로 부부간에 갈등이 다소 있었습니다. 그런 와중에 피고 김△△이 자신의 형님인 "갑"의 자인 피고 이△△를 양자로 들이자고 원고에 제안한 적이 있었고, 이에 원고는 생각 좀 하여 보자고 한 적이 있었습니다.
2. 그런데 피고 김△△은 위 제1항의 제의에 원고가 동의한 걸로 알고서, 원고에게는 일언반구도 없이 피고 이△△를 원고와 피고 김△△의 양자로 입양

하였던 것입니다. 따라서 원고와 피고 이△△와의 양모자관계가 민법상 입양 무효에 해당하는 것으로 별론으로 하고, 피고 김△△과 피고 이△△와의 양부자관계는 민법 제874조의 위반으로 입양취소 사유에 해당한다 할 것이므로 피고 김△△의 법률상 배우자인 원고는 청구취지와 같은 판결을 구하고자 본 소에 이른 것입니다.

입 증 방 법

1. 갑 제1호증   입양관계증명서
1. 갑 제2호증   가족관계증명서
1. 갑 제3호증   주민등록등본

첨 부 서 류

1. 위 입증방법   각 1통
1. 소장부본   2통
1. 납부서   1통

20○○년 ○월 ○일
원 고   ○   ○   ○ (서명 또는 날인)

○ ○ 가 정 법 원 귀 중

소　　　장

원　　고　　○　○　○(○○○)
　　　　　　　　　19○○. ○. ○.생
　　　　　　　　　등록기준지 : ○○시 ○○구 ○○길 ○○
　　　　　　　　　주소 : ○○시 ○○구 ○○길 ○○(우편번호)

피　　고　　1. 김　△　△(△△△)
　　　　　　　　　19○○. ○. ○.생
　　　　　　　　　등록기준지 : ○○시 ○○구 ○○길 ○○
　　　　　　　　　주소 : ○○시 ○○구 ○○길 ○○(우편번호)
　　　　　　　2. 이　△　△(△△△)
　　　　　　　　　19○○. ○. ○.생
　　　　　　　　　등록기준지 : ○○시 ○○구 ○○길 ○○
　　　　　　　　　주소 : ○○시 ○○구 ○○길 ○○(우편번호)
　　　　　　　3. 박　△　△(△△△)
　　　　　　　　　19○○. ○. ○.생
　　　　　　　　　등록기준지 : ○○시 ○○구 ○○길 ○○
　　　　　　　　　주소 : ○○시 ○○구 ○○길 ○○(우편번호)

입양취소청구의 소

청 구 취 지

1. 피고들 사이에 19○○. ○. ○. ○○ ○○구청장에게 신고하여 한 입양은 이
　 를 취소한다.
2. 소송비용은 피고들의 부담으로 한다.
라는 판결을 구합니다.

청 구 원 인

1. 당사자의 지위
　 피고 김△△은 소외 망 김□□, 망 이□□ 사이에 출생한 자로서 원고의 손

자이며, 숙부인 피고 이△△과 숙모 피고 박△△과의 사이의 양자로 등재
된 자입니다.

2. 원고는 우연히 가족관계 등록 사항에 관한 증명서를 발급 받아 보고서 피고
   김△△이 피고 이△△ 등의 양자로 20○○. ○. ○.에 가족관계등록부 상 등
   재되어 있는 것을 알게 되었습니다.

3. 피고 김△△이 피고 이△△ 등의 양자가 되기 위하여는 최근친 직계존속인
   원고의 동의를 얻어야 함에도 불구하고 이를 얻지 않고 한 입양이었으므로
   이 입양은 취소 사유에 해당되므로 청구취지와 같은 판결을 구하고자 본 건
   청구에 이른 것입니다.

입 증 방 법

1. 갑 제1호증의 1   가족관계증명서(본가)
1. 갑 제1호증의 2   가족관계증명서(피고 김△△)
1. 갑 제2호증   입양관계증명서
1. 갑 제3호증   주민등록초본(원고, 피고)

첨 부 서 류

1. 위 입증방법   각 1통
1. 소장부본   3통
1. 납부서   1통

20○○년   ○월   ○일
원   고   ○   ○   ○ (서명 또는 날인)

○ ○ 가 정 법 원 귀 중

[작성례 ⑧] 입양취소청구의 소(사기)

소   장

원   고   1. 김 ○ ○(○○○)
                    19○○. ○. ○.생
                    등록기준지 : ○○시 ○○구 ○○길 ○○
                    주소 : ○○시 ○○구 ○○길 ○○(우편번호)
          2. 이 ○ ○(○○○)
                    19○○. ○. ○.생
                    등록기준지 : ○○시 ○○구 ○○길 ○○
                    주소 : ○○시 ○○구 ○○길 ○○(우편번호)

피   고   △ △ △(△ △ △)
                    19○○. ○. ○.생
                    등록기준지 : ○○시 ○○구 ○○길 ○○
                    주소 : ○○시 ○○구 ○○길 ○○(우편번호)

입양취소청구의 소

청 구 취 지

1. 원고들과 피고사이에 20○○. ○. ○. ○○구청장에게 신고하여 한 입양은
   이를 취소한다.
2. 소송비용은 피고의 부담으로 한다.
라는 판결을 구합니다.

청 구 원 인

1. 원고들은 부부로서 슬하에 자녀를 두고 있지 않아 피고를 입양하여 20○○.
   ○. ○. ○○ ○○구청장에게 입양신고를 하였습니다.
2. 원고들은 피고의 사촌인 소외 □□□로부터 피고를 소개받아 입양하게 되었
   는데 피고는 ○○대학교를 졸업하고 미국에서 경영학 박사학위를 받아 장래
   가 유망하므로 원고 김○○가 경영하고 있는 무역업체에서 일을 도와 줄 수
   있을 뿐만 아니라 장차 원고 김○○의 사업을 물려받을 수 있다고 생각하여

입양하게 되었습니다.

또한, 피고는 20○○. ○. ○. 원고들과 소외 □□□이 함께 만난 자리에서 미국에서 받은 학위를 보여 준 적이 있었습니다.

3. 그런데, 입양 후 피고는 원고 김○○의 회사에서 일을 하기 위해서는 친구들과 동업한 사업에서 진 빚을 정리할 돈이 필요하다고 하여 3차례에 걸쳐 원고들이 ○○○만원을 피고에게 준 사실이 있는 바, 원고들은 피고의 행동이 의심스러워 소외 □□□를 추궁하였더니 피고는 ○○대학교와 미국에서 경영학박사학위를 받은 사실이 없으며, 원고들로부터 가져간 돈도 피고의 노름빚을 갚는데 사용한 것으로 드러났습니다.

4. 따라서 원고들은 피고와 소외 □□□의 기망행위에 의하여 입양의 의사표시를 하게 되었고, 위와 같은 기망행위를 입양 후 알게 되었으므로 입양의 취소를 구하여 본 소 청구에 이르게 된 것입니다.

첨 부 서 류

1. 가족관계증명서   1통
1. 입양관계증명서   1통
1. 주민등록등본(원고, 피고)   각 1통
1. 소장부본   1통
1. 납부서   1통

20○○년   ○월   ○일

원   고   1. 김 ○ ○ (서명 또는 날인)

2. 이 ○ ○ (서명 또는 날인)

○ ○ 가 정 법 원 귀 중

[작성례 ⑨] 입양취소청구의 소(악질 기타 중대한 사유)

소　　　　장

원　　고　　1. 김　○　○(○○○)
　　　　　　　　　 19○○. ○. ○.생
　　　　　　　　　 등록기준지 : ○○시 ○○구 ○○길 ○○
　　　　　　　　　 주소 : ○○시 ○○구 ○○길 ○○(우편번호)
　　　　　　　 2. 이　○　○(○○○)
　　　　　　　　　 19○○. ○. ○.생
　　　　　　　　　 등록기준지 : ○○시 ○○구 ○○길 ○○
　　　　　　　　　 주소 : ○○시 ○○구 ○○길 ○○(우편번호)

피　　고　　△　△　△(△　△　△)
　　　　　　　　　 19○○. ○. ○.생
　　　　　　　　　 등록기준지 : ○○시 ○○구 ○○길 ○○
　　　　　　　　　 주소 : ○○시 ○○구 ○○길 ○○(우편번호)

입양취소청구의 소

청　구　취　지

1. 원고들과 피고사이에 20○○. ○. ○. ○○구청장에게 신고하여 한 입양은
　 이를 취소한다.
2. 소송비용은 피고의 부담으로 한다.
라는 판결을 구합니다.

청　구　원　인

1. 원고들은 부부로서 슬하에 자녀를 두고 있지 않아 피고를 입양하여 20○○.
　 ○○. ○. ○○ ○○구청장에게 입양신고를 하였습니다.
2. 그런데, 원고들은 입양 당시 피고가 신체적, 정신적으로 건강한 청년으로 알
　 고 있었으나 20○○. ○. ○. 피고의 친척을 통하여 피고가 3년전부터 정신
　 분열증으로 정신과 치료를 받아 왔으며, 2차례에 걸쳐 정신병원에 입원한
　 적이 있는 사실을 알게 되었습니다.

3. 따라서 원고들은 피고와 건전한 양친자관계를 유지할 수 없다고 생각하며, 이러한 사유가 존재하는 것을 입양 당시에 알았더라면 도저히 입양하지 않았을 것이므로 입양의 취소를 구하여 본 소에 이른 것입니다.

첨 부 서 류

1. 가족관계증명서   1통
1. 입양관계증명서   1통
1. 주민등록등본   1통
1. 소장부본   1통
1. 납부서   1통

20○○년 ○월 ○일

원 고 1. 김 ○ ○ (서명 또는 날인)

2. 이 ○ ○ (서명 또는 날인)

○ ○ 가 정 법 원 귀 중

【6】 파양무효(취소)의 소

1. 파양무효의 의의

① 파양무효

1) 파양의 무효는 파양이 그 성립요건의 흠으로 인하여 효력을 발생하지 못하는 것을 말한다.

2) 민법에는 파양의 무효에 관하여 규정이 없으므로 일반 법리에 따른다.

3) 파양에는 협의상 파양과 재판상 파양이 있는데, 재판상 파양은 판결이므로 성질상 재심에 의하지 아니하고는 그 효력을 다툴 수 없고, 반면 협의상 파양은 양친자가 파양. 즉 양친자 관계를 해소한다는 합의를 하여 양친자 양쪽과 성년자인 증인 두 사람의 연서한 서면으로 가족법에 정한 바에 의하여 신고하고, 가족관계등록 공무원이 그 신고를 심사하여 수리함으로써 효력이 생기고(민법 제904조, 제878조, 제903조), 그 합의에 2013. 7. 1. 전에는 양자가 미성년자이거나 금치산자인 때에는 적법한 권한 있는 자가 대락하거나 동의하여야 하며[구 민법 제899조 내지 제902조, 2013. 7. 1. 시행 민법에 의하면 양자가 미성년자 또는 피성년후견인인 경우 협의상 파양이 허용되지 않는다(민법 제898조)]. 양부모가 금치산자/피성년후견인인 때에는 후견인/성년후견인의 동의를 받아야 하고(구 민법 제902조/민법 제902조), 파양의사는 파양신고서를 작성하는 때와 그 신고가 수리되는 때에 존재하여야 하는데(이는 이혼의 경우와 마찬가지이다). 이와 같은 요건을 구비하지 못하여 협의상 파양이 무효인 경우 파양무효 확인의 소를 제기할 수 있다.

② 파양무효 사유

1) 당사자 사이에 파양의 합의가 없는 때

2) 파양신고가 수리되기 전에 파양의사를 철회한 때

3) 파양자가 미성년자 또는 피성년후견인인 경우(민법 제898조 단서)

[대법원판례]

부부공동입양에서 부부 한쪽에게 파양의사가 없었던 경우 파양의사를 가진 사람에 대하여만 파양은 유효하다고 본다. 또 양부가 사망한 경우 양모는 단독으로 양자와 협의상 또는 재판상 파양을 할 수 있으되, 이는 양부와 양자 사이의 양친자관계에 영향을 미칠 수 없다(대법원 2001. 8. 21. 99므2230 판결).

2. 파양취소

1) 파양의 취소는 협의상 파양이 사기 또는 강박으로 인한 것임을 이유로 이를 취소하는 것을 말한다.

2) 파양취소의 사유는 사기 또는 강박으로 인하여 파양의 의사표시를 한 때에 한정된다. 파양의 취소는 법원에 청구하여서만. 즉 소로써만 주장할 수 있는 것으로서 형성의 소이다. 파양의 취소의 소급효를 제한하는 규정은 없으므로 파양취소의 판결이 확정되면 파양은 당초부터 성립되지 않았던 것으로 된다.

※ 참조 : 2013. 7. 1. 전에 15세 이상의 미성년자 또는 금치산자가 의사능력이 있다면 동의권자의 동의 없이 파양의 협의를 하더라도 취소규정이 없으므로 유효하다는 견해가 유력하다.

3. 관할

① 파양무효, 취소 모두 양부모 중 1명의 보통재판적이 있는 곳의 가정법원이다.

② 양부모가 모두 사망한 경우에는 그 중 1명의 마지막 주소지의 가정법원의 전속관할에 속한다(가사소송법 제30조 제5호).

4. 당사자적격

① 파양무효

1) 원고적격

   당사자, 법정대리인 또는 4촌 이내 친족, 이해관계인

2) 피고적격

   양친자 중 어느 한쪽이 소를 제기할 때에는 다른 쪽은 상대방으로 하고, 제3자가 소를 제기할 때에는 양친자 양쪽을 상대방으로 하되, 그 중 어느 한쪽이 사망한 때에는 생존자를 상대방으로 한다(가사소송법 제31조, 제24조 제1항, 제2항). 상대방으로 될 사람이 모두 사망한 때에는 검사를 상대방으로 한다(가사소송법 제24조 제3항).

② 파양취소

   성질상 사기 또는 강박으로 인하여 파양의 의사표시를 한 협의상 파양의 한쪽 당사자만이 원고적격을 가지고, 협의상 파양의 다른 쪽 당사자가 피고적격자이다(가사소송법 제31조, 제24조 제1항). 따라서 양친과 양자가 당사자적격자이며, 양친은 필수적 공동소송인이 된다.

   상대방으로 될 사람이 모두 사망한 때에는 검사를 상대방으로 한다(가사소송법 제31조, 제24조 제3항).

5. 판결확정 후의 절차

① 파양무효

　　확정판결의 효력, 가족관계등록사무를 처리하는 사람에의 통지 등은 혼인무효의 소에서와 같다.

② 파양취소

　　1) 청구를 인용한 확정판결은 제3자에게도 효력이 있다(가사소송법 제21조 제1항).

　　2) 파양취소에는 다른 제소권자가 없으므로 그 청구를 기각한 판결이 확정되면 대세적 효력이 있는 것과 마찬가지의 효력이 생긴다(가사소송법 제21조 제2항).

　　3) 파양취소의 청구를 인용한 확정판결은 가족관계등록사무를 처리하는 사람에의 통지 대상이다(가사소송규칙 제7조 제1항 제1호). 파양취소의 소를제기한 자는 등록부 정정의 절차에 의하여 등록부 기록을 바로잡게 된다(가족관계등록 등에 관한 법률 제107조).

파양무효확인청구

원 고　　　　　　(양자) (연락 가능한 전화번호:　　　　　　　　)
　　　　주민등록번호　　　　-
　　　　주소
　　　　등록기준지

피 고　　　　　　　　(양부)
　　　　주민등록번호　　　　-
　　　　주소
　　　　등록기준지

피 고　　　　　　　　(양모)
　　　　주민등록번호　　　　-
　　　　주소
　　　　등록기준지

청 구 취 지

"원고와 피고들 사이의 파양(20 ．　 ．　 ．　 시　 구청장 접수)은 무효
임을 확인한다."라는 판결을 구합니다.

청 구 원 인

1. 원고는 원래　 시　 구　 동　 번지　　 (부)와　 (모) 사이에서
   출생한 자입니다.
2. 생가의 형편으로 20 ．　 월경 양부모에게 인계되어 양육되다가 20 ．
   ．　 ． 입양신고를 마치고 현재까지도 같이 살고 있습니다.
3. 그런데 원고 자신도 모르는 사이에 20 ．　 ．　 ． 협의파양된 것으로
   가족관계등록부에 기재된 것을 알게 되었습니다.
4. 알고 보니 피고 등이 이민을 가려면 양자가 있으면 장남을 데려갈 수 없다
   는 말을 듣고

편의상 그렇게 한 것이라고 합니다.

5. 따라서 원고는 피고 등과 하등의 협의 파양한 사실이 없으므로 이건 청구에 이른 것입니다.

첨 부 서 류

1. 입양관계증명서   1통
2. 주민등록등본   1통
3. 진술서(피고 등)   1통

20 . . .

원고   (서명 또는 날인)

법원 귀중

휴대전화를 통한 정보수신 신청

위 사건에 관한 **재판기일의 지정.변경.취소 및 문건접수 사실**을 예납의무자가 납부한 송달료 잔액 범위 내에서 아래 휴대전화를 통하여 알려주실 것을 신청합니다.

■ **휴대전화번호:**

20 . . .

신청인 원고   (서명 또는 날인)

※ 문자메시지는 재판기일의 지정.변경.취소 및 문건접수 사실이 법원재판사무시스템에 입력되는 당일 이용 신청한 휴대전화로 발송됩니다.
※ 문자메시지 서비스 이용 금액은 메시지 1건당 17원씩 납부된 송달료에서 지급됩니다(송달료가 부족하면 문자메시지가 발송되지 않습니다.).
※ 추후 서비스 대상 정보, 이용 금액 등이 변동될 수 있습니다.
※ 휴대전화를 통한 문자메시지는 원칙적으로 법적인 효력이 없으니 참고 자료로만 활용하시기 바랍니다.

◇ 유의 사항 ◇
1. 소장에는 수입인지 20,000원을 붙여야 합니다.
2. 송달료는 당사자 수 ×우편료 × 15회분을 송달료 취급 은행에 납부하고 영수증을 첨부하여야 합니다.
3. 관할법원은 양부모 중 1인의 주소지, 양부모가 모두 사망하였을 때에는 그중 1인의 마지막 주소지의 가정법원입니다.

파양취소청구

원 고   (연락 가능한 전화번호:)
       주민등록번호   -
       주소
       등록기준지

피 고   (양부)
       주민등록번호   -
       주소
       등록기준지

피 고   (양모)
       주민등록번호   -
       주소
       등록기준지

청 구 취 지

"원고와 피고들 사이의 파양은 이를 취소한다."라는 판결을 구합니다.

청 구 원 인

1. 원고는 20   .   .   . 피고들에게 입양되어 빈곤한 양부모를 모시고 가사를 돌보아 오늘날 피고 등의 재산을 확보하는 데 많은 기여를 해 왔습니다.
2. 원고는 어린 시절부터 몸을 돌보지 않고 노동에 종사한 나머지 지난 20   .   .   월경부터   병으로 눕게 되어 노동능력을 상실하게 되자 피고 등은 원고를 학대하고 유기하였으며 파양을 제의하여 왔습니다.
3. 피고들은 원고에게 피고 등의 소유부동산 중   시   동   번지 대   평을 이전하여 주겠다고 하면서 파양을 제의하기에 그 말을 믿고 20   .   .   . 협의로 파양신고를 필하였습니다.
4. 그 전에 피고들은 위 부동산을 이전해 주기로 한 약속을 이행하지 않을 뿐

아니라 이행할 의사가 전혀 없으면서도 원고를 속여 파양에 동의하게 한 것이므로 청구취지와 같은 판결을 구하고자 이건 청구에 이른 것입니다.

첨 부 서 류

1. 입양관계증명서   1통
2. 주민등록등본   1통
3. 상해진단서   1통

20   .   .   .

원고   (서명 또는 날인)

법원 귀중

휴대전화를 통한 정보수신 신청

위 사건에 관한 **재판기일의 지정.변경.취소 및 문건접수 사실**을 예납의무자가 납부한 송달료 잔액 범위 내에서 아래 휴대전화를 통하여 알려주실 것을 신청합니다.

■ **휴대전화번호:**

20   .   .   .

신청인 원고   (서명 또는 날인)

※ 문자메시지는 재판기일의 지정.변경.취소 및 문건접수 사실이 법원재판사무시스템에 입력되는 당일 이용 신청한 휴대전화로 발송됩니다.
※ 문자메시지 서비스 이용 금액은 메시지 1건당 17원씩 납부된 송달료에서 지급됩니다(송달료가 부족하면 문자메시지가 발송되지 않습니다.).
※ 추후 서비스 대상 정보, 이용 금액 등이 변동될 수 있습니다.
※ 휴대전화를 통한 문자메시지는 원칙적으로 법적인 효력이 없으니 참고 자료로만 활용하시기 바랍니다.

◇ 유의 사항 ◇

1. 소장에는 수입인지 20,000원을 붙여야 합니다.
2. 송달료는 당사자 수 ×우편료 × 15회분을 송달료 취급 은행에 납부하고 영수증을 첨부하여야 합니다.
3. 관할법원은 양부모 중 1인의 주소지, 양부모가 모두 사망하였을 때에는 그중 1인의 마지막 주소지의 가정법원입니다.

파 양 무 효 확 인 청 구

원　　고　　○　○　○(양자)
　　　　　　　　　　19○○년 ○월 ○일생
　　　　　　　　　　등록기준지　　○○시 ○○구 ○○길 ○○
　　　　　　　　　　주소　　○○시 ○○구 ○○길 ○○(우편번호)
　　　　　　　　　　전화　　○○○ - ○○○○

피　　고　　1. 김　△　△(양부)
　　　　　　　　　　19○○년 ○월 ○일생
　　　　　　　　　　등록기준지　　○○시 ○○구 ○○길 ○○
　　　　　　　　　　주소　　○○시 ○○구 ○○길 ○○(우편번호)
　　　　　　　　　　전화　　○○○ - ○○○○

　　　　　　　　2. 이　△　△(양모)
　　　　　　　　　　19○○년 ○월 ○일생
　　　　　　　　　　등록기준지　　○○시 ○○구 ○○길 ○○
　　　　　　　　　　주소　　○○시 ○○구 ○○길 ○○(우편번호)
　　　　　　　　　　전화　　○○○ - ○○○○

파양무효확인청구의 소

청 구 취 지

1. 원고와 피고들 사이의 파양(20○○년 ○월 ○일 ○○구청장 접수)은 무효임을 확인한다.
2. 소송비용은 피고들의 부담으로 한다.
라는 판결을 구합니다.

청 구 원 인

1. 원고는 원래 ○○구 ○○동 ○○번지 최□□(부)와 조□□(모) 사이에서 출생한 자입니다.

2. 원고는 생가의 형편으로 19○○년 ○월경 양부모에게 인계되어 부양을 받아 오다가 19○○년 ○월 ○일 입양신고를 마치고 현재까지도 같이 살고 있습니다.
3. 그런데 원고 자신도 모르는 사이에 20○○년 ○월 ○일 협의 파양된 것으로 호적부에 기재된 것을 알게 되었습니다.
4. 그러므로 이를 알아본 즉 피고들이 이민을 가려면 양자가 있으면 장남을 데려갈 수 없다는 말을 듣고 원고와의 협의 없이 편의상 그렇게 한 것이라고 합니다.
5. 따라서 원고는 피고들과 하등의 협의 파양한 사실이 없으므로 이건 청구에 이른 것입니다.

입 증 방 법

1. 갑 제1호증	입양관계증명서
1. 갑 제2호증	가족관계증명서
1. 갑 제3호증	협의파양서(위조)
1. 갑 제4호증	주민등록등본
1. 갑 제5호증	진술서(피고)

첨 부 서 류

1. 위 입증방법	각 1통
1. 소장부본	1통
1. 납 부 서	1통

20○○년 ○월 ○일

원 고   ○ ○ ○ (서명 또는 날인)

○ ○ 가 정 법 원 귀 중

소 장

원 고 ○ ○ ○(○○○)
19○○년 ○월 ○일생 (주민등록번호:)
등록기준지 : ○○시 ○구 ○길 ○○번지
주소 : ○○시 ○○구 ○○길 ○○번지(우편번호)

피 고 △ △ △(△△△)
19○○년 ○월 ○일생 (주민등록번호:)
등록기준지 : ○○도 ○○군 ○○면 ○○길 ○○번지
주소 : ○○시 ○○구 ○○길 ○번지(○동, ○○아파트)(우편번호)

파양취소청구의 소

청 구 취 지

1. 원고와 피고 사이에 20○○. ○. ○. ○○ ○○구청장에게 신고하여 한 파양
   은 이를 취소한다.
2. 소송비용은 피고의 부담으로 한다.
라는 판결을 구합니다.

청 구 원 인

1. 원고는 소외 망 □□□의 자로서 초등학교 1년인 19○○. ○. ○.경 친척인
   피고로부터 양자로 되어 달라는 부탁을 받은 부모의 동의하에 19○○. ○.
   ○. 입양신고를 필하고 피고의 양자가 되어 살아온 사실이 있습니다.
2. 피고는 20○○. ○. ○. 원고에게 현재 피고가 운영하고 있는 사업장이 자금
   문제로 많은 어려움을 겪고 있으며, 수명의 채권자들이 함께 살고 있는 가
   옥과 대지 및 집안 내 가재도구에 대한 강제집행 절차를 진행중에 있으므
   로 이렇게 되면 원고를 포함한 가족 모두가 오갈 데 없는 신세가 될 것이
   니 원고가 일정금원을 보태 취득한 위 부동산과 가재도구에 대한 강제집행
   을 면하기 위해서라도 우선 형식상 파양을 하고 이것은 어디까지나 형식에
   불과한 것이어서 양친자관계는 사실상 종전과 다름이 없고 위 채무변제 책

임을 피할 수 있을 것이라는 감언이설로 원고를 기만하였습니다.

3. 이에 속은 원고로 하여금 20○○. ○. ○. 파양신고서를 작성케 하는 방법으로 협의상 파양의사를 표시하기 이르렀고, 피고가 동 신고서류를 20○○. ○. ○. ○○ ○○구청장에게 신고한 바 있습니다.

4. 원고는 피고가 위 신고를 한 이후 잠시 다른 곳에 있던 원고를 다시 찾겠다고 약속했던 피고로부터 별다른 연락이 없자 그 동안의 사정을 조사해 본 결과 피고가 외국에 나가있던 친자인 소외 □□□를 불러들여 함께 살고 있으며, 위 부동산도 파양신고를 한 당일 그에게 증여를 한 사실을 알게 되었으며, 채무가 많이 있다는 것도 모두 허위인 사실임을 알게 되었습니다.

5. 결국 피고는 그 동안 원고와 함께 이룩한 위 재산을 빼돌리기 위해 원고를 기망하여 협의파양의 의사표시를 하게 한 것이므로 청구취지와 같은 판결을 구하고자 이 건 청구에 이른 것입니다.

입 증 방 법

1. 갑 제1호증   파양신고서
1. 갑 제2호증   부동산등기사항전부증명서
1. 갑 제3호증   입양관계증명서
1. 갑 제4호증   가족관계증명서
1. 갑 제5호증   주민등록등본(양부모)

첨 부 서 류

1. 위 입증방법   각 1통
1. 소장부본   1통
1. 납부서   1통

20○○년   ○월   ○일

원　　고　○　○　○ (서명 또는 날인)

○ ○ 가 정 법 원 귀 중

【7】 재판상 파양의 소

1. 의의

① 재판상 파양은 양친자 관계를 유지하는 것이 부당하다고 인정되는 사유가 있는 경우에 그 양친자관계를 재판에 의하여 소멸시키는 것을 말합니다.

② 민법이 규정하는 재판상 파양의 원인은 ㉠ 양부모가 양자를 학대 또는 유기하거나 그 밖에 양자의 복리를 현저히 해친 경우, ㉡ 양부모가 양자로부터 심히 부당한 대우를 받았을 때, ㉢ 양부모나 양자의 생사가 3년 이상 분명하지 아니한 때, ㉣ 그 밖에 양친자관계를 계속하기 어려운 중대한 사유가 있을 때 등이다(민법 제905조).

③ 이들 각 사유의 상호관련성과 소송상의 취급에 관하여는 재판상 이혼에서와 같이 견해가 나뉠 수 있다.

④ 재판상 파양은 가정법원에 청구하여서만 할 수 있고, 그 판결의 확정에 의하여 양친자관계가 소멸하는 효과가 발생하는 것으로서 형성의 소이다.

2. 관할

① 재판상 파양은 양부모 중 1명의 보통재판적이 있는 곳의 가정법원의 토지관할에 전속한다(가사소송법 제30조 제3호).

② 양부모가 모두 사망하였거나 양자가 사망한 경우에는 재판상 파양의 소를 제기할 여지가 없으므로 양부모 중 1명의 마지막 주소지가 관할의 표준으로 될 수 없다.

3. 당사자적격

① 재판상 파양은 양친자만이 당사자적격을 가짐이 원칙이고 제3자에게는 당사자적격이 없다(대법원 1970. 5. 26. 선고 68므31 판결 참조).

② 양친자의 한쪽이 다른 쪽을 상대로 하여 재판상 파양을 청구하여야 한다. 다만, 양자가 13세 미만인 경우에 민법 제869조 제2항에 따른 대락자가(민법 제906조 제1항), 양자가 미성년자나 피성년후견인인 경우 검사가(민법 제906조 제4항) 각 양자등 위하여 파양을 청구할 수 있다.

③ 양조부는 재판상 파양청구권이 없다(대법원 1983. 9. 13. 선고 83므16 판결).

4. 제척기간

재판상 파양의 사유 중 양부모나 양자의 생사가 3년 이상 분명하지 아니한 때(민법 제905조 제3호)를 제외한 나머지 사유는 그 사유 있음을 안 날로부터 6월, 그 사유 있는 날로부터 3년을 경과하면 파양을 청구하지 못한다(민법 제907조).

5. 판결확정 후의 절차

① 재판상 파양의 청구를 인용한 확정판결은 제3자에게도 효력이 있다(가사소송법 제21조 제1항). 따라서 그 확정판결에 의하여 양친자관계는 내세적으로 소멸한다. 다만. 민법 제905조 소정의 재판상 파양의 원인이 각별로 별개 독립의 소송물을 이룬다는 견해에서는 그 중 어느 하나의 사유를 주장하여 소를 제기하였다가 패소확정판결을 받았더라도 다른 사유를 주장하여 다시 소를 제기하는 것은 금지되지 아니한다.

② 재판상 파앙의 청구를 인용한 판결이 확정된 때에는 가정법원의 법원사무관 등은 바로 등록기준지의 가족관계등록사무 등 처리하는 사람에게 그 뜻을 통지하여야 한다(가사소송규칙 제7조 제1항 제1호).

③ 당사자는 판결확정일로부터 1개월 이내에 그 취지를 신고하여 등록부 기록을 바로 잡게 된다(가족관계등록 등에 관한 법률 제66조, 제58조).

6. 친양자 입양

① 친양자 입양의 경우 일반양자의 협의상 파양, 재판상 파양에 관한 규정이 적용되지 않는다(민법 제908조의5 제2항).

② 친양자 파양의 소

  1) 당사자적격

    양친(양부모), 친양자, 친생의 부 또는 모나 검사가 청구할 수 있다. 양친과 친양자 한쪽이 제소한 때에는 다른 쪽을 상대방으로 하되 상대방이 될 사람이 사망한 경우에는 검사를 상대방으로 하고, 친생의 부 또는 모나 검사가 제소한 때에는 생존한 양친자 모두를 상대방으로 하되 상대방이 될 사람이 모두 사망한 경우에는 검사를 상대방으로 한다.

  2) 파양사유

    ㉠ 양친이 친양자를 학대 또는 유기하거나 그 밖에 친양자의 복리를 현저히 해하는 때, ㉡ 친양자의 양친에 대한 패륜행위로 인하여 친양자관계를 유지시킬 수 없게 된 때에 한한다.

  3) 관할 : 일반 입양과 같다.

4) 판결확정의 효력

친양자관계는 소멸하고 입양 전의 친생부모와 그 친족관계는 부활하고. 원래의 성과 본을 회복한다. 다만, 친양자 입양 전에 성·본 변경심판에 의하여 친양자의 성·본이 변경되었던 경우 친양자 입양의 취소로 기존의 성· 본 변경심판까지 그 효력을 잃는 것으로 할 수 없으므로 변경 후의 성·본으로 남는다. 판결확정 후의 절차는 일반 입양과 같다.

파 양 청 구 의 소

원 고 　　　　　　　　(연락 가능한 전화번호:　　　　　)
　　　　주민등록번호　　　　-
　　　　주소
　　　　등록기준지
피 고
　　　　주민등록번호　　　　　-
　　　　주소
　　　　등록기준지

청 구 취 지
"원고와 피고는 파양한다."라는 판결을 구합니다.

청 구 원 인
1. 피고는 20　　.　　.　　. 입양신고에 의하여 원고의 양자가 된 자입니다.
2. 피고는 입양 후 원고의 만류를 뿌리치고 여러 차례　　투기사업에 손을 대어 수차례에 걸쳐 가산을 탕진한 바 있습니다.
3. 사업에 실패하자 매일같이 폭음을 한 후 집에 들어와 행패를 일삼고 원고와 가족을 구타하여 가족의 명예를 모독하고 재산을 탕진한 중대한 과실이 있는 피고와는 더 이상 같이 살 수 없어 부득이 이건 청구에 이르렀습니다.

첨 부 서 류

1. 입양관계증명서　　1통
2. 주민등록등본　　　1통
3. 진단서　　　　　　1통

　　　　　　　20　　.　　.　　.
　　　　　　　원고　　　　　　　(서명 또는 날인)

　　　　　　　　　　　　　　　　　　　법원 귀중

```
┌─────────────────────────────────────────────────────────────┐
│           휴대전화를 통한 정보수신 신청                       │
│  위 사건에 관한 재판기일의 지정.변경.취소 및 문건접수 사실을 예납의무자가 납 │
│ 부한 송달료 잔액 범위 내에서 아래 휴대전화를 통하여 알려주실 것을 신청합니 │
│ 다.                                                           │
│ ▣ 휴대전화 번호:                                              │
│                        20   .   .   .                         │
│           신청인  원고              (서명 또는 날인)          │
│                                                               │
│ ※ 문자메시지는 재판기일의 지정.변경.취소 및 문건접수 사실이 법원재판사무시스템에 입 │
│    력되는 당일 이용 신청한 휴대전화로 발송됩니다.             │
│ ※ 문자메시지 서비스 이용 금액은 메시지 1건당 17원씩 납부된 송달료에서 차감됩니다(송달료 │
│    가 부족하면 문자메시지가 발송되지 않습니다.).             │
│ ※ 추후 서비스 대상 정보, 이용 금액 등이 변동될 수 있습니다. │
│ ※ 휴대전화를 통한 문자메시지는 원칙적으로 법적인 효력이 없으니 참고 자료로만 활용하시기 │
│    바랍니다.                                                  │
└─────────────────────────────────────────────────────────────┘
```

◇ 유의 사항 ◇

1. 소장에는 수입인지 20,000원을 붙여야 합니다.

2. 송달료는 당사자 수 ×우편료 × 15회분을 송달료 취급 은행에 납부하고 영수
   증을 첨부하여야 합니다.

3. 관할법원은 양부모 중 1인의 주소지, 양부모가 모두 사망하였을 때에는 그 중
   1인의 마지막 주소지의 가정법원입니다.

소　　　장

원　　고　　○　○　○(○○○)
　　　　　　　19○○년 ○월 ○일생
　　　　　　　등록기준지 : ○○도 ○○군 ○○면 ○○길 ○○번지
　　　　　　　주소 : ○○시 ○○구 ○○길○번지(○○동, ○○아파트)(우편번호)
피　　고　　△　△　△(△△△)
　　　　　　　19○○년 ○월 ○일생
　　　　　　　등록기준지 : ○○시 ○구 ○길 ○○번지
　　　　　　　주소 : ○○시 ○○구 ○○길 ○○번지(우편번호)

파양청구의 소

청　구　취　지

1. 원고와 피고 사이에 19○○. ○. ○. ○○군수에게 신고하여 한 입양은 이를 파양한다.
2. 소송비용은 피고의 부담으로 한다.
라는 판결을 구합니다.

청　구　원　인

1. 원고는 소외 ○○○○주식회사 해외 파견 근로자로서 19○○. ○. ○.경부터 사우디아라비아에 파견되어 근로를 하던 사이 처가 사망을 하였고 망 처와의 사이에 자녀가 없는 상태에서 직무상 형편으로 후처를 맞이하지 못하던 중 국내에 돌아와 현재의 처와 재혼을 하였으나 처의 불임으로 자식을 갖지 못하였는바, 원고는 과거 부모를 일찍이 여의고 형제 없이 살아온 이유로 남달리 가족에 대한 애착이 강하였는데, 따라서 자식에 대한 욕심 또한 많을 수밖에 없었고 이러한 외로움을 견디지 못하여 당시 초등학교 1년인 사촌동생의 자인 피고를 양자로 맞게 되었으며 19○○. ○. ○. 입양신고를 필하고 어려운 가정형편 속에서도 피고의 양육에 정성을 다하여 그것으로 삶의 보람을 느끼며 최선을 다해 대학까지 교육시키며 오늘날 피고와 같은 장성한 한 청년으로 길러냈습니다.

2. 피고가 한때 미성년일 때 원고와 원고의 처인 소외 망 □□□가 친부모가 아니란 사실을 알게 되면서 가출을 하는 등 원고를 잘 따르지 않을 때도 있었으나, 피고를 양자로 맞이하게 된 원고의 뜻을 알게 되면서부터 원고의 기대에 크게 어긋나지 않게 올바른 청년으로 장성하는 듯 보였습니다. 그런데 피고는 2년전 대학을 졸업하면서 별다른 직장을 얻지 못하고 놀던 중 유학을 빙자하여 원고로부터 금 ○○○만원을 가져간 후 친구들과 어울려 경마장에서 동 금원을 탕진하고, 작년부터는 상습적으로 도박을 하면서 수차에 걸쳐 원고로부터 금 ○ ○○만원을 가져가 탕진하여 이를 타이르고 만류하던 원고에게 입에 담지 못할 욕설을 하고 폭행을 가하여 전치 12주에 이르는 상해를 입힌 사실이 있으며, 현재는 유부녀와 동거를 하면서 20○○. ○. ○. 원고를 찾아와 결혼자금으로 돈을 요구하여 잘못을 타이르는 원고에게 심한 폭언과 함께 폭행을 가하여 전치 6주의 상해를 입히는 등 전혀 원고를 어버이로 섬기지 않고 제멋대로 하고 있습니다.

피고는 위와 같은 실정이므로, 원고는 이미 피고와 양친자관계를 유지한 것을 단념하였으며 혼자서 평온하게 노후를 보내겠다는 생각에서 피고에게 양친자 관계를 종료할 것을 수차 요구하였으나 이에 응하지 않고 있어 청구취지와 같은 판결을 구하고자 이 건 청구에 이른 것입니다.

입 증 방 법

1. 갑 제1호증　　　　　　　　상해진단서
1. 갑 제2호증　　　　　　　　가족관계증명서(피고)
1. 갑 제3호증　　　　　　　　입양관계증명서
1. 갑 제4호증　　　　　　　　주민등록등본(원고, 피고)

첨 부 서 류

1. 위 입증방법　　　　　　　　각 1통
1. 소장부본　　　　　　　　　1통
1. 납부서　　　　　　　　　　1통

20○○년　○월　○일
원　고　○　○　○ (서명 또는 날인)

○ ○ 가 정 법 원 귀 중

【8】 사실혼관계 존부(존재·부존재)확인의 소

1. 의의

사실혼의 성립요건으로 ① 혼인의사의 합치, ② 객관적으로 사회관념상 사회 질서적인 면에서 부부공동생활을 인정할 만한 혼인생활의 실체가 있을 것, ③ 사회적 정당성의 요건을 갖출 것 등 요건이 충족해야 한다.

2. 관할

상대방의 사실상 부부의 주소지 가정법원, 상대방이 사망 시 사망을 안 날로부터 2년내에 망인의 주민등록상 최후주소지 가정법원이 관할이다.

3. 정당한 당사자

① 확인소송의 일반원칙에 따라 사실상 혼인관계 존부에 관하여 확인의 이익을 가지는 사람에게 원고적격이 있고, 반대의 이익을 가지는 사람에게 피고적격이 있다. 사실상 혼인관계에 있는 부부의 어느 한쪽이 다른 한쪽을 상대로 하여 소를 제기하는 것이 일반적이지만 사실상 혼인관계 존부 확인의 소를 확인소송으로 보는 이상, 제3자가 사실혼관계에 있는 부부 양쪽을 상대방으로 하거나, 부부 양쪽이 제3자를 상대방으로 하여 소를 제기하는 것도 확인의 이익이 있는 한 제한할 근거는 없다.

② 사실상 혼인관계에 있던 부부 중 어느 한쪽이 사망한 경우에 생존한 다른 쪽이 검사를 상대방으로 하여 소를 제기할 수 있다. 당사자는 그 사망을 안 날부터 2년 내에 검사를 상대로 소를 제기할 수 있다.

③ 4촌 이내의 친족(가사소송법 제28조, 제24조)

④ 후견인, 유언집행자, 기타의 이해관계인

4. 효과

① 연금이나 보험금 수령을 목적으로 제기하는 경우가 대부분이다. 연금이나 보험 관계법령에서는 사실혼 배우자를 법률상 배우자와 같이 취급하고 있는데 구체적으로 근로기준법상 유족보상의 순위를 정하면서 근로자의 배우자에 사실혼관계에 있던 자를 포함시키고 있고, 공무원연금법, 군인연금법, 사립학교교직원법, 연금법, 선원법, 산업재해보상보험법 등

도 유족인 배우자에 사실상 혼인관계에 있던 자를 포함시키고 있다.

② 또한 주택임대차보호법에도 임차권의 승계권자에 사실상 혼인관계 있는 자를 포함시키고 있다.

5. 확정 후의 절차

① 사실혼관계 존부 확인의 청구를 인용한 확정판결은 제3자에게도 효력이 있고, 그 청구를 기각한 확정판결은 그 소송의 사실심의 변론종결 전에 참가하지 못한 데 대하여 정당한 사유가 있지 아니한 다른 제소권자에게도 효력이 미친다.

② 사실혼관계 존재 확인판결이 확정된 때에는 소를 제기한 사람은 상대방의 협력 없이도 단독으로 확정 후 1개월 이내에 재판서 정(등)본 및 확정증명서를 첨부하여 시(구)·읍·면의 장에게 그 내용을 신고할 수 있다.

③ 다만, 사망자와의 혼인은 인정되지 않으므로 사망자에 갈음하여 검사를 상대방으로 하여 사실혼관계 존재 확인의 확정판결을 받았더라도 그에 기한 혼인신고는 수리될 수 없다(대법원 1991. 8. 13.자 91스6 결정 등).

소　장

원　고:　　　　　　　(☎　　　　　)

주민등록번호:

주소:

송달장소:

등록기준지:

피　고:

주민등록번호:

주소:

등록기준지:

청 구 취 지

1. 원고와 피고 사이에는 사실혼(또는 사실상혼인)관계가 존재함을 확인한다.

2. 원고와 피고 사이에는 사실혼(또는 사실상혼인)관계가 존재하지 아니함을 확인한다.

라는 판결을 구합니다.

청 구 원 인

(청구사유를 구체적으로 기재, 별지 기재 가능)

첨 부 서 류

1. 기본증명서(상세)(원고. 피고)　　　　각 1통

1. 가족관계증명서(상세)(원고, 피고)　　각 1통

1. 주민등록표등(초)본(원고, 피고)　　　각 1통

　1. 소장 부본　　　　　　　　　　　　1부

20　.　.　.

원고　　　（ 날인 또는 서명 ）

서울가정법원 귀중

※ 유의사항

1. 소장에는 인지액 20,000원 상당의 금액을 헌금이나 신용카드·직불카드 등으로 납부한 내역을 기재한 영수필확인서들 첨부하여야 합니다.
2. 송달료는 144,000원(15회분x 당사자 수)를 송달료취급은행에 납부하고 납부서를 첨부하여야 합니다.
3. ☎란에는 연락 가능한(휴대) 전화번호를 기재하시기 바랍니다.

[작성례] 사실혼관계해소로 인한 위자료 등 청구의 소

소   장

원   고   ○○○ (주민등록번호)
                    등록기준지 ○○시 ○○구 ○○길 ○○
                    주소 ○○시 ○○구 ○○길 ○○(우편번호)
                    전화.휴대폰번호:
                    팩스번호, 전자우편(e-mail)주소:

피   고   1. □□□ (주민등록번호)
                    등록기준지 ○○시 ○○구 ○○길 ○○
                    주소 ○○시 ○○구 ○○길 ○○(우편번호)
                    전화.휴대폰번호:
                    팩스번호, 전자우편(e-mail)주소:
                    2. ◇◇◇ (주민등록번호)
                    주소 ○○시 ○○구 ○○길 ○○(우편번호)
                    전화.휴대폰번호:
                    팩스번호, 전자우편(e-mail)주소:

사건 본인   △△△ (주민등록번호)
                    등록기준지 ○○시 ○○구 ○○길 ○○
                    주소 ○○시 ○○구 ○○길 ○○(우편번호)

사실혼관계해소로 인한 위자료 등 청구의 소

청 구 취 지

1. 사건본인에 대한 친권행사자 및 양육권자로 원고를 지정한다.
2. 피고 □□□는 원고에게 사건본인에 대한 양육비로서 이 사건 판결선고일 다음날부터 사건본인이 성년에 이르기 전날까지 월 금500,000원을 매월 말일 지급하라.
3. 피고들은 원고에게 위자료로서 각 금20,000,000원 및 이에 대하여 이 사건 소장부본 송달일 다음날부터 완제일까지 연 12%의 비율로 계산한 돈을 지급하라.

4. 피고 □□□는 원고에게 재산분할로 금40,000,000원 및 이에 대하여 이 사건 판결확정일 다음날부터 완제일까지 연 5%의 비율로 계산한 돈을 지급하라.
5. 소송비용은 피고들이 부담한다.
6. 제3항은 가집행할 수 있다.
라는 판결을 구합니다.

청 구 원 인

1. 기초사실

가. 원고와 피고는 20○○년경 지인의 소개로 만나서 교제하던 중 20○○년경부터 사실혼관계를 시작하며 슬하에 사건본인인 자녀1명(여,○세)을 두고 있습니다.

나. 원고와 피고는 20○○. ○. ○.경 ○○○소재 ○○○결혼식장에서 가족 친지들을 모시고 결혼식을 올렸으나, 피고는 혼인신고를 거부하였습니다.

다. 피고는 20○○. ○월경부터 음식점을 운영하면서 알게 된 거래처 직원인 여자와 ○년 정도 만나면서 부정한 관계를 하였고, 원고가 이를 알고 헤어지려 하였으나, 피고가 다시는 부정행위를 하지 않겠다고 하면서 간절히 용서를 구하고 사건본인들이 아직 어려서 부득이 피고와 사실혼 생활을 계속하게 되었습니다.

라. 피고는 20○○. ○월 중순경 원고에게 술을 마시고 밤늦게 들어와 집안의 물건들을 마구 때려 부수고 이를 말리는 원고에게 주먹을 휘둘러서 얼굴에 전치 3주의 상해를 입었으며 옆에 있던 아이도 폭행하였으며 원고를 집에서 나가라고 하면서 폭언과 협박을 하였습니다.

마. 원고는 20○○. ○. ○.경 피고의 내연녀를 만나게 되어 그간 피고가 지속적으로 위 내연녀를 만나 교제한 것을 알게 되었고 또한 그 사이에 아이까지 낳았다는 사실을 알게 되어 본 소에 이르게 되었습니다.

2. 친권자 및 양육권자 지정에 관하여

원고는 사건본인이 출생하였을 때부터 현재까지 양육하고 있고 피고는 잦은 가출로 인하여 가정을 소홀히 하고 있는 점, 폭력을 상습으로 행사하여 아버지를 무서워하며 원고와 생활하기를 원하고 있기에는 점 등을 고려할 때 원고로 하여금 사건본인을 양육하게 하는 것이 이들의 건강한 성장과 복지에 유익하다고 할 것이므로 원고를 사건 본인의 양육자 및 친권행사자로 지정함이 타당합니다.

3. 양육비에 관하여

피고는 사건본인의 친부로서 마땅히 사건본인에 대한 양육비를 분담하여야 할 의무가 있다 할 것이고, 현재 사건본인은 ○세인바, 공·사교육비 및 기본 생계비등이 필수적으로 소요될 될 것이 예상되므로 상대방이 분담하여야 할 금액은 사건본인이 성년에 이르기까지 적어도 매월 금 500,000원씩은 되어야 할 것입니다.

4. 피고들의 위자료 지급의무에 관하여

위와 같이 원고와 피고 □□□의 혼인생활은 피고 □□□의 원고에 대한 상습적인 폭력의 행사와 피고 ◇◇◇의 여자와의 외도로 사실혼관계가 파탄에 이르게 되었는바, 원고가 이로 인하여 극심한 정신적 고통을 입었음이 자명하고, 피고들은 이를 금전적으로나마 위자할 의무가 있다고 할 것이며, 원고와 피고 □□□의 혼인생활의 경위 및 파탄의 경위, 원고와 피고 □□□의 재산상태 및 그 형성의 경위 등을 종합하여 볼 때 그 위자료의 수액은 최소한 각 금 20,000,000원 정도는 되어야 할 것입니다.

5. 피고 □□□의 재산분할의무에 관하여

가. 원고와 피고 □□□의 재산

원고는 그 명의로 보유하고 있는 재산이 전혀 없고, 피고 □□□는 그 명의로 ○○시 ○○구 ○○길 ○○소재 시가 8천만원 상당의 주택을 보유하고 있습니다.

나. 재산형성의 경위 및 피고 □□□의 재산분할의무에 관하여

원고와 피고 □□□가 소유하고 있는 위 재산은 원고와 피고 □□□의 공동의 노력으로 이룩한 부부공동의 재산으로서 원고는 현재와 같은 재산의 형성과 유지 및 감소방지에 상당한 기여를 하였습니다. 그렇다면, 피고 □□□는 재산분할로 총 자산가치인 금80,000,000원의 50%인 금40,000,000원을 지급하여야 할 것입니다.

입 증 방 법

1. 갑 제1호증   가족관계증명서
1. 갑 제2호증   사건본인(△△△)기본증명서
1. 갑 제3호증   사건본인(△△△)가족관계
증명서
1. 갑 제4호증   주민등록표등본
1. 갑 제5호증   결혼식 사진
1. 갑 제6호증   진단서

1. 갑 제7호증   부동산등기사항증명서

첨 부 서 류

1. 위 입증방법   각 1통
1. 소장부본   2통
1. 송달료납부서   1통

2000. 0. 0.
원고   000 (서명 또는 날인)

○○가정법원 귀중

【9】 인지청구의 소

1. 의의

생부모가 스스로 자를 인지하지 아니할 때에 가정법원의 확정판결에 의하여 혼인외의 자와 법률상의 부모자 관계를 형성하거나 확인하는 소송이다(민법 제863조).

2. 관할

상대방인 부 또는 모의 보통재판적 소재지 가정법원, 그가 사망한 때에는 그 마지막 주소지 의 가정법원이다.

3. 원고적격

자녀와 그 직계비속 또는 그 법정대리인

4. 피고적격

부 또는 모, 피고가 된 부 또는 모가 모두 사망 시 2년 내 검사를 상대로 한다.

5. 효력

인지청구를 인용한 확정판결의 효력은 자녀의 출생 시에 소급하여 발생

6. 확정 후의 절차

① 소를 제기한 자 또는 상대방은 재판확정일로부터 1개월 이내에 재판서 정(등)본 및 확정 증명서를 첨부하여 시(구)·읍·면의 장에게 그 내용을 신고하여야 한다.
② 부는 자(이미 출생), 태아를 인지 대상으로 할 수 있으나, 태아는 부를 상대로 인지청구를 할 수 없다.

인지청구의 소

원   고: (연락 가능한 전화번호:)
        주민등록번호:
        주   소:
        송 달 장 소:
        등 록 기준지:
피   고:
        주민등록번호:
        주   소:
        등 록 기준지:

청 구 취 지

1. 원고는 피고   의 친생자임을 인지한다.
2. 소송비용은 피고가 부담한다.
라는 판결을 구합니다.

청 구 원 인
(소송을 제기하는 사유를 구체적으로 기재하십시오.)

첨 부 서 류

1. 기본증명서(상세)(원고, 피고)   각 1통
2. 가족관계증명서(상세)(원고, 피고)   각 1통
3. 주민등록표등(초)본(원고, 피고)   각 1통
4. 소장부본   1부
5. 기타 입증자료(유전자시험성적서 등)   1부

20 .   .   .
      원고   (서명 또는 날인)

법원 귀중

휴대전화를 통한 정보수신 신청

 위 사건에 관한 **재판기일의 지정·변경·취소 및 문건접수 사실**을 예납의무자가 납부한 송달료 잔액 범위 내에서 아래 휴대전화를 통하여 알려주실 것을 신청합니다.

▣ **휴대전화번호**:

20 .   .   .

신청인 원고   (서명 또는 날인)

※ 문자메시지는 재판기일의 지정·변경·취소 및 문건접수 사실이 법원재판사무시스템에 입력되는 당일 이용 신청한 휴대전화로 발송됩니다.
※ 문자메시지 서비스 이용 금액은 메시지 1건당 17원씩 납부된 송달료에서 차감됩니다(송달료가 부족하면 문자메시지가 발송되지 않습니다.).
※ 추후 서비스 대상 정보, 이용 금액 등이 변동될 수 있습니다.
※ 휴대전화를 통한 문자메시지는 <u>원칙적으로 법적인 효력이 없으니 참고자료로만</u> 활용하시기 바랍니다.

◇ 유의 사항 ◇

 1. 상대방으로 될 부 또는 모가 사망한 때에는 검사를 피고로 합니다.
 2. 소장에는 인지액 20,000원 상당의 금액을 현금이나 신용카드·직불카드 등으로 납부한 내역을 기재한 영수필확인서를 첨부하여야 합니다.
 3. 송달료는 당사자 수 ×우편료 × 15회분을 송달료 취급 은행에 납부하고 납부서를 첨부하여야 합니다.

소   장

원   고   ○   ○   ○(주민등록번호)
　　　　　등록기준지 : ○○시 ○○구 ○○길 ○○
　　　　　주소 : ○○시 ○○구 ○○길 ○○(우편번호)
　　　　　미성년자이므로 법정대리인
　　　　　친권자 모   □   □   □(주민등록번호)
　　　　　등록기준지 : ○○시 ○○구 ○○길 ○○
　　　　　주소 : ○○시 ○○구 ○○길 ○○(우편번호)
피   고   △   △   △(주민등록번호)
　　　　　등록기준지 : ○○시 ○○구 ○○길 ○○
　　　　　주소 : ○○시 ○○구 ○○길 ○○(우편번호)

인지청구의 소

청 구 취 지

1. 피고는 원고를 친생자로 인지한다.
2. 소송비용은 피고의 부담으로 한다.
라는 판결을 구합니다.

청 구 원 인

1. 원고의 생모 □□□는 우연한 기회에 피고를 알게 되어 피고와 내연관계를 맺고 원고를 혼인외자로 출생하였습니다.
2. 피고는 원고가 출생 후 원고를 보살피며 생모 □□□와 아예 동거까지 하였으나 원고가 ○살 때부터 원고 및 생모에 대한 태도가 변하여 아무런 도움을 주지 않고 있습니다.
3. 원고는 아직 미성년자이고 원고의 생모도 또한 지병으로 거동이 불편하여 생활능력이 없으므로 피고에게 원고를 인지하여 줄 것을 요청하였으나 피고는 이에 응하지 않으므로 신분관계를 명확히 하기 위하여 이 청구에 이른 것입니다.

입 증 방 법

1. 갑 제1호증   가족관계증명서(원고)
1. 갑 제2호증   기본증명서(원고)
1. 갑 제3호증   주민등록등본

첨 부 서 류

1. 위 입증서류   각 1부
1. 소장부본   1부
1. 송달료납부서   1부

20○○년   ○월   ○일

원 고   ○   ○   ○

원고는 미성년자이므로

법정대리인 친권자 모 : □ □ □(서명 또는 날인)

○ ○ 가 정 법 원 귀 중

[작성례 ②] 인지무효확인 청구의 소

소   장

원   고   정 ○ ○ (원 성명 김 ○ ○)
               19○○년 ○월 ○일생
               등록기준지   ○○시 ○○구 ○○길 ○○
               주소   ○○시 ○○구 ○○길 ○○ (우편번호)
               전화   ○○○ - ○○○○
               원고는 미성년자이므로 법정대리인
               친권자 모 김 □ □
               등록기준지 및 주소 : 원고와 같음
피   고   정 △ △
               19○○년 ○월 ○일생
               등록기준지   ○○시 ○○구 ○○길 ○○
               주소   ○○시 ○○구 ○○길 ○○ (우편번호)
               전화   ○○○ - ○○○○

인지무효확인청구의 소

청 구 취 지

1. 피고가 20○○. ○. ○. ○○시 ○○구청장에게 신고하여 한 원고에 대한 인지
   는 무효임을 확인한다.
2. 소송비용은 피고가 부담한다.
라는 판결을 구합니다.

청 구 원 인

1. 원고는 원고의 생모인 김□□과 소외 박□□ 사이에 출생한 모의 혼인외 출
   생자인데 생부인 소외 박□□가 인지를 하지 않아 생모인 친권자 위 김□□
   의 출생신고에 의하여 모의 성과 본을 따라 성명은 김○○로 하여 모의 호적
   에 자로 입적된 것입니다.
2. 피고는 원고가 출생하고 나서 원고의 생모와 관계를 맺은 사실도 있었으나,
   두 사람 사이에는 태어난 자녀가 없었으며 결혼을 할만한 정신적, 경제적

여유도 없었기에 원고의 생모와 피고는 헤어지기로 하였습니다.

3. 그러나 피고는 계속하여 결혼을 요구하였고, 이에 원고의 생모는 결혼할 수 없음을 설득하던 중, 피고가 원고와 원고의 생부 부지중에 20○○. ○. ○. 원고의 본래 이름인 김○○의 성을 정○○로 정정하여 원고를 자신의 호적에 자로 입적하였습니다.

4. 따라서 위 입적은 원고와 피고 사이에 친생자관계가 존재하지 않음에도 불구하고 원고의 의사에 반한 피고의 일방적인 허위의 사실에 기한 인지이므로 원고는 민법 제862조에 의하여 청구취지와 같은 판결을 구하고자 이 건 청구에 이른 것입니다.

입 증 방 법

1. 갑 제1호증　　　　　기본증명서(원고)
1. 갑 제2호증　　　　　가족관계증명서(원고)
1. 갑 제3호증　　　　　진술서(생모 김□□)

첨 부 서 류

1. 위 입증방법　　　　　　각 1통
1. 소장부본　　　　　　　　1통
1. 납 부 서　　　　　　　　1통

20○○년　　○월　　○일
원　고　정　○　　○의
친권자 모　김　□　□ (서명 또는 날인)

○ ○ 가 정 법 원 귀중

【10】 친생부인의 소

1. 의의

① 부(夫)의 친생자로 추정받는 자가 실제로는 친생자가 아닌 경우에 부 또는 처가 소송에 의하여 그 친생추정을 번복하여 법률상의 부자관계를 부정하는 재판이다.

② 혼인 중 출생한 자녀는 부의 친생자로 추정되므로, 그 사이에 법률상의 부자관계가 당연히 인정되기 때문에 친생부인의 소에 의하여 그 추정을 번복시키지 않고는 제3자가 그 자녀를 인지할 수 없다.

◆ 친생자관계 부존재 확인소송과의 관계

  - 친생자관계 부존재 확인소송은 가족관계등록부상 자녀가 부 또는 모의 친생자로 등재되어 있으나 친생추정이 미치지 않는 경우에 그 기록을 바로잡기 위한 수단

  - 친생자관계 부존재 확인소송의 소가 친생추정을 받은 자녀에 대한 것이어서 부적법하더라도 일단 그 청구를 인용하는 판결이 확정된 경우는 그 확정판결의 대세효로 인하여 친생추정이 깨어진다(대법원 1992. 7. 24. 선고 91므566 판결 참조).

◆ 친생추정의 범위

  - "동서의 결여 등으로 처가 부의 자녀를 포태할 수 없음이 외관상 분명한 경우"에는 친생추정의 효력이 미치지 아니하여 친생부인의 소에 의하지 아니하고 친생자관계 부존재 확인의 소에 의하여 부의 친생자 아님을 주 장할 수 있다.

  - 또한 "해외주재나 장기복역과 같은 장기별거, 실종선고를 받은 경우의 실 종기간. 재판상 이혼원인이 되는 3년 이상의 생사불명, 사실상의 이혼 등 동거가 결여된 경우"에 한하여 친생추정이 미치지 않는다.

③ 출생신고를 하지 않은 자녀에 대하여 친생부인의 소를 제기하는 경우에는 소장에 사건본인의 이름, 생년월일을 적고 출생신고서를 제출(이름이 없는 경우에는 '사건 본인 OOO'으로 기재) - 출생증명서를 판결문의 별지로 붙인다,

2. 관할

① 자녀의 보통재판적이 있는 주소지 가정법원

② 자녀가 사망한 때에는 그 마지막 주소지의 가정법원의 전속관할

3. 원고적격

부부의 한쪽

4. 피고적격

① 부부의 다른 한쪽 또는 자녀이고, 위 상대방이 모두 사망시 검사를 상대방으로 한다.

② 자녀가 사망한 후에도 그 자녀에게 직계비속이 있는 때에는 그 모를 상대로, 모가 없으면 검사를 상대로 제기할 수 있다.

5. 조정전치주의(친생자관계 존부 확인의 소와 차이점)

친생부인의 소를 제기하려는 사람은 먼저 조정을 신청하여야 한다(가사소송법 제50조 제1항).

6. 제척기간

부부의 한쪽이 소를 제기하는 경우는 그 사유가 있음을 안 날로부터 2년이고, 상대방이 모두 사망하여 검사를 상대로 하는 경우는 그 사망을 안 날로부터 2년이다.

7. 친생부인권의 소멸

자녀의 출생 후에 친생자임을 승인한 자는 다시 친생부인의 소를 제기하지 못한다. 다만, 사기 또는 강박으로 인한 때에는 이를 취소할 수 있다.

8. 확정 후의 절차

소를 제기한 자는 재판확정일로부터 1개월 이내에 재판서 정(등)본 및 확정증명서를 첨부하여 시(구)·읍·면의 장에게 그 내용을 신고하여야 한다.

※ 민법 제844조 제2항 중 혼인관계종료의 날부터 300일 이내에 출생한 자는 혼인 중에 포태한 것으로 추정하는 부분에 대한 헌법재판소의 헌법불합치 결정(2013헌마623)의 취지를 반영하여 민법 및 가사소송법(각 2017. 10. 31. 공포, 각 2018. 2. 1. 시행)이 일부 개정되었고, 개정된 민법 등에 따라 혼인 중에 임신한 것으로 추정되는 자녀(혼인관계가 종료된 날부터 300일 이내에 출생한 자녀)중 이미 혼인 중의 자녀로 출생신고가 되지 않은 자녀에 대해서는 그 자녀의 이머니 또는 어머니의 전(前) 남편이 가정법원에 비송사건으로 친생부인의 허가를 청구할 수 있도록 하여 친생부인의 소보다 간이한 방법으로 친생추정을 배제할 수 있도록 하였다.

친생부인의 소

원   고: (연락 가능한 전화번호:)
     주민등록번호:
     주   소:
     송 달 장 소:
     등 록 기준지 :
피   고:
     주민등록번호:
     주   소:
     등 록 기준지 :
사건본인(미성년자녀):
     주민등록번호:
     주   소:
     등 록 기준지:

청 구 취 지

1. 사건본인은 (원고, 피고)   의 친생자임을 부인한다.
2. 소송비용은 피고가 부담한다.
라는 판결을 구합니다.

청 구 원 인

(소송을 제기하는 사유를 구체적으로 기재하십시오.)

첨 부 서 류

1. 기본증명서(상세)(원고, 피고)   각 1통
2. 가족관계증명서(상세)(원고, 피고)   각 1통
3. 주민등록표등(초)본(원고, 피고)   각 1통
4. 소장부본   1부
5. 기타 입증자료(유전자시험성적서 등)   1부

20   .   .   .

원고   (서명 또는 날인)

법원 귀중

휴대전화를 통한 정보수신 신청

 위 사건에 관한 **재판기일의 지정.변경.취소 및 문건접수 사실**을 예납의무자가 납부한 송달료 잔액 범위 내에서 아래 휴대전화를 통하여 알려주실 것을 신청합니다.

◉ 휴대전화번호:

20   .   .   .

신청인 원고   (서명 또는 날인)

※ 문자메시지는 재판기일의 지정.변경.취소 및 문건접수 사실이 법원재판사무시스템에 입력되는 당일 이용 신청한 휴대전화로 발송됩니다.
※ 문자메시지 서비스 이용 금액은 메시지 1건당 17원씩 납부된 송달료에서 차감됩니다(송달료가 부족하면 문자메시지가 발송되지 않습니다.).
※ 추후 서비스 대상 정보, 이용 금액 등이 변동될 수 있습니다.
※ 휴대전화를 통한 문자메시지는 원칙적으로 법적인 효력이 없으니 참고자료로만 활용하시기 바랍니다.

◇ 유의 사항 ◇
 1. 소장에는 인지액 20,000원 상당의 금액을 현금이나 신용카드·직불카드 등으로 납부한 내역을 기재한 영수필확인서를 첨부하여야 합니다.
 2. 송달료는 당사자 수 ×우편료 × 15회분을 송달료 취급 은행에 납부하고 납부서를 첨부하여야 합니다.
 3. 전화번호란에는 연락 가능한 휴대전화번호(전화번호)를 기재하시기 바랍니다.

[작성례] 친생부인의 소

소   장

원   고   ○ ○ ○(○ ○ ○) (주민등록번호)
　　　　　　19○○년 ○월 ○일생
　　　　　　등록기준지 : ○○남도 ○○시 ○○길 ○번지
　　　　　　주소 : ○○시 ○○구 ○○길 ○번지(우편번호)

피   고   △ △ △(△ △ △) (주민등록번호)
　　　　　　19○○년 ○월 ○일생
　　　　　　등록기준지 : ○○시 ○○구 ○○길 ○번지
　　　　　　주소 : 원고와 같음
　　　　　　위 법정대리인 친권자 모 김□□
　　　　　　주소 : 원고와 같음

친생부인의 소

청 구 취 지

피고는 원고의 친생자가 아님을 확인하다.
라는 판결을 구합니다.

청 구 원 인

1. 원고와 소외 김□□는 19○○. ○.○. 혼인신고를 한 부부로서 19○○. ○.
   ○. 피고를 출산하고 가족관계등록부 상 친생자로 출생신고를 하여 피고가 친생자
   로 등재되었습니다.
2. 원고는 소외 김□□를 만나 동거생활을 한 날짜가 19○○. ○. ○.이며 이
   기간중 해외지사 파견근무를 명 받고 원고 혼자 10개월을 캐나다 몬트리올
   에서 생활했는데 귀국 후 원고와 대학 동기인 친구로부터 위 소외 김□□가
   새벽녘에 처음보는 사람과 ○○시 ○○구 ○○길 소재 ○○여관에서 나오는
   것을 보았다는 말을 듣게 되었습니다.
3. 그런데 그 후 위 소외 김□□의 외출이 잦아지고 음주까지 하고 귀가하여
   원고가 이를 의심하여 추궁하였더니 소외 김□□는 원고와 혼인 전부터 알

고 지내던 소외 이□□와 피고의 출생일 이전부터 정을 통한 사실을 자백하였고 소외 이□□에게서도 이와 같은 사실을 확인하였습니다.
4. 이에 원고는 소외 김□□를 상대로 이혼청구를 해놓은 상태이며 청구취지와 같은 판결을 받고자 본 소송을 제기하기에 이르렀습니다.

입 증 방 법

1. 갑 제1호증   가족관계증명서(원고)
1. 갑 제2호증   혼인관계증명서(원고)
1. 갑 제3호증   기본증명서(피고)
1. 갑 제4호증   주민등록등본(피고)
1. 갑 제5호증 1내지2   각 자인서(김□□, 이□□)
1. 갑 제6호증   소제기증명서

첨 부 서 류

1. 위 입증방법   각 1통
1. 소장부본   1통
1. 납부서   1통

20○○.   ○.   ○.
위 원고   ○ ○ ○ (인)

○ ○ 가 정 법 원 귀 중

【11】 친생자관계 존부(존재·부존재)확인의 소

1. 의의
① 친생자로 추정받지 않는 자가 가족관계등록부에 친생부모 아닌 사람들 사이에서 출생한 것으로 기록되어 있는 경우에 친생자관계의 부존재를 확인하는 재판이다.
② 남편이 추정기간에 행방불명, 장기해외체류, 오랜 별거상태, 교도소 수용 등 남편의 자를 포태할 수 없음이 외관상 명백한 경우에 친생추정이 미치지 않으므로 친생자관계 부존재 확인소송이 허용된다.

2. 관할
① 피고의 보통재판적 소재지 가정법원의 전속관할이다.
② 피고가 모두 사망한 때에는 그중 1인의 최후 주소지 가정법원의 전속관할이다.

3. 원고적격
① 자, 자의 법정대리인, 자의 직계비속
② 부 또는 모, 모의 부(夫), 모의 전부(前夫)
③ 4촌 이내의 친족(가사소송법 제28조, 제24조)
④ 후견인, 유언집행자, 기타의 이해관계인

4. 피고적격
① 자가 소를 제기하는 경우 : 생존 중인 부 또는 모
② 제3자(이해관계인)가 소를 제기하는 경우 : 부모와 자, 부와 자, 모와 자
③ 피고 될 자가 모두 사망한 경우 : 검사

5. 기타 입증자료
유전자시험성적서(국가공인인증기관) 등

6. 확정 후의 절차
확정 후 1개월 이내에 재판서 정(등)본 및 확정증명서를 첨부하여 시(구)·읍·면의 장에게 그

내용을 신고하여야 한다.

7. 제척기간

① 사유가 있음을 안 날로부터 2년 내 제기하여야 한다.

② 존재와 부존재의 소송이 피고들의 주소가 같은 때는 같은 가정법원에 소를 제기하고 소송인지대는 존재와 부존재의 소송별로 따로 계산하며, 피고들의 주소지 관할이 다른 때에는 각각의 가정법원에 소를 제기한다.

친생자관계 존재 확인의 소

원 고 :   (☎ :   )

     주민등록번호 :

     주   소 :

     송 달 장 소 :

     등 록 기 준 지 :

피 고 :

     주민등록번호 :

     주   소 :

     등 록 기 준 지 :

청 구 취 지

1. 원고와 피고 사이에는 친생자관계가 존재함을 확인한다.
2. 소송비용은 피고가 부담한다.

라는 판결을 구합니다.

청 구 원 인

(소송을 제기하는 사유를 구체적으로 기재)

첨 부 서 류

1. 기본증명서(상세)(원고,피고)	각 1통
1. 가족관계증명서(상세)(원고,피고)	각 1통
1. 주민등록표등(초)본(원고, 피고)	각 1통
1. 혼인관계증명서(원고,피고)	각 1통
1. 소장부본	1부
1. 기타 입증자료(유전자시험성적서 등)	1부

20   .   .   .

원고 :   (서명 또는 날인)

서울○○법원   귀중

휴대전화를 통한 정보수신 신청

 위 사건에 관한 **재판기일의 지정.변경.취소 및 문건접수 사실**을 예납의무자가 납부한 송달료 잔액 범위 내에서 아래 휴대전화를 통하여 알려주실 것을 신청합니다.

▣ **휴대전화번호:**

20 . . .

신청인 원고   (서명 또는 날인)

※ 문자메시지는 재판기일의 지정.변경.취소 및 문건접수 사실이 법원재판사무시스템에 입력되는 당일 이용 신청한 휴대전화로 발송됩니다.
※ 문자메시지 서비스 이용 금액은 메시지 1건당 17원씩 납부된 송달료에서 차감됩니다(송달료가 부족하면 문자메시지가 발송되지 않습니다.).
※ 추후 서비스 대상 정보, 이용 금액 등이 변동될 수 있습니다.
※ 휴대전화를 통한 문자메시지는 <u>원칙적으로 법적인 효력이 없으니</u> 참고자료로만 활용하시기 바랍니다.

◇ 유의 사항 ◇
 1. 소장에는 인지액 20,000원 상당의 금액을 현금이나 신용카드·직불카드 등으로 납부한 내역을 기재한 영수필확인서를 첨부하여야 합니다.
 2. 송달료는 당사자 수 ×우편료 × 15회분을 송달료 취급 은행에 납부하고 납부서를 첨부하여야 합니다.
 3. 전화번호란에는 연락 가능한 휴대전화번호(전화번호)를 기재하시기 바랍니다.

소   장

원 고   김 ○ ○ (주민등록번호)
　　　　　　등록기준지 : ○○시 ○○구 ○○길 ○○
　　　　　　주소 : ○○시 ○○구 ○○길 ○○(우편번호)

피 고   1. 김 △ △ (주민등록번호)
　　　　　　2. 박 △ △ (주민등록번호)
　　　　　　　　피고들 등록기준지 : 원고와 같음
　　　　　　　　피고들 주소 : ○○시 ○○구 ○○길 ○○

친생자관계부존재확인청구의 소

청   구   취   지

1. 원고와 피고들 사이에는 각기 친생자관계가 존재하지 아니함을 확인한다.
2. 소송비용은 피고들의 부담으로 한다.
라는 판결을 구합니다.

청   구   원   인

1. 호적상 등재 사실
　　원고는 피고 김△△을 아버지로, 피고 박△△를 어머니로 하여 그들 사이에 출생한 것으로 호적상 등재되어 있습니다. { 증거 : 갑 제1호증 (가족관계증명서) }
2. 원, 피고들간 친생자관계 부존재 및 호적 등재 경위
　가. 원고는 피고 김△△의 친형인 소외 김□□이 한 동네에 거주하던 성명불상의 여인과의 관계에서 낳은 혼인외의 자입니다. 당시 위 김□□은 소외 이□□와 혼인한 사이로서 그 사이에 아들을 출산한 지 4일만에 원고가 태어났으므로 원고를 차마 자신의 호적에 입적시킬 수 없어 동생 부부인 피고들의 친생자인 것처럼 출생신고를 하게 되었던 것입니다.
　나. 그러나, 원고는 피고들과는 단 하루도 함께 산 적이 없으며 원고의 친부인 위 김□□과 그의 처인 위 이□□가 원고가 성장할 때까지 양육했습니다.

또한 위 이□□도 원고에 대해 기른 정이 깊어 늦었지만 이제라도 원고
　　　가 친아버지의 호적에 입적되기를 원하는 입장이며 피고들도 원고의 호
　　　적을 바로 잡는데 전혀 이의가 없습니다.
　다. 증거 : 갑 제 2호증 (기본증명서). 갑 제 3호증(가족관계증명서), 갑 제 5호증
　　　　(동생에게 입적한 이유서), 갑 제 6호증 (확인서)
3. 결 론
　　위와 같이 원고는 호적상 피고들 사이의 친생자인 것처럼 등재되어 있으나,
　　피고들과는 친생자관계가 존재하지 아니하므로 그 확인을 구하기 위하여
　　이 건 소송에 이르렀습니다.

입　　증　　방　　법

　　1. 갑 제1호증　　　　　　가족관계증명서(원고)
　　1. 갑 제2호증　　　　　　기본증명서(원고)
　　1. 갑 제3호증　　　　　　가족관계증명서(소외 김□□)
　　1. 갑 제4호증　　　　　　주민등록등본(피고들)
　　1. 갑 제5호증　　　　　　동생에게 입적한 이유서
　　1. 갑 제6호증　　　　　　확인서

첨　　부　　서　　류

　　1. 위 입증방법　　　　각 2통
　　1. 소장부본　　　　　　2통
　　1. 납부서　　　　　　　1통

20○○년　○월　○일
위 원고 김 ○ ○　(서명 또는 날인)

○ ○ 가 정 법 원　귀중

[작성례 ②] 친생자관계부존재확인 청구의 소(허위의 출생신고)

소　　　장

원　　고　　○　○　○(주민등록번호)

　　　　　　19○○년 ○월 ○일생

　　　　　　등록기준지　　○○시 ○○구 ○○길 ○○

　　　　　　주소　　○○시 ○○구 ○○길 ○○ (우편번호)

　　　　　　전화　　○○○ - ○○○○

피　　고　　△　△　△(주민등록번호)

　　　　　　19○○년 ○월 ○일생

　　　　　　등록기준지　　○○시 ○○구 ○○길 ○○

　　　　　　주소　　○○시 ○○구 ○○길 ○○ (우편번호)

　　　　　　전화　　○○○ - ○○○○

친생자관계부존재확인청구의 소

청 구 취 지

1. 원고와 피고사이에는 친생자관계가 존재하지 아니함을 확인한다.
2. 소송비용은 피고의 부담으로 한다.
라는 판결을 구합니다.

청 구 원 인

1. 원고는 19○○. ○. ○.에 소외 망 김□□를 아버지로, 소외 이□□를 어머니로 하여 그들 사이에 출생하였는데, 위 김□□가 마치 원고가 김□□와 피고 사이에서 출생한 것처럼 허위의 출생신고를 하여 버렸습니다.
2. 이에 원고는 피고에 대하여 원고가 피고의 친생자가 아님을 확인 받기 위하여 이 사건 소를 제기합니다.

입 증 방 법

　1. 갑 제1호증의 1　　　　　　　　기본증명서(원고)

1. 갑 제1호증의 2   가족관계증명서(원고)
1. 갑 제2호증   주민등록등본
1. 갑 제3호증의 1   확인서(박□□)
1. 갑 제3호증의 2   확인서(정□□)

첨 부 서 류

1. 위 입증방법   각 1통
1. 소장부본   1통
1. 납 부 서   1통

20○○년 ○월 ○일

원　고　○　○　○ (서명 또는 날인)

○ ○ 가정법원 귀 중

소　　　　　　　　장

원 고　　　김 ○ ○ (주민등록번호)
　　　　　　　등록기준지 : ○○시 ○○구 ○○길 ○○
　　　　　　　주소 : ○○시 ○○구 ○○길 ○○(우편번호)

피 고　　　1. 김 □ □ (주민등록번호)
　　　　　　　　등록기준지 : 원고와 같음
　　　　　　　　최후 주소 : ○○시 ○○구 ○○길 ○○
　　　　　　　2. 김 ◎ ◎(주민등록번호)
　　　　　　　　등록기준지 : 원고와 같음
　　　　　　　　최후 주소 : ○○시 ○○구 ○○길 ○○

친생자관계부존재확인청구의 소

청　　구　　취　　지

1. 원고와 피고들 사이에는 각기 친생자관계가 존재하지 아니함을 확인한다.
2. 소송비용은 피고들 부담으로 한다.
라는 판결을 구합니다.

청　　구　　원　　인

1. 호적상의 친생자관계
　　피고들은 호적상 원고를 부로 소외 김■■를 모로 하여 그들 사이에 출생한
　　친생자로 등재되어 있으나, { 갑 제 1　(가족관계증명서) }
　　피고들은 원고와 전혀 친생자관계가 없고 알지도 못하는 자들입니다.
2. 허위의 출생신고
　가. 피고들은 우리나라에 불법 체류중인 중국국적의 조선족들로서 피고 김□□
　　　은 본명이 강□□이고 피고 김◎◎은 본명을 알 수 없습니다.
　나. 소외 장□□, 소외 김●●은 피고들로부터 부탁을 받고 각 600만원을
　　　교부 받은 다음 19○○. ○. ○. ○○시 ○○구 ○○동 ○○소재 사무소에
　　　서 피고들을 원고의 딸인 것처럼 허위로 출생신고를 하여 원고의 망부

김○○이 호주로 되어 있는 호적부에 원고의 딸로 등재하게 하였습니다.

다. 위 장□□는 위와 같은 범죄를 포함한 범죄사실로 공정증서원본불실기재 및 불실기재공정증서원본행사죄등으로 유죄 확정 판결을 받았고 피고 김□□ (본명: 강□□) 도 같은 죄로 유죄확정 판결을 받은 사실이 있습니다.

라. 증거 : 갑 제 2 호증의 1, 2(각 주민등록 말소자 등본), 갑 제 4 호증의 1, 2(각 형사 판결), 갑 제 5 호증(확정 증명)

3. 결론 및 공시송달 신청

위와 같이 피고들은 모두 원고의 친생자가 아님에도 호적상으로는 원고 친생자로 잘못 등재되어 있으므로 원고는 이를 바로잡고자 이 건 소제기에 이르렀는바, 피고들은 출입국에 관한 사실증명에 의하면 아직도 국내에 있는 것으로 되어 있으나 모두 주민등록이 말소되고 그 소재를 파악할 수 없어 통상의 방법으로는 이 건 소장 부본을 송달할 수 없으니 공시송달을 신청하고자 합니다.

입 증 방 법

1. 갑 제1호증　　　　　　　가족관계증명서
1. 갑 제2호증의 1, 2　　　각 주민등록 말소자 등본
1. 갑 제3호증의 1, 2　　　각 출입국에관한 사실증명
1. 갑 제4호증의 1, 2　　　각 형사 판결
1. 갑 제5호증　　　　　　　확정 증명
1. 갑 제6호증　　　　　　　민사판결
. 갑 제7호증　　　　　　　사실확인

첨 부 서 류

1. 소장 부본　　　　　　　2통
1. 위 각 입증방법　　　　　각 1통
1. 위임장　　　　　　　　　1통
1. 납부서　　　　　　　　　1통

20○○년　○월　○일
위 원고 ○ ○ ○　　(서명 또는 날인)

○ ○ 가 정 법 원　　　귀 중

소　　　　　장

원　　고　　○　○　○
　　　　　　　　　19○○년 ○월 ○일생
　　　　　　　　　등록기준지　　○○시 ○○구 ○○길 ○○
　　　　　　　　　주소　　○○시 ○○구 ○○길 ○○ (우편번호)
　　　　　　　　　전화　　○○○ - ○○○○

피　　고　　1. 김　△　△
　　　　　　　　　19○○년 ○월 ○일생
　　　　　　　　　등록기준지　　○○시 ○○구 ○○길 ○○
　　　　　　　　　주소　　○○시 ○○구 ○○길 ○○ (우편번호)
　　　　　　　　　전화　　○○○ - ○○○○
　　　　　　　2. 이　△　△
　　　　　　　　　19○○년 ○월 ○일생
　　　　　　　　　등록기준지　　○○시 ○○구 ○○길 ○○
　　　　　　　　　주소　　○○시 ○○구 ○○길 ○○ (우편번호)
　　　　　　　　　전화　　○○○ - ○○○○

친생자관계부존재확인청구의 소

청　구　취　지

1. 피고 김△△와 피고 이△△ 사이에는 친생자관계가 존재하지 아니함을
확인한다.
2. 소송비용은 피고들의 부담으로 한다.

청　구　원　인

1. 피고 이△△의 출생 등
가. 피고 이△△은 19○○. ○. ○. ○○도 ○○군 ○○면 ○○리 ○○에서 父
　　박□□와 母 정□□ 사이의 4남 2녀 중 막내로 출생하였고, 본적 ○○도
　　○○군 ○○면 ○○리 ○○, 호주 박□□의 호적에 박□□라는 이름으로

등재되었습니다.

나. 그런데 한국전쟁 때 피고 이△△은 부모와 네명의 오빠를 모두 잃어 현재
피고 이△△의 혈육으로는 원고만 남게 되었습니다.

다. 이 호적은 가족관계 등록 등에 관한 법률 시행에 따라 등록기준지 ○○도
○○군 ○○면 ○○리 ○○, 가족관계등록부로 작성되었습니다.

2. 이중등록부의 기재경위

가. 피고 이△△은 한국전쟁 때인 12세 무렵 졸지에 고아가 되어 서울에 올라
가 식모생활을 하면서 본건 등록부 상 부모로 기재되어 있는 소외 망 이□
□, 피고 김△△ 부부를 알게 되었습니다.

나. 위 이□□, 김△△ 부부는 19○○. ○. ○. 위 박□□의 이름을 피고 이△
△으로 정하여 자신의 딸로 호적에 입적시키게 되었고 피고 이△△의 출생
일은 19○○. ○. ○.로 신고하였던 것입니다. 그 후 위 이□□은 19○○.
○. ○. 사망하였습니다.

다. 이 호적 또한 가족관계 등록 등에 관한 법률 시행으로 등록기준지 ○○시
○○구 ○○동 ○○번지, 가족관계등록부로 작성되었습니다.

라. 결국 피고 이△△은 박□□이라는 이름으로 소외 망 박□□과 망 정□□의
자로 가족관계등록부에 등재되어 있는 한편 이△△이라는 이름으로 소외 망
이□□, 피고 김△△의 자로도 가족관계등록부에 등재되어 있는 상황입니다.

3. 결론

이에 피고 이△△의 언니로서 이해관계인인 원고는(대법원 80므60 전원합의체
판결, 90므347 판결), 피고 이△△의 이중등록부를 정리하기 위하여 피고 김△
△ 및 피고 이△△을 상대로 친생자관계부존재확인을 받기 위하여 이 사건 청
구에 이른 것입니다.

입 증 방 법

1. 갑 제1호증의 1, 2, 3   제적등본, 가족관계증명서, 기본증명서(친생부의 신고)
1. 갑 제2호증의 1, 2, 3   제적등본, 가족관계증명서, 기본증명서(피고의 신고)
1. 갑 제3호증   인우보증서 및 보증인의 주민등록초본
1. 갑 제4호증   원고, 피고들 각 주민등록초본

첨 부 서 류

1. 위 입증방법   각 1통
1. 소장부본   2통

1. 납부서   1통

20○○년   ○월   ○일

원   고   ○   ○   ○ (서명 또는 날인)

○ ○ **가정법원 귀 중**

제2장

가사비송사건

【1】 상속포기 심판청구

1. 의의

상속인이 피상속인의 적극재산과 소극재산인 채무를 모두 상속받지 않겠다는 거부의 의사표시로 법원에 상속포기신고를 하고 법원이 이를 수리하는 제도이다.

2. 기간

① 상속인이 상속개시 있음을 안 날(통상 가족관계등록부[기본증명서(상세) 상의 사망일]로 부터 3개월 내에 청구하여야 한다.

② 상속 1순위자는 3개월 내에 상속포기 심판을 청구하여야 하고, 2순위자부터는 선순위자가 포기하여 심판정본을 송달받은 후 3개월 이내에 다음 순위자가 청구해도 되고, 선순위 상속인이 상속포기 심판청구를 하지 아니한 경우라도 선순위 상속인보다 먼저 또는 선순위 상속인과 동시에 상속포기 심판청구를 할 수도 있다.

③ 금융감독원[☎ 1332(2번)] 상속인금융거래조회서비스

가까운 은행, 농협, 수협, 우체국 등을 방문하여 신청한 후, 금융감독원 홈페이지 (http://www.fss.or.kr 참조)를 통해 금융채권(예금, 보험, 예탁증권, 공제 등) 및 채무, 각종 주식, 일정액 이상의 조세·과태료 등 체납여부, 상조회사 가입여부 등을 확인할 수 있다(접수 후 조회하는 사안에 따라 약 7-20일 소요됨).

④ 정부 24 안심상속 원스톱 서비스

가까운 시·구·읍·면사무소·주민센터를 방문하여 피상속인의 금융거래조회, 국민연금 가입 여부, 국세 및 지방세 정보, 토지·자동차 소유 여부 등을 한꺼번에 확인받을 수 있다 (www.gov.kr 참조, 접수 후 조회하는 사안에 따라 약 7-20일 소요됨).

3. 상속순위(민법 제1000조)

① 1순위: 직계비속[자(子)]   1-1 순위 : 직계비속[손(孫) 증손도 포함]

② 2순위: 직계존속(부모)   2-1 순위: 직계존속(조부모)

③ 3순위: 형제자매

④ 4순위: 4촌 이내 방계혈족

※ 동순위의 상속인이 수인인 경우 : 최근친을 선순위로 하고 동친 등의 상속인이 수인인 때에는

공동상속인이 된다.

※ 배우자의 상속순위 : 1, 2순위 상속인이 있는 경우에는 그 상속인과 동순위로 공동상속인이 되고 그 상속인이 없는 때에는 단독상속인이 된다.

※ 태아의 경우 : 출생한 후 법정대리인이 태아를 위한 상속개시 있음을 안 때부터 3개월 내에 신고할 수 있다(대법원 1982. 2. 9. 선고 81다534판결).

4. 관할

피상속인(망인)의 주민등록상 마지막 주소지 가정법원, 피상속인(망인)의 마지막 주소지가 외국인 경우는 대법원 있는 곳의 가정법원이 관할한다.

5. 청구권자 : 상속을 포기하려는 상속인

① 미성년자 상속포기 시에는 부모가 법정대리인이므로 미성년자 본인의 기본증명서(상세), 부모의 인감증명서 제출 및 청구서에 인감도장을 날인(또는 본인서명사실확인서 제출 및 청구서에 서명)한다.

② 미성년자의 상속포기가 법정대리인과의 관계에서 이해상반행위에 해당하는 때에는 특별대리인을 선임하여 그 특별대리인이 미성년자를 대리하여야 한다. 다만, 미성년자와 특별대리인을 포함하여 공동상속인 전원이 함께 상속포기를 하는 경우에는 특별대리인을 선임할 필요가 없다.

③ 선순위자가 모두 포기하면 다음 순위자에게로 상속되므로 상속포기를 원하는 순위자 모두가 동시에 신청하는 것이 편리하고, 상속인들 모두가 포기하는 것이 어렵거나 상속채무의 초과여부가 불분명한 경우에는 1순위자들만 한정승인을 하는 것이 편리하다.

6. 유의사항(상속인이 아닌 사람의 청구로 실무상 자주 보이는 예)

① 며느리, 사위. ② 이모부. 고모부. ③ 계모자 및 적모서자, ④ 상속개시 당시 포태되지 않았는데 그 후에 출생한 사람. ⑤ 선순위 상속인의 한정승인이 수리된 후에 한정승인을 신청한 후순위 상속인. ⑥ 피상속인보다 먼저 사망한 자녀의 배우자가 피상속인이 사망하기 이전에 재혼한 경우 등

※ 미성년자와 친권자(부·모)가 공동상속인인 경우에는 미성년자와 친권자의 법률상 이해관계가 다른 지위에 있다(이해상반행위). 따라서 미성년자와 친권자가 각각 상속의 한정승인 또는 포기를 하는 경우에는 민법 제921조에 따라 미성년자의 특별대리인을 선임하여야 하는 경우가 있다{예: 친권자는 한정승인을 하고 미성년 자녀는 상속을 포기하는 경우 이해상반행위로 특

별대리인 선임이 필요하다. 참고로 이 경우 자녀의 포기로 친권자는 피상속인의 직계존속과 공동상속인이 된다).

7. 주요 보정사항

① 청구서에 날인한 인감의 인영과 인감증명서상 인영이 상이한 경우
② 피상속인(망인)의 사망일자가 미기재된 기본증명서(상세) 또는 제적등본을 제출한 경우
③ 청구인이 피상속인(망인)의 상속인으로 된 것을 알게 된 날짜를 소명할 수 있는 자료(선순위자가 상속포기 하였을 경우 선순위자의 상속포기심판서 및 송달증명원)를 미첨부한 경우
④ 미성년자에 대한 법정대리인 표시가 누락된 경우(이혼하지 않은 경우 부모가 공동대리인이 되는데 일방만 기재한 경우)
⑤ 청구인이 사건본인의 직계비속, 직계존속, 배우자가 아닌 경우 가계도를 미첨부한 경우

■ 재외국민과 외국인의 청구 시 필요서류

□ 재외국민(영주권자)

① 위임장: 위임인의 인감도장을 날인하고 인감증명서를 첨부함. 위임장은 규정된 양식은 없으나 위임인과 수임인이 특정되고, 위임취지[처분위임장 – 상속포기 심판청구 처분권한 일체 수여, 제출위임장 – 청구서 제출권한 수여]가 기재되어야 함. 본인이 입국하여 직접 신청하는 경우 위임장은 필요 없다.

② 인감증명서: 우리나라의 인감증명서를 제출하이야 한다.

 ※ 인감증명서 제출에 갈음하여 상속포기심판청구서에 서명 또는 날인하고 본인의 것임을 증명하는 재외공관(대사관, 공사관, 영사관)의 확인서 또는 이에 관한 공정증서를 제출하는 경우 이를 인정해 주는 것이 서울가정법원의 실무례이다.

③ 주소들 증명하는 시면: 재외국민등록부등본 또는 재외국민거주사실증명을 제출한다. 다만, 주재국에 대한민국 재외공관이 없는 경우 그 나라 관공서의 주소증명이나 거주사실증명서를 제출하거나 주소를 공증한 공증서면을 제출해도 무방하다.

□ 외국인(시민권자)

① 위임장: 위임인이 서명함. 위임장은 규정된 양식은 없으나 위임인과 수임인이 특정되고, 위임취지[처분위임장 – 상속포기 심판청구 처분권한일체 수여, 제출위임장 –청구서 제출권한 수여]가 기재되어야 함. 수임인이 대리인 자격으로 스스로 상속포기심판청구를 하거나 법무사 등에게 위임한 경우에는 대리인이 위임장에 날인하고 인감증명서를 첨부하여야 함. 본인이 입국하여 직접 신청하는 경우 위임장은 필요없다.

② 서명의 공증 또는 인감증명서: 위임장 또는 상속포기심판 청구서에 한 서명에 관하여 본인이 직접 작성하였다는 취지의 본국 관공서의 증명이나 이에 관해 본국에서 공증을 받아 제출하어야 함. 다만. 외국인도 한국에서 인감증명서를 만들 수 있으므로 인감증명서가 있다면 인감증명서를 제출하고 인감을 날인하면 되고, 일본과 대만의 경우는 인감제도가 있으므로 그 나라의 인감증명서를 제출하고 인감을 날인하면 된다.

③ 주소를 증명하는 서면: 본국 관공서의 주소증명서 또는 거주사실증명서를 제출하거나 본국에서 주소를 공증한 서면을 첨부하여야 함. 다만, 국내에 거소를 신고한 경우에는 국내거소신고사실증명을 제출한다.

 《 위 서면들이 외국어로 기재된 경우 번역문을 제출하여야 한다.

상속재산포기 심판청구서

청 구 인(상속인)
　1. 성　　　명:　　　　　　　주민등록번호:　　　　　　-
　　주　　　소:
　　송달장소:　　　　　　　　(연락 가능한 전화번호:　　　　　　　)

　2. 성　　　명:　　　　　　　주민등록번호:　　　　　　-
　　주　　　소:
　　송달장소:　　　　　　　　(연락 가능한 전화번호:　　　　　　　)

　3. 성　　　명:　　　　　　　주민등록번호:　　　　　　-
　　주　　　소:
　　송달장소:　　　　　　　　(연락 가능한 전화번호:　　　　　)
　　청구인　　　은(는) 미성년자이므로 법정대리인　부
　　　　　　　　　　　　　　　　　　　　　　　　　　　모
　　　　　　　　　　　　　(연락 가능한 전화번호:　　　　　)

사건본인(피상속인)
　　성　　　명:　　　　　　주민등록번호:　　　　　-
　　사 망 일 자:
　　최 후 주 소:

청 구 취 지
　"청구인들이 피상속인 망　　　　　의 재산상속을 포기하는 신고는 이를 수리
한다."라는 심판을 구합니다.

청 구 원 인

[1순위 상속인인 경우]
　청구인들은 피상속인 망　　　　　의 재산상속인으로서 20 .　.　. 상속
개시가 있음을 알았는바, 민법 제1019조에 따라 재산상속을 포기하고자 이 심
판청구에 이른 것입니다.

[차순위 상속인인 경우]

　청구인들은 피상속인 망　　　　　의 차순위 재산상속인으로서 선순위 상속인
들이 모두 상속을 포기함으로써 20 　.　 　.　 　. 상속개시가 있음을 알았는바,
민법 제1019조에 따라 재산상속을 포기하고자 이 심판청구에 이른 것입니다.

첨 부 서 류

1. **청구인**들의 가족관계증명서(상세), 주민등록등본　　　　　 각 1통
2. **청구인**들의 인감증명서(또는 본인서명사실확인서)　　 각 1통
　※ 청구인이 미성년자인 경우 법정대리인(부모)의 인감증명서를 첨부함
3. **피상속인**의 폐쇄가족관계등록부에 따른 기본증명서(상세), 가족관계증명서(상세)　 각 1통
4. **피상속인**의 말소된 주민등록등본　　　　 1통
5. 가계도(직계비속이 아닌 경우)　　　　　 1부

　　　　　　　　　20 　.　 　.　 　.

　　　　　　　청구인 1.　　　　　　　　 ㊞ (인감 날인)
　　　　　　　　　 2.　　　　　　　　 ㊞ (인감 날인)
　　　　　　　　　 3.　　　　　　　　 ㊞ (인감 날인)
　　　　청구인　　　　 은(는) 미성년자이므로
　　　　　　　법정대리인 부　　　　　 ㊞ (인감 날인)
　　　　　　　　　　　　 모　　　　　 ㊞ (인감 날인)

　　　　　　　　　　　　　　　　　　　　 법원　 귀중

< 유의 사항 >
□ **신청서 작성 관련**
　1. **관할법원은 피상속인(사망한 사람)의 마지막 주소지**(사망당시 주민등록지)
　　를 관할하는 가정(지방, 지원)법원입니다.
　2. 인지: 5,000원 × 청구인 수의 인지를 붙입니다(1만원 이상은 현금으로 납
　　부).
　3. 송달료: 청구인 수 × 우편료 × 6회분의 송달료를 지정된 은행에 납부한
　　다음 납부서를 첨부해야 합니다.
　4. 청구인 표시 중 송달장소는 주소와 다른 경우에만 기재합니다.
　5. 원활한 재판 진행을 위하여 연락 가능한 (휴대)전화번호를 기재하시기 바랍

니다.

6. 인감을 날인할 때에는 반드시 인감도장을 찍으시기 바랍니다.

 ※ 청구인이 **미성년자인 경우**에는 **법정대리인 전원의 인감**을 날인합니다.

 ※ 인감증명서 대신 본인서명사실확인서를 제출할 경우에는 서명으로 하되, 같은 필체로 서명해야 합니다.

□ **첨부서면 관련**

 1. 선순위 상속인들이 상속을 포기함에 따라 다음 순위 상속인이 청구하는 경우에는 위 첨부할 서면 중 직접 발급받기 어려운 서면도 있습니다. 이 경우 발급받을 자격이 있는 선순위 상속인의 협조를 받아 제출할 수도 있고, 법원에 그 사류 발급에 관한 보정명령을 구하여 그 명령에 따라 발급받을 수도 있습니다.

 2. **피상속인 사망일로부터 3개월이 지난 후에 청구할 때**에는 상속개시사실을 언제 어떻게 알았는지를 밝히고, 그 자료(예: 선순위 상속인의 상속 포기로 상속인이 된 경우에는 상속포기사실을 알게 된 사유를 소명하는 자료 등)를 첨부하시기 바랍니다.

 3. 피상속인이 2007. 12. 31. 이전에 사망한 경우에는 가족관계등록부가 작성되어 있지 않으므로 제적등본을 제출하시기 바랍니다.

 4. 외국 시민권자 등으로부터 상속한정승인 심판청구에 대하여 위임을 받은 경우, 외국 시민권자로부터 받은 처분위임장(상속한정승인 심판청구 관련 처분권한 일체를 수여), 서명공증서(처분위임장에 한 서명을 본인이 직접 하였다는 취지의 본국 관공서의 증명이나 공증), 주소를 증명하는 서면(본국 관공서의 주소증명서 또는 주소를 공증한 서면)를 제출하시기 바랍니다.

상 속 재 산 포 기 심 판 청 구

청구인(상속인) 1. ○　○　○(주민등록번호)
　　　　　　　　　　주소　　○○시 ○○구 ○○길 ○○(우편번호)
　　　　　　　　　　전화　　○○○ - ○○○○

　　　　　　　　 2. ○　○　○(주민등록번호)
　　　　　　　　　　주소　　○○시 ○○구 ○○길 ○○(우편번호)
　　　　　　　　　　전화　　○○○ - ○○○○

사건본인(사망자)　　　△　△　△(주민등록번호)
　　　　　　　　　　사망일자　　20○○. ○. ○.
　　　　　　　　　　등록기준지　　○○시 ○○구 ○○길 ○○
　　　　　　　　　　최후주소　　○○시 ○○구 ○○길 ○○

상속재산 포기 심판 청구

청 구 취 지

　청구인들의 망 △△△에 대한 재산상속포기 신고는 이를 수리한다.
라는 심판을 구합니다.

청 구 원 인

청구인들은 피상속인 망 △△△의 재산상속인으로서 20○○. ○. ○. 상속개시가
있음을 알았는바, 민법 제1019조에 의하여 재산상속을 포기하고자 이 심판청구
에 이른 것입니다.

첨 부 서 류

　1. 가족관계증명서(청구인들)　　　　　　　　각 1통
　1. 주민등록등본(청구인들)　　　　　　　　　각 1통
　1. 인감증명서(청구인들)　　　　　　　　　　각 1통

(청구인이 미성년자인 경우 법정대리인(부모)의 인감증명서)
1. 기본증명서(망인)   1통
   (2008. 1. 1. 전에 피상속인이 사망한 경우에는 제적등본)
1. 가족관계증명서(망인)   1통
1. 주민등록말소자등본(망인)   1통
1. 가계도(직계비속이 아닌 경우)   1통

               20○○년   ○월   ○일

           청 구 인   1. ○   ○   ○   (인감도장)
                         2. ○   ○   ○   (인감도장)

○ ○ 가 정 법 원   귀 중

상속재산의 분리 심판 청구

청 구 인   ○   ○   ○
            19○○년 ○월 ○일생
            등록기준지   ○○시 ○○구 ○○길 ○○
            주소   ○○시 ○○구 ○○길 ○○(우편번호)
            전화   ○○○ - ○○○○

피상속인   △   △   △
            19○○년 ○월 ○일생
            등록기준지   ○○시 ○○구 ○○길 ○○
            주소   ○○시 ○○구 ○○길 ○○
            전화   ○○○ - ○○○○

상 속 인   ▽   ▽   ▽
            19○○년 ○월 ○일생
            등록기준지   ○○시 ○○구 ○○길 ○○
            주소   ○○시 ○○구 ○○길 ○○
            전화   ○○○ - ○○○○

청 구 취 지

피상속인 망 △△△의 상속재산과 상속인 ▽▽▽의 고유재산을 분리한다.
라는 심판을 바랍니다.

청 구 원 인

1. 청구인은 상속인 ▽▽▽의 채권자이고 피상속인은 20○○. ○. ○. 사망으로 상속이 개시되었는 바,
2. 청구인은 피상속인의 채무가 상속재산을 초과하므로 상속인의 재산과 피상속인의 재산이 혼입되는 것을 막기 위하여 민법 제1045조에 의하여 상속재산 분리를 청구합니다.

첨 부 서 류

1. 기본증명서(피상속인)   1통
1. 가족관계증명서(상속인)   1통
1. 말소주민등록등본(피상속인의 것)   1통
1. 주민등록표등본   1통
1. 납부서   1통

20○○년   ○월   ○일

위 청구인 ○ ○ ○ (서명 또는 날인)

○ ○ 가 정 법 원 귀중

상 속 재 산 관 리 인 선 임 심 판 청 구

청 구 인   ○ ○ ○
  19○○년 ○월 ○일생
  등록기준지   ○○시 ○○구 ○○길 ○○
  주소   ○○시 ○○구 ○○길 ○○(우편번호)
  전화   ○○○ - ○○○○

피상속인   망 △ △ △
  19○○년 ○월 ○일생
  등록기준지   ○○시 ○○구 ○○길 ○○
  주소   ○○시 ○○구 ○○길 ○○(우편번호)
  전화   ○○○ - ○○○○

청 구 취 지

  피상속인 망 △△△의 상속재산관리인으로 ○○시 ○○구 ○○길 ○○ 변호사 □□□를 선임한다.
라는 심판을 구합니다.

청 구 원 인

1. 청구인은 피상속인의 직장동료로서 피상속인에 대하여 금 ○○○원의 채권을 가진 채권자인 바, 청구인은 피상속인이 사망하기 1년 전인 20○○. ○. ○. 에 피상속인이 주택을 임차하는데 있어 보증금이 부족하다고 하여 금 ○○○원을 대여하고 이를 20○○. ○. ○.까지 지급 받기로 약정한 후 이를 공증한 사실이 있습니다.
2. 그런데 피상속인은 위 기한내에 이를 청구인에게 변제하지 않고 있던 중 20○○. ○. ○. 최후주소지에서 갑자기 심장마비로 사망하여 상속이 개시되었으나 피상속인의 재산상속인이 있는지를 전혀 알 수가 없습니다.
3. 따라서 별지에 기재된 피상속인의 상속재산에 대한 관리를 위하여 관리인이 필요한 것이므로 그 상속재산관리인으로서 ○○시 ○○구 ○○길 ○○ 변호사 □□□를 선임하고자 본 청구에 이른 것입니다.

첨 부 서 류

1. 기본증명서(망 △△△)   1통
1. 말소자주민등록초본   1통
1. 공정증서 사본   1통
1. 재산목록   1통

20○○년　○월　○일

위 청구인　○　○　○　(인)

○ ○ 지 방 법 원　귀중

[별 지]

재 산 목 록

1. 피상속인의 소유재산
  가. ○○도 ○○군 ○○면 ○○길 ○○ 주택2층의 임차보증금 ○○○원
  나. ○○은행 ○○지점에 예치한 정기예금 ○○○원
  다. ○○주식회사에 대한 퇴직금 ○○○원
  라. 기타 최후주소지상 가재도구 등 유체동산

2. 피상속인의 채무
  가. 금 ○○○원(청구인 ○○○에 대한 차용금 채무)
  나. 금 ○○○원(임대인 ○○○에 대한 월차임 채무)　　끝.

【2】 상속한정승인 심판청구(경정신청서 포함)

1. 의의

상속인이 상속재산의 한도 내에서 피상속인의 채무를 변제한다는 조건을 붙여서 법원에 상속의 한정승인 신고를 하고 법원이 이를 수리하는 제도를 말한다.

2. 기간

① 상속인이 상속개시 있음을 안 날부터 3개월[통상 가족관계등록부(기본증명서)상의 사망일로부터 3개월]

② 상속인은 상속개시 있음을 안 날부터 3개월 내에 한정승인(일반한정승인)이나 상속포기를 함이 원칙이나, 상속재산을 초과하는 사실을 중대한 과실 없이 위 기간 내에 알지 못하고 단순승인을 한 경우에는 그 사실을 안 날부터 3개월 내에 한정승인(특별한정승인)을 신청할 수 있다.

③ 금융감독원[☎ 1332(2번)] 상속인금융거래조회서비스

가까운 은행, 농협, 수협, 우체국 등을 방문하여 신청한 후, 금융감독원 홈페이지(http://www.fss.or.kr 참조)를 통해 금융채권(예금, 보험, 예탁증권, 공제 등) 및 채무, 각종 주식, 일정액 이상의 조세·과태료 등 체납여부, 상조회사 가입여부 등을 확인할 수 있다(접수 후 조회하는 사안에 따라 약 7-20일 소요됨).

④ 정부 24 안심상속 원스톱 서비스

가까운 시·구·읍·면사무소·주민센터를 방문하여 피상속인의 금융거래조회, 국민연금 가입여부, 국세 및 지방세 정보, 토지·자동차 소유 여부 등을 한꺼번에 확인받을 수 있다(www.gov.kr 참조, 접수 후 조회하는 사안에 따라 약 7-20일 소요됨).

3. 상속순위(민법 제1000조)

① 1순위: 직계비속[자(子)] 1-1 순위 : 직계비속[손(孫) 증손도 포함]

② 2순위: 직계존속(부모) 2-1 순위 : 직계존속(조부모)

③ 3순위: 형제자매

④ 4순위: 4촌 이내 방계혈족

※ 동순위의 상속인이 수인인 때에는 최근친을 선순위로 하고 동친 등의 상속인이 수인인 때에는 공동상속인이 된다.

※ 배우자는 1, 2순위 상속인이 있는 경우에는 그 상속인과 동순위로 공동상속인이 되고 그 상

속인이 없는 때에는 단독상속인이 된다. 자녀들이 상속을 포기하면 배우자는 피상속인의 직계 존속과 공동상속인이 된다.

※ 1순위 상속인들인 자녀들이 상속포기 신청을 하고 배우자가 한정승인 신청을 하였을 경우 피 상속인의 손자녀가 있다면 손자녀도 상속포기를 하여야 한다(그러므로 가능하다면 자녀 중에 한정승인 신청을 하는 것이 좋음).

※ 태아의 경우에는 상속포기와 동일하다.

4. 관할

① 피상속인(망인)의 주민등록상 마지막 주소지 가정법원

② 피상속인(망인)의 마지막 주소지가 외국인 경우에는 대법원 있는 곳의 가정법원(서울가정 법원)

5. 청구권자 : 한정승인을 하려는 상속인

① 미성년자 상속승인시에는 부모가 법정대리인이므로 미성년자 본인의 기본증명서(상세), 부 모의 인감증명서 제출 및 청구서에 인감도장을 날인(또는 본인서명사실확인서 제출 및 청 구서에 서명)한다.

② 선순위자가 모두 포기하면 다음 순위자에게로 상속되므로 상속포기를 원하는 순위자 모두 가 동시에 신청하는 것이 편리하고, 상속인들 모두가 포기하는 것이 어렵거나 상속채무의 초과여부가 불분명한 경우에는 1순위자들만 한정승인을 하는 것이 편리하다.

6. 유의사항(상속인이 아닌 사람의 청구로 실무상 자주 보이는 예)

① 며느리, 사위. ② 이모부. 고모부. ③ 계모자 및 적모서자, ④ 상속개시 당시 포태되지 않았는 데 그 후에 출생한 사람. ⑤ 선순위 상속인의 한정승인이 수리된 후에 한정승인을 신청한 후순위 상 속인. ⑥ 피상속인보다 먼저 사망한 자녀의 배우자가 피상속인이 사망하기 이전에 재혼한 경우 등

※ 미성년자와 친권자(부·모)가 공동상속인인 경우에는 미성년자와 친권자의 법률상 이해관계가 다른 지위에 있다(이해상반행위). 따라서 미성년자와 친권자가 각각 상속의 한정승인 또는 포 기를 하는 경우에는 민법 제921조에 따라 미성년자의 특별대리인을 선임하여야 하는 경우가 있다{예: 친권자는 한정승인을 하고 미성년 자녀는 상속을 포기하는 경우 이해상반행위로 특 별대리인 선임이 필요하다. 참고로 이 경우 자녀의 포기로 친권자는 피상속인의 직계존속과 공동상속인이 된다}.

7. 주요 보정사항

① 청구서에 날인한 인감의 인영과 인감증명서상 인영이 상이한 경우

② 피상속인(망인)의 사망일자가 미기재된 기본증명서(상세) 또는 제적등본을 제출한 경우

③ 청구인이 피상속인(망인)의 상속인으로 된 것을 알게 된 날짜, 특별한정승인의 경우 채무 초과 사실을 알게 된 사정을 소명할 수 있는 자료(채권자의 채무 독촉장 사본, 소장 부본, 이행권고결정문, 배달증명원, 송달증명원 등)를 미첨부한 경우

④ 미성년자에 대한 법정대리인 표시가 누락된 경우(이혼하지 않은 경우 부모가 공동대리인이 되는데 일방만 기재한 경우)

⑤ 청구인이 사건본인의 직계비속, 직계존속, 배우자가 아닌 경우 가계도를 미첨부한 경우

■ 상속한정승인자의 공고

1. 근거규정

민법 제1032조에 의하면 한정승인자는 한정승인을 한 날로부터 5일 내에 일반 상속채권자와 유증받은 자에 대하이 한정승인의 사실과 일정한 기간 내에 그 채권 또는 수증을 신고할 것을 2월 이상 공고하도록 되어 있고, 그 공고방법은 민법상 청산법인의 채권신고 공고방법을 준용하도록 규정(민법 제88조. 비송사건절차법 제65조의2)하고 있다.

2. 공고방법

한정승인자는 원칙적으로 그 상속개시지(피상속인의 사망지) 관할 지방법원장이 선정한 신문에 1회 이상 위 공고사항올 공고하여야 하나(비송사건절차법 제65조의2, 3), 선정할 신문이 없는 경우에는 신문상의 공고에 갈음하여 등기소와 그 상속지 관할 시·군·구 게시판에 게시함으로써 공고할 수 있다(비송사건절차법 제65조의4).

« 헌재 서울가정법원의 실무상 한정승인공고는 청구인이 직접 서울시내 일간신문사에 의뢰하고 있다.

3. 공고해태의 불이익

한정승인자가 위 공고 및 최고를 게을리하여 어느 상속채권자나 유증받은 자에게 변제함으로써 다른 상속채권자나 유증받은 자에 대하여 변제할 수 없는 때에는 한정승인자는 자기의 고유재산으로 그 손해를 배상하여야 하며, 이 경우 그 사정을 알고 변제를 받은 상속채권자나 유증받은 자는 구상채무를 부담하게 된다(민법 제1038조).

상 속 한 정 승 인 심 판 청 구

청구인(상속인)　　○　○　○(주민등록번호)
　　　　　　　　　　주소　　○○시 ○○구 ○○길 ○○(우편번호)
　　　　　　　　　　전화　　○○○ - ○○○○
　　　　　　　　　　　□　□　□(주민등록번호)
　　　　　　　　　　주소　　○○시 ○○구 ○○길 ○○(우편번호)
　　　　　　　　　　전화　　○○○ - ○○○○
사건본인(사망자)　　　△　△　△(주민등록번호)
　　　　　　　　　　사망일자　20○○. ○. ○.
　　　　　　　　　　등록기준지　　○○시 ○○구 ○○길 ○○
　　　　　　　　　　최후주소　　○○시 ○○구 ○○길 ○○

청 구 취 지

　청구인들이 피상속인 망 △△△의 재산상속을 함에 있어 별지 상속재산목록
을 첨부하여서 한 한정승인신고는 이를 수락한다.
라는 심판을 구합니다.

청 구 원 인

청구인 ○○○은 피상속인 망 △△△의 장남이고, □□□은 피상속인 망 △△
△의 차남입니다. 피상속인 망 △△△은 20○○년 ○월 ○일에 최후주소지에서
사망하고 청구인들은 상속이 개시된 것을 알았으나　피상속인은 사업실패로
인하여 많은 채무를 가지고 있고 피상속인이 남긴 상속 재산은 별지목록 표시
의 재산밖에 없으므로 청구인들은 피상속인이 진 부채를 변제할 능력이 없으
므로 청구인들이 상속으로 인하여 얻은 별지목록 표시 상속재산의 한도에서
피상속인의 채무를 변제할 것을 조건으로 한정승인하고자 이 심판청구에 이른
것입니다.

첨 부 서 류

　1. 가족관계증명서(청구인들)　　　　　　　　　　각 1통

1. 주민등록등본(청구인들)   각 1통
1. 인감증명서(청구인들)   각 1통
  (청구인이 미성년자인 경우 법정대리인(부모)의 인감증명서)
1. 기본증명서(망인)   1통
  (단, 2008. 1. 1. 전에 사망한 경우에는 제적등본)
1. 상속관계를 확인할 수 있는 피상속인(망인)의 가족관계증명서(기타가족
  관계등록사항별증명서) 또는 제적등본   1통
1. 말소된 주민등록등본(망인)   1통
1. 가계도(직계비속이 아닌 경우)   1통
1. 상속재산목록(청구인 수+1통)   1통

                    20○○년   ○월   ○일
              청 구 인 ○ ○ ○ (인감도장)
                        □ □ □ (인감도장)

○ ○ 가 정 법 원   귀중

[별 지]

상 속 재 산 목 록(청구인 수 + 2)

1. 적극재산(망인의 재산)
  가. 부동산
  나. 유체동산
  다. 금전채권
2. 소극재산(망인의 채무)
  가. 채권자
      채무액
      채무의 종류
      발생일
  나. 채권자
      채무액
      채무의 종류
      발생일
  다. 채권자
      채무액

채무의 종류
발생일

※ 위 기재한 사항에 대한 **입증자료**를 첨부하시기 바랍니다.
  적극재산 - 예) 부동산등기사항증명서, 자동차등록원부, 통장잔액증명서 등
   소극재산 - 예) 부채증명서, 소장사본 등

[작성례 ②] 상속재산목록 경정신청서(한정승인)

상속재산목록경정신청

사　　건　　20○○느단○○　상속한정승인
청 구 인　　○○○ (주민등록번호)
　　　　　　　○○시 ○○구 ○○길 ○○(우편번호)
　　　　　　　전화.휴대폰번호:
　　　　　　　팩스번호, 전자우편(e-mail)주소:
사건본인(피상속인)　　망 ○○○
　　　　　　　○○○○.○.○. 사망
　　　　　　　○○시 ○○구 ○○길 ○○
　　　　　　　등록기준지 : ○○시 ○○구 ○○길 ○○

신 청 취 지

　귀원 20○○느단○○ 상속한정승인 사건에 관한 20○○.○.○. 자 심판문 중 주문 "별지 상속재산목록"을 "별지 상속재산목록(2)"로 경정한다.
　라는 결정을 구합니다.

신 청 이 유

1. 청구인은 망 ○○○의 사망으로 귀원 20○○느단○○ 상속한정승인을 신청하여 20○○.○.○. 동법원은 "청구인이 피상속인 망 ○○○의 재산상속을 함에 있어 별지 상속재산목록을 첨부하여 한 20○○.○.○. 자 한정승인 신고는 이를 수리한다"는 결정을 하였습니다.
2. 청구인은 상속한정승인 신청 시 망인의 적극재산은 없는 것으로 알고 별지 재산목록 란에 적극재산 "없음"이라고 기재하여 한정승인을 신청하였는데, 상속한정승인이 수리된 후 피상속인 명의의 자동차를 발견하였고 이 중 자동차에 대해서는 채권가액 ○○○원의 저당권이 설정되어 있음을 알게 되었습니다.
3. 따라서 별지 상속재산목록을 경정하고자 본 신청에 이른 것 입니다.

첨 부 서 류

　1. 상속한정승인 결정문 사본　　　　　1통

1. 자동차등록원부   1통
1. 별지 상속재산목록(2)   1통

                    20○○.   ○.   ○.
                    위 청구인   ○○○   (서명 또는 날인)

○○가정법원   귀중

[별지]
                        상속재산목록(2)

1. 적극재산
 가. 차량번호 ○○○, 20○○○년식   승합차
2. 소극재산
 가. 채권자 : 주식회사 ○○○은행
       채무액 : 금 ○○○원
       채무의 종류 : ○○○대출. 끝.

【3】 상속포기 또는 승인기간 연장허가 심판청구

1. 의의

① 상속인이 상속개시일로부터 3개월의 숙려기간 내에 상속포기나 한정승인을 할 수 없는 사정이 있는 경우에 그 기간 내에 가정법원에 상속승인기간의 연장을 청구하는 제도이다.

② 재산상속이 개시되면 상속인은 원칙적으로 상속개시 있음을 안 날로부터 3월 내에 단순승인이나 한정승인 또는 포기를 할 수 있다(민법 제1019조), 그 기간 내에 한정승인이나 포기를 하지 아니한 때에는 단순승인한 것으로 본다(민법 제1026조).

③ 그러나 상속재산의 전체 규모와 내용을 조사, 파악하는데 상당한 기간이 필요한 경우 3개월의 기간만으로는 한정승인 또는 포기를 결정하기 어려울 수도 있으므로 가정법원의 허가를 받아 그 기간을 연장할 수 있다(민법 제1019조).

2. 관할

① 피상속인(망인)의 주민등록상 마지막 주소지 가정법원

② 마지막 주소지가 외국인 경우 대법원이 있는 곳의 가정법원(서울가정법원)이 관할이다.

3. 청구권자

법률상 이해관계인 또는 검사

※ 상속인별로 따로 청구하여야 하고, 공동신청하는 경우 병합처리

4. 청구의 시적한계

상속개시 있음을 안 날로부터 3개월의 숙려기간 내

상속포기(한정승인)기간 연장허가 심판청구서

청 구 인(상속인)   (연락 가능한 전화번호:)

  1. 성   명: 주민등록번호:
    주   소:
    송달장소:
  2 성   명: 주민등록번호:
    주   소:
    송달장소
  3 성   명: 주민등록번호:
    주   소:
    송달장소:
          청구인   는 미성년자이므로 법정대리인 부:
                             모:

사건본인(피상속인)

  성   명: 주민등록번호:
  사망일자:
  최후주소:

청 구 취 지

  "청구인(들)이 피상속인 망   상속에 관하여 상속의 승인 또는 포기
를 하는 기간   을 20 년   월   일까지   개월간 연장함을 허가한다."
 라는 심판을 구합니다.

청 구 원 인
(뒷장의 작성 예시를 참조하십시오.)

첨 부 서 류

1. 청구인(들)의 가족관계증명서(상세), 주민등록표등(초)본   각 1통
2. 청구인(들)의 인감증명서(또는 본인서명사실확인서)   각 1통
  (청구인이 미성년자인 경우 법정대리인(부모)의 인감증명서)

3. 피상속인의 폐쇄가족관계등록부에 따른 기본증명서(상세), 가족관계증명서(상세) 각 1통
4. 피상속인의 말소된 주민등록표등(초)본   1통
5. 가계도(직계비속이 아닌 경우)   1부

20   .   .   .
청구인 1.   (인감날인)
       2.   (인감날인)
       3.   (인감날인)
       청구인   는 미성년자이므로
       법정대리인 부: (인감날인)
                 모: (인감날인)

(※ 주의: 서명할 경우 본인서명사실확인서에 등록한 서명과 같은 글씨체로 서명을 하여야 하며, 날인할 경우 반드시 인감도장을 날인하여야 합니다.)

법원   귀중

※ 청구원인 작성 예시
    피상속인의 사망으로 청구인들에게 상속이 개시되었으나, 상속재산이 여러 곳에 산재되어 상속재산의 전체 규모와 내용을 파악하는 데 상당한 기간이 필요하고 승계할 채무액도 상속액을 초과할 것이 예상되는 등 숙려기간 3개월 내에 상속포기(한정승인) 청구를 할 수 없으므로 상속승인기간 연장허가를 청구하게 되었습니다.

◇ 유의 사항 ◇
1. 관할법원은 사건본인(피상속인)의 마지막 주소지 가정법원입니다.
2. 피상속인은 사망자를 뜻합니다.
3. 청구서에는 청구인 각 5,000원의 수입인지를 붙여야 합니다.
4. 송달료는 송달료 취급 은행에 납부하고 납부서를 첨부합니다.

[작성례 ①] 상속재산포기 심판청구서

상 속 재 산 포 기 심 판 청 구

청구인(상속인) 1. ○ ○ ○(주민등록번호)
　　　　　　　　　주소　　○○시 ○○구 ○○길 ○○(우편번호)
　　　　　　　　　전화　　○○○ - ○○○○

　　　　　　　　2. ○ ○ ○(주민등록번호)
　　　　　　　　　주소　　○○시 ○○구 ○○길 ○○(우편번호)
　　　　　　　　　전화　　○○○ - ○○○○

사건본인(사망자)　　△ △ △(주민등록번호)
　　　　　　　　사망일자　20○○. ○. ○.
　　　　　　　　등록기준지　　○○시 ○○구 ○○길 ○○
　　　　　　　　최후주소　　○○시 ○○구 ○○길 ○○

상속재산 포기 심판 청구

청 구 취 지

　청구인들의 망 △△△에 대한 재산상속포기 신고는 이를 수리한다.
라는 심판을 구합니다.

청 구 원 인

청구인들은 피상속인 망 △△△의 재산상속인으로서 20○○. ○. ○. 상속개시가
있음을 알았는바, 민법 제1019조에 의하여 재산상속을 포기하고자 이 심판청구
에 이른 것입니다.

첨 부 서 류

　1. 가족관계증명서(청구인들)　　　　　　　　　각 1통
　1. 주민등록등본(청구인들)　　　　　　　　　　각 1통
　1. 인감증명서(청구인들)　　　　　　　　　　　각 1통

(청구인이 미성년자인 경우 법정대리인(부모)의 인감증명서)
1. 기본증명서(망인)   1통
   (2008. 1. 1. 전에 피상속인이 사망한 경우에는 제적등본)
1. 가족관계증명서(망인)   1통
1. 주민등록말소자등본(망인)   1통
1. 가계도(직계비속이 아닌 경우)   1통

                    20○○년   ○월   ○일
            청 구 인   1. ○ ○ ○   (인감도장)
                           2. ○ ○ ○   (인감도장)

                                  ○ ○ 가 정 법 원   귀 중

상속승인기간연장허가청구

청 구 인   ○   ○   ○
              19○○년 ○월 ○일생
              등록기준지   ○○시 ○○구 ○○길 ○○
              주소   ○○시 ○○구 ○○길 ○○(우편번호)
              전화   ○○○ - ○○○○

피상속인   △   △   △
              19○○년 ○월 ○일생
              등록기준지   ○○시 ○○구 ○○길 ○○
              주소   ○○시 ○○구 ○○길 ○○(우편번호)
              전화   ○○○ - ○○○○

청 구 취 지

청구인의 재산상속승인기간을 20○○년 ○○월 ○○일까지 2개월 연장한다.
라는 심판을 구합니다.

청 구 원 인

청구인은 피상속인의 자이고 피상속인은 20○○년 ○월 ○일 사망으로 상속이 개
시되었으나 상속재산이 여러 곳에 산재되어 있을 뿐만 아니라 승계할 채무액도
접수 중에 있으므로 3개월 내에 승인여부를 판단할 수 없어 청구취지와 같은 심판
을 구합니다.

첨 부 서 류

1. 기본증명서(망△△△)   각 1통
1. 가족관계증명서(청구인)   각 1통
1. 주민등록말소자초본(망△△△)   1통
1. 주민등록등본(청구인)   1통
1. 인감증명서(청구인)   1통

20○○년 ○월 ○일

위 청구인   ○   ○   ○ (인감도장)

○ ○ 가 정 법 원 귀중

【4】 상속포기 (한정승인)신고의 취소 심판청구

1. 의의
① 상속의 포기신고나 한정승인신고가 무능력자에 의한 것이라거나 사기, 강박 등의 하자있는 의사표시에 해당하는 경우 가정법원에 그 취소를 청구하는 제도를 말한다.
② 상속인이 상속의 한정승인신고나 포기신고를 하여 수리된 이후에는 비록 숙려기간이 경과하기 전이라도 이를 취소할 수 없음이 원칙이고, 다만 그 신고가 무능력자에 의한 것이라거나 사기, 강박 등의 하자 있는 의사표시에 해당하는 경우 취소할 수 있다(민법 제1024조).

2. 관할
상속포기(한정승인)를 수리한 가정법원

3. 청구기간
추인할 수 있는 날로부터 3월, 한정승인 또는 포기한 날로부터 1년 이내

4. 청구권자
무능력자, 하자있는 의사표시를 한 자, 그 대리인 또는 승계인

5. 유의사항
① 상속의 한정승인이나 포기신고의 취소심판청구가 있는 경우 딩초의 상속포기(한정승인) 기록과 별책으로 편성하되 점철하여 관련사건으로 관리한다.
② 한정승인이나 포기신고의 심판정(등)본을 발급할 경우 그 취소신고가 수리되었다는 뜻을 부기하여 발급한다.

[양식] 상속포기신고의 취소 심판청구서

<h1 style="text-align:center;">상속포기신고의 취소 심판청구서</h1>

사건번호 20   느단   상속포기(취소심판의 대상이 되는 재판)

청 구 인(상속인)   (연락 가능한 전화번호:)

  성   명: 주민등록번호:

  주   소:

  송달장소:

사건본인(피상속인)

  성   명: 주민등록번호:

  사망일자:

  최후주소:

<h2 style="text-align:center;">청 구 취 지</h2>

"청구인이   20   .   .   . 이 법원에 신고하여서 한 피상속인 망
에 대한 상속포기의 취소신고는 이를 수리한다."라는 심판을 구합니다.

<h2 style="text-align:center;">청 구 원 인</h2>
(뒷장의 작성 예시를 참조하십시오.)

<h2 style="text-align:center;">첨 부 서 류</h2>

1. 청구인의 가족관계증명서(상세), 주민등록표등(초)본   각 1통
2. 피상속인의 폐쇄가족관계등록부에 따른 기본증명서(상세), 가족관계증명서(상
세)   각 1통
3. 피상속인의 말소된 주민등록표등(초)본   1통
4. 상속포기심판정(등)본   1통

20   .   .   .
청구인   (서명 또는 인감날인)

(※ 주의: 서명할 경우 본인서명사실확인서에 등록한 서명과 같은 글씨체로 서명을 하여
야 하며, 날인할 경우 반드시 인감도장을 날인하여야 합니다.)

법원 귀중

　청구인은 피상속인 장녀이고 상속인은 피상속인의 자 ○○○ 외 2명입니다. ○○○은 청구인에게 상속포기를 하면 청구인의 상속지분을 금액으로 평가하여 현금으로 지급하겠다고 말하므로 청구인은 이를 믿고 　　　년　　월　　일 귀원 20　　느단 제　　호로 상속포기신고를 하여 귀원에서 이를 수리하였습니다.

　그러나 ○○○는 상속재산을 단독으로 상속받은 후 청구인의 상속지분액에 해당하는 현금을 지급하지 않아 금전 지급을 독촉하였으나 ○○○은 이를 거절하면서 위 금전 지급을 약속한 사실조차 부인하고 있습니다. 청구인은 그때서야 기망당한 사실을 알게 되었고, 따라서 청구인의 상속포기신고는 ○○○의 기망에 의하여 착오로 한 의사표시이므로 이를 취소하고자 청구취지와 같이 심판을 구하게 되었습니다.

◇ 유의 사항 ◇
1. 관할법원은 사건본인(피상속인)의 마지막 주소지 가정법원입니다.
2. 피상속인은 사망자를 뜻합니다.
3. 청구서에는 청구인 각 5,000원의 수입인지를 붙여야 합니다.
4. 송달료는 송달료 취급 은행에 납부하고 납부서를 첨부합니다.

【5】부재선고 심판청구

1. 의의

'잔류자'는 가족관계등록부에 군사분계선 이북 지역(미수복지구)에 거주하는 것으로 표시된 사람으로서, 생사불명인 채로 장기간이 경과하여 사망의 개연성이 많지만 법률상 생존한 것으로 취급되고 있으므로, 부재선고에 관한 특별조치법에 따른 부재선고라는 간이한 절차로 신분관계를 정리하는 절차(실종선고보다 간이한 절차)를 말한다.

2. 관할

① 사건본인(잔류자)의 등록기준지 가정법원
② 등록기준지는 군사분계선 이남 지역에서 새로 창설한 가족관계등록부의 등록기준지를 가리키고 원본적지를 뜻하는 것이 아니다.

3. 청구권자

가족 또는 검사

4. 심판대상

① 가족관계등록부에 '미수복지구 거주'로 표시된 자
② 미수복지구에 잔류하였더라도 가족관계등록부(제적부)상에 '미수복지구 거주'로 표시되지 않은 자는 특별조치법의 대상이 되지 않는다.

5. 공시최고

1개월 이상 재판사무시스템을 통하여 법원홈페이지에 전자게재

6. 불복

① 2주 이내 즉시항고
② 항고권자
  1) 기각 : 청구인
  2) 인용 : 사건본인인 잔류자 또는 이해관계인

7. 심판의 효력

부재선고가 확정되면 민법 제997조(상속개시의 원인)의 적용 및 혼인에 관하여는 실종선고를 받은 것으로 본다(사망 간주).

8. 확정 후 절차

청구인은 심판 확정 후 1개월 이내에 재판서 정(등)본 및 확정증명서를 첨부하여 시(구)·읍·면의 장에게 그 내용을 신고하여야 한다.

부재선고 심판청구서

청구인(사건본인의   ) 성명: (연락 가능한 전화번호:)
　　　주민등록번호:
　　　주　　　소:
　　　송 달 장 소:

사건본인(잔류자) 성명:
　　　주민등록번호:
　　　최 후 주 소:
　　　원등록기준지:
　　　등 록 기준지:

청 구 취 지

"잔류자　　　　　의 부재를 선고한다."라는 심판을 구합니다.

청 구 원 인

　　위 잔류자는 현재 미수복지구에 잔류하고 있으며, 가족관계등록부에 미수복지구거주로 등록되어 있으므로 부재선고 등에 관한 특별조치법에 의하여 잔류자에 대한 부재선고의 심판을 구합니다.

첨 부 서 류

1. 청구인의 가족관계증명서(상세), 주민등록표등(초)본　　　　　　　각 1통
1. 잔류자(사건본인)의 기본증명서(상세), 가족관계증명서(상세), 주민등록표등(초)본
　　각 1통
1. 잔류자 확인서(이북5도청 발급 ☎ 02-2287-2559, 2525)　　　　　1통

　　　　　　　　　　　　　20 　.　 　.　 　.
　　　　　　　　　청구인　　　　　　　　(서명 또는 날인)
　　　　　　　　　　　　　　　　　　　　법원 귀중

◇ 유의 사항 ◇
1. 관할법원은 사건본인(잔류자)의 등록기준지 가정법원입니다.
2. 잔류자 확인서를 발급받을 수 없는 경우는 부재선고 심판청구가 불가합니다.
※ 부재선고심판청구는 절차 비용이 면제됩니다.

[작성례] 부재선고 심판청구서

부 재 선 고 심 판 청 구

청 구 인   ○ ○ ○(주민등록번호)
　　　　　　등록기준지 :
　　　　　　주소 :
　　　　　　전화 : ○○○ - ○○○○

사건본인   △ △ △(주민등록번호)
(잔류자)　　원등록기준지 :
　　　　　　등록기준지 :
　　　　　　최후주소 :
　　　　　　전화 : ○○○ - ○○○○

청 구 취 지

잔류자 △△△에 대한 부재를 선고한다
라는 심판을 구합니다.

청 구 원 인

1. 사건본인은 청구인의 부(父)로서 현재 군사분계선 이북 지역에 잔류하고 있
   으며 청구인은 사건본인의 가족이므로 본 청구서의 적격자입니다.
2. 사건본인은 상기주소에서 8.15 해방이후 월남하지 않았으므로 가족관계등록
   부에「군사분계선 이북 지역 거주」로 등재되어 있습니다.
3. 그러므로 청구인은 부재선고등에관한특별조치법에 의하여 사건본인에 대한
   부재선고의 심판을 구하고자 본 청구를 합니다.

첨 부 서 류

　1. 가족관계증명서　　　　　　　　　　1통
　1. 기본증명서(사건본인)　　　　　　　1통
　1. 잔류자확인서　　　　　　　　　　　1통

1. 주민등록등본	1통
1. 인우보증서	1통
1. 인우인주민등록등본	1통

20○○년   ○월   ○일

위 청구인   ○   ○   ○ (서명 또는 날인)

○ ○ 가 정 법 원 귀 중

【6】 부재자재산관리인 선임청구

1. 의의

　종래의 주소나 거소를 떠나서 상당기간 종래의 주소나 거소로 쉽게 돌아 올 가망이 없는 자 또는 종래의 주소나 거소에 있는 그의 재산을 직접 관리할 수 없는 상태에 있는 자에게 재산이 남아있는 경우. 그 재산의 보존을 위한 관리인을 선임하는 재판을 말한다.

※ 참고: 가정법원은 재산관리인에게 부재자에 대한 실종선고를 청구할 것을 명할 수 있다(가사소송규칙 제49조의2).

2. 관할

① 부재자의 마지막 주소지 또는 부재자의 재산소재지 가정법원

② 부재자의 재산관리에 관하여 최초의 심판을 한 법원(→긴급한 처분을 필요로 하는 경우 이외에 다른 법원은 최초 심판법원으로 이송결정)

③ 재산소재지 가정법원이 심판청구를 받은 때에는 마지막 주소지 관할법원에 사건부가 존재하는지 여부와 심판의 내용에 관하여 조회하여야 한다(가사소송규칙 제39조 제3항).

3. 청구권자

이해관계인, 검사

4. 부재자 재산관리 사건부

① 부재자의 마지막 주소지를 관할하는 가정법원이 최초의 심판청구가 있는 때에 작성·비치한다.

② 부재자의 재산이 있는 곳의 가정법원의 통지를 받은 마지막 주소지 가정법원은 재산관리 사건부를 작성·비치한다.

③ 선임심판 확정 후에도 부재자 재산관리사건과 관련된 문건은 따로 사건번호를 부여하거나 기록을 조제할 필요 없이 원 사건기록에 가철하여야 한다.

5. 사실조회

① 출입국사실조회, ② 국민건강보험공단에 대한 10년간의 진료내역 문서제출명령, ③ 통신3

사 휴대폰 가입여부 및 요금청구서 주소지 조회, ④ 법무부에 대한 수용사실 조회, ⑤ 사건본인 마지막 주소지 관할 경찰서에 대한 소재수사탐지 및 실종선고 또는 해제여부 사실조회

6. 불복

① 기각 : 2주 이내 즉시항고
② 인용(선임) : 즉시항고나 보통항고 불가하나 특별항고 가능

7. 기록관리에 관한 유의사항

① 재산관리인 선임은 절차의 시작이므로 종국될 때까지 보존하여서는 안 된다.
② 개임의 경우 전임 재산관리인을 절차에 참가하게 하여야 한다(참가명령).
③ 적극적으로 소송을 제기하는 행위(관리행위의 부수절차는 제외), 재판상화해, 조정, 부재자의 재산에 대한 처분행위, 금융기관에 예탁한 금원의 인출행위에 대한 허가심판은 별도의 사건번호 부여
④ 법원이 선임한 재산관리인을 개임, 사임은 그 사건기록에 가철한다.
⑤ 부재자가 재산관리인을 정한 경우 재산관리인, 이해관계인, 검사의 청구에 의하여 개임할 수 있고, 사건번호를 부여하여 기록을 조제한다.

부재자재산관리인선임 심판청구서

청 구 인 성 명:　　　　　　　(연락 가능한 전화번호:　　　　　　　)
　　　　주민등록번호:
　　　　주　　　　소:
　　　　송 달 장 소:

사건본인(부재자) 성명:
　　　　주민등록번호:
　　　　최 후 주 소:
　　　　등 록 기준지:

청 구 취 지
"[성명:　　　　, 주민등록번호　　　-　　　, 주소:　　　　　　　　]을(를)
사건본인(부재자)의 재산관리인으로 선임한다."라는 심판을 구합니다.

청 구 원 인
(청구사유를 구체적으로 기재하십시오.)

첨 부 서 류
1. 청구인의 가족관계증명서(상세), 주민등록표등(초)본　　　　　　　각 1통
2. 부재자(사건본인)의 가족관계증명서(상세), 주민등록표등(초)본　　　각 1통
3. 부재사실확인서 및 작성자의 인감증명서(또는 본인서명사실확인서) 각 1통
4. 부동산등기사항전부증명서　　　　　　　　　　　　　　　　　　　1통

20　　.　　.　　.
청구인　　　　　　　　　(서명 또는 날인)

법원 귀중

◇ 유의 사항 ◇
1. 관할법원은 부재자의 최후주소지 가정법원(가정법원이 설치되지 않은 지
　 역에서는 해당 지역의 지방법원)입니다.
2. 청구서에는 수입인지 5,000원을 붙여야 합니다.
3. 송달료는 송달료 취급 은행에 납부하고 납부서를 첨부하여야 합니다.

부재사실확인서

사건본인 성   명:
(부재자) 주민등록번호:
         등 록 기 준 지:
         최 후 주 소:

- **진술 사항** -

첨부: 인감증명서(또는 본인서명사실확인서) 1통

20   .   .   .

확인자   성 명   (서명 또는 날인)

법원 귀중

※ 작성(진술)자의 인감도장 날인하고 인감증명서를 첨부하거나, 서명 후 본인서명
　사실확인서를 첨부하시기 바랍니다.

부재자재산관리인 선임 심판청구서

청 구 인 　　○　○　○(○○○)
　　　　　　　　19○○년 ○월 ○일생 (주민등록번호:)
　　　　　　　　등록기준지 : ○○시 ○○구 ○○길 ○○
　　　　　　　　주소 : ○○시 ○○구 ○○길 ○○(우편번호)
　　　　　　　　전화 : ○○○ - ○○○○

사 건 본 인 　△　△　△(△△△)
(부 재 자) 　　19○○년 ○월 ○일생 (주민등록번호:)
　　　　　　　　등록기준지 : ○○시 ○○구 ○○길 ○○
　　　　　　　　주소 : ○○시 ○○구 ○○길 ○○(우편번호)
　　　　　　　　전화 : ○○○ - ○○○○

부재자재산관리인선임 심판청구

청 구 취 지

사건본인 △△△의 재산관리인으로 ○○시 ○○구 ○○길 ○○ ○○아파트 ○동 ○○호에 거주하는 ○○○를 선임한다.
라는 재판을 구합니다.

청 구 원 인

1. 청구인은 사건본인 △△△의 친모이며, 사건본인은 19○○. ○. ○. ○○남도 ○○군 ○○길 ○○번지에서 청구인과 청구인의 남편 정□□과의 사이에서 출생한 사람입니다.
2. 청구인은 19○○.경까지 무호적으로 있다가 19○○. ○. ○.경에야 ○○지방법원 ○○○지원에서 취적허가를 받아 호적을 취득하였는데, 그 당시 사건본인은 혼인을 하여 남편인 김□□의 호적에 기재되어 있었으므로 사건본인에 대한 별도의 호적기재를 하지 아니하였습니다. 반면 청구인의 이름은 ○○○임에도 불구하고 사건본인의 출생당시에 호적이 없었던 관계로 그 당시 "○○"와 유사한 "○○"로 청구인의 호적에 법률상 어머니로 잘못 기재되었

습니다.

3. 사건본인은 19○○. ○.경 이혼을 하였고, 그 후 20○○년부터 사건본인의 딸인 김□□는 청구인이 키웠으며, 사건본인도 20○○. ○.경부터 청구인의 집으로 이사하여 같은 해 ○. ○.경까지 같이 살았습니다.

4. 그러다가 사건본인은 20○○. ○. ○.경 "○○ 보아라, 좋은 곳으로 가니 외할머니와 같이 잘 살고, 엄마가 ○○은행 통장을 두고가니 학비는 이것으로 하고 외할머니 말씀 잘 듣고 훌륭한 사람이 되어라, 어머니 죄송해요. 어린 자식을 두고 떠나오니 엄마가 ○○를 잘 길러주시기 바랍니다"라는 취지의 편지를 남기고 가출을 한 후로는 지금까지 연락이 되지 않습니다.

5. 청구인은 80세의 고령의 나이로 국민기초생활보장법에 의한 최소한의 보호를 받으며 손녀인 김□□를 양육하고 있는데, 형편이 어려워 위 김□□의 교복도 제대로 맞추어 주지 못하고 있습니다. 이에 사건본인의 친모인 청구인은 사건본인의 재산관리인이 되어 사건본인의 뜻대로 사건본인이 남기고 간 예금 등을 손녀를 양육하는데 사용하기 위하여 본 건 신청을 하기에 이르렀습니다.

첨 부 서 류

1. 가족관계증명서   1통
1. 주민등록말소자등본   1통
1. 주민등록등본   1통
1. 수급자증명서   1통
1. 재학증명서   1통
1. 편지사본   1통
1. 부재자가출인신고접수증   1통
1. ○○은행통장사본   1통
1. 납부서   1통

20○○년   ○월   ○일

청 구 인   ○   ○   ○   (서명 또는 날인)

○ ○ **지 방 법 원** ○○○**지원 귀 중**

부재자재산관리인 선임 심판청구서

청 구 인   ○ ○ ○(○○○)
　　　　　　19○○년 ○월 ○일생 (주민등록번호)
　　　　　　등록기준지 : ○○시 ○○구 ○○길 ○○
　　　　　　주소 : ○○시 ○○구 ○○길 ○○(우편번호)
　　　　　　전화 : ○○○ - ○○○○

사 건 본 인   △ △ △(△△△)
(부 재 자)　　19○○년 ○월 ○일생 (주민등록번호)
　　　　　　등록기준지 : ○○시 ○○구 ○○길 ○○
　　　　　　주소 : ○○시 ○○구 ○○길 ○○(우편번호)
　　　　　　전화 : ○○○ - ○○○○

부재자 재산관리인 선임심판 청구

청 구 취 지

　사건본인(부재자) △△△의 재산관리인으로 ○○시 ○○구 ○○길 ○○에 거주하는 ○○○를 선임한다.
라는 심판을 구합니다.

청 구 원 인

1. 청구인은 사건본인 △△△의 모이고, 사건본인 △△△은 19○○년 ○월 ○일 ○○시 ○○구 ○○길 ○○에서 청구인의 남편인 신청외 □□□과 사이에서 출생한 장남입니다.
2. 사건본인 △△△은 19○○년 ○월 ○일 당시의 주소지인 ○○시 ○○구 ○○길 ○○ 소재 신청외 □□□ 소유의 주택에서 살다가 잠깐 친구를 만나고 온다고 하고 집을 나가 이내 귀가하지 아니하여 현재까지 그 행방을 알 수가 없는 부재자입니다.
3. 사건본인 △△△은 그 소유의 별지목록 부동산이 있는데 사건본인 소유의 위 부동산에 대한 재산관리인을 둔 사실이 없어 재산관리인을 선임하여야 하므

로 사건본인 △△△의 어머니인 청구인이 그 재산관리인이 되고자 부득이
본 심판청구에 이른 것입니다.

첨 부 서 류

1. 가족관계증명서   1 통
1. 주민등록등본   1 통
1. 사건본인부재사실확인서   1 통
1. 인감증명   1 통
1. 부동산등기사항전부증명서   1 통
1. 납부서   1 통

20○○년 ○월 ○일
청 구 인   ○ ○ ○ (서명 또는 날인)

○ ○ 지 방 법 원 귀 중

[별 지]

부 동 산 의 표 시

○○시 ○○구 ○○동 ○○ 대
1,000㎡. 끝.

【7】 상속재산관리인 선임 심판청구

1. 민법 제1053조에 의한 상속재산관리인

① 의의

상속인의 존부가 분명하지 아니한 경우에 상속재산이 있는 한 이를 관리·보존하고 상속채권자나 유증을 받은 자에게 변제 등의 청산을 하여야 하는데, 이를 위하여 선임하는 상속재산관리인을 말한다.

※ 가족관계등록부상 상속인이 존재하면 현재 그 상속인의 행방이나 생사가 분명하지 않더라도 상속재산관리인을 선임할 수 없다 → 부재자재산관리인 선임

※ 부동산매수 후 소유권이전등기 전 사망한 경우 상속재산관리인 선임

② 청구권자

1) 친족(민법 제777조) : 상속인에 해당하지 아니하는 친족을 의미한다.

2) 이해관계인 : 상속재산의 관리·청산에 법률상의 이해관계를 가지는 자(상   속채권자, 상속채무자, 특별연고자 등)

3) 검사

③ 관할

1) 피상속인(사건본인)의 마지막 주소지(상속개시지) 가정법원

2) 마지막 주소지가 외국인 경우에는 대법원이 있는 곳의 가정법원

④ 불복

1) 2주 이내 즉시항고

2) 항고권자

(가) 기각 : 청구인

(나) 인용 : 불가

2. 민법 제1023조에 의한 상속재산관리인

① 의의

1) 상속의 승인이나 포기를 위한 숙려기간 중에 있거나 상속인이 순차 상속포기, 한정승인을 하는 경우, 피상속인의 채권자는 상속채무자를 특정할 수 없어 그 권리행사에 어려움이 있는데. 그러한 경우 상속재산의 보존에   필요한 처분의 하나로 선임하는 상속재산관리인

2) 이 경우는 상속인의 존부가 분명하지 아니한 경우에 선임 가능한 민법 제1053조에 따른 상속재산관리인 선임청구가 아니라 민법 제1023조에 따른 청구임을 명시하여야 한다.

3) 재산관리인을 선임하는 경우 부재자 재산관리에 관한 처분의 규정이 준용된다.

② 청구권자

이해관계인(상속채권자. 상속인의 채권자 등) 또는 검사

③ 관할

피상속인의 마지막 주소지 가정법원

④ 불복

1) 2주 이내 즉시항고

2) 항고권자

(가) 기각 : 청구인

(나) 인용 : 불가

⑤ 재산관리인 선임공고의 요부

민법 제1053조에 기한 상속재산관리인과 달리 선임공고가 필요하지 않는다.

[양식 ①] 상속재산관리인선임 심판청구서

상속재산관리인선임 심판청구서

청 구 인 성   명: (연락 가능한 전화번호:)
        주민등록번호:
        주   소:
        송 달 장 소:
사건본인(亡) 성 명:
        주민등록번호:
        최 후 주 소:
        등 록 기준지:

청 구 취 지

"사건본인 망   의 상속재산관리인으로 [성명: , 주민등록
번호: -   , 주소:)을(를) 선임한다."라는 심판
을 구합니다.

청 구 원 인

청구인은 피상속인의 직장 동료로서 피상속인에 대하여 금 3천만 원의 채권을
가진 채권자인데, 피상속인은 청구인에게 위 채무금을 변제하지 않고 있던 중
20 . . . 최후주소지에서 갑자기 심장마비로 사망하여 상속이 개시되었으나
피상속인의 상속인이 있는지 여부를 전혀 알 수가 없어 별지 기재 피상속인의
상속재산에 대한 관리를 위하여 관리인이 필요하므로 본 청구에 이른 것입니다.

첨 부 서 류

1. 청구인의 주민등록표등(초)본   1통
2. 피상속인의 기본증명서(상세), 가족관계증명서(상세)(2007. 12. 31.까지 사망
   신고의 경우 제적등본), 말소된 주민등록표등(초)본   각 1통
3. 재산증명서류(부동산등기사항전부증명서 등)

20   .   .   .
청구인   (서명 또는 날인)

법원 귀중

◇ 유의 사항 ◇

1. 관할법원은 피상속인의 최후주소지 가정법원(가정법원이 설치되지 않은 지역에서는 해당 지역의 지방법원)입니다.

2. 청구서에는 사건본인 1인당 수입인지 5,000원을 붙여야 합니다.

3. 송달료는 청구인 수×우편료×6회분을 송달료 취급 은행에 납부하고 영수증을 첨부하여야 합니다.

[양식 ②] 상속인 수색공고 청구서

상속인 수색공고 청구서

청 구 인 성명: (연락 가능한 전화번호:)
(상속재산관리인) 주소:

피 상 속 인 성명:
주민등록번호:
최후주소:
등록기준지:

청 구 취 지

피상속인에게 상속인이 있으면 일정한 기간 내에 그 권리를 주장할 취지의 공고를 구합니다.

청 구 원 인

청구인은 법원 20 느단 호 상속재산관리인 선임사건에 관하여 20년 월 일 소외 망의 상속재산 관리인으로 선임되어 법원에서 상속재산관리인선임의 공고를 하였는데 2개월 내에 상속인이 있음이 분명치 않아서 일반 상속채권자와 유증 받은 자에 대하여 일정한 기간 내에 그 채권 또는 수증을 신고할 것을 공고하였으나 아직 상속인이 있음이 분명치 않으므로 다시 상속인이 있으면 일정한 기간 내에 그 권리를 주장할 취지의 공고를 구하기 위하여 본 청구에 이르게 되었습니다.

첨 부 서 류

1. 상속재산관리인선임 심판문
1. 상속권 주장의 최고공고서(청산신고 공고한 신문)

20 . . .
청구인 상속재산관리인 (서명 또는 날인)
법원 귀중

◇ 유의 사항 ◇
1. 수입인지: 피상속인 수 × 5,000원을 붙여야 합니다.
2. 송달료: 청구인 수 × 우편료 × 6회분을 송달료 취급 은행에 납부하고 영수증을 첨부하여야 합니다.
3. 관할법원: 피상속인 최후주소지 가정법원(상속재산관리인을 선임한 가정법원)입니다.

상 속 재 산 관 리 인 선 임 심 판 청 구

청 구 인　　○　○　○

　　　　　　　　19○○년 ○월 ○일생

　　　　　　　　등록기준지　　○○시 ○○구 ○○길 ○○

　　　　　　　　주소　　○○시 ○○구 ○○길 ○○(우편번호)

　　　　　　　　전화　　○○○ - ○○○○

피상속인　　망 △　△　△

　　　　　　　　19○○년 ○월 ○일생

　　　　　　　　등록기준지　　○○시 ○○구 ○○길 ○○

　　　　　　　　주소　　○○시 ○○구 ○○길 ○○(우편번호)

　　　　　　　　전화　　○○○ - ○○○○

청 구 취 지

　피상속인 망 △△△의 상속재산관리인으로 ○○시 ○○구 ○○길 ○○ 변호사 □□□를 선임한다.

라는 심판을 구합니다.

청 구 원 인

1. 청구인은 피상속인의 직장동료로서 피상속인에 대하여 금 ○○○원의 채권을 가진 채권자인 바, 청구인은 피상속인이 사망하기 1년 전인 20○○. ○. ○. 에 피상속인이 주택을 임차하는데 있어 보증금이 부족하다고 하여 금 ○○ ○원을 대여하고 이를 20○○. ○. ○.까지 지급 받기로 약정한 후 이를 공증한 사실이 있습니다.

2. 그런데 피상속인은 위 기한내에 이를 청구인에게 변제하지 않고 있던 중 20 ○○. ○. ○. 최후주소지에서 갑자기 심장마비로 사망하여 상속이 개시되었으나 피상속인의 재산상속인이 있는지를 전혀 알 수가 없습니다.

3. 따라서 별지에 기재된 피상속인의 상속재산에 대한 관리를 위하여 관리인이 필요한 것이므로 그 상속재산관리인으로서 ○○시 ○○구 ○○길 ○○ 변호사 □□□를 선임하고자 본 청구에 이른 것입니다.

첨 부 서 류

1. 기본증명서(망 △△△)   1통
1. 말소자주민등록초본   1통
1. 공정증서 사본   1통
1. 재산목록   1통

20○○년 ○월 ○일

위 청구인 ○ ○ ○ (서명 또는 날인)

○ ○ 지 방 법 원　귀중

[별 지]

재 산 목 록

1. 피상속인의 소유재산
  가. ○○도 ○○군 ○○면 ○○길 ○○ 주택2층의 임차보증금 ○○○원
  나. ○○은행 ○○지점에 예치한 정기예금 ○○○원
  다. ○○주식회사에 대한 퇴직금 ○○○원
  라. 기타 최후주소지상 가재도구 등 유체동산

2. 피상속인의 채무
  가. 금 ○○○원(청구인 ○○○에 대한 차용금 채무)
  나. 금 ○○○원(임대인 ○○○에 대한 월차임 채무)　　끝.

【8】 유언증서검인 심판청구

> 유언의 방식에는 자필증서, 녹음, 공정증서, 비밀증서. 구수증서 5가지(민법 제1065조)가 있으며, 자필증서, 녹음 및 비밀증서에 따른 유언검인은 유언검인조서로, 구수증서에 따른 유인검인은 심판으로 한다.
>
> ※ 공정증서는 검인절차 불필요, 유언무효는 민사사건이다.

■ 구수증서에 의한 유언의 검인 (민법 제1070조)

1. 의의

질병 그 밖의 급박한 사유로 다른 방식에 따른 유인을 할 수 없는 경우에 유언자가 2인 이상의 증인의 참여로 그 1인에게 유언의 취지를 구수(口授)하고, 그 구수를 받은 자가 이를 필기·낭독하여 유언자와 증인이 그 정확함을 승인한 후 각자 서명 또는 기명날인하여 하는 것으로 위작(僞作)이나 외곡 가능성이 있어 가정법원의 검인을 받도록 하는 재판이다.

2. 관할

① 유언자 생존 중 : 그 유인자의 마지막 주소지 가정법원
② 유언자가 사망 시 : 상속개시지 가정법원(가사소송법 제44조 7호 단서)

3. 청구권자

구수증서의 작성에 참여한 증인 또는 이해관계인(민법 제1070조)
※ 이해관계인 : 추정상속인, 수유자(受遺者), 유언집행자 등 법률상 이해관계인을 의미한다.

4. 심리

① 청구기간 : 검인은 구수증서에 의한 유언을 하게 된 급박한 사유가 종료한 날로부터 7인 이내 청구
② 심리의 대상
  1) 유언서에 의한 유언이 유언자의 진의에 의한 것인지의 여부
  2) 유언자의 유언 당시의 병상이나 정신상태 기타 유언서 작성 당시의 일체의 사정
  3) 사실조사 : 구수증서에 의한 유인의 검인을 함에 있어서는 가정법원은 유언방식에 관한 모

든 사실을 조사하여야 한다. 2인 이상 증인의 참여가 없는 경우, 유인서에 서명이나 기명날인이 없는 경우엔 검인청구가 배척된다.

5. 불복절차

① 2주 이내 즉시항고 가능

② 항고권자

  1) 청구 기각 심판 : 청구인 및 다른 청구권자

  2) 유언검인의 심판 : 이해관계인(가사소송규칙 제85조)

6. 심판(검인)의 효과

유언의 검인은 유언집행절차의 하나로 검인결과는 유언에 기한 등기절차에서 등기원인사유로 제출될 수 있다.

7. 기타

원칙적으로 취하할 수 없으나. 청구권자 전원이 취하에 동의하거나 유언자가 그 유언을 철회하는 경우는 취하가 가능하다.

■ 유언의 중서 또는 녹음의 검인 (민법 제1091조)

1. 검인대상

자필증서. 비밀증서, 녹음대(녹음테이프 등)

① 자필증서 : 유언자가 그 전문(全文)과 연월일, 주소. 성명을 자필로 직접 작성하고 날인한 것

② 비밀증서: 유언자가 필자의 성명을 기입한 증서를 밀봉(密封)·날인하고, 이를 2인 이상의 증인의 면전에 제출하여 자기의 유언서임을 표시한 후, 그 봉서(封書)표면에 제출연원일을 기재하고 유언자와 증인이 각자 서명이나 기명날인한 것

2. 관할

상속개시지(피상속인의 마지막 주소지)의 가정법원

3. 청구권자

유언의 증서나 녹음을 보관하고 있는 자 또는 이를 발견한 자

4. 검인절차

① 청구기간 : 검인의 청구는 유언자의 사망 후 바로 하여야 한다(늦은 청구라도 부적법이 아님).

② 유언의 증서 또는 녹음대의 제출

③ 검인기일의 실시

   1) 기일에서는 유언의 증서나 녹음을 검인

   2) 유언의 방식에 관한 사실의 조사

5. 검인(조서)의 효과

① 유언의 증서나 녹음의 방식과 내용을 객관적으로 확인할 뿐이고 검인이 유언의 성립요건이나 효력요건이 되는 것은 아니다.

② 유언의 검인은 유언집행절차의 하나로 검인결과는 유언에 기하 등기절차에서 등기원인 서류로 제출될 수 있다.

6. 기타

① 그 보관자 또는 발견자의 권리이자 의무이므로 그 청구를 취하할 수 없다.

② 검인에 대하여는 불복할 수 없다.

유언증서검인 심판청구서

청 구 인 성 명:　　　　　(연락 가능한 전화번호:　　　　　)
　　　　주민등록번호:
　　　　주　　　소:
　　　　송 달 장 소:
　　　　등 록 기준지:

유언자(사건본인) 성명:
　　　　주민등록번호:
　　　　최 후 주소지:
　　　　등 록 기준지:

청 구 취 지

　"유언자 망　　　　　이 20 . . . 작성한 별지의　　　증서에 의한 유언서의 검인을 청구합니다."라는 심판을 구합니다.

청 구 원 인

1. 청구인은 유언자 망 □□□이 작성한 별지의 자필증서에 의한 유언서의 보관자이며, 유언자 망 □□□의 아들입니다.
2. 청구인은 20 . . . 유언자 망 □□□이 별지의 자필증서에 의한 유언서를 작성하여 청구인에게 보관토록 하여 보관하고 있던 중, 유언자가 20 . . . 사망했으므로 민법 제1091조제1항에 의하여 이건 검인을 청구합니다.

첨 부 서 류

1. 청구인의 가족관계증명서(상세), 주민등록표등(초)본　　　　각 1통
2. 유언자(사건본인)의 기본증명서(상세), 가족관계증명서(상세)　　각 1통
3. 유언자(사건본인)의 말소주민등록표등(초)본　　　　　　1통
4. 상속인의 가족관계증명서(상세), 주민등록표등(초)본　　　　각 1통
5. 유언증서 사본　　　　　　　　　　　　　　　　1부

6. 상속인 목록   1부

                           20   .   .   .
                    청구인   (서명 또는 날인)

                                                        법원 귀중

상속인 목록

1. 성   명:
    주민등록번호:
    주   소:

2. 성   명:
    주민등록번호:
    주   소:

3. 성   명:
    주민등록번호:
    주   소:

4. 성   명:
    주민등록번호:
    주   소:

【9】 유언집행자선임 심판청구

1. 의의

유언 내용의 실현이 유언의 집행인 바, 망인이 유언집행자를 유언으로 지정하면 그 자가 유언의 내용을 실현하게 되지만, 지정이 없는 때에는 상속인이 유언집행자가 되는데. 유언의 내용 중에는 상속인의 이해와 상반되는 사항도 있을 수 있으므로 유언집행자가 없거나 유언집행자의 결격사유가 있는 때 가정법원이 이해관계인의 청구에 따라 유언집행자를 선임하는 절차이다.

2. 관할

① 상속개시지(피상속인의 마지막 주소지) 가정법원
② 상속개시지가 외국인 경우에는 대법원 있는 곳의 가정법원

3. 유언집행자의 선임

① 선임의 요건 : 지정유언집행자나 상속인인 유언집행자가 없거나 사망, 결격 기타 사유로 인하여 없게 된 때
② 청구권자 : 상속인, 상속채권자, 유증을 받을 자, 상속인의 채권자 등과 같이 법률상의 이해관계인
③ 관할 : 상속개시지(피상속인의 마지막 주소지)의 가정법원
④ 결격사유 : 제한능력자와 파산자는 유언집행자가 되지 못한다.

4. 심판의 고지·불복

① 청구인에게 고지 및 선임된 유언집행자에게 통지(보통 심판서 정본 송달)
② 선임청구 기각 심판 : 청구인의 즉시항고 가능
③ 선임한 심판 : 이해관계인의 즉시항고 가능

5. 유언집행자의 임무

유언이 재산에 관한 것인 때에는 지체 없이 상속인의 참여하에 재산목록을 작성하여 상속인에게 교부하고, 재산의 관리 기타 유언의 집행에 필요한 행위를 하여야 한다(민법 제1100조 이하).

6. 기타

① 선임된 유언집행자는 선임의 통지를 받은 후 바로 이를 승낙하거나 사퇴할 것을 가정법원에 통지하여야 한다(민법 제1097조 제2항).

② 유언집행자는 그 취임승낙을 함으로써 임무에 착수하게 되고, 취임 후 그 직을 사퇴할 수도 있다.

[양식] 유언집행자 선임 심판청구서

유언집행자 선임 심판청구서

청 구 인:　　　　　　(☎　　　　　　　)
주민둥록번호:
주소:
송달장소:
등록기준지:

사건본인[유언자(망)]:
주민등록번호:
마지막 주소지:
등록기준지:

청구취지

{유언자 망　　　　의 유언집행자로 변호사　　　　(주민등록번호:　　　.
주소:　　　　　)를 선임한다}라는 심판을 구합니다.

청 구 원 인

유언자인 망　　　은(는) 20　.　.　. 노환으로 사망하였으나, 현재 법정상속인
이 존재하지 않으며 지정된 유언집행자도 없습니다. 청구인은 망인과 ....
청구에 이르게 되었음.

첨부서류

1. 유언자(사건본인)의 기본증명서(상세), 가족관계증명서(상세), 말소자 주민등
　　록표등(초)본　　　각 1통
1. 청구인의 주민등록표등(초)본　　　1동
1. 유언증서 사본　　　1부

　　　　　　　　　　　　　20　　.　.　.
　　　　　　　　　　　　청구인　　　(날인 또는 서명)

서울가정법원 귀중

※ 유의사항

1. 관할법원은 상속개시지(피상속인 마지막 주소지) 가정법원 또는 상속개시지가 외국인 경우 대법원이 있는 곳의 가정법원입니다.

2. 청구서에는 수입인지 5.000원 x (유언집행자 수)를 붙여야 합니다.

3. 송달료 48,000원(10회분) x (청구인 수)을 송달료취급은행에 납부하고 납부서를 첨부하여야 합니다.

4. ☎ 란에는 연락 가능한(휴대)전화번호를 기재하시기 바랍니다.

유 언 집 행 자 선 임 청 구

청 구 인 ○ ○ ○
              19○○년 ○월 ○일생
              등록기준지 ○○시 ○○구 ○○길 ○○
              주소 ○○시 ○○구 ○○길 ○○(우편번호)
              전화 ○○○ - ○○○○

유 언 자(망) △ △ △
              19○○년 ○월 ○일생
              등록기준지 ○○시 ○○구 ○○길 ○○
              주소 ○○시 ○○구 ○○길 ○○(우편번호)
              전화 ○○○ - ○○○○

청 구 취 지

유언자 망 △△△의 유언집행자로 □□□(주민등록번호, 주소) 를 선임한다.
라는 심판을 구합니다.

청 구 원 인

1. 청구인은 유언자인 망 △△△의 친구로서 유언자 망 △△△은 배우자나 자식들이 없는 상태에서 20○○년 ○월 ○일 최후주소지인 ○○시 ○○구 ○○길 ○○ 에서 지병으로 사망하였습니다.
2. 유언자의 사망이후 청구인은 유언자의 장례를 치르는 과정에서 유언자가 생전에 그 소유의 재산을 가까운 이웃들과 사회단체에 유증할 것이라고 자필로 유언서를 작성해 놓았음을 발견하고 그 즉시 ○○지방법원에 검인신청을 하여 20○○년 ○월 ○일 검인을 받았으나 위 유언증서에는 유언집행자가 지정돼 있지가 않아 유언자의 유언에 대한 집행자로 ○○시 ○○구 ○○길 ○○에 거주하는 □□□를 선임하고자 본 청구에 이른 것입니다.

첨 부 서 류

1. 기본증명서(유언자)	1통
1. 상속관계를 확인할 수 있는 제적등본	1통
1. 말소된 주민등록등본	1통
1. 주민등록등본	1통
1. 유언증서	1통

20○○년   ○월   ○일

위 청구인 ○ ○ ○ (서명 또는 날인)

○ ○ 가 정 법 원   귀중

【10】 실종선고 및 그 취소 심판청구

1. 의의

① 실종선고 : 부재자의 생사가 5년간 분명하지 아니한 때(보통실종), 또는 ㉠ 전지에 임한 자, ㉡ 침몰한 선박에 있던 자. ㉢ 추락한 항공기에 있던 자. ㉣ 기타 사망의 원인이 될 위난을 당한 자의 생사가 전쟁이 끝난 후 또는 선박의 침몰. 항공기의 추락 기타 위난이 종료한 후 1년간 분명하지 아니한 때(특별실종)와 같이 사망한 것으로 추측되지만, 사망에 관한 확증이 없는 경우에 그 자를 실종기간이 만료된 때에 사망한 것으로 간주하는 제도를 말한다.

② 실종선고의 취소 : 실종자의 생존한 사실 또는 실종기간만료일자, 즉 사망간주일자와 다른 일자에 사망한 사실을 증명한 때에는 실종선고를 취소하는 제도이다.

③ 실종선고에 의한 사망간주의 효과는 실종선고의 취소에 의하여만 번복될 수 있다.

2. 관할

① 실종선고 : 사건본인(부재자)의 마지막 주소지 가정법원(가사소송법 제44조)

② 실종선고 취소 : 사건본인의 주소지 가정법원, 생존을 이유로 하는 경우에는 그 자의 현재의 주소지. 사건본인의 실종기간만료일자가 상이한 경우 사망당시의 마지막 주소지 가정법원(실종선고사건의 관할과는 반드시 일치하는 것은 아님)

3. 청구권자

① 실종선고 : 이해관계인. 검사(민법 제27조)

② 실종선고 취소 : 본인, 이해관계인 또는 검사

③ 이해관계인은 부재자의 법률상 사망으로 인하여 직접적으로 신분상 또는 경제상으로 권리를 취득하거나 의무를 면하는 자를 말하는 것으로, 부재자의 배우자와 1순위 상속인. 친권자. 후견인. 부모. 부재자재산관리인 등은 해당하고. 후순위 상속인은 해당하지 않는다 (2순위 상속인이 신청할 때에는 1순위 상속인의 동의를 받아서 신청해야 함).

4. 청구취지 (예시)

1. 사건본인 ○○○의 실종을 선고한다.

1. 서울가정법원이 2013느단1234 실종선고 사건에 관하여 20 년 월 일   에 사건본인에 대하여 한 실종선고는 이를 취소한다.

5. 심리

① 출입국사실조회, ② 국민건강보험공단에 대한 10년간의 진료내역 문서제출명령, ③ 통신 3사 휴대폰 가입여부 및 요금청구서 주소지 조회, ④ 법무부에 대한 수용사실 조회, ⑤ 사건본인 마지막 주소지 관할 경찰서에 대한 소재수사탐지 및 실종신고 또는 해제 여부 사실조회, 6개월 이상의 공시최고(공고료는 없음. 법원 홈페이지 인터넷에 전자 게시)

(실종선고취소 - 경찰서에 십지문 조회)

※ 실종선고 : 심판청구시부터 심판확정시까지 장기간이 소요된다(1년 - 1년 6개월)

6. 불복

① 2주 이내 즉시항고

② 항고권자

  1) 실종선고

   (가) 인용 : 사건본인. 이해관계인

   (나) 기각 : 청구인

  2) 실종선고취소

   (가) 인용 : 이해관계인

   (나) 기각 : 사건본인, 이해관계인

7. 실종선고의 효력

실종기간이 만료한 때에 사망한 것으로 본다. - 상속의 개시, 잔존배우자의 혼인가능

8. 확정 후의 절차

청구인은 실종선고와 그 취소의 재판확정일로부터 1개월 이내에 재판서 정(등)본 및 확정증명서를 첨부하여 시(구)·읍·면의 장에게 그 내용을 신고하여야 한다.

9. 실종선고 주요 보정 사항

① 사건본인의 부모, 형제관계 등 가족관계를 소명(가계도를 작성하여 제출하고. 신분관계가 나타나는 제적등본이나 가족관계증명서를 제출)

   ㉠ 사건본인의 부모, 형제관계 등 가족 중 생존한 자와 관련하여서는 그 명의의 이 사건 청구에 대한 동의서 또는 의견서(인감도장 날인 및 인감증명서 첨부) 제출

   ㉡ 사건본인의 부모, 형제관계 등 가족 중 사망한 자에 대하여는 그 사망사실을 입증할 자료(제적등본이나 폐쇄가족관계등록부상의 가족관계증명서 등) 등 제출

② 청구인이 포함된 인우보증서를 제출하거나, 제출한 인우보증서에 보증사항이 누락되거나, 사건본인과 인우보증인과의 관계를 소명하지 않은 경우

   ㉠ 2인의 인우보증인에는 청구인은 제외

   ㉡ 보증사항에는 사건본인과 인우보증인이 어떤 관계(친척. 이웃 주민 등)인지를 소명하여야 하고(친척인 경우 가족관계증명서. 제적등본 등으로 관계가 소명되어야 함), 사건본인의 행적에 관한 설명을 하여야 하고. 보증사항에 관한 보증인의 법적책임여부 등을 기재하여야 함에도 법원에 비치된 양식에 보증사항을 기재하지 않고 보증인의 인적사항만을 기재한 후 인감도장(인감증명서 첨부)을 찍어 제출하는 경우가 많다.

③ 사건본인의 실종일자를 몇 년도 몇 월까지는 특정해야 한다(2023년 4월30일경 또는 2023년 4월경 실종).

실종선고 심판청구서

청 구 인(사건본인의   ) 성명: (연락 가능한 전화번호:)
        주민등록번호:
        주　　　　소:
        송 달 장 소:

사건본인　성　　명:
        주민등록번호:
        최 후 주 소:
        등 록 기준지:

청 구 취 지

"사건본인   의 실종을 선고한다."라는 심판을 구합니다.

청 구 원 인

1. 청구인은 부재자 ○○○의 부(형)로서 청구인과 같은 주소지에서 거주하고 있었습니다. 그런데 부재자는 마지막 주소지에서 살다가 19 년 ○월 ○일 무단가출한 지 ○년이 지난 오늘에 이르기까지 그 생사를 알 수 없습니다.
2. 청구인은 부재자가 가출한 후 친척 또는 친지를 통하여 그 생사를 찾아보았으나 전혀 알 길이 없어 청구취지와 같은 심판을 구하고자 이건 청구에 이르렀습니다.

첨 부 서 류

1. 청구인의 가족관계증명서(상세), 주민등록표등(초)본　　　　각 1통
2. 사건본인의 기본증명서(상세), 가족관계증명서(상세), 주민등록표등(초)본
　　　　　　　　　　　　　　　　　　　　　　각 1통
3. 기타 실종을 증명하는 서류(2인 이상의 인우보증서 등)　　1부

20　.　.　.
청구인　　　　(서명 또는 날인)

법원 귀중

인 우 보 증 서

사 건 본 인: (한자:)
생 년 월 일: 년   월   일생
등록기준지:
주   소:

보 증 사 항
(보증내용을 상세히 기재하십시오.)

 위의 사실이 틀림이 없으며 만일 후일에 본건으로 인하여 문제가 있을 때에는
보증인 등이 법적 책임을 지겠기에 이에 보증합니다.

                              20 .   .   .
1. 보 증 인: (인감) (한자:)
    주민번호:
    주   소:
    관   계:

2. 보 증 인: (인감) (한자:)
    주민번호:
    주   소:
    관   계:

 ※ **가사비송사건** : 위 보증인들의 **인감을 날인**하고 **인감증명서**를 첨부하세요.

[양식 ②] 실종선고 취소 심판청구서

실종선고 취소 심판청구서

청 구 인(사건본인의   ) 성명: (연락 가능한 전화번호:)
　　　　　주민등록번호:
　　　　　주　　　　소:
　　　　　송 달 장 소:
　　　　　등 록 기준지:

사건본인　성　　명:
　　　　　주민등록번호:
　　　　　주　　　　소:
　　　　　등 록 기준지:

청 구 취 지

　"법원 20　 느단　　실종선고　사건에 관하여 20　　.　　.　　.에 사건본인
에 대하여 한 실종선고를 취소한다."라는 심판을 구합니다.

청 구 원 인

청구인은 사건본인　○○○의　　□□인데, 서울가정법원은 20　　느단　　실종
선고 사건에 관하여 20　년　월　　일 사건본인에 대하여 실종선고 심판을 하
였으나, 현재 사건본인이 생존하여　　시　　　구　　　　　에 거주하고 있는 사
실을 알게 되어 이 건 청구에 이르렀습니다.

첨 부 서 류

1. 사건본인의 기본증명서, 가족관계증명서, 주민등록표등(초)본　　　 각 1통
2. 사건본인의 실종선고 사실이 기재된 폐쇄가족관계등록부에 따른 가족관계증
　　명서, 기본증명서(2007. 12. 31. 이전 실종선고신고는 제적등본)　각 1통
3. 실종선고심판등(정)본　　　　　　　　　　　　　　　　　　　　　 1통
4. 반명함판 사진(사건본인)　　　　　　　　　　　　　　　　　　　 3매
5. 기타 생존을 증명하는 서류(2인 이상의 인우보증서 등)　　　　　 1부

　　　　　　　　　　　　　　20　　.　　.　　.
　　　　　　　　　　　청구인　　　　　　　　(서명 또는 날인)

　　　　　　　　　　　　　　　　　　　　　　　　　　　　　법원 귀중

◇ 유의 사항 ◇

1. 관할법원은 사건본인의 주소지 가정법원입니다(생존을 이유로 신청 시 - 현재의 주소지, 사망간주일과 다른 일자에 사망하였음을 이유로 신청 시 - 최후주소지).
2. 청구서에는 사건본인 수 × 수입인지 5,000원을 붙여야 합니다.
3. 송달료는 청구인 1인당 10회분을 송달료 취급 은행에 납부하고 납부서를 첨부합니다.

실 종 선 고 심 판 청 구

청 구 인 ○ ○ ○(○○○)

　　　　　　　19○○년 ○월 ○일생

　　　　　　　등록기준지 : ○○시 ○○구 ○○길 ○○

　　　　　　　주소 : ○○시 ○○구 ○○길 ○○(우편번호)

　　　　　　　전화 : ○○○ - ○○○○

사 건 본 인 △ △ △(△△△)

(부 재 자)　　19○○년 ○월 ○일생

　　　　　　　등록기준지 : 청구인과 같음

　　　　　　　최후의 주소 : 청구인의 주소와 같음

청 구 취 지

　사건본인 △△△에 대하여 실종을 선고한다.

라는 심판을 구합니다.

청 구 원 인

1. 청구인은 사건본인(부재자) △△△의 동생으로서 이건 청구의 당사자입니다.
2. 부재자와 청구인은 형제간의 관계로 부(父) 망 김□□와 모(母) 망 이□□ 사이에 ○○시 ○○구 ○○길 ○○에서 출생하여 성장하던 중 19○○. ○. ○. 전쟁이 일어나 피난하던 길에 청구인은 부재자와 헤어져 현재까지 행방을 찾았으나 부재자를 찾을 길이 없고 부재자가 73세의 고령으로 사망한 것으로 보여지나 사망한 사실을 확인할 근거도 전혀 없어 청구취지와 같은 심판을 구하고자 이 건 신청을 합니다.

첨 부 서 류

　1. 가족관계증명서　　　　　　　　　　1통

　1. 기본증명서(사건본인)　　　　　　　1통

　1. 주민등록등본(신청인)　　　　　　　1통

1. 말소주민등록등본(부재자)   1통
1. 인우보증서   1통
1. 인감증명서(인우보증인)   2통
1. 납부서   1통

20○○년   ○월   ○일
청 구 인   ○   ○   ○   (서명 또는 날인)

○ ○ 가 정 법 원 귀 중

실종선고 취소 심판청구서

청구인(사건본인)　　○　○　○(○○○)
　　　　　　　　　　　19○○년 ○월 ○일생
　　　　　　　　　　　등록기준지 : ○○시 ○○구 ○○길 ○○
　　　　　　　　　　　주소 : ○○시 ○○구 ○○길 ○○(우편번호)
　　　　　　　　　　　전화 : ○○○ - ○○○○

실종선고 취소 심판청구

청 구 취 지

　귀원이 20○○년 ○월 ○일 20○○느 제○○○호 청구인에 대하여 심판한 실종선고는 이를 취소한다.
라는 심판을 구합니다.

청 구 원 인

1. 청구인은 처 □□□와의 사이에 자식 둘이 있었습니다만 가정불화 때문에 20○○년 ○월 ○일 무단가출하여 각처를 전전하고 수년간 처자 및 친척 등과도 소식을 끊고 있었습니다.
2. 그러던 차에 청구인은 최근 취직하게 되어, 가족관계기록사항에 관한 증명서를 제출할 필요가 생겨서 교부를 받고자 가족관계등록부를 열람한 바 처 □□□의 청구에 의하여 20○○년 ○월 ○일 법원에서 청구인을 실종선고한 사실을 발견하였습니다.
3. 그런데 청구인이 현재 생존하고 있다는 사실은 틀림없으므로 이에 실종 선고를 취소하고자 청구취지와 같이 심판을 구하는 바입니다.

첨 부 서 류

　1. 가족관계증명서 (신청인)　　　　1통
　2. 기본증명서 (신청인)　　　　　　1통
　2. 실종선고심판등본　　　　　　　1통

3. 주민등록등본(신청인)   1통
4. 납 부 서   1통

20○○년   ○월   ○일
청 구 인   ○   ○   ○   (서명 또는 날인)

○ ○ 지 방 법 원 ○○지원 귀 중

【11】 미성년자 입양허가 심판청구 (민법상)

1. 의의

혈연적으로 친자관계가 없음에도 불구하고 법률적 친자관계를 인정하여 양부모의 친생자와 같은 신분을 취득하게 하는 신분행위인 민법상 입양 중 미성년자에 대하여 가정법원의 허가를 받아 입양하게 하는 제도를 말한다.

※ 종전에는 당사자 쌍방이 시(구)·읍·면의 장에 신고함으로써 입양의 효력이 발생하였으나, 2013. 7. 1.부터는 미성년자 입양은 가정법원의 허가를 받아 가족관계등록 등에 관한 법률 제62조에 따라 신고함으로써 입양의 효력이 발생하고(민법 제867조. 제878조), 성년자 입양의 경우는 종전과 같이 부모의 동의를 받아 가족관계등록 관서에 신고함으로써 효력이 발생한다.

2. 관할

양자가 될 사람의 주소지 가정법원

3. 청구권자

미성년자를 입양하려는 자

4. 입양요건

① 당사자 사이에 입양의 합의가 있을 것
② 양친은 성년자이고 양자는 미성년자일 것
③ 법정대리인의 동의를 받은 미성년자 본인의 입양에 대한 승낙(13세 이상)
④ 법정대리인의 입양에 대한 승낙(13세 미만)

5. 청구취지

「청구인(들)이 사건본인을 양자로 하는 것을 허가한다」 라는 심판을 구합니다.

6. 심판 후의 절차

심판일부터 1개월 이내에 재판서 정(등)본 및 확정증명서를 첨부하여 시(구)·읍·면의 장에게 그 내용을 신고하여야 한다.

7. 입양신고의 효력

① 입양신고일로부터 혼인중의 출생자로서의 지위를 취득하여 친자관계가 형성된다.

② 이성양자의 경우 양자의 성(姓)이 변경되지 않고, 양자의 입양 전의 친족관계가 존속한다는 점은 친양자와 다른 점이다.

③ 가정법원은 친양자 입양에 관한 심판 및 미성년자 입양을 허가하는 심판을 함에 있어서 필요한 경우 양부모가 될 사람에 대하여 미성년자 양육에 관한 교육을 실시할 수 있다(가사소송규칙 제62조의9 신설).

미성년자 입양허가 심판청구서

청 구 인 1. 성   명: (연락 가능한 전화번호:)
　　　　　주민등록번호:
　　　　　주　　　　소:
　　　　　송 달 장 소:
　　　　　등 록 기준지:
　　　　2. 성   명: (연락 가능한 전화번호:)
　　　　　주민등록번호:
　　　　　주　　　　소:
　　　　　송 달 장 소:
　　　　　등 록 기준지:

사건본인　성   명:
　　　　　주민등록번호:
　　　　　주　　　　소:
　　　　　등 록 기준지:

청 구 취 지

"청구인(들)이 사건본인을 양자로 하는 것을 허가한다."라는 심판을 구합니다.

청 구 원 인

1. 청구인과 청구외 ○○○는 혼인한 부부로서 청구외 ○○○의 자식인 사건본인을 더 행복하고 구김 없이 자랄 수 있도록 하기 위하여 입양코자 하오니 입양을 허가하여 주시기 바랍니다.
2. 청구인들은 부부로서 청구인들과 사건본인의 법정대리인인 부모는 사건본인의 복리를 위하여 사건본인을 청구인들에게 입양시키기로 협의하였고, 이 사건 청구를 하게 되었으니, 입양을 허가하여 주시기 바랍니다.
3. 청구인과 사건본인은 먼 친족 사이로서 사건본인의 부모가 20 년 월 일 사고로 모두 사망한 이후 현재까지 청구인들이 사건본인을 잘 양육하고 있으므로 사건본인이 더 행복하고 구김살 없게 자랄 수 있도록 하기 위하여 이

사건 청구를 하게 되었습니다.

첨 부 서 류

1. 청구 관련 사항 목록   1부
2. 청구인의 가족관계증명서(상세), 혼인관계증명서, 주민등록표등(초)본   각 1통
3. 사건본인의 기본증명서(상세), 가족관계증명서(상세), 주민등록표등(초)본   각 1통
4. 법정대리인의 동의를 받은 미성년자의 입양승낙서(13세 이상)   1부
5. 법정대리인의 입양승낙서(13세 미만) 및 인감증명서   각 1통
  (인감날인 및 인감증명서 제출에 대신하여 소송서류 등에 서명을 하고 본인
  서명사실확인서 제출 가능합니다.)

                    20   .   .   .
                    청구인 1:   (서명 또는 날인)
                    청구인 2:   (서명 또는 날인)
                                              법원 귀중

미성년자 입양 허가 심판 청구

청구인　　1. 박 ○ ○ (전화　　　　　　　)
　　　　　　주민등록번호
　　　　　　주소
　　　　　　등록기준지
　　　　　　2. 이 ○ ○ (전화　　　　　　　)
　　　　　　주민등록번호
　　　　　　주소
　　　　　　등록기준지
　사건본인　　○ ○ ○
　　　　　　주민등록번호
　　　　　　주소
　　　　　　등록기준지

청 구 취 지

사건본인을 청구인들의 양자로 한다.
라는 심판을 구합니다.

청 구 원 인

1. 청구인들은 부부로서 공동으로 사건본인을 양자로 입양하고자 합니다.
2. 청구인들과 사건본인의 법정대리인인 부모는 사건본인의 복리를 위하여 사건
   본인을 청구인들에게 입양시키기로 협의하였고, 이 사건 청구를 하게 되었으
   니, 입양을 허가하여 주시기 바랍니다.

첨 부 서 류

　1. 가족관계증명서, 기본증명서(사건본인)　　　　　　　　　각 1통
　2. 주민등록등본(청구인들 및 사건본인)　　　　　　　　　　각 1통
　3. 혼인관계증명서(청구인들)
　4. 입양동의서(친생부모) 및 인감증명서　　　　　　　　　　각 1통
　5. 법정대리인의 입양동의서 또는 입양승낙서 및 인감증명서　각 1통
　6. 기타(소명자료)　　　　　　　　　　　　　　　　　　　○통

　　　　　　　　　　　2013 ． ○． ○．
　　　　　　　　　　위 청구인　○ ○ ○　(서명 또는 날인)

　　　　　　　　　　　　　　　　　　　○○가정법원　귀중

<청구 관련 사항 목록>

구 분	내 용 (□에 √ 표시를 하거나 해당 사항을 기재하십시오.)		
1. 양자로 될 자의 친생부모가 입양에 동의하였는지 여부	부(父)	□ 동의함 □ 동의하지 아니함	동의할 수 없는 사정(「민법」제870조 제1항 각호, 제2항 각호 참조)
		이 름	주 소
	모(母)	□ 동의함 □ 동의하지 아니함	동의할 수 없는 사정(「민법」제870조 제1항 각호, 제2항 각호 참조)
		이 름	주 소
2. 양자로 될 자에 대하여 친권을 행사하는 자로서 부모 이외의 자의 이름과 주소	□있음	이 름	주 소
	□ 해당 없음		
3. 양자로 될 자의 부모의 후견인의 이름과 주소	□있음	이 름	주 소
	□ 해당 없음		
4.「민법」제869조 제1항 및 제2항에 의한 법정대리인의 동의 또는 입양승낙	□ 동의함 □ 승낙함 □ 동의 또는 승낙하지 아니함	동의 또는 승낙할 수 없는 사정(「민법」 제869조 제3항 각호 참조)	

☞ **유의사항**

1. '친생부모가 동의를 할 수 없는 사정'은 「민법」제870조 제1항 제2호 '친권상실', 제3호 '소재불명', 제2항 제1호 '부양의무 불이행', 제2호 '학대,유기 등' 입니다.

2. '양자로 될 자에 대하여 친권을 행사하는 자로서 부모 이외의 자'는, 사건본인의 부 또는 모가 결혼하지 아니한 미성년자인 경우(즉 혼인하지 않은 미성년자가 자를 출산한 경우)에 이에 대신하여 친권을 대행하는 그 미성년자의 친권자(민법 제910조) 또는 후견인(민법 제948조) 등입니다.

미성년자 입양 승낙서(13세 이상)

1. 미성년자 입양 청구 관계인

1. 구분		2. 성명	3. 주민등록번호
미성년자 입양 청구인	양부로 될 자	박○○	-
	양모로 될 자	이○○	-
양자로 될 자		김○○	-
양자로 될 자의 친생부모	친생부	김△△	-
	친생모	윤□□	-

2. 미성년자 입양에 대한 승낙

위 양자로 될 자인 사건본인 김○○는 13세 이상이므로 민법 제869조 제1항에 따라 법정대리인인 친권자 부 김○○, 친권자 모 이□□의 동의를 받아 미성년자 입양 청구인들이 사건본인을 양자로 입양하는 것을 승낙합니다.

20 . . .

구분	입양승낙(동의)인 성명	미성년자 입양에 대한 승낙(동의) 여부	서명 또는 날인
양자로 될 자	김○○	승낙함	
법정대리인 친권자 부	김○○	동의함	
법정대리인 친권자 모	이□□	동의함	

☞ 유의사항

○ 이 서류의 제출자가 작성명의인이 아닌 경우에는 작성명의인의 인감도장을 날인하고 작성명의인의 인감증명서를 첨부하여야 합니다(단, 미성년자 입양 동의서에 작성명의인의 인감증명서가 이미 첨부된 경우에는 인감증명서를 첨부할 필요가 없습니다).

○ 단독입양인 경우, 법정대리인인 친권자가 부 또는 모 1명인 경우에는 위 내용을 적절하게 수정하여 사용하시기 바랍니다.

미성년자 입양 승낙서(13세 미만)

1. 미성년자 입양 청구 관계인

3. 구분		4. 성명	3. 주민등록번호
미성년자 입양 청구인	양부로 될 자	박○○	-
	양모로 될 자	이○○	-
양자로 될 자		김○○	-
양자로 될 자의 친생부모	친생부	김△△	-
	친생모	윤□□	-

2. 미성년자 입양에 대한 승낙

위 양자로 될 자 김○○의 법정대리인인 친권자 부 김○○, 친권자 모 이□□는, 양자로 될 자가 13세 미만이므로 민법 제869조 제2항에 따라 양자로 될 자에 갈음하여 미성년자 입양 청구인들이 양자로 될 자를 양자로 입양하는 것을 승낙합니다.

20   .   .   .

구분	입양승낙인 성명	미성년자 입양에 대한 승낙 여부	서명 또는 날인
법정대리인 친권자 부	김○○	승낙함	
법정대리인 친권자 모	이□□	승낙함	

☞ 유의사항

○ 이 서류의 제출자가 작성명의인이 아닌 경우에는 작성명의인의 인감도장을 날인하고 작성명의인의 인감증명서를 첨부하여야 합니다(단, 미성년자 입양 동의서에 작성명의인의 인감증명서가 이미 첨부된 경우에는 인감증명서를 첨부할 필요가 없습니다).

○ 단독입양인 경우, 법정대리인인 친권자가 부 또는 모 1명인 경우에는 위 내용을 적절하게 수정하여 사용하시기 바랍니다.

【12】 입양특례법상의 입양허가

1. 의의

요보호아동(아동복지법 제3조 제4호에 따른 보호대상아동)에 대하여 내국인 또는 외국인이 양친으로서 가정법원의 허가를 받아 입양하게 하는 제도를 말한다.

2. 관할

사건본인의 등록기준지 또는 주소지 가정법원(입양특례법의 시행에 관한 대법원규칙 제2조)

3. 청구권자

① 국내입양 : 요보호아동을 입양하려는 자

② 외국에서의 국외입양 : 외국인으로부터 입양알선을 의뢰받은 입양기관의 장

③ 국내에서의 국외입양 : 요보호아동을 입양하려는 외국인과 당해 아동의 후견인

※ 양친이 되려는 자의 자격증명(입양특례법 시행규칙 제4조)

4. 입양요건

① 양자가 될 자격 : 요보호아동(보호자가 없거나 보호자로부터 이탈된 아동 또는 보호자가 아동을 학대하는 경우 등 그 보호자가 아동을 양육하기에 부적당하거나 양육할 능력이 없는 경우의 아동(18세 미만)으로서 보장시성 또는 입양기관에 보호의뢰된 아동

② 양친이 될 자격

㉠ 대한민국 국민인 경우 25세 이상으로서 사건본인과의 나이 차이가 60세 이내

㉡ 외국인인 경우 25세 이상 45세 미만

5. 청구취지

「청구인(들)이 사건본인을 양자로 하는 것을 허가한다.」 라는 심판을 구합니다.

6. 불복

① 14일 이내 즉시항고(입양특례법의 시행에 관한 대법원규칙 제8조, 제11조, 가사소송법 제43조 제5항)

② 항고권자

　　1) 인용 : 입양특례법의 시행에 관한 대법원규칙 제3조에 규정한 자(양친이 된 자는 제외)

　　2) 기각 : 청구인

7. 확정 후 절차

① 입양특례법에 따라 입양은 가정법원의 인용심판 확정으로 효력이 발생하고. 양친 또는 양자는 가정법원의 허가서를 첨부하여 가족관계등록 등에 관한 법률에서 정하는 바에 따라 신고하여야 한다(입양특례법 제15조, 가사소송법 제9조).

② 입양특례법에 의한 심판이 확정되면 법원사무관은 지체 없이 당사자 또는 사건본인의 등록기준지의 가족관계등록사무를 처리하는 자에게 그 뜻을 통지하여야 한다(입양특례법 제9조, 가사소송규칙 제7조 제1항).

8. 효력

입양특례법에 따라 입양된 아동은 민법상 친양자와 동일한 지위를 가진다(입양특례법 제14조).

입양 허가 심판 신청서(국내에서의 국외입양)

신청인(양친)　　　1.　　　　　　　　(연락 가능한 전화번호:　　　　　)
　　　　　　　　　　　　생년월일
　　　　　　　　　　　　주소
　　　　　　　　　　　　국적

　　　　　　　　　2.　　　　　　　　(연락 가능한 전화번호:　　　　　)
　　　　　　　　　　　　생년월일
　　　　　　　　　　　　주소 및 국적: 위와 같음

신청인(후견인)　　　　기관명
　　　　　　　　　　　소재지
　　　　　　　　　　　대표자

사건본인

　　　　　　　　　　　생년월일
　　　　　　　　　　　주소
　　　　　　　　　　　등록기준지

신 청 취 지

"사건본인을 신청인　　　의 양자로 한다."라는 심판을 구합니다.

신 청 원 인

첨 부 서 류

1. 신청 관련 사항 목록　　　　　　　1통
2. 기본증명서(상세), 가족관계증명서(상세), 주민등록등본(사건본인)　각 1통
3. 혼인 및 가족관계, 주소를 증명할 수 있는 본국 정부의 공인받은
　문서(양친들)　　　　　　　　　　　　　　　　　　　　각 1통
4. 입양대상아동확인서　　　　　　　　　　　　　　　　　1통
5. 양친될 사람의 범죄경력조회 회보(본국 정부의 공인받은 문서)　1통
6. 양친가정조사서　　　　　　　　　　　　　　　　　　　1통
7. 양친될 사람의 교육이수증명서　　　　　　　　　　　　1통
8. 입양동의서　　　　　　　　　　　　　　　　　　　　　1통

9. 본국법에 의해 양친될 자격이 있음을 증명하는 서류   1통
10. 입양서약서 및 재정보증서(본국 정부로부터 공인받은 자가 공증한 것을 말한다.)   1통

20   .   .   .

신청인   (서명 또는 날인)
후견인   (서명 또는 날인)

법원 귀중

◇ 유의 사항 ◇
1. 신청서에는 사건본인 1명당 수입인지 5,000원을 붙여야 합니다.
2. 송달료는 신청인 수 × 우편료 × 8회분을 송달료 취급 은행에 납부하고 영수증을 첨부하여야 합니다.
3. 관할법원은 양자가 될 사람의 등록기준지 또는 주소지의 가정법원(가정법원 또는 가정지원이 설치되지 않은 지역은 해당 지방법원 또는 지방법원 지원)입니다.

<신청 관련 사항 목록>

구 분	내 용 (□에 √ 표시를 하거나 해당 사항을 기재하십시오.)		
1. 양자가 될 사람의 친생부모가 양자 입양에 동의하였는지 여부	부(父)	□ 동의함 □ 동의하지 않음	동의할 수 없는 사정(「입양특례법」제12조제1항 단서 참조)
		성명	주소
	모(母)	□ 동의함 □ 동의하지 않음	동의할 수 없는 사정(「입양특례법」제12조제1항 단서 참조)
		성명	주소
2. 후견인	성명 (기관명 및 대표자)		
	주소(소재지)		
	동의 여부(1.친생부모가 동의할 수 없는 경우)	□ 있음　　□ 해당 없음	
3. 보호의뢰된 기관 및 입양알선 기관의 명칭, 주소	기관명		
	대표자		
	주 소		
4. 양자가 될 사람에 대하여 친권을 행사하는 사람으로서 부모 이외의 사람	□있음	성명	주소
	□ 해당 사항 없음		
5. 양자가 될 사람의 부모의 후견인	□ 있음	성명	주소
	□ 해당 사항 없음		

◇ 유의 사항 ◇

1. <u>'친생부모가 동의를 할 수 없는 사정'은 「입양특례법」제12의제1항 단서의 '부모의 친권이 상실되거나 소재불명 등의 사유로 동의를 받을 수 없는 경우'입니다.</u>
2. <u>'양자가 될 사람에 대하여 친권을 행사하는 사람으로서 부모 이외의 사람'은, 사건본인의 부 또는 모가 결혼하지 않은 미성년자인 경우(즉 혼인하지 않은 미성년자가 자를 출산한 경우)에 이에 대신하여 친권을 대행하는 그 미성년자의 친권자(민법 제910조) 또는 후견인(민법 제948조) 등입니다.</u>

입양 허가 심판 신청(국내에서의 국외입양)

신청인(양친)　　　　1. ○○○ (전화　　　　　　　)
　　　　　　　　　　　　생년월일
　　　　　　　　　　　　주소
　　　　　　　　　　　　국적
　　　　　　　　　　 2. ○○○ (전화　　　　　　　)
　　　　　　　　　　　　생년월일
　　　　　　　　　　　　주소 및 국적 : 위와 같음
신청인(후견인)　　　　○○기관명
　　　　　　　　　　　　소재지
　　　　　　　　　　　　대표자
사건본인　　　　　　　김○○
　　　　　　　　　　　　생년월일
　　　　　　　　　　　　주소
　　　　　　　　　　　　등록기준지

신 청 취 지

　사건본인을 신청인○○○, ○○○의 양자로 한다.
라는 심판을 구합니다.

신 청 원 인

1. 신청인들은 부부로서 사건본인을 양자로 입양하고자 합니다.
2. 사건본인의 후견인인 ○○○는 사건본인의 복리를 위하여 사건본인을 신청인
   들에게 입양시키기로 동의하였고, 신청인들은 이 사건 청구를 하게 되었으
   니, 입양을 허가하여 주시기 바랍니다.

첨 부 서 류

　1. 신청 관련 사항 목록　　　　　　　　　　　　　　　　　　　　1통
　2. 기본증명서, 가족관계증명서, 주민등록등본(사건본인)　　　　1통

3. 혼인 및 가족관계, 주소를 증명할 수 있는 본국 정부의
   공인받은 문서(양친들)   1통
4. 입양대상아동확인서   1통
5. 양친될 사람의 범죄경력조회 회보(본국 정부의 공인받은 문서) 1통
6. 양친가정조사서   1통
7. 양친될 사람의 교육이수증명서   1통
8. 입양동의서   1통
9. 본국법에 의해 양친될 자격이 있음을 증명하는 서류   1통
10. 입양서약서 및 재정보증서
    (본국 정부로부터 공인받은 자가 공증한 것을 말한다)   1통

                        20   .   .   .
            위 신청인   ○   ○   ○   (서명 또는 날인)
                  후견인   ○   ○   ○   (서명 또는 날인)

                          ○○가정법원{○○지방법원(지원)} 귀중

【13】친양자 입양의 심판청구

1. 의의

양친과 양자를 친생자관계로 보아 종전의 친족관계를 종료시키고 양친과의 친족관계만을 인정하며 양친의 성과 본을 따르도록 하는 친양자 관계를 형성하는 재판(민법 제908조의2 내지 제908조의8)을 말한다.

2. 관할

친양자가 될 사람의 주소지 가정법원

3. 청구권자

친양자를 입양하려는 부부(다만, 혼인 중인 부부의 일방이 그 배우자의 친생자를 친양자로 하려는 경우는 그 일방)

4. 요건(민법 제908조의2)

① 3년 이상 혼인 중인 부부로서 공동으로 입양할 것(단, 1년 이상 혼인 중인 부부의 일방이 그 배우자의 친생자를 친양자로 하는 경우에는 가능)

② 친양자가 될 자가 미성년자일 것(접수시 기준)

③ 친생부모의 동의(혼인외의 자로서 인지를 받지 않고 있다면 생모의 동의)

※ 친생부모의 동의 없이 친양자 결정이 있는 경우 친생부모가 그 사실을 안 날부터 6개월 안에 취소청구가 가능하다.

④ 법정대리인의 입양승낙(만 13세 미만)

⑤ 법정대리인의 동의를 받아 미성년자 본인의 승낙(만 13세 이상)

5. 청구취지

사건본인을 청구인(들)의 친양자로 한다.

6. 불복

① 14일 이내 즉시항고(가사소송법 제43조 제5항)

② 항고권자

    1) 인용 : 가사소송규칙 제62조의3에 규정한 자(양친이 될 자는 제외)

    2) 기각 : 청구인

7. 재판확정 후의 절차

심판확정일부터 1개월 이내에 재판서 정(등)본 및 확정증명서를 첨부하여 시(구)·읍·면의 장에게 그 내용을 신고하여야 한다.

8. 효력

친양자는 부부의 혼인 중 출생자로 보고(민법 제908조의3 제1항), 친양자의 입양 전의 친족관계는 친양자 입양이 확정된 때에 종료된다(민법 제908조의3 제2항 본문).

※ 근친혼금지 : 친양자는 종전 생가의 혈족과 혼인 금지(민법 제809조 제1항)

9. 기타

① 청구인의 진술서 : 진술서에는 사건본인의 양육상황, 친양자 입양의 동기, 양육능력에 관한 사항 등을 기재하고, 양육능력에 관한 자료로 재직증명서 또는 사업자등록증, 본인 소유의 부동산등기사항전부증명서나 전세계약서, 월소득자료 등을 첨부

② 청구인의 범죄경력·수사경력조회 회보서 : 주소지 관할 경찰서에 신청

③ 청구인의 신용정보 입증자료

친양자입양 심판청구서

청 구 인 1. 성   명: (연락 가능한 전화번호:)
          주민등록번호:
          주   소:
          송 달 장 소:
          등 록 기준지:

    2. 성   명: (연락 가능한 전화번호:)
          주민등록번호:
          주   소:
          송 달 장 소:
          등 록 기준지:

사건본인 성   명:
          주민등록번호:
          주   소:
          등 록 기준지:

청 구 취 지

"사건본인을 청구인들의 친양자로 한다."라는 심판을 구합니다.

청 구 원 인

청구인들은 3년 이상 혼인 중인 부부로서 공동으로 사건본인 친양자로 입양하고자 하는데 청구인 ○○○와(과) 사건본인은 먼 친족 사이로서 사건본인의 부모가 20   .   .   . 사고로 모두 사망한 후 현재까지 청구인들이 사건본인을 잘 양육하고 있으므로 사건본인의 행복을 위하여 사건본인을 친양자로 입양하는 것이 좋겠다고 생각하여 이 사건 청구를 하게 되었었습니다.

첨 부 서 류

1. 청구 관련 사항 목록   1부

2. 청구인의 혼인관계증명서, 주민등록표등(초)본   각 1통

3. 사건본인의 기본증명서(상세), 가족관계증명서(상세), 주민등록표등(초)본 각 1통

4. 친양자 입양 동의서(친생부모) 및 인감증명서   각 1통

5. 법정대리인의 입양승낙서 및 인감증명서   각 1통

6. 사건본인(13세 이상)의 승낙서   1부

20   .   .   .

청구인   (서명 또는 날인)

법원 귀중

◇ 유의 사항 ◇

1. 인감증명서에 대신하여 소송서류 등에 서명을 하고 본인서명사실확인서 제출가능합니다.

2. 청구서에는 수입인지 사건본인 1인당 5,000원을 붙여야 합니다.

3. 송달료는 송달료 취급 은행에 납부하고 납부서를 첨부하여야 합니다.

<청구 관련 사항 목록>

구 분	내 용 (□에 √ 표시를 하거나 해당 사항을 기재하십시오.)		
1. 친양자가 될 자의 친생부모가 친양자 입양에 동의 여부	부(父)	□ 동의함 □ 동의받을 수 없음	(동의받을 수 없는 사정 기재)
		성 명	주 소
	모(母)	□ 동의함 □ 동의받을 수 없음	(동의받을 수 없는 사정 기재)
		성 명	주 소
2. 친양자가 될 자에 대하여 친권을 행사 하는 자로서 부모 이외의 자의 성명과 주소	□있음	성 명	주 소
	□ 해당 사항 없음		
3. 친양자가 될 자의 부모의 성년후견인 의 성명과 주소	□있음	성 명	주 소
	□ 해당 사항 없음		
4. 민법 제908조의2 제1항제4호에 의한 친양자가 될 자의 입양승낙	□ 승낙함 □ 승낙하지 않음		
5. 민법 제908조의2 제1항제5호에 의한 법정대리인의 입양 승낙	□ 승낙함 □ 승낙하지 않음		

◇ 유의 사항 ◇

1. 친생부모의 동의를 받을 수 없는 사정'은 민법 제908조의2제1항제3호 단서의 '친권상실, 소재불명, 기타(예:생사불명, 심신상실)'이고, 제2항 각호의 '부양의 무불이행, 면접교섭불이행, 학대, 유기 등'입니다.
2. 친양자가 될 자에 대하여 친권을 행사하는 자로서 부모 이외의 자'는, 사건본 인의 부 또는 모가 결혼하지 않은 미성년자인 경우(즉 혼인하지 않은 미성년자 가 자를 출산한 경우)에 이에 대신하여 친권을 대행하는 그 미성년자의 친권자 (민법 제910조) 또는 미성년후견인(민법 제948조) 등입니다.

친양자 입양 동의서

1. 친양자 입양 청구 관계인

구분		성명	주민등록번호
친양자 입양 청구인	양부가 될 자		-
	양모가 될 자		-
친양자가 될 자			-
친양자가 될 자의 친생부모	친생부		-
	친생모		-

2. 친양자 입양에 대한 동의

위 친양자가 될 자의 친생부(親生父)와 친생모(親生母)는, 친양자 입양의 심판이 확정된 때에 친생부모와 친양자의 친족관계는 종료한다는 것을 잘 알면서, 민법 제908조의2 제1항 제3호에 따라 친양자 입양 청구인들이 사건본인을 친양자로 입양함에 동의합니다.

20 . . .

친생부   (서명 또는 날인)
친생모   (서명 또는 날인)

◇ 유의 사항 ◇

작성명의인의 인감도장을 날인하고 인감증명서를 첨부하거나, 서명을 하고 본인서명사실확인서를 첨부하여야 합니다.

친양자 입양 승낙서
(13세 이상)

1. 친양자 입양 청구 관계인

구분		성명	주민등록번호
친양자 입양 청구인	양부가 될 자		-
	양모가 될 자		-
친양자가 될 자			-
친양자가 될 자의 친생부모	친생부		-
	친생모		-

2. 법정대리인의 동의

구분	동의인 성명	친양자 입양에 대한 동의 여부	서명 또는 날인
법정대리인 친권자 부		동의, 부동의	
법정대리인 친권자 모		동의, 부동의	

3. 친양자 입양에 대한 승낙

위 친양자가 될 자는 만 13세 이상이므로 민법 제908조의2제1항제4호에 따라 법정대리인의 동의를 받아 친양자 입양 청구인들이 친양자가 될 자를 친양자로 입양하는 것을 승낙합니다.

20   .   .   .

친양자가 될 자: (서명 또는 날인)

◇ 유의 사항 ◇

작성명의인의 인감도장을 날인하고 인감증명서를 첨부하거나, 서명을 하고 본인서명사실확인서를 첨부하여야 합니다(단, 인감도장이 없으면 서명 및 무인 날인을 하고 주민등록증, 학생증, 여권, 청소년증 등 본인을 확인할 수 있는 자료를 첨부).

친양자 입양 승낙서
(13세 미만)

1. 친양자 입양 청구 관계인

구분		성명	주민등록번호
친양자 입양 청구인	양부가 될 자		-
	양모가 될 자		-
친양자가 될 자			-
친양자가 될 자의 친생부모	친생부		-
	친생모		-

2. 친양자 입양에 대한 승낙

위 친양자로 될 자의 법정대리인인 친권자 부   , 친권자 모   는 친양자가 될 자가 만 13세 미만이므로 민법 제908조의2제1항제5호에 따라 친양자가 될 자에 갈음하여 친양자 입양 청구인들이 친양자가 될 자를 친양자로 입양하는 것을 승낙합니다.

20   .   .   .

법정대리인 친권자 부: (서명 또는 날인)
법정대리인 친권자 모: (서명 또는 날인)

◇ 유의 사항 ◇

1. 작성명의인의 인감도장을 날인하고 인감증명서를 첨부하거나, 서명을 하고 본인서명사실확인서를 첨부하여야 합니다(단, 친양자 입양 동의서에 작성명의인의 인감증명서가 이미 첨부된 경우에는 인감증명서를 첨부할 필요가 없습니다).
2. 법정대리인 친권자가 부 또는 모 1명인 경우, 법정대리인이 미성년후견인인 경우에는 위 내용을 적절하게 수정하여 사용하시기 바랍니다.

【14】 부모의 동의를 갈음하는 허가청구

1. 의의

성년자 입양은 부모의 동의를 받아 가족관계등록관서에 신고함으로써 효력이 발생하나, 부모가 정당한 이유 없이 동의를 거부하는 경우에 양부모가 될 사람이나 양자가 될 사람의 청구에 따라 가정법원이 부모의 동의를 갈음하는 심판을 할 수 있다(민법 제871조 제2항).

2. 관할

사건본인의 주소지 가정법원

3. 청구권자

양부모가 될 사람이나 양자가 될 사람

4. 청구취지

「사건본인의 부(주민등록번호, 주소)의 동의에 갈음하여 사건본인의 입양에 동의한다.」

부모의 동의를 갈음하는 허가 청구서

청구인   (연락 가능한 전화번호:)
              주민등록번호
              주소
              등록기준지

사건본인
              주민등록번호(외국인등록번호)
              주소
              등록기준지(국적)

청 구 취 지

"사건본인의 부   (주민등록번호   , 주소
)와(과) 모   (주민등록번호   , 주소
)은(는) 사건본인의 입양에 동의한다."라는 심판을 구합니다.

청 구 원 인

1. 청구인은 성년인 사건본인을 양자로 입양하고자 합니다.
2. 양자가 될 사람이 성년인 경우에는 그 부모의 동의를 받아야 하는데, 사건본인의 부인   와(과) 모인   은(는) 정당한 이유 없이 동의를 거부하고 있습니다.
3. 이에 청구인은 사건본인의 부모의 동의를 갈음하는 심판 청구를 하게 되었습니다.

첨 부 서 류

1. 가족관계증명서(상세), 기본증명서(상세)(사건본인)   각 1통
2. 주민등록등본(청구인 및 사건본인)   각 1통
3. 기타(소명자료)

20   .   .   .

청구인　　　　　　(서명 또는 날인)

법원 귀중

◇ 유의 사항 ◇

1. 수입인지: 사건본인 수 × 5,000원을 붙여야 합니다.

2. 송 달 료: 청구인 수 × 우편료 × 8회분을 송달료 취급 은행에 납부하고 영수증을 첨부하여야 합니다.

3. 관할법원: 사건본인의 주소지의 가정법원(지방법원, 지원)입니다.

【15】 성과 본의 창설 허가청구 (부모를 모두 알 수 없거나, 찬생자관계 부존재판결을 받은 사람)

1. 의의

　대한민국 국민으로서. 부·모 모두를 알 수 없는 자(子)로서 ① 가족관계등록이 되어 있지 않는 사람이나, ② 친생자관계 부존재 확인판결로 그 친생부모를 알 수 없게 된 사람, ③ 기아인 경우, ④ 탈북자인 경우에 가족관계등록부창설을 하기 위하여 가정법원의 허가로써 성과 본을 창설하는 제도를 말한다.

※ 가족관계등록부 상의 부에 대해서만 친생자관계부존재 판결을 받은 경우
　모가 있는 경우에는 모의 성과 본을 따르고, 친부가 있는 경우에는 인지 판결을 받아서 가족관계등록부를 창설한다. 이러한 경우에는 성과 본 창설을 하지 않고 부모를 알 수 없는 경우에만 성과 본을 창설한다.

2. 관할

　사건본인의 주소지 가정법원(가사소송법 제44조)

3. 청구권자

　① 본인, 후견인
　② 기아의 경 우: 기아발견조서를 작성한 시(구)·읍·면의 장

4. 청구취지 (예시)

　사건본인의 성을 김(金)으로. 본을 한양(漢陽)으로 창설할 것을 허가한다.

5. 심리

　경찰서에 사실조회(십지문 조회), 청구인 본인이나 관계인 심문 등

6. 불복

　허가심판에 대하여는 불복불가, 기각심판의 경우 청구인은 2주 이내 즉시항고 가능

7. 확정 후의 절차

신청인은 성·본창설 허가재판서 정(등)본 등을 첨부하여 등록을 하려는 곳을 관할하는 가정법원에 가족관계등록창설 허가를 신청할 수 있다.

※ **민법 제781조**

① 자는 부의 성과 본을 따른다. 다만, 부모가 혼인신고시 모의 성과 본을 따르기로 협의한 경우에는 모의 성과 본을 따른다.

② 부가 외국인인 경우에는 자는 모의 성과 본을 따를 수 있다.

③ 부를 알 수 없는 자는 모의 성과 본을 따른다.

④ 부모를 알 수 없는 자는 법원의 허가를 받아 성과 본을 창설한다. 다만, 성과 본을 창설한 후 부 또는 모를 알게 된 때에는 부 또는 모의 성과 본을 따를 수 있다.

⑤ 혼인외의 출생자가 인지된 경우 자는 부모의 협의에 따라 종전의 성과 본을 계속사용할 수 있다. 다만, 부모가 협의할 수 없거나 협의가 이루어지지 아니한 경우에는 자는 법원의 허가를 받아 종전의 성과 본을 계속 사용할 수 있다.

⑥ 자의 복리를 위하여 자의 성과 본을 변경할 필요가 있을 때에는 부, 모 또는 자의 청구에 의하여 법원의 허가를 받아 이를 변경할 수 있다. 다만, 자가 미성년자이고 법정대리인이 청구할 수 없는 경우에는 제777조의 규정에 따른 친족 또는 검사가 청구할 수 있다.

성과 본의 창설허가 심판청구
(부·모 모두를 알 수 없는 사람)

청구인 및 사건본인(연락 가능한 전화번호:)
 성   명:
 주민등록번호:
 주   소:
 송 달 장 소:

청 구 취 지
"사건본인의 성(姓)을   (한자:)으로, 본을   (한자:)으로 창
설할 것을 허가한다."라는 심판을 구합니다.
청 구 원 인
(성.본 창설허가 청구사유를 구체적으로 기재하십시오.)

첨 부 서 류
1. 가족관계등록부 부존재증명서(구청에서 발급)   1통
2. 주민등록신고확인서(관할동사무소 발급) 또는 주민등록표등(초)본   1통
3. 반명함판 사진(사건본인)   3매
4. 인우보증서(2인 이상, 각 인감증명서 첨부)   1부
※ 인감증명서에 갈음하여 서명하고 본인서명사실확인서 첨부 가능

20   .   .   .
청구인 겸 사건본인   (서명 또는 날인)

법원 귀중

◇ 유의 사항 ◇
1. 관할법원은 사건본인의 주소지 가정법원입니다.
2. 청구서에는 수입인지 5,000원을 붙여야 합니다.
3. 송달료는 송달료 취급 은행에 납부하고 납부서를 첨부하여야 합니다.

[양식 ②] 성과 본의 창설허가 심판청구서(친생자관계 부존재 판결을 받은 사람)

성과 본의 창설허가 심판청구서
(친생자관계 부존재 판결을 받은 사람)

청구인 겸 사건본인
      성　　　명: (연락 가능한 전화번호:)
      주민등록번호:
      주　　　소:
      송 달 장 소:

청 구 취 지

"사건본인의 성(姓)을 　　(한자: 　　)으로, 본을 　　(한자: 　　)으로 창설할 것을 허가한다."라는 심판을 구합니다.

청 구 원 인

(성.본 창설허가 청구사유를 구체적으로 기재하십시오.)

첨 부 서 류

1. 주민등록표등(초)본(판결을 받은 경우)   1통
2. 친생자관계부존재확인판결정(등)본 (판결을 받은 경우)   1통
3. 확정증명원(판결을 받은 경우)   1통

20 ． 　 ． 　 ．
청구인 겸 사건본인   (서명 또는 날인)

법원 귀중

◇ 유의 사항 ◇
1. 관할법원은 사건본인의 주소지 가정법원입니다.
2. 청구서에는 수입인지 5,000원을 붙여야 합니다.
3. 송달료는 송달료 취급 은행에 납부하고 납부서를 첨부하여야 합니다.

【16】 자의 성과 본의 변경허가 심판청구

1. 의의

자(성년)의 복리를 위하여 자의 성과 본을 변경할 필요가 있을 때에는 부, 모 또는 자의 청구에 의하여 법원의 허가를 받아 이를 변경할 수 있는 제도(민법 제781조 제6항)를 말한다.

2. 관할

자녀(사건본인)의 주소지의 가정법원(가사소송법 제44조 제1호)

3. 청구권자

부(법률상 친부 또는 양부를 말함), 모 또는 자. 다만, 계부는 신청할 수 없다.

4. 청구취지

사건본인의 성을 "   (한자:)로, 본을 "   (한자:)로 변경할 것을 허가한다.

5. 의견청취에 대하여 의견서 미제출 또는 부동의 의견서를 제출한 경우

청구인, 관계인 심문기일 소환장 송달

> ※ 가사소송규칙 제59조의2(관계자의 의견의 청취)
> ① 가정법원은 민법 제781조 제5항의 규정에 의한 자의 종전의 성과 본의 계속사용허가청구가 있는 경우, 부모 및 자가 13세 이상인 때에는 그 자의 의견을 들을 수 있다.
> ② 가정법원은 민법 제781조 제6항의 규정에 의한 자의 성과 본의 변경허가 청구가 있는 경우 부모 및 자가 13세 이상인 때에는 그 자의 의견을 들을 수 있다. 자의 부모 중 자와 성과 본이 동일한 사람의 사망 그 밖의 사유로 의견을 들을 수 없는 경우에는 자와 성과 본이 동일한 최근친 직계존속의 의견을 들을 수 있다.

6. 불복

① 허가 : 불복 불가
② 기각 : 즉시항고

7. 확정 후의 절차

심판고지일로부터 1개월 이내에 재판서 정(등)본 및 확정증명서를 첨부하여 시(구)·읍·면의 장에게 그 내용을 신고하여야 한다.

8. 기타

이 제도는 주로 재혼가정에서 자라는 자녀들이 실제로 부의 역할을 하고 있는 새 아버지와 성이 달라서 고통을 받는 경우의 문제를 해결하기 위하여 도입된 것이나, '자의 복리를 위하여' 라는 요건은 폭넓게 해석될 수 있는 것이므로 자의 성과 본의 변경제도는 재혼가정 이외에도 이용될 수 있다.

<h1 style="text-align:center">자의 성과 본의 변경허가 심판청구서</h1>

청 구 인   성   명:　　　　　　　　(연락 가능한 전화번호:　　　　　　　)
　　　　　주민등록번호:
　　　　　주　　　　소:
　　　　　송 달 장 소:

사건본인   성   명:
　　　　　주민등록번호:
　　　　　주　　　　소:
　　　　　등 록 기준지:
사건본인   성   명:
　　　　　주민등록번호:
　　　　　주　　　　소:
　　　　　등 록 기준지:

<h2 style="text-align:center">청 구 취 지</h2>

"사건본인(들)의 성을 "　　　(한자:　　　)"(으)로, 본을 "　　(한자:　　　)"
(으)로 변경할 것을 허가한다."라는 심판을 구합니다.

<h2 style="text-align:center">청 구 원 인</h2>

1. 사건본인의 가족관계 등 (해당 □안에 √ 표시, 내용 추가)
　가. 사건본인은 (친부　　　　　)와(과) (친모　　　　　　)사이에 출생한 자입
　　　니다.
　　　　□ 친부의 주소는 (　　　　　　　　　　　　)입니다.
　나. □ (친부　　　　)과(와) (친모 청구인　　　　)는(은)
　　　　(20 ．　．　．) 이혼하였습니다.
　　　　□ (　　　　　)는(은) (　　　년　월　일) 사망하였습니다.
　　　　□ (　　　　　)는(은) (　　　년　월　일) 사건본인을 입양하였
　　　습니다.
2. 성과 본의 변경을 청구하는 이유 (해당 □안에 √ 표시, 내용 추가)
　　사건본인이 현재의 성과 본으로 인하여 학교나 사회생활 등에서 많은 어려
　움을 겪고 있으므로 사건본인의 복리를 위하여 다음과 같이 청구합니다.

□ (친모 청구인   )과(와) (20   .   .   .) 혼인하여 사건본인의
　계부가 된 (   )의 "성"과 "본"으로 바꾸고 싶습니다.

□ 어머니의 "성"과 "본"으로 바꾸고 싶습니다.

□ 양부의 "성"과 "본"으로 바꾸고 싶습니다.

□ 위 각 경우에 해당하지 않는 경우의 이유(별지에 서술식으로 기재하십시
　오.)

첨 부 서 류

1. 청구인의 진술서, 가족관계증명서(상세), 혼인관계증명서, 주민등록표등(초)본
　각 1통

2. 사건본인의 범죄경력·수사경력조회 회보서(성년자인 경우)　　　　1통

3. 사건본인이 초등학교 4학년 이상일 경우 사건본인의 진술서　　　　1통

4. 자녀(사건본인)의 기본증명서(상세), 가족관계증명서(상세), 주민등록표등(초)본
　각 1통

　(청구인과 사건본인의 주소지가 같은 경우에는 1통만 제출하면 됩니다.)

5. 동의서 및 인감증명서(친부, 계부)　　　　　　　　　　　　각 1통

6. 입양관계증명서(사건본인이 입양된 경우)　　　　　　　　　1통

※ 친부가 사망한 경우 - 제적등본(2007. 12. 31. 까지 사망신고한 경우) 또는
　폐쇄가족관계등록부에 따른 기본증명서(상세), 가족관계증명서　각 1통

20   .   .   .

청구인　　　　　　　(서명 또는 날인)

법원 귀중

◇ 유의 사항 ◇

1. 관할법원은 사건본인의 주소지 가정법원입니다.

2. 청구서에는 사건본인 각 5,000원의 수입인지를 붙여야 합니다.

3. 송달료는 송달료 취급 은행에 납부하고 납부서를 첨부하여야 합니다.

4. 연락 가능한 전화번호에는 연락 가능한 휴대전화번호(전화번호)를 기재하시기
　바랍니다.

5. 사건본인의 친부에게 의견청취서를 보내어 의견을 들을 필요가 있을 수 있으
　므로 신속한 심리를 위하여, 사건본인의 친부의 주소를 알고 있는 경우에
　기재하되, 기재하지 않은 경우 주소를 밝히라는 법원의 보정명령을 받을 수
　있습니다.

6. '성'과 '본'이 변경된다고 하여, 계부와의 사이에 친족관계가 생기거나 종전 부
　모와의 친족관계가 소멸되는 것은 아니며 가족관계등록부에는 여전히 친부가
　부로 기재됩니다. 또한 친권자가 변경되는 것도 아닙니다.

진 술 서

1. 청구인과 사건본인의 가족관계 등

가. 기본 사항

구분	연월일	참고 사항
(친부　　　)과(와) 혼인 신고일	년　월　일	동거 시작일 　년　　월　　일
사건본인 (1.　　　　　, 　　2.　　　　　)출생일자	년　월　일 년　월　일	
(친부　　)과(와) 이혼 신고일	년　월　일	□ 협의이혼, □ 재판상 이혼
(계부　　)과(와) 재혼 신고일	년　월　일	동거 시작일 20　년　　월　　일

나. 사건본인의 친권자, 양육자 등 관계

구분	내용
(1) 사건본인의 나이, 학교 등	만　　세　　초·중·고등학교　　학년 재학 중
(2) 이혼 시 지정된 친권자	□사건본인의 아버지, □사건본인의 어머니
(3) 이혼 시 지정된 양육자	□ 사건본인의 아버지, □ 사건본인의 어머니
(4) 현재의 실제 양육자와 양육기간	□ 사건본인의 아버지, □ 사건본인의 어머니 양육기간: 약　년　개월(20　년　월 일 → 현재)
(5) 양육비용을 부담하고 있는 사람	사건본인의 어머니, 의붓아버지
(6) 친아버지가 사건본인 또는 사건본인의 어머니에게 양육비를 지급하고 있는지 여부	□ 양육비를 지급하고 있음 □ 양육비를 지급하고 있지 않음 ※ 양육비를 지급하고 있는 경우 그 액수 　월 평균 약　　　　　　원
(7) 사건본인이 친아버지와 면접교섭하는지(정기적 또는 부정기적으로 만나는지) 여부	□ 면접교섭함, □ 면접교섭하지 않음 면접교섭의 내용(면접교섭하는경우에만 기재) □ 1년에 1 ~ 3회 □ 매월 약 1회, □ 매월 약 2회 이상 □ 기타 (　　　　　　　　　　　　　)

2. 사건본인이 현재의 성과 본으로 인하여 사회생활 등에서 어려움을 겪고 있는 구체적 사례

3. 사건본인의 성과 본의 변경이 필요한 이유(□안에 √ 표시, 내용 기재)
  □ 의붓아버지(계부)의 성과 본으로 변경하려는 경우
    (1) 의붓아버지가 사건본인을 양육하고 있는지: □ 양육하고 있음, □ 양육하고 있지 않음
    (2) 의붓아버지가 사건본인을 실제 양육한 기간
        약   년   개월 (20   년   월 무렵부터 → 현재까지)
    (3) 성과 본의 변경이 사건본인의 행복과 이익을 위하여 필요한 이유
  □ 어머니의 성과 본으로 변경하려는 경우
    (1) 어머니가 이혼 후 사건본인을 실제 양육한 기간
        약   년   개월 (년   월 무렵부터 →   년   월 무렵까지)
    (2) 성과 본의 변경이 사건본인의 행복과 이익을 위하여 필요한 이유

  □ 양부 또는 양모의 성과 본으로 변경하려는 경우
    (1) 사건본인을 양육하고 있는지: □ 양육하고 있음, □ 양육하고 있지 않음
    (2) 양부 또는 양모가 사건본인을 실제 양육한 기간
        약   년   개월 (년   월 무렵부터 →   년   월 무렵까지)
    (3) 성과 본의 변경이 사건본인의 행복과 이익을 위하여 필요한 이유

4. 그 밖에 법원에 진술하고 싶은 사정

                        20 .   .   .
                        진술자   (서명 또는 날인)

....

(친부, 계부, 조부모용)

동 의 서

사건번호 20   느단

사건본인

    성   명:

    주민등록번호:

    등록 기준지:

    주   소:

    동의자는 위 사건본인의 (관계:)로서 사건본인의 성과 본을
(   )의 성과 본으로 변경하는 데 동의하며, 이에 대하여 차후 어떠한
이의도 제기하지 않겠습니다.

20   .   .   .

    동의자   성   명: (서명 또는 날인)

            주민등록번호:

◇ 유의 사항 ◇

  1. 친부(계부)의 인감도장을 날인하고 인감증명서를 첨부하거나, 자필로 서명하
    고 본인서명사실확인서를 첨부하세요.

  2. 친부(계부)가 동의하여야 하며, 친부 사망 시 조부모가 동의하여야 합니다.

진 술 서

사건번호 20   느단
사건본인 성명:

진술내용
  1. 성과 본의 변경을 희망하는지 여부:

  1. 희망한다면 그 이유가 무엇인지:

  1. 현재의 성과 본으로 인하여 불편하거나 곤란하였던 사례

20   .   .   .

    진술자 사건본인   (서명 또는 날인)

◇ 유의 사항 ◇
  . 진술자가 자필로 작성하시고, 인감도장을 날인하고 인감증명서를 첨부하세요.

자의 성과 본의 변경허가 심판청구

청 구 인   성명 :   (휴대전화 :   , 집전화 :   )
           주민등록번호 :   -
           주소 :
           등록기준지 :

사 건 본 인   성명 :
           주민등록번호 :   -
           주소
           등록기준지 :

청 구 취 지

'사건본인의 성을 "   (한자:)"로, 본을 "   (한자:)"로
변경할 것을 허가한다.'라는 심판을 구합니다.

청 구 원 인

1. 사건본인의 가족관계 등 (해당 □안에 √ 표시, 내용 추가)

  가. 사건본인은 (친부   )과(와) (친모   )사이에 출생한
      자입니다.
      □ 친부의 주소는 (   )입니다.
  나. □ (친부   )과(와) (친모   )는(은) (년   월
        일) 이혼하였습니다.
      □ (친부   )는(은) (년   월   일) 사망하였습니다.
      □ (   )는(은) (년 월   일) 사건본인을 입양하였습
      니다.

2. 성과 본의 변경을 청구하는 이유 (해당 □안에 √ 표시, 내용 추가)

    사건본인이 현재의 성과 본으로 인하여 학교나 사회생활 등에서 많은 어려
  움을 겪고 있으므로 사건본인의 복리를 위하여 다음과 같이 청구합니다.
    □ (친모   )과(와) (년   월   일) 혼인하여 사건본인의 의붓아버
    지(계부)가 된 (   )의 "성"과 "본"으로 바꾸고 싶습니다.
    □ 어머니의 "성"과 "본"으로 바꾸고 싶습니다.

□ 양부 또는 양모의 "성"과 "본"으로 바꾸고 싶습니다.○○
□ 위 각 경우에 해당하지 않는 경우의 이유(서술식으로 기재)
  :

첨 부 서 류

1. 진술서(청구인)   1통
2. 가족관계증명서(청구인 및 사건본인) 각   1통
3. 기본증명서(사건본인)   1통
4. 혼인관계증명서(청구인)   1통
5. 주민등록등본(청구인 및 사건본인)   각   1통(청구인과 사건본인의 주소지가
                 같은 경우에는 1통만 제출하면 됩니다)
6. 기타(해당사항이 있는 경우에 □안에 √ 표시를 하고 해당 서류를 첨부해
   주십시오)
   □ 입양관계증명서   1통(사건본인이 입양된 경우)
   □ 제적등본(친부)   1통(친부가 사망한 경우, 단 2008. 1. 1. 이후에 사망
      신고가 된 경우에는 폐쇄가족관계등록부에 따른 친부의 기본증명서)

                       20   .   .   .
                         청구인   (인)

○○가정법원{   지방법원(지원)} 귀중

【17】 자의 성과 본의 계속사용허가 심판청구

1. 의의

혼인 외의 출생자가 인지된 경우에 자는 부모의 협의에 의하여 또는 법원의 허가를 받아 종전의 성과 본을 계속 사용할 수 있도록 하는 재판(민법 제781조 제5항)을 말한다.

2. 관할

자녀(사건본인)의 주소지 가정법원(가사소송법 제44조 제1호)

3. 청구권자

인지의 대상이 된 자녀가 청구인 겸 사건본인이다.

4. 청구취지

청구인 겸 사건본인의 종전의 성 "김(金)"과 본 "한글(한자)"를 계속하여 사용할 것을 허가한다.

5. 불복

허가심판에 대하여는 불복할 수 없고, 기각심판에 대하여는 청구인이 14일 이내에 즉시항고가 가능하다(가사소송규칙 제27조).

6. 확정 후의 절차

확정일로부터 1개월 이내에 재판서 정(등)본 및 확정증명서를 첨부하여 시(구)·읍·면의 장에게 그 내용을 신고하여야 한다.

자의 성과 본의 계속사용허가 심판청구서

청구인 겸 사건본인: (연락 가능한 전화번호:)
      주민등록번호:
      주   소:
      등 록 기준지:
위 청구인은 미성년자이므로 법정대리인 친권자 (부,모):
             주민등록번호:
             주   소:
             송 달 장 소:

청 구 취 지

"청구인 겸 사건본인의 종전의 성 " (한자:)"와(과) 본 "
(한자 :   )"을(를) 계속하여 사용할 것을 허가한다."라는
심판을 구합니다.

청 구 원 인

사건본인의 아버지인 청구 외 ○○○이(가) 20 . . . 청구인 겸 사건본인
에 대한 인지신고를 하였는데, 청구인의 모인 ○○○와(과) 청구인의 성과 본의
계속사용에 관한 협의가 이루어지지 않아 본건 청구를 하기에 이르렀습니다.

첨 부 서 류

1. 청구인의 가족관계증명서(상세), 혼인관계증명서, 주민등록표등(초)본 각 1통
2. 자녀(사건본인)의 기본증명서(상세), 가족관계증명서(상세), 주민등록표등(초)본 각 1통

20 . . .
청구인   (서명 또는 날인)

청구인은 미성년자이므로 법정대리인
친권자 (부, 모)(특별대리인)   (서명 또는 날인)

법원 귀중

◇ 유의 사항 ◇

1. 관할법원은 사건본인의 주소지 가정법원입니다.

2. 청구서에는 사건본인 각 5,000원의 수입인지를 붙여야 합니다.

3. 송달료는 송달료 취급 은행에 납부하고 납부서를 첨부하여야 합니다.

자의 종전의 성과 본의 계속사용허가 심판청구

청 구 인 겸   김○○ (주민등록번호   -   )
사 건 본 인   주소
　　　　　　　　 등록기준지
　　　　　　　　 위 청구인은 미성년자이므로 그 법정대리인
　　　　　　　　 친권자 모 ○ ○ ○ (주민등록번호   -   )
　　　　　　　　 주소
　　　　　　　　 등록기준지

청 구 취 지

　청구인 겸 사건본인의 종전의 성인 "김(金)"과 본인 "○○(한자)"를 계속하여 사용할 것을 허가한다.
라는 심판을 구합니다.

청 구 원 인

　사건본인의 아버지인 청구 외 ○○○가 200○년 ○월 ○일 청구인 겸 사건본인에 대한 인지신고를 하였는바, 청구인의 모인 ○○○와 청구인의 성과 본의 계속사용에 관한 협의가 이루어지지 아니하여 본건 청구를 하기에 이르렀습니다.

첨 부 서 류

　1. 가족관계증명서   1통
　2. 주민등록등본   1통

20 . . .
청구인 김 ○ ○
청구인은 미성년자이므로 법정대리인
친권자 모 ○ ○ ○   (인)

○○가정법원 귀중{○○지방법원(지원)} 귀중

【18】친권상실 심판청구

1. 의의

① 부 또는 모가 친권을 남용하여 자녀의 복리를 현저히 해하거나 해칠 우려가 있는 경우 그 친권의 상실 또는 일시정지를 선고

② 거소의 지정이나 징계, 그 밖의 신상에 관한 결정 등 특정한 사항에 관하여 친권자가 친권을 행사는 것이 곤란하거나 부적당한 사유가 있어 자녀의 복리를 해치거나 해칠 우려가 있는 경우 구체적인 범위를 정하여 친권의 일부 제한을 선고(구체적인 범위, 거소의 지정, 징계 그밖에 신상에 관한 결정)

③ 친권자가 부적당한 관리로 인하여 자녀의 재산을 위태롭게 할 경우에는 그 법률행위의 대리권과 재산관리권의 상실을 선고

2. 관할

상대방의 보통재판적 소재지 가정법원(단독사건으로 변경)

3. 청구권자

① 친권의 상실 또는 일시정지, 일부 제한 선고

 1) 자녀(2014. 법률개정으로 자녀 자신도 청구가능)

  자녀의 친족, 검사 또는 지방자치단체의 장(민법 제924조 제1항 및 제2항)

 2) 검사(아동·청소년의 성보호에 관한 법률 제23조 제1항)

  아동보호전문기관의 장, 성폭력피해상담소 및 성폭력피해자보호시설의 장,청소년상담 및 긴급구조 등의 기관 및 청소년 지원 등의 기관의 장. 청소년 쉼터의 장은 검사에게 친권상실 청구를 하도록 요청 가능(같은 조 제2항)

 3) 아동복지법 적용대상인 18세 미만의 자인 경우 시장·도지사 또는 시장· 군수·구칭장(아동복지법 제18조)

 4) 친권상실선고의 청구권을 포기하는 계약은 무효(대법원 1977. 6. 7. 선고 76므34)

② 법률행위 대리권, 재산관리권의 상실선고

자녀의 친족. 검사 또는 지방자치단체의 장(민법 제925조)

4. 관계인의 사망 등에 의한 절차의 종료와 수계

① 상대방이 사망. 자녀가 사망(실종선고 포함)하거나 성년(성년의제)이 된 경우 : 절차는 목적을 상실하여 종료

② 청구인이 사망한 경우 : 다른 청구인 적격자에게 절차의 수계를 인정

5. 불복

기각(청구인) 및 인용(상대방, 자녀의 친족) : 2주 이내 즉시항고

6. 사전처분과 대행자의 선임

① 친권·법률행위 대리권·재산관리권의 상실선고의 심판청구가 있는 경우 가정법원은 직권으로 또는 당사자 신청에 의하여 사전처분 가능(가사소송법 제62조 제1항)

② 사전처분에 따라 친권을 행사할 자가 없게 되는 때는 심판확정시까지 친권을 행사할 대행자를 사전처분에서 동시에 지정하여야 한다(가사소송법 제62조 제1항. 가사소송규칙 제102조 제1항).

※ 자녀보호에 공백이 생기기 않도록 하기 위한 조치이다.

③ 실무에서는 청구인이 당해 심판이 확정될 때까지 상대방의 친권행사를 정지함과 동시에 청구인을 그 대행자로 선임해 달라는 취지의 사전처분을 신청하는 경우가 많다.

④ 친권상실선고청구와 친권상실을 전제로 한 미성년후견인 선임청구 병합도 가능하다.

7. 확정 후 절차

법원사무관 등은 바로 사건본인의 등록기준지의 가족관계 등록사무를 처리하는 사람에게 가족관계등록부에 등록할 것을 촉탁하여야 한다.

8. 기타

① 민법 제922조의 2(친권자의 동의를 갈음하는 재판) 가정법원은 친권자의 동의가 필요한 행위에 대하여 친권자가 정당한 이유 없이 동의하지 아니함으로써 자녀의 생명. 신체 또는 재산에 중대한 손해가 발생할 위험이 있는 경우에는 자녀. 자녀의 친족. 검사 또는 지방자치단체의 장의 청구에 의하여 친권자의 동의를 갈음하는 재판을 할 수 있도록 한다.

② 민법 제924조(친권의 상실 또는 일시 정지의 선고) 가정법원은 부 또는 모가 친권을 남용

하여 자녀의 복리를 현저히 해치거나 해칠 우려가 있는 경우에는 자녀, 자녀의 친족, 검사 또는 지방자치단체의 장의 청구에 의하여 2년의 범위에서 친권의 일시정지를 선고할 수 있도록 한다.

③ 민법 제924조의2(친권의 일부 제한의 선고) 가정법원은 거소의 지정이나 징계. 그 밖의 신상에 관한 결정 등 특정한 사항에 관하여 친권자가 친권을 행사하는 것이 곤란하거나 부적당한 사유가 있어 자녀의 복리를 해치거나 해칠 우려가 있는 경우에는 자녀 또는 검사의 청구에 의하여 구체적인 범위를 정하이 친권의 제한을 선고할 수 있도록 한다.

친권 상실 심판 청구

청 구 인

       주민등록번호:

       주소:

       등록기준지:

       연락 가능한 전화번호:

상 대 방

       주민등록번호:

       주소:

       등록기준지:

사건본인

       주민등록번호:

       주소:

       등록기준지:

청 구 취 지

"상대방의 사건본인에 대한 친권을 상실한다. 심판비용은 상대방이 부담한다."라는 심판을 구합니다.

청 구 이 유

(청구사유를 구체적으로 기재해 주십시오.)

첨 부 서 류

1. 청구인의 가족관계증명서(상세), 주민등록등본   각 1통
2. 상대방의 가족관계증명서(상세), 주민등록등본   1통
3. 사건본인의 기본증명서(상세), 가족관계증명서(상세), 주민등록등본   각 1통
4. 기타(소명자료)   1통
5. 청구서 부본   1통

20   .   .   .

청구인   (서명 또는 날인)

법원 귀중

◇ 유의 사항 ◇

1. **관할법원은 상대방의 주소지** 가정(지방, 지원)법원입니다.

2. 청구서에는 사건본인의 수를 기준으로 1명 당 수입인지 10,000원을 붙여야 합니다. 다만, 부모 쌍방에 대한 청구는 그 2배의 수입인지를 붙여야 합니다.

3. 송달료는 당사자 수 × 우편료 × 12회분을 송달료 취급 은행에 납부하고 납부서를 첨부하여야 합니다.

【19】 친권자 지정 (변경-마류) 심판청구

1. 의의

　① 지정

　　혼인외의 자가 인지된 경우와 부모가 이혼하는 경우에는 ㉠ 부모의 협의로 친권자를 정하
　　고, ㉡ 협의할 수 없거나 협의가 이루어지지 아니하는 경우에는 가정법원이 직권 또는 당
　　사자의 청구에 따라 친권자를 지정하는 재판(민법 제909조 제4항)을 말한다.

　※ 가정법원은 혼인의 취소, 재판상 이혼 또는 인지청구의 소의 경우에는 직권으로 친권자를 정
　　한다(민법 제909조 제5항).

　② 변경

　　당사자의 협의나 심판 등으로 친권자가 지정된 경우에도 자녀의 복리를 위하여 필요하다
　　고 인정되는 경우에는 자녀의 4촌 이내의 친족의 청구에 따라 가정법원이 정하여진 친권
　　자를 다른 한쪽으로 변경하는 재판(민법 제909조 제6항).

　※ 협의에 따른 친권자의 변경은 법원 이외의 절차에서는 허용되지 않게 되었으며, 가정법원의
　　심판에 따라서만 친권자 변경

2. 관할

　상대방의 보통재판적 소재지 가정법원

3. 청구권자

　① 친권자 지정 청구

　　부모의 한쪽이 다른 한쪽을 상대방으로 하여 청구(가사소송규칙 제99조 제1항)

　② 친권자변경 청구

　　부모의 한쪽이 친권자로 정하여진 다른 한쪽을 상대방으로 청구하거나(가사소송규칙 제99
　　조 제1항), 자녀의 4촌 이내의 친족이 부모 중 친권자로 정하여진 한쪽을 상대로 청구(민
　　법 제909조 제6항)

4. 청구취지(예시)

　① 친권자 지정

　　사건본인의 친권자로 청구인(또는 상대방)을 지정한다.

② 친권자 변경

　사건본인의 친권자를 청구인으로 변경한다.

　사건본인의 친권자를 청구인에서 청구인과 상대방이 공동친권자로 되는 것으로 변경한다.

5. 심판 시 고려사항 및 입증자료

　'자녀의 복리'를 우선하여야 한다(민법 제912조), 그 밖에 자녀의 성별과 연령, 그에 대한 부모의 애정과 양육의사의 유무, 양육에 필요한 경제적 능력의 유무, 부 또는 모와 자녀사이의 친밀도, 자녀의 의사 등의 모든 요소를 종합적으로 고려하여 심판하므로 그에 따른 입증자료를 제출하여야 한다.

6. 불복

　2주 이내 즉시항고

7. 기타

① 조정전치주의 적용

② 자녀가 13세 이상인 때에는 필수적 의견 청취

8. 심판확정 후의 절차(가사소송법 제9조, 규칙 제5조 1항 2호, 제6조)

① 친권자를 정하거나 변경하는 재판이 확정된 때에는 그 재판을 청구한 사람 또는 그 재판으로 친권자로 정하여진 사람은 1개월 이내에 재판서 정(등)본 및 확정증명서를 첨부하여 시(구)·읍·면의 장에게 그 내용을 신고하여야 한다.

② 법원사무관 등은 사건본인의 등록기준지 관할 가족관계등록사무를 관장하는 자에게 촉탁하여야 한다.

친권자·양육자 지정(변경) 심판청구서

청 구 인 성   명: (연락 가능한 전화번호:)
　　　　주민등록번호:
　　　　주　　　　소:
　　　　송 달 장 소:
　　　　등 록 기준지:

상 대 방 성   명:
　　　　주민등록번호:
　　　　주　　　　소:
　　　　등 록 기준지:

사건본인(자녀) 성 명:
　　　　주민등록번호:
　　　　주　　　　소:
　　　　등 록 기준지:

청 구 취 지

1. 사건본인의 (친권자, 양육자)를 (청구인, 상대방)으로 지정(변경)한다
2. 심판비용은 상대방이 부담한다. 라는 심판을 구합니다.

청 구 원 인

(청구사유를 구체적으로 기재하십시오.)

첨 부 서 류

1. 청구인의 혼인관계증명서, 가족관계증명서(상세), 주민등록표등(초)본 각 1통
2. 상대방의 가족관계증명서(상세), 주민등록표등(초)본   각 1통
3. 사건본인의 기본증명서(상세), 가족관계증명서(상세), 주민등록표등(초)본 각 1통
4. 기타(확인서, 재직증명서, 부동산등기사항전부증명서 등)   1부

5. 청구서 부본   1부

20 . . .

청구인   (서명 또는 날인)

법원 귀중

◇ 유의 사항 ◇

1. 관할법원은 상대방 주소지 가정법원입니다.

2. 청구서에는 사건본인 1인을 기준으로 친권자(10,000원) 및 양육자(10,000원) 지정(변경)시 수입인지 20,000원 상당의 금액을 현금이나 신용카드·직불카드 등으로 납부한 내역을 기재한 영수필확인서를 첨부하여야 합니다(예: 친권자만 변경 시: 10,000원).

3. 송달료는 송달료 취급 은행에 납부하고 납부서를 첨부하여야 합니다.

[양식 ②] 동 의 서

<h1 style="text-align:center;">동 의 서</h1>

사 건 번 호
청 구 인
사 건 본 인   성명:
         주소:
         주민등록번호:
사 건 본 인   성명:
         주소:
         주민등록번호:

위 사건본인(들)의 (친권자, 양육자)를   에서   (으)로 변경하는 것에 동의합니다. 이에 대하여 차후 어떠한 이의도 제기하지 않을 것임을 서약합니다.

20 .   .   .

동의자 성명: (인감날인 또는 본인서명)
     연락 가능한 전화번호:
동의자 성명: (인감날인 또는 본인서명)
     연락 가능한 전화번호:

제출자 :
관 계 :
주민등록번호 :
제출자의신분확인   ㊞

※ 동의자는 위 동의서에 인감도장을 날인하고 그와 일치하는 인감증명서를 첨부하거나, 인감증명서 대신 본인서명사실확인서를 제출할 경우에는 본인서명으로 하되 같은 필체로 서명하시기 바랍니다.

【20】 친권자 지정(라류) 심판청구

1. 의의

① 민법은 단독 친권자로 지정된 친생부모의 일방이 사망하면 타방부모가 당연히 친권자가 되는 것은 아니고 가정법원에 친권자 지정 심판을 거치도록하고 이를 라류 가사비송사건 절차에 의하여 심리·재판하도록 규정하고 있다(민법 제909조의2 제2항, 가사소송규칙 제2조)(상대방이 없는 비송사건).

② 이외에도 친생부모가 생존한 상태에서 친권의 공백이 발생하는 모든 경우(입양취소·파양, 양부모 모두 사망, 친권상실. 소재불명 등)에도 공통적으로 적용한다(민법 제909조의2 제3항, 제927조의2 제1항).

※ 민법 제909조 제4항 및 제6항에 따른 친권자 지정, 변경사건(마류사건. 상대방이 있다)과는 구별이 필요하다.

2. 관할

미성년자인 자녀의 주소지 가정법원

3. 청구권자

생존하는 부 또는 모(친생부모), 미성년자. 미성년자의 친족

※ 시기 : 사유를 안 날로부터 1개월, 사망한 날(입양취소, 파양, 양부모 모두 사망한 날)로부터 6개월

4. 미성년후견인 선임과 관련

① 친권자 지정 청구기간 내에 청구가 없을 때에는 가정법원은 직권 또는 미성년자, 미성년자의 친족. 이해관계인, 검사, 지방자치단체의 장의 청구에 의하여 미성년후견인을 선임가능

② 가정법원은 위 친권자 지정 청구나 후견인선임 청구를 기각할 수 있고, 이 경우에는 직권으로 미성년후견인을 선임하거나 생존하는 부 또는 모(친생부모 일방 또는 쌍방)를 친권자로 지정하여여 한다.

③ 법원의 선임 또는 민법 제931조 유언에 의하여 미성년후견인이 정하여진 후에도 후견을 종료하고 생존하는 부 또는 모를 친권자로 지정될 수도 있다.

5. 청구취지(예시)

사건본인의 친권자로 청구인을 지정한다.

6. 불복

① 14일 이내 즉시항고

② 항고권자

  1) 기각 : 청구인

  2) 인용 : 미성년자. 미성년자의 부모와 친족(가사소송규칙 제67조 제1항 제4호)

7. 기타

① 임무대행자의 선임 : 단독 친권자의 사망, 입양의 취소·파양. 양부모 모두의 사망의 경우에 친권자 지정, 미성년후견인 선임시까지 임무대행자를 선임 가능

② 필수적 의견 청취 : 미성년자가 13세 이상인 때

8. 심판확정 후의 절차

① 친권자를 정하는 재판이 확정된 때에는 그 재판을 청구한 사람 또는 그 재판으로 친권자로 성하여진 사람은 1개월 이내에 재판서 정(등)본 및 확정증명서를 첨부하여 시(구)·읍·면의 장에게 그 내용을 신고하여야 한다(가족관계등록 등에 관한 법률 제79조 제2항).

② 법원사무관등은 미성년자의 등록기준지 관할 가족관계등록사무를 관장하는 자에게 촉탁하여야 한다.

친권자지정 심판청구서

청구인   성   명: (연락 가능한 전화번호:)

　　　　주민등록번호:
　　　　주   소:
　　　　사건본인과의 관계:

사건본인   성   명:
　　　　주민등록번호(외국인등록번호):
　　　　주   소:
　　　　등록기준지(국적):

청 구 취 지

"사건본인의 친권자로 청구인을 지정한다."라는 심판을 구합니다.

청 구 원 인

1. 청구인은 0000. 00. 00. OOO와(과) 혼인하여 그 사이에 사건본인을 두었으나 0000. 00. 00. 협의이혼하였고, 협의이혼 당시 사건본인에 대한 친권자로 사건본인의 어머니인 OOO이 지정되었습니다.
2. 그런데 위 OOO은(는) 사건본인을 양육하던 중 00.00.00. 사망하였습니다.
3. 따라서 사건본인의 복리를 위하여 사건본인의 아버지인 청구인을
   사건본인의 친권자로 지정하여 줄 것을 청구합니다.

첨 부 서 류

1. 기본증명서(상세), 가족관계증명서(상세)(청구인, 사건본인, 단독친권자)   각 1통
2. 주민등록표등(초)본 (청구인, 사건본인)   각 1통
3. 기타(소명자료)

20　　．　　．　　．

청구인   (서명 또는 날인)

법원 귀중

◇ 유의 사항 ◇
1. 관할은 미성년자의 주소지 가정법원 관할입니다.
2. 위 첨부서류 이외에도 절차 진행에 따라 추가 서류가 필요할 수 있습니다.
3. 청구서에는 사건본인 수 × 수입인지 5,000원을 붙여야 합니다.
4. 송달료는 송달료 취급 은행에 납부하고 납부서를 첨부하여야 합니다.

【21】 양육자 지정 (변경) 및 양육비 심판청구

1. 의의

① 지정 : 이혼 및 혼인취소, 자녀가 인지된 경우에 그 자녀의 양육에 관하여 부모의 협의가 이루어지지 아니하거나 협의할 수 없는 때에 가정법원이 직권 또는 당사자의 청구에 따라 그 자녀의 의사, 연령과 부모의 양육의지, 재산상황. 양육환경. 그 밖의 사정을 참작하여 양육에 필요한 사항의 결정을 하는 제도를 말한다.

② 변경 : 자녀의 복리를 위하여 필요하다고 인정하는 경우에 가정법원이 직권 또는 부·모·자녀 및 검사의 청구에 따라 양육에 관한 사항을 변경하거나 다른 적당한 처분을 하는 제도를 말한다.

2. 관할

상대방의 보통재판적이 있는 곳의 가정법원

3. 청구권자

① 자녀의 양육에 관한 처분[양육자 지정(변경), 양육비 청구 등] : 부모 중 한쪽이 다른 한쪽을 상대방으로 하여 청구

② 자녀양육에 관한 처분의 변경 : 부·모·자녀 및 검사가 청구

※ 예외적으로 제3자가 자녀를 양육하는 경우에는 자녀인도청구의 상대방적격이 인정된다.

4. 청구취지(예시)

◀ 양육자 지정

사건본인의 양육자로 청구인을 지정한다.

◀ 양육자 변경

사건본인의 양육자를 상대방에서 청구인으로 변경한다.

◀ 장래양육비 청구

상대방은 청구인에게 20 . . .부터 사건본인이 성년에 이르기 전날까지 사건본인의 양육비로 월   만 원씩윤 매월 말일에 지급하라.

◀ 과거양육비 + 장래양육비 청구

상대방은 청구인에게,

 ㉠ 사건본인의 과거 양육비로 만원 및 이에 대한 이 사건 심판확정일 다음날부터 다 갚는 날까
  지 연 5%의 비율로 계산한 돈을 지급하고.

 ㉡ 사건본인의 장래 양육비로 20 . .(심판청구서 부본 송달 다음날 또는 심판 다음날)부터
  사건본인이 성년에 이르기 전날까지 월 만 원씩을 매월 말일에 지급하라.

5. 심판시 고려사항 및 입증자료

 ① 양육자 지정(변경) : 자녀의 연령, 부모의 양육의지, 재산상황, 양육환경, 그 밖의 모든 사
  정을 고려하여 양육자를 지정하거나 양육사항을 분담케 할 수 있고, '자녀의 복리'를 우
  선으로 하며, 자녀의 의사, 양육의 적합성, 제3자에 대한 양육의 위임가능성, 부모의 기회
  균등, 배우자의 유책 여부, 부모의 건강상태, 기존의 유대관계 등을 복합적으로 고려하여
  심판하므로 그에 따른 입증자료를 제출하여야 한다.

※ 자녀가 13세 이상인 때에는 필수적으로 자녀의견 청취

 ② 양육비 청구 : 자녀가 성년이 될 때까지 또는 양육기간이 끝나는 때까지의 미성년인 자
  녀의 의식주 비용과 부모의 경제적 사정, 구체적인 교육비내역 등 여러 사정을 고려하여
  심판청구일 또는 심판일 등을 기준으로 하여 과거 양육비와 장래 양육비를 구분하되, 과
  거 양육비는 일반적인 양육비 기준 이외에 양육비에 관한 협의여부 및 약정양육비의 지
  급 여부. 독자적인 양육이 개시된 경위와 기간, 그 기간 중에 있었던 경제적인 도움여부,
  이혼 당시 재산분할 여부 등을 추가적으로 고려하여 심판하므로 그에 따른 입증자료를
  제출하여야 한다.

6. 불복

 2주 이내 즉시항고

7. 기타

 ① 직권 또는 신청에 의한 재산명시, 재산조회
 ② 이행확보 수단 : 이행명령, 과태료, 감치, 직접지급명령 등
 ③ 사전처분

양육자 지정(변경) 및 양육비 심판청구서

청 구 인 성 명:　　　　(연락 가능한 전화번호:　　　　　　)
　　　　　주민등록번호:
　　　　　주　　　　소:
　　　　　송 달 장 소:

상 대 방 성 명:
　　　　　주민등록번호:
　　　　　주　　　　소:

사건본인(자녀) 성명 :
　　　　　주민등록번호:
　　　　　주　　　　소:

청 구 취 지

▶ 양육자 지정
　사건본인의 양육자로 청구인을 지정한다.
▶ 양육자 변경
　사건본인의 양육자를 상대방에서 청구인으로 변경한다.
▶ 장래 양육비 청구
　상대방은 청구인에게 20 . . .부터 사건본인이 성년이 될 때까지 사건본인의 양육비로 월 ○○만 원씩을 매월 말일에 지급하라.
▶ 과거 양육비 + 장래 양육비 청구
　상대방은 청구인에게,
1. 사건본인의 과거 양육비로 ○○만 원 및 이에 대한 이 사건 심판확정일 다음 날부터 다 갚는 날까지 연 5%의 비율로 계산한 돈을 지급하고,
2. 사건본인의 장래 양육비로 20 . . .(심판청구서 부본 송달 다음날 또는 심판 다음날부터 사건본인이 성년이 될 때까지 월 ○○만 원씩을 매월 말일에 지급하라.

청 구 원 인
(청구 사유를 구체적으로 기재하십시오.)

첨 부 서 류

1. 청구인의 혼인관계증명서, 가족관계증명서(상세), 주민등록표등(초)본   각 1통
2. 상대방의 가족관계증명서(상세), 주민등록표등(초)본   각 1통
3. 사건본인의 기본증명서(상세), 가족관계증명서(상세), 주민등록표등(각 1통
4. 양육자로 지정되어야 할 소명자료   1부
5. 양육비 지출 및 소득자료 등   1부
6. 청구서 부본   1부

20   .   .   .

청구인   (서명 또는 날인)

법원 귀중

◇ 유의 사항 ◇
1. 관할법원은 상대방 주소지 가정법원입니다.
2. 청구서에는 사건본인 1인을 기준으로 수입인지 10,000원 상당의 금액을 현금이나 신용카드·직불카드 등으로 납부한 내역을 기재한 영수필확인서를 첨부하여야 합니다.
3. 송달료는 송달료 취급 은행에 납부하고 납부서를 첨부하여야 합니다.

【22】 면접교섭 허가청구

1. 의의

자를 직접 양육하지 않는 부모의 일방과 자가 상호 면접하거나, 자를 직접 양육하지 아니하는 부모 일방의 직계존속이 그 부모 일방이 사망하였거나, 질병, 외국 거주, 그 밖의 불가피한 사정으로 자를 면접교섭할 수 없는 경우, 자와 면접교섭할 권리를 인정하는 재판(민법 제837조의2, 제843조, 제864조의2)을 말한다.

2. 관할

상대방의 보통재판적 소재지 가정법원

※ 면접교섭 허용 의무위반을 이유로 한 이행명령 사건의 관할은 미성년자인 자녀의 보통재판적이 있는 곳의 가정법원으로 한다(가사소송규칙 제121조).

3. 청구권자 및 상대방

자녀들 직접 양육하지 아니하는 (조)부모의 한쪽 또는 자녀(부모 중 한쪽이 면접교섭에 관한 청구를 할 경우 부모의 다른 한쪽이 양육자로 지정되는 것을 전제로 함)

※ 자녀가 청구시는 직접 양육하고 있지 않은 부모 중 한쪽을 상대방으로 하여 청구

4. 청구취지(예시)

① 청구인은 20 . . .부터 사건본인이 성년이 될 때까지 다음과 같이 사건본인을 면접교섭할 수 있다.
  1) 면접교섭 일정
  (가) 매월 2회, 둘째 주 및 넷째 주 토요일 12:00부터 일요일 12:00까지 (숙박 포함)
  (나) 여름 및 겨울 방학기간 동안 : 청구인이 지정하는 각 7일간[다만, 이 기간 동안에는 위 (가)중 월 1회는 실시하지 않는다]
  2) 면접교섭 장소 : 청구인이 지정한 장소
  3) 인도방법 : 청구인이 상대방의 주거지로 사건본인을 데리리 가서 상대방으로부터 사건본인을 인도받고, 면접교섭을 마친 후에는 다시 청구인이 상대방의 주거지로 사건본인을 데려다주면서 상대방에게 사건본인을 인도하는 방법
② 상대방은 위 (가)항과 같은 청구인의 면접교섭이 원만하게 실시할 수 있도록 적극 협조하

여야 하며 이를 방해하여서는 안 된다.

5. 사전처분

비양육친이 종국심판 이전에 자와의 면접교섭을 원하는 경우. 이에 관한 사전처분을 신청할 수 있다.

6. 이행확보수단

의무불이행시 먼저 이행명령을 하고, 불이행시 과태료의 제재가 가능하나 감치는 불가능하다.

※ 협의이혼 시 면접교섭에 대한 협의가 있었더라도, 불이행에 따른 이행명령신청을 바로 청구할 수 없고 면접교섭심판청구를 별도로 하여야 한다.

7. 기타 친족의 면접교섭권

조부모, 외조부모는 면접교섭이 인정(2017. 6. 3.부터)되나. 형제자매 등 친족에게는 면접교섭권이 인정되지 않는다.

면접교섭허가 심판청구서

청 구 인 성   명: (연락 가능한 전화번호:)
       주민등록번호:
       주   소:
       송 달 장 소:

상 대 방 성   명:
       주민등록번호:
       주   소:

사건본인(자녀) 성명:
       주민등록번호:
       주   소:

청 구 취 지

1. 청구인은 20 . . .부터 사건본인이 성년이 될 때까지 다음과 같이 사건본인을 면접교섭할 수 있다.
    가. 면접교섭 일정
      1) 매월 2회, 둘째 주 및 넷째 주 토요일 12:00부터 일요일 12:00까지(숙박 포함)
      2) 여름 및 겨울 방학 기간 동안: 청구인이 지정하는 각 7일간[다만, 이 기간 동안에는 위 1)중 월 1회는 실시하지 않는다.]
    나. 면접교섭 장소: 청구인이 지정한 장소
    다. 인도 방법: 청구인이 상대방의 주거지로 사건본인을 데리러 가서 상대방으로부터 사건본인을 인도받고, 면접교섭을 마친 후에는 다시 청구인이 상대방의 주거지로 사건본인을 데려다 주면서 상대방에게 사건본인을 인도하는 방법
2. 상대방은 위 1.항과 같은 청구인의 면접교섭이 원만하게 실시될 수 있도록 적극협조하여야 하며 이를 방해하여서는 안 된다.

청 구 원 인
(청구 사유를 구체적으로 기재하십시오.)

첨 부 서 류

1. 청구인의 가족관계증명서(상세), 혼인관계증명서, 주민등록표등(초)본　　　각 1통
2. 상대방의 가족관계증명서(상세), 혼인관계증명서, 주민등록표등(초)본　　　각 1통
3. 사건본인의 가족관계증명서(상세), 기본증명서(상세), 주민등록표등(초)본　　각 1통

20　　.　　.　　.

청구인　　　　　　　　(서명 또는 날인)

법원　귀중

◇ 유의 사항 ◇
1. 관할법원은 상대방 주소지 가정법원입니다.
2. 청구서에는 사건본인 수 × 수입인지 10,000원을 현금이나 신용카드·직불카드 등으로 납부한 내역을 기재한 영수필확인서를 첨부하여야 합니다.
3. 송달료는 송달료 취급 은행에 납부하고 납부서를 첨부하여야 합니다.

이 행 명 령 신 청 서

신 청 인　　한○○(주민등록번호)
　　　　　　　　　○○시 ○○구 ○○길 ○○(우편번호)
　　　　　　　전화.휴대폰번호:
　　　　　　　팩스번호, 전자우편(e-mail)주소:

피신청인　　박◇◇(주민등록번호)
　　　　　　　　○○시 ○○구 ○○길 ○○(우편번호)
　　　　　　　　전화.휴대폰번호:
　　　　　　　　팩스번호, 전자우편(e-mail)주소:

신 청 취 지

　피신청인은 신청인에게 ○○지방법원 2013. 10. 28.자 2012드단○○○○(본소), 2013드단○○○○(반소) 이혼 등 사건의 조정조서에 기한 의무이행으로서 면접교섭허용의무를 이행하라
라는 재판을 구합니다.

신 청 원 인

1. 당사자의 관계
　신청인과 피신청인은 2004. 12. 13. 혼인신고를 경료한 법률상 부부였는바, 8년에 걸친 혼인생활 끝에 수원지방법원 2012드단○○○○(본소), 2013드단○○○○(반소)호로 재판상 이혼에 이르게 되었습니다. 한편, 신청인과 피신청인 사이에는 자녀로 신청외 한○○(06. 2. 21.생), 한○○(08. 12. 3.생)가 있습니다.

2. 면접교섭허용의무의 발생
　신청인과 피신청인은 위 제1항 기재 소송절차 중 2010. 10. 28.자 조정 기일에서 '피고(신청인)는 매월 둘째.넷째 일요일 10:00부터 19:00까지 피고(신청인)가 책임질 수 있는 장소에서 사건본인들을 면접교섭할 수 있고, 추가로 사건본인들의 여름.겨울방학 기간 동안 각 6박 7일씩 사건본인들을 면접교섭할 수 있

다. 원고(피신청인)는 면접교섭이 원활하게 이루어질 수 있도록 적극 협조하기로 한다'는 내용이 포함된 합의를 하였으며 위 내용 그대로 조정조서에 기재되었습니다.

3. 피신청인의 의무불이행
그런데 신청인이 위 조정조서 상의 다른 의무를 성실히 이행하고 있는 반면, 피신청인은 위 조정 성립 이후 현재까지 신청인이 전화를 해도 받지 않거나, 자녀들이 바쁘다는 이유를 들며 신청인의 자녀들에 대한 면접교섭에 비협조적인 태도로 일관하고 있어 신청인이 자녀들을 만날 수 없는 상황입니다(피신청인이 신청인과 자녀들의 전화통화 마저 제한하고 있어 신청인으로서는 자녀들의 의사를 확인하기도 어렵습니다). 즉, 피신청인은 위 조정조서에 기재된 면접교섭 허용의무를 이행하여야 함에도 불구하고 정당한 이유없이 그 의무를 이행하지 아니하고 있다고 할 것입니다.

4. 결어
이에 따라 가사소송법 제64조 제1항 제3호에 기하여 이건 이행명령 신청을 하기에 이르렀으니, 인용하여 주실 것을 희망합니다.

소 명 방 법

1. 소갑 제1호증   조정조서
1. 소갑 제2호증   송달증명원
1. 소갑 제3호증   문자메시지 자료

첨 부 서 류

1. 위 소명방법   각 1통
1. 소송 위임장   1통
1. 송달료 납부서   1통

20○○. ○○. ○○.

위 신청인   (서명 또는 날인)

○○가정법원 귀 중

【23】 유아인도 심판청구

1. 의의

　자녀의 양육자로 지정되거나 지정될 사람은 그 양육의 권리의무를 다하기 위하여 자녀를 자기의 지배하에 둘 필요가 있는데, 양육자로 지정되지 아니한 자가 사실상 자녀를 양육하고 있는 경우 양육권의 방해배제로서 그 인도를 구하는 재판을 말한다.

2. 관할

　① 상대방의 보통재판적소재지 가정법원

　③ 제3자를 공동상대방으로 하여 자녀의 인도를 구하는 경우 상대방으로 되는 부모의 한쪽과 제3자의 보통재판적이 다른 때에는 그 중 한명의 보통재판적이 있는 가정법원

※ 유아 인도 의무위반을 이유로 한 이행명령 사건의 관할은 미성년자인 자녀의 보통재판적이 있는 곳의 가정법원으로 한다(가사소송규칙 제121조).

3. 청구권자 및 상대방

　① 자녀를 직접 양육하지 아니하는 부모의 한쪽이 다른 한쪽을 상대방으로 청구하는 것이 원칙이고, 그들 사이에 양육자의 지정 또는 변경이 반드시 전제되어야 하는 것은 아니다.

　② 양육자로 지정되지 아니한 부모의 한쪽이 앙육자로 지정된 부모의 한쪽으로부터 자녀를 불법적으로 탈취하여 간 경우 양육자로 지정된 부모의 한쪽은 자녀의 인도만 청구할 수 있으며, 비양육친이 청구하는 경우 양육자의 지정 또는 변경 청구와 함께 인도를 구할 수 있다.

※ 부모 이외의 제3자가 자녀를 양육하고 있을 때 예외적으로 양육자인 부모와 공동상대방이 될 수 있다.

4. 청구취지

　「상대방은 청구인에게 사건본인을 인도하라.」

5. 사전처분

　비양육친이 별거 중 또는 이혼소송 진행 중에 유아인도를 원하는 경우. 이에 관한 사전처분

으로서 유아인도를 구하거나, 가처분으로서 인도를 구할 수 있다.

6. 이행확보수단

가사사건에 관한 판결. 심판. 조정조서, 조정에 갈음하는 결정 등에 의하여 유아의 인도의무를 이행하여야 할 자가 정당한 이유 없이 그 의무를 이행하지 아니할 때에는 당사자의 신청에 의하여 일정한 기간 내에 그 의무를이행하도록 이행명령을 신청할 수 있다.

유아인도 심판청구

청 구 인 성   명: 연락 가능한 전화번호:
          주민등록번호:
          주   소:
          등 록 기준지:

상 대 방 성   명: 연락 가능한 전화번호:
          주민등록번호:
          주   소:
          등 록 기준지:

사건본인 성   명:
          주민등록번호:
          주   소:
          등 록 기준지:

청 구 취 지

1. 상대방   은(는) 청구인   에게 사건본인   을
   (를) 인도한다.
2. 심판비용은 상대방의 부담으로 한다.
3. 위 제1항은 가집행할 수 있다.
라는 심판을 구합니다.

청 구 원 인

(※ 유아인도심판이 허가되어야 하는 사유를 자세히 기재하십시오.)

첨 부 서 류

1. 청구인의 가족관계증명서(상세), 혼인관계증명서, 주민등록등본   각 통
2. 상대방의 가족관계증명서(상세), 혼인관계증명서, 주민등록등본   각 1통
3. 사건본인의 기본증명서(상세), 가족관계증명서(상세), 주민등록등본   각 1통

20   .   .   .

청구인   (서명 또는 날인)

법원 귀중

◇ 유의 사항 ◇
1. **관할법원은 상대방의 보통재판적소재지(주소지)** 가정(지방, 지원)법원입
   니다.
2. **연락 가능한 전화번호**에는 언제든지 연락 가능한 **전화번호나 휴대전화번**
   호를 기재하시면 재판 진행이 원활하오니 꼭 기재하시기 바랍니다.

유 아 인 도 심 판 청 구

청 구 인 ○ ○ ○
   19○○년 ○월 ○일생
   등록기준지 ○○시 ○○구 ○○길 ○○
   주소 ○○시 ○○구 ○○길 ○○(우편번호)
   전화 ○○○ - ○○○○

상 대 방 □ □ □
   19○○년 ○월 ○일생
   등록기준지 ○○시 ○○구 ○○길 ○○
   주소 ○○시 ○○구 ○○길 ○○(우편번호)
   전화 ○○○ - ○○○○

사건본인 ◇ ◇ ◇
   20○○년 ○월 ○일생
   등록기준지 ○○시 ○○구 ○○길 ○○
   주소 ○○시 ○○구 ○○길 ○○(우편번호)
   전화 ○○○ - ○○○○

청 구 취 지

 상대방 □□□은 청구인 ○○○에 대하여 사건본인 ◇◇◇을 인도하라.
라는 심판을 구합니다.

청 구 원 인

1. 청구인 ○○○과 상대방 □□□은 20○○. ○. ○. 혼인신고를 마친 법률상 부부로서 20○○. ○. ○. 아들인 사건본인 ◇◇◇을 출산하였습니다.
2. 청구인과 상대방은 20○○. ○. ○. 가정법원의 조정으로 이혼하여 사건본인의 친권자를 청구인으로 정하고 청구인이 양육하기로 하였습니다.
3. 그 후 청구인이 사건본인을 양육하여 왔습니다만, 20○○년 ○월 ○일 상대방이 찾아와서 할머니 △△△가 사건본인을 보고싶어 한다며 데리고 간 후

상대방은 청구인이 재혼을 하고 그 사이에 아이를 낳았다고 하여 현실적으로 사건본인을 양육한다는 것이 곤란하다고 주장하며 아직까지 사건본인을 청구인에게 인도하지 않고 있습니다.

4. 그러나 상대방이 주장하는 사실은 터무니없는 낭설이고 사건본인뿐만 아니라 현재 재혼하여 살고 있는 남편도 같이 살기를 원하고 있으며 또한 청구인은 친권자인 동시에 양육자로서 사건본인을 양육할 충분한 능력과 자격이 있으므로 청구인에게 사건본인을 인도할 것을 구하기 위하여 청구취지와 같이 심판을 구하는 바입니다.

첨 부 서 류

1. 혼인관계증명서(청구인, 상대방)　　　　　　　1통
1. 가족관계증명서(사건본인)　　　　　　　　　　　1통
1. 기본증명서(사건본인)　　　　　　　　　　　　　1통
1. 주민등록등본(청구인, 상대방)　　　　　　　　　1통
1. 조정조서사본　　　　　　　　　　　　　　　　　1통

20○○년 ○월 ○일

위 청구인 ○ ○ ○ (서명 또는 날인)

○○ 가 정 법 원　　귀중

【24】 재산분할 심판청구

1. 의의

협의이혼[이혼신고서를 접수한(구청) 날로부터 2년] 또는 재판상 이혼(재판의 확정일로 부터 2년)으로 혼인관계가 해소됨에 따라 부부의 한쪽이 다른 쪽에게 하는 재산적 급여를 청구하는 재판이며, 사실혼 해소나 혼인취소의 경우에도 인정된다.

2. 청구권자

부부 중 일방(유책 배우자도 청구 가능)

3. 관할

① 상대방 주소지 가정법원(임의관할)

② 이혼청구와 함께 재산분할청구를 하는 경우 이혼청구의 관할법원

③ 협의상 이혼을 약속하면서 재산분할에 관한 합의를 하였으나 혼인관계가 존속하게 되거나 당사자 일방이 제기한 이혼의 소로 재판상 이혼이 이루어진 경우 그 협의는 조건불성취로 인하여 효력이 발생하지 아니하므로(대법원 1995. 10. 12. 선고 95다23156), 재판상 이혼 후 또는 재판상 이혼과 함께 청구하는 재산분할은 마류 가사비송사건이다.

④ 혼인이 극히 단기간에 파탄되어 예물반환, 예단비, 혼수 및 가재도구 구입비, 약혼식 비용, 결혼식 비용 등의 지급을 구하는 것은 재산분할청구가 아니라 이혼을 원인으로 하는 손해배상 및 원상회복청구에 포함되는 것이므로 다류 가사소송이다.

⑤ 재산분할을 명한 심판(판결)에 대한 청구이의의 소는 가정법원의 전속관할 사건이므로 가사소송사건으로 처리되고 있다.

4. 요건

① 혼인관계가 해소된 이후 청구 가능하다.

※ 재판상 이혼 및 혼인취소의 경우 재산분할과 병합 청구 가능

② 혼인관계 해소 후 2년 이내 청구(소멸시효 X, 제척기간 O)

③ 협의이혼을 조건으로 재산분할약정이 있었으나 이혼의 소가 제기된 경우에는 재산분할청구가 가능하다.

④ 사실혼 당사자도 청구가능

※ 재산분할약정이 있어 약정금의 이행을 구하는 경우 민사소송이다.

5. 재산분할의 인정범위

① 대상

  1) 원칙적으로 혼인 중 당사자 쌍방의 협력으로 이룩한 적극(소극)재산

  2) 부부 각자 특유재산도 다른 한쪽 배우자가 그 특유재산의 유지에 협력하여 감소를 방지하였거나 증식에 협력한 경우 그 재산

  3) 소유명의는 부부의 한쪽에게 있지만 실질적으로는 부부의 공유에 속하는 재산

  4) 소유명의가 제3자로 되어 있지만 사실상 부부의 한쪽 또는 쌍방의 공유 재산

② 비율

  개별재산에 대한 기여도 및 그 밖의 모든 사정을 고려

③ 방법

  1) 금전지급에 의한 분할

  2) 현물분할

  3) 경매분할

  4) 공유로 하는 분할

④ 기준시점

  1) 재판상 이혼 : 재판상 이혼 사건의 사실심 변론종결일

  2) 협의이혼 : 협의이혼이 성립한 날(협의이혼 신고일)

6. 재산명시·재산조회

직권 또는 신청

7. 불북

기각 및 인용 : 2주 이내 즉시항고

8. 청구취지 (예시)

① 금전지급에 의한 분할 : 소송촉진 등에 관한 특례법 적용 없다.

「상대방은 청구인에게 재산분할로 100.000,000원 및 이에 대한 이 심판확정 다음 날부

터 다 갚는 날까지 연 5%의 비율에 따른 금원을 지급하라.」

② 소유권 이전등기(현물분할)

「상대방은 청구인에게 별지 목록 기재 부동산에 대하여 이 심판확정일자 재산분할을 원인으로 한 소유권이전등기절차를 이행하라.」

③ 경매분할

「별지목록 기재 부동산을 경매에 부쳐 그 대금에서 경매비용을 공제한 나머지 금액을 청구인에게 2/3. 상대방에게 1/3의 비율로 분할한다.」

④ 현물분할을 하면서 기여도에 따른 분할비율과의 차이를 금전으로 정산하게 하는 경우

「1. 상대방은 청구인에게 별지 제1목록 기재 부동산 중 1/2지분에 관하여 이 심판확정일자 재산분할을 원인으로 한 소유권이전등기절차를 이행하고, 청구인은 상대방에게 별지 제2목록 기재 부동산 중 1/2지분에 관하여 이 심판확정일자 재산분할을 원인으로 한 소유권이전등기절차를 이행하라.

2. 청구인은 위 재산분할의 조정으로서 상대방에게 5.000만 원을 지급하라.」

[양식] 재산분할 심판청구서

재산분할 심판청구서

청 구 인 성   명: (연락 가능한 전화번호:)
       주민등록번호:
       주   소:
       송 달 장 소:

상 대 방 성   명:
       주민등록번호:
       주   소:

청 구 취 지
(별첨의 작성 예시를 참조하십시오.)

청 구 원 인
(재산분할 심판청구 사유를 구체적으로 기재하십시오.)

첨 부 서 류
1. 청구인의 혼인관계증명서, 주민등록표등(초)본   각 1통
2. 상대방의 혼인관계증명서, 주민등록표등(초)본   각 1통
3. 분할재산소명자료(부동산등기사항전부증명서, 임대차계약서 등)   1부

20   .   .   .
청구인   (서명 또는 날인)

법원   귀중

※ 청구취지 작성 예시
○ 금전지급에 의한 분할: 소송촉진등에 관한 특례법 적용 없음
「상대방은 청구인에게 재산분할로 100,000,000원 및 이에 대한 이 심판확정 다음날부터 다 갚는 날까지 연 5%의 비율에 따른 금원을 지급하라.」
○ 소유권 이전등기(현물분할)
「상대방은 청구인에게 별지 목록 기재 부동산에 대하여 이 심판확정 일자 재산

분할을 원인으로 한 소유권이전등기절차를 이행하라.」

○ 경매분할

「별지목록 기재 부동산을 경매에 부쳐 그 대금에서 경매비용을 공제한 나머지 금액을 청구인에게 2/3, 상대방에게 1/3의 비율로 분할한다.」

○ 현물분할을 하면서 기여도에 따른 분할비율과의 차이를 금전으로 정산하게 하는 경우

「1. 상대방은 청구인에게 별지 제1목록 기재 부동산 중 1/2지분에 관하여 이 심판확정일자 재산분할을 원인으로 한 소유권이전등기절차를 이행하고, 청구인은 상대방에게 별지 제2목록 기재 부동산 중 1/2지분에 관하여 이 심판 확정일자 재산분할을 원인으로 한 소유권이전등기절차를 이행하라.

2. 청구인은 위 재산분할의 조정으로서 상대방에게 5,000만 원을 지급하라」

◇ 유의 사항 ◇

1. 관할법원은 상대방 주소지 가정법원입니다.

2. 이미 이루어진 재산분할에 관한 약정의 이행을 구하는 것은 민사사건입니다.

3. 혼인해소 전에 미리 재산분할청구권을 포기할 수는 없으며, 재산분할청구권은 혼인해소 후 2년이 경과하면 소멸 (제척기간)

【25】 상속재산분할 심판청구

1. 의의

① 상속개시 후 단순승인의 효과가 생긴 때에는 상속인은 상속이 개시된 때부터 피상속인의 재산에 관한 포괄적 권리의무를 승계하고(민법 제1005조 본문), 상속인이 여러 명인 때에는 상속재산은 그 공유로 한다(민법 제1006조).

② 한편, 피상속인은 유언으로 상속재산의 분할방법을 정하거나 이를 정할 것을 제3자에게 위탁할 수 있고, 상속개시의 날로부터 5년을 초과하지 아니하는 기간 내의 그 분할을 금지할 수 있다(민법 제1012조).

③ 그와 같은 정함이 없는 경우에는 공동상속인은 언제든지 그 협의에 의하여 상속재산을 분할할 수 있고, 그 협의가 성립되지 아니한 때에는 가정법원에 그 분할을 청구할 수 있다(민법 제1013조).

④ 상속재산의 분할은 상속개시된 때에 소급하여 효력이 있다(민법 제1015조). 상속재산분할은 본질이 비송이라는 점에서는 공유물분할과 다르지 않지만, 집안재산인 상속재산을 가정법원이 후견적 재량에 의하여 공동상속인 사이에 배분하는 것이라는 점에서 개개의 물건을 대상으로 하는 공유물분할과 다르다.

2. 청구권자

① 상속재산분할의 심판은 상속인 중의 1명 또는 여러 명이 나머지 상속인 전원을 상대방으로 하여 청구하여야 한다(가사소송규칙 제110조).

② 청구인과 분할에 관한 의견을 같이 하는 공동상속인이라도 공동청구인이 되지 않는 한 상대방으로 되어야 한다.

③ 공동당사자 사이에는 민사소송법 중 필수적 공동소송에 관한 규정이 준용된다(가사소송법 제47조).

④ 공동상속인 전원이 당사자로 되어야 하므로 공동상속인 가운데 일부가 누락된 경우에는 청구인의 신청에 따라 결정으로 청구인 또는 상대방을 추가하도록 허가할 수 있고, 다만 청구인의 추가는 추가될 사람의 동의를 받은 경우에만 허가할 수 있다(민사소송법 제68조 참조).

3. 관할

상대방의 보통재판적이 있는 곳의 가정법원(가정법원 합의부 사물관할)

4. 기여분결정 청구기간의 지정

① 상속재산분할의 심판청구가 있는 때에는 가정법원은 당사자가 기여분의 결정을 청구할 수 있는 1월 이상의 기간을 정하여 고지할 수 있고, 그 지정기간을 넘긴 기여분결정청구는 각하할 수 있다(가사소송규칙 제113조). 기여분의 결정은 상속재산분할의 청구가 있는 때에 할 수 있는 것이고(민법 제1008조의2 제4항), 기여분은 법정상속분에 변경을 초래하는 것이므로 상속재산분할과 일괄하여 합일확정되어야 한다. 따라서 기여분청구를 아무런 제한 없이 허용하는 경우에는 상속재산분할의 심판이 무의미하게 될 우려가 있으므로 그 청구기간을 제한할 수 있도록 한 것이다.

② 청구기간의 지정은 임의적인 것으로서 가정법원의 재량에 맡겨져 있다. 그러나 그 청구기간을 지정하지 않는 경우에는 상속재산분할의 심판이 항고심에 계속 중이더라도 기여분의 결정을 청구할 수 있고, 그 청구가 인용되면 상속재산분할심판도 그에 따라 변경되지 않으면 안 된다. 이와 같은 점을 고려하면, 가정법원은 상속재산분할의 심판청구가 있는 때에는 필수적으로 기여분결정의 청구기간을 지정하여 일괄 처리하는 것이 바람직하다.

③ 기여분청구기간의 지정은 성질상 결정이고, 이 결정은 당사자 전원에게 고지하여야 한다.

5. 사건의 병합

① 분할이 청구된 상속재산에 관하여 기여분결정청구가 있는 때에는 이를 병합하여 심리, 재판하여야 한다(가사소송규칙 제112조 제2항).

② 여러 개의 기여분결정청구가 있는 때에도 같다(같은 조 제1항). 이와 같이 병합된 사건에 대하여는 1개의 심판으로 재판하여야 한다(같은 조 제3항).

③ 또한, 공동상속인 중의 1명 또는 여러 명이 특정한 상속재산에 대하여 분할을 청구하고, 나머지 공동상속인 중의 1명 또는 여러 명이 다른 상속재산에 대하여 분할을 청구한 경우에는 이들 사건 역시 병합하여 처리하여야 한 것이다.

6. 분할의 방법

① 현물분할, ② 경매에 의한 가액분할(민법 제1013조 제2항, 제269조 제2항), ③ 상속재산

중 특정재산을 1명 또는 여러 명의 상속인의 소유로 하고 그 상속분 및 기여분과 그 특정재산의 가액의 차액을 현금으로 정산하는 것(가사소송규칙 제115조 제2항), '차액정산에 의한 현물분할' 또는 '대상분할')

7. 불북

① 상속재산분할의 심판청구를 기각한 심판에 대하여는 청구인이. 분할을 명한 심판에 대하여는 당사자 또는 이해관계인이 즉시항고를 할 수 있다(가사소송규칙 제94조 제1항, 제116조 제1항).

② 심판청구를 인용한 경우에도 그 분할의 방법에 관하여 불복이 있을 때에는 청구인이라도 즉시항고를 할 수 있다고 한 것이다.

8. 심판의 효력

① 상속재산분할의 심판에는 형성력이 있으므로 그 심판이 확정되면 심판주문에서 선언된 내용에 따라 당사자 사이의 권리의무가 창설. 변경, 소멸된다. 부수처분으로서의 이행명령은 집행권원이 되므로(가사소송법 제41조), 집행력도 있다. 그러나 기판력은 없다.

② 상속재산의 분합은 상속개시된 때에 소급하여 그 효력이 있다(민법 제1015조 본문). 그러나 분할의 소급효는 제3자의 권리를 해하지 못한다(민법 제1015조 단서).

③ 선결문제에 관하여 심판과 모순, 저촉되는 판결이 확정된 경우 등의 심판의 효력

④ 심판의 효력이 미치는 객관적 범위 : 상속재산분할의 심판은 분할이 청구된 상속재산을 대상으로 한다. 따라서 심판의 대상으로 되지 아니하였던 상속재산에 대하여는 다시 분할 심판을 청구할 수 있다.

[양식] 상속재산의 분할 심판청구서

상속재산의 분할 심판청구서

청 구 인(상속인)   성   명   (연락 가능한 전화번호:)
                  주민등록번호
                  주   소
                  등 록 기 준 지

상 대 방   성   명
                  주민등록번호
                  주   소

피상속인(사망자) 성   명
                  주민등록번호
                  등 록 기 준 지
                  최후   주소지

청 구 취 지

" 피상속인 망   의 소유의 별지목록 기재 재산은 청구인에게 분할한다."라는 심판을 구합니다.

청 구 원 인

첨 부 서 류

1. 청구인의 가족관계증명서(상세), 주민등록등본   각 1통
2. 피상속인의 제적등본 또는 폐쇄 기본증명서(상세), 가족관계증명서(상세)
     각 1통
3. 피상속인 말소된 주민등록등본
4. 특별연고 관계를 증명하는 서면
5. 상속재산관리인 선임심판등본
6. 상속인 수색공고문

298 제2장 가사비송사건

7. 기타 소명자료

20 . . .

청구인 (서명 또는 날인)

법원 귀중

상속인 목록

1. 성   명:
   주민등록번호:
   주   소:
2. 성   명:
   주민등록번호:
   주   소:
3. 성   명:
   주민등록번호:
   주   소:
4. 성   명:
   주민등록번호:
   주   소:

재산 목록

1. 토지
2. 건물

상속재산분할협의서

20 년 월 일   시   구   로   망   의 사망으로 인하여 개시된 상속에 있어 공동상속인   ,   ,   는 다음과 같이 상속재산을 분할하기로 협의한다.

1. 상속재산 중   는   의 소유로 한다.
1. 상속재산 중   는   의 소유로 한다.
1. 나머지 상속인들은 상속을 포기한다.

위 협의를 증명하기 위하여 이 협의서 통을 작성하고 아래와 같이 서명날인하여 그 1통씩을 각자 보유한다.

첨부서류 1. 상속재산목록 1부
         1. 상속인 인감증명서 각 1부

                          20   .   .   .

                    성   명: (인감)
                    주민등록번호:
                    주   소:
                    성   명: (인감)
                    주민등록번호:
                    주   소:
                    성   명: (인감)
                    주민등록번호:
                    주   소:

상 속 재 산 분 할 협 의 서

  2012년 7월 6일 14:00 서울특별시 종로구 구기동 34번지 망 홍길동의 사망으로 인하여 개시된 상속에 있어 공동상속인 홍일처, 홍이남, 홍삼녀는 다음과 같이 상속재산을 분할하기로 협의한다.

1. 상속재산 중 서울특별시 종로구 구기동 24번지 대 300㎡는 홍일처의 소유로 한다.
1. 상속재산 중 서울특별시 종로구 평창동 53번지 종로아파트 305동 205호는 홍이남의 소유로 한다.
1. 나머지 상속인들은 상속을 포기한다.

위 협의를 증명하기 위하여 이 협의서 3통을 작성하고 아래와 같이 서명날인하여 그 1통씩을 각자 보유한다.

첨부 서류: 인감증명서 각1통

                          20   .   .   .
          성명 홍 일 처 (인감)
          주소 서울특별시 종로구 구기동 34번지

성명 홍 이 남 (인감)
주소 서울특별시 강남구 이원동 57번지 강남아파트 5동 504호

성명 홍 삼 녀 (인감)
주소 경기도 수원시 팔달구 경기동 35번지 팔달빌라 506호

【26】 기여분결정 심판청구

1. 의의

① 공동상속인 중에 상당한 기간 동거, 간호, 그 밖의 방법으로 피상속인을 특별히 부양하거나 피상속인의 재산의 유지 또는 증가에 특별히 기여한 자가 있을 때에는 상속개시당시의 피상속인의 재산가액에서 공동상속인의 협의로 정한 그 자의 기여분을 공제한 것을 상속재산으로 보고 법정상속분에 따라 산정한 상속분에 기여분을 가산한 액으로써 그 자의 상속분으로 한다(민법 제1008조의2 제2항 및 제4항).

② 기여분에 관한 공동상속인의 협의가 되지 아니하거나 협의할 수 없는 때에는 기여자의 청구에 의하여 가정법원이 기여의 시기, 방법 및 정도와 상속재산의 가액, 그 밖에 사정을 참작하여 기여분을 정하되 그 기여자의 청구는 민법 제1013조 제2항에 따른 상속재산의 분할청구가 있거나 민법 제1014조에 따른 피인지자 등의 상속재산에 상당한 가액의 지급청구가 있는 경우에 할 수 있으며 기여분은 상속이 개시된 때의 피상속인의 재산가액에서 유증의 가액을 공제한 액을 넘지 못한다(같은 조 제3항).

2. 청구권자

① 상속인 중의 1명 또는 여러 명이 나머지 상속인 전원을 상대로 청구하여야 한다(가사소송규칙 제110조).

② 상속인 전원이 당사자로 되어야 하므로 민사소송법의 필수적 공동소송에 관한 규정이 준용된다(가사소송법 제47조).

3. 관할

① 상대방의 보통재판적이 있는 곳의 가정법원(상대방이 1명인 경우)

② 상대방이 여러 명인 경우 상대방 중 1명의 보통재판적 있는 곳의 가정법원

③ 가정법원 합의부 사물관할(느합)

4. 사건의 병합

① 동일한 상속재산에 관한 수개의 기여분결정 청구사건, 동일한 상속재산에 관한 상속재산 분할 청구사건과 기여분 결정 청구사건은 병합하여 1개의 심판으로 재판하여야 한다(가사

소송규칙 제112조).

② 이들 사건의 계속법원과 다른 가정법원에 기여분결정 청구를 한 때에는 이송함이 바람직하다.

5. 주문 (예시)

① 청구인의 기여분을 1,000만 원으로 정한다.

② 피상속인의 상속재산(상속재산 딩시의 가액 ○○만원)에 대한 청구인의 기여분을 30%로 정한다.

6. 불복

① 인용 및 기각 : 청구인, 상대방이 심판을 고지받은 날로부터 14일 이내 즉시항고

② 즉시항고권자 중 1인의 즉시항고는 당사자 전원에게 그 효력이 있고 심판의 일부에 대한 즉시항고는 심판 전부에 대하여 그 효력이 있다.

기여분결정 심판청구서

청 구 인(상속인) 성   명: (☎   )
주민등록번호:
주   소:

상 대 방   성   명:
주민등록번호:
주   소:

상 대 방   성   명:
주민등록번호:
주   소:

상 대 방   성   명:
주민등록번호:
주   소:

피상속인(사망자) 성   명:
주민등록번호:
마지막 주소지:

청 구 취 지
1. 청구인의 기여분을옴   만 원으로 정한다.
   (또는 피상속인의 상속재산(상속재산 당시의 가액을   %로 정한다)
2. 심판비용은 상대방의 부담으로 한다.

청 구 원 인
(청구사유를 구체적으로 기재, 별지 기재 가능)

첨 부 서 류
1. 피상속인 기본증명서(상세), 가족관계증명서(상세)(피상속인)   각 1통
1. 말소된 주민등록표등본(피상속인)   1통
1. 가족관계증명서(상세) 및 주민등록(등) 초본(청구인 및 상대방) 각 1통

1. 상속재산 목록
1. 소명자료(청구인이 피상속인에게 특별히 부양 등 재산유지. 증가한 자료)

20   .   .   .
청구인 (서명 또는 날인)

서울가정법원 귀중

※ 유의사항

1. 관할법원은 ①상대방의 보통재판적이 있는 곳의 가정법원(상대방이 1명인 경우) ②상대방이 여러 명인 경우 상대방 중 1명의 보통재판적 있는 곳의 가정법원입니다.
2. 청구서에는 수입인지 10,000원을 붙여야 합니다.
3. 송달료는 57,600원(12희분) x 청구인 수+상대방 수)를 송달료취급은행에 납부하고 납부서를 첨부하여야 합니다.
4. ☎ 란에는 연락 가능한(휴대)전화번호를 기재하시기 바랍니다.

상속인 목록

1. 성   명:
   주민등록번호
   주   소
2. 성   명:
   주민등록번호:
   주   소:
3. 성   명:
   주민등록번호:
   주   소:
4. 성   명
   주민등록번호
   주   소

재산 목록

1. 토지:

2. 건물:

【27】 부양료 심판창구

1. 의의

친족간의 부양관계에 관한 사건, 즉 부양순위의 결정, 부양의 정도·방법의 결정, 부양관계의 변경·취소에 관한 사건을 말한다.

2. 관할

상대방(상대방 중 1인)의 보통재판적소재지 가정법원(가정법원 단독판사)

※ 관련재판적이 준용된다.

3. 청구권자 및 상대방

부양권리자, 부양의무자

※ 부양권리자 중 1명이 다른 부양권리자 및 부양의무자를 상대방으로 하여 청구할 수 있고, 이와 반대로 부양의무자 중 1명 또는 여러 명이 부양권리자를 상대방으로, 또는 부양권리자와 다른 부양의무자를 상대방으로 심판 청구도 가능하다.

4. 입증자료

가족관계증명서, 주민등록표 등(초)본, 부양을 필요로 하는 상태, 궁핍상태를 입증할 수 있는 서류 등

5. 청구취지

(부양의 순위결정)

1. 상대방을 청구인에 대한 부양의무자로 정한다.

(부양료의 지급을 구하는 경우)

1. 상대방은(또는 상대방들은 연대하여) 청구인에게 20 　 . 　 . .부터 청구인 　 의 사망에 이르기까지 월 금 　 원씩을 매월 말일에 지급하라.

6. 불복

① 14일 이내 즉시항고(가사소송법 제43조 제5항)

② 항고권자

　당사자 또는 이해관계인(부양의무자가 아니면서 부양권리자를 사실상 부양하고 있는 제3자)

7. 심판의 효력

형성력, 집행력 → 有. 기판력 → 無

8. 기타

① 제3자가 사실상 부양권리자 부양 후 부양료 구상 - 민사사건

② 1순위 부양의무자인 배우자(며느리) 중 상대로 후순위 부양의무자(시어머니)가 자신이 이행한 과거 부양료의 구상을 구하는 사건(대법원 2012. 12. 27. 선고 2011다96932)

③ 부부 사이, 부모와 성년의 자녀. 그 배우자 사이의 경우 과거부양료 청구는 부양의무자가 이행지체에 빠진 이후의 것이거나 부양의무의 성질이나 형평의 관념상 이를 허용해야 할 특별한 사정이 있는 경우에만 가능(대법원 2013. 8. 30.자 2013스96 결정)

④ 부부간의 부양료는 별거해소 또는 혼인해소시까지 청구

부양료 심판청구서

청구인 성   명: (연락 가능한 전화번호:)
　　　　주민등록번호:
　　　　주   소:
　　　　송 달 장 소:

상대방 성   명:
　　　　주민등록번호:
　　　　주   소:

청 구 취 지

1. 상대방은 청구인에게 20 .   .   .부터 청구인의 사망에 이르기까지
　　월 금   원씩을 매월   일에 지급하라.
2. 심판비용은 상대방이 부담한다.
라는 심판을 구합니다.

청 구 원 인

(부양료를 청구하는 사유를 자세히 기재하십시오.)

첨 부 서 류

1. 청구인의 가족관계증명서(상세), 주민등록표등(초)본   각 1통
2. 상대방의 가족관계증명서(상세), 주민등록표등(초)본   각 1통

20   .   .   .
청구인   (서명 또는 날인)

법원 귀중

◇ 유의 사항 ◇
 1. 청구서에는 수입인지 10,000원 상당의 금액을 현금이나 신용카드·직불카
　　드 등으로 납부한 내역을 기재한 영수필확인서를 첨부하여야 합니다.
 2. 송달료는 송달료 취급 은행에 납부하고 납부서를 첨부하여야 합니다.

반　　　소　　　장

반소원고　여 ○ ○ (주민등록번호)
(본소 피고)　　등록기준지 : ○○시 ○○구 ○○길 ○○
　　　　　　　　주소 : ○○시 ○○구 ○○길 ○○

반 소 피 고　남 △ △(주민등록번호)
(본소 원고)　　　등록기준지 및 주소 : 반소원고(본소 피고)와 같음
　　　　　　　송달 장소 : ○○시 ○○구 ○○길 ○○(우편번호)

본소의　표시 : 귀원 20○○ 드단 ○○○ 이혼등

부양료청구의 소

반　소　청　구　취　지

1. 반소 피고(본소 원고)는 반소 원고(본소 피고)에게 이 사건 반소장 부본
　 송달일부터 별거 해소 또는 혼인관계의 종료시까지 매월 ○○○원을 매
　 월 말일에 지급하라.
2. 반소 소송비용은 반소 피고(본소 원고)의 부담으로 한다.
3. 위 제1항은 가집행 할 수 있다.
라는 판결을 구합니다.

반　소　청　구　원　인

1. 별거 경위
　 반소 피고는 반소 원고를 며느리로 인정하지 못하는 부모와 반소 원고 사
　 이에서 고민을 하다가 20○○. ○. ○. "부모도 싫고, 가정도 싫고, 중간에서
　 괴로우니 유학을 가겠다"는 말을 남기고 일방적으로 가출하였고, "어린 아이
　 를 봐서라도 이혼하지 말고 가정을 지키자"는 반소 원고의 눈물겨운 호소
　 에도 불구하고 이 사건 본소인 이혼소송을 제기하였으며 지금까지 별거 상태
　 입니다.
2. 부양의 필요성 및 부양의 정도

가. 반소 피고는 가출 후에도 반소 원고에게 조금씩 생활비를 지급해 주었고 급여의 절반 정도를 생활비로 주겠다는 취지의 약속도 한 사실이 있으나, 20○○. ○.월부터는 일체의 생활비 지급을 중단하고 있습니다.

나. 반소 원고는 현재 생후 12개월 정도 된 본소 사건본인 남□□을 양육하고 있고, 둘째 아이를 임신중이며 아무런 직업 및 소득이 없습니다.

　　취업을 하고자 하더라도 위 남□□이 너무 어리고 임신상태라 취업을 할 수도 없으며 현재 임신 3개월로 접어들면서 입덧도 심하고 남편의 가출과 이혼소송제기로 인한 충격으로 정신적 육체적으로 건강 상태가 좋지 않습니다.

　　한편, 반소 피고는 소외 ☆☆증권(주)에 다니며 월 평균 ○○○원의 급여를 받고 있습니다.(반소 피고의 월급여는 상여금과 수당을 포함하여 월 평균 ○○○원이 넘는 것 같으나, 반소 원고로서는 정확한 금액을　알 수 없어 앞으로 필요하다면 위 소외회사에 대해 사실조회를 통해 입증하고자 함)

다. 반소 원고는 위 남□□의 분유, 이유식 비용, 기저귀 비용, 병원비등으로 한달 평균 약 ○○○원정도가 소요되고, 아파트 관리비, 가스, 수도등공과금, 전화요금, 반소 원고의 산부인과 진료비를 비롯한 병원비, 기타식비등 기등록기준지인 생활비로 월 평균 약　○○○원 정도 소요됩니다.

　　그런데 반소 피고가 3개월째 전혀 생활비를 지급하지 않고 있어 돌을 앞 둔 아이와 임신으로 생활비가 많이 들어갈 시기에 경제적으로 큰 어려움을 겪고 있습니다.

라. 민법 제826조에 의하면 부부는 동거하며 서로 부양하고 협조할 의무가 있고 이는 부부가 서로 협력하여 자녀를 양육하는 등의 가정 공동생활을 하면서 자기 생활을 유지하는 것과 동일한 수준으로 상대방의 생활을 유지해 주는 것을 의미하는 것이므로 부부는 가정 공동생활에 필요한 비용을 공동하여 부담할 의무가 있다고 할 것이며 미성숙 자녀의 양육비도 부부의 공동생활비용분담의 대상에 포함된다고 할 것입니다.

마. 따라서 반소 피고의 수입액, 사회적 지위, 부양이 필요한 정도 및 필요한 생활비 금액, 별거의 경위 및 유책 유무등을 종합해 볼 때, 반소 피고는 반소 원고에게 월 ○○○원을 부양료로 지급함이 상당합니다.

3. 결 론

　　반소 원고는 반소 피고와의 혼인생활에서 재판상 이혼사유가 될 만큼 잘못한 사실이 없고 반소 피고에 대한 애정에는 변함이 없으므로, 반소 피고가 다시 돌아올 때까지 아들 남□□과 앞으로 태어날 아이를 위해 열심히 살아가고자 합니다. 이에 청구취지와 같은 판결을 바라와 이 건 반소 제기에 이르렀습니다.

입 증 방 법

1. 을 제1호증의 1, 2   진술서 및 인감증명
1. 을 제2호증의 1, 2   진술서 및 인감증명
1. 을 제3호증의 1, 2   진술서 및 인감증명
1. 을 제4호증   진술서
1. 을 제5호증의 1, 2   의무기록사본증명서 및 의무기록사본
1. 을 제6호증의 1 내지 5   각 산부인과 진료비 영수증

첨 부 서 류

1. 위 각 입증방법   각 1통
1. 반소장 부본   1통
1. 납부서   1통

20○○년 ○월 ○일

위 반소 원고(본소 피고) ○ ○ ○ (인)

○ ○ 가 정 법 원 (가사○단독)   귀중

【28】 특별대리인선임 심판청구

1. 의의

① 법정대리인인 친권자(미성년후견인)가 자신과 그 친권에 따르는 미성년자인 자(피미성년후 견인) 사이에 이해가 상반되거나 그 친권에 따르는 수인의 자 사이에 이해가 상반되는 법 률행위를 함에 있어서는 특별대리인을 선임하는 재판(민법 제921조)을 말한다.

② 성년(한정)후견인과 피성년(한정)후견인의 이해상반행위에 대하여도 준용된다(민법 제949 조의 3 본문. 제956조의 6). 다만, 성년(한정)후견감독인이 있는 경우에는 성년(한정)후 견감독인이 피성년(한정)후견인을 대리한다.

2. 청구권자

친권자 또는 미성년후견인. 성년(한정)후견인, 이해관계인

3. 관할

미성년자인 자녀 또는 피후견인의 주소지 가정법원

4. 불복

① 14일 이내 즉시항고(가사소송법 제43조 제5항)

② 항고권자

  1) 기각 : 청구인

  2) 인용 : 불복불가

5. 이해상반행위의 판단기준

행위 그 자체의 외관에 따라 객관적으로 판단해야 한다는 외형적 판단성을 취하고 있으며, 이해상반행위란

  1) 친권자 또는 후견인을 위하여는 이익이 되고 미성년자인 자녀 또는 피후견인에 대하여는 불 이익한 행위, 또는 친권에 따르는 자녀의 일방에게는 이익이 되고, 다른 일방에게는 불이익 한 행위

  2) 행위의 객관적 성질상 이해의 대립이 생길 우려가 있는 행위를 가리키는 것으로서, 법정대

리인의 의도나 그 행위의 결과 실제로 이해의 대립여부는 묻지 않는다.

6. 청구취지 (예시)

① 상속재산 협의분할

　청구인과 사건본인이 피상속인 망 A의 별지 목록 기재 상속재산을 협의분할함에 있어 사건본인의 특별대리인으로 ○○○(주민등록번호, 주소)를 선임한다. (A가 사망하고 그의 자녀인 B의 자녀 C가 대습상속하는 경우에도 위와 동일)

② 상속포기

　사건본인이 피상속인 망 A에 대한 상속포기신고를 함에 있어 특별대리인으로 ○○○(주민등록번호, 주소)를 선임한다.

③ 근저당권설정 등기

　1) 사건본인 소유의 별지 목록 기재 부동산에 관하여 채무자 청구인, 채권자 ○○은행. 채권최고액 3,000만 원으로 하는 근저당권설정계약을 체결하고 그 등기를 마침에 있어 특별대리인으로 ○○○(주민등록번호, 주소)를 선임한다.

　2) 청구인이 ○○주식회사를 위한 연대보증인이 되어 청구인과 사건본인의 공유인 별지 목록 기재 부동산에 관하여 채권최고액 3,000만 원의 근저당권을 설정함에 있어 특별대리인으로 ○○○(주민등록번호, 주소)를 선임한다.

④ 근저당권설정등기의 채무자 변경

　청구인이 사건본인 소유의 별지 목록 기재 부동산에 관하여 2020. 12. 1.자 서울중앙지방법원 접수 제100호로 마친 채권자 주식회사 ○○은행, 채무자 갑, 채권최고액 6,000만 원으로 된 근저당권설정등기의 채무자를 청구인으로 교체하는 계약을 주식회사 ○○은행과 체결함에 있어 사건본인의 특별대리인으로○○○(주민등록번호, 주소)를 선임한다.

⑤ 부동산 매도

　청구인이 사건본인으로부터 그 소유인 별지 목록 기재 부동산을 매수함에 있어 특별대리인으로 ○○○(주민등록번호, 주소)를 선임한다.

⑥ 예금채권 양도

　사건본인이 청구인과 사건본인의 준공유인 별지 목록 기재 예금채권 중 사건본인의 자산을 청구인에게 양도함에 있어 사건본인의 특별대리인으로 ○○○(주민등록번호, 주소)를 선임한다.

⑦ 계좌번호명의 변경

⑧ 증여계약 체결

7. 성년(한정)후견의 경우 주의사항

① 성년(한정)후견인의 이해상반행위가 부동산의 처분과 같이 대리권행사에 법원의 허가를 받도록 정해져 있는 경우에, 성년(한정)후견인은 부동산 처분을 위하여 특별대리인선임 외에 별도의 법원의 허가심판이 필요하다.

② 통상 특별대리인선임 심판은 후견과 별개의 사건으로 진행되고 후견사건담당 재판부가 아닌 재판부에서 심판하기도 하는데, 특별대리인선임사건의 심리에서 이해관계의 상반 여부를 넘어 피후견인의 복리나 적정한 후견감독에 대한 충분한 고려를 하는 것을 기대하기 어려우므로, 실무에서는 민법 규정의 문언에도 충실하면서 피후견인의 이익을 두텁게 보호하기 위하여, 성년후견인의 이해상반행위에 대하여는 권한초과행위 심판과 특별대리인선임심판을 모두 요구하고 있다.

③ 특별대리인선임사건을 심리하는 재판부에서는 특별대리인을 선임하되 법률의 규정(예컨대 민법 제947조의2 제5항) 또는 후견개시심판 내용에 따른 권한초과행위심판을 별개로 받아야 함을 주문에 표시하고, 권한초과행위심판에는 선임된 특별대리인으로 하여금 당해 대리행위를 하는 것으로 주문에 표시한다.

8. 위반의 효력

① 무권대리에 해당하여 무효이나 본인이 추인하면 유효

② 상속재산분할협의는 피대리자의 전원에 의한 추인이 없는 한 무효(대판 94다6680)

9. 기타 주의사항

① 특별대리인은 사건본인의 수와 동일해야 한다.

② 특별대리인은 부(父)가 신청시에는 모(母)의 친족, 모(母)가 신청시에는 부(父)의 친족으로 선임청구

③ 대습상속인 경우 공동상속인을 특별대리인으로 선임청구하는 경우가 있으므로 이 경우에는 이해상반 되지 않는 친족을 특별대리인으로 선임청구 하여야 한다.

특별대리인선임 심판청구서
(근저당권설정)

청 구 인　성　　명:　　　　　　(연락 가능한 전화번호:　　　　　)
　　　　　주민등록번호:
　　　　　주　　　　소:
　　　　　송 달 장 소:
　　　　　등 록 기준지:

사건본인　성　　명:
　　　　　주민등록번호:
　　　　　주　　　　소:
　　　　　등 록 기준지:

청 구 취 지

"청구인이 채무자가 되어 청구인과 사건본인의 공유인 별지목록기재 부동산
을 담보로 제공하고　　　은행에 채권최고액을 금　　　원으로 하는 근저당권설
정계약을 체결할 때 사건본인의 특별대리인으로 [성명:　　　, 주민등록번호:
　　　-　　　　　, 주소:　　　　　　　　]를 선임한다."라는 심판을 구합니다.

청 구 원 인

　별지 기재 부동산은 청구인과 사건본인이 공동소유자인데 별지목록기재 부동
산을 담보로 청구인이 채무자가 되어 금원을 대출받고자 하나 청구인과 사건본
인은 이해가 상반되므로 사건본인을 위한 특별대리인으로 [성명:　　　　, 관
계:　　　]를 선임받고자 본 청구에 이른 것입니다.

첨 부 서 류

1. 청구인의 가족관계증명서(상세), 주민등록표등(초)본　　　　　　　각 1통
2. 사건본인의 기본증명서(상세), 가족관계증명서(상세), 주민등록표등(초)본　　각 1통
3. 특별대리인의 가족관계증명서(상세), 주민등록표등(초)본　　　　　　각 1통

4. 자의 제적등본 또는 폐쇄가족관계등록부에 따른 기본증명서　　　　1통

5. 부동산등기사항전부증명서　　　　　　　　　　　　　　　　1통

6. 부동산목록　　　　　　　　　　　　　　　　　　　　　　2부

7. 사건본인이 13세 이상인 경우 - 동의서　　　　　　　　　　1부

8. 사건본인과 특별대리인의 관계 소명자료(제적등본 등)　　　　1부

20　　.　　.　　.

청구인　　　　　　　　　(서명 또는 날인)

법원 귀중

◇ 유의 사항 ◇
1. 청구서에는 사건본인 1인당 수입인지 5,000원을 붙여야 합니다.
2. 송달료는 송달료 취급 은행에 납부하고 납부서를 첨부하여야 합니다.

특 별 대 리 인 선 임 심 판 청 구

청 구 인   ○　○　○(주민등록번호)
　　　　　　등록기준지　　○○시 ○○구 ○○길 ○○
　　　　　　주소　　○○시 ○○구 ○○길 ○○(우편번호)
　　　　　　전화　　○○○ - ○○○○

사건본인   1. 김　△　△(주민등록번호)
　　　　　　2. 김　▲　▲(주민등록번호)
　　　　　　　　위 사건 본인들 등록기준지 및 주소 청구인과 같음

특별대리인 선임 심판청구

청 구 취 지

　청구인과 사건본인들 공유인 별지목록 기재 부동산에 대한 협의 분할함에 관하여, 사건본인 김△△의 특별대리인으로 김□□(주소:○○시 ○○구 ○○길 ○○)을, 사건본인 이△△의 특별대리인으로 정□□(주소:○○시 ○○구 ○○길 ○○)를 각 선임한다.
라는 심판을 구합니다.

청 구 원 인

청구인과 사건본인들은 망 ▽▽▽ 공동상속인들인 바, 망 ▽▽▽는 20○○. ○. ○. 사망하였고 그 소유의 별지목록 기재 부동산에 관하여 협의분할을 하려하나 위 계약은 친권자인 청구인과 미성년자인 사건본인들 사이에 서로 이해가 상반되는 행위에 해당하므로 민법 제921조에 의하여 사건 본인 김△△의 특별대리인으로 사건본인의 조부인 김□□를, 사건본인 김▲▲의 특별대리인으로 사건본인의 조모인 정□□를 선임하는 심판을 구하기 위해 이 건 신청에 이른 것입니다.

첨 부 서 류

1. 기본증명서(청구외 망 ▽▽▽) 1통
1. 가족관계증명서(청구외 망 ▽▽▽) 1통
1. 주민등록등본(청구인, 미성년자, 대리인분) 각 1통
1. 부동산등기사항전부증명서 1통

200○년 ○월 ○일

청 구 인 ○ ○ ○ (서명 또는 날인)

○ ○ 가 정 법 원 귀중

[별 지]

부동산의 표시

1동의 건물의 표시

○○시 ○○구○○동 ○○번지
[도로명주소] ○○시 ○○구 ○○길 ○○
철근콘크리트조 평슬래브지붕 4층
다세대주택(9세대)
1층 132.88㎡
2층 135.26㎡
3층 135.26㎡
4층 117.43㎡
지하층 129.76㎡
옥탑 12.05㎡

전유건물의 표시

철근콘크리트조 59.84㎡
제 1층 제102호

대지권의 표시

○○시 ○○구 ○○동 ○○번지
대 270.1㎡
소유권대지권 270.1분의 28.431
1996. 10. 7. 대지권. 끝.

특 별 대 리 인 선 임 심 판 청 구

청구인(피청구인의 부) ○ ○ ○
                  주민등록번호 :
                  등록기준지 ○○시 ○○구 ○○길 ○○
                  주소 ○○시 ○○구 ○○길 ○○(우편번호)
                  전화 ○○○ - ○○○○

사건본인(미성년자) △ △ △
                  주민등록번호 :
                  등록기준지 ○○시 ○○구 ○○길 ○○
                  주소 ○○시 ○○구 ○○길 ○○(우편번호)
                  전화 ○○○ - ○○○○

특별대리인 선임심판 청구

청 구 취 지

청구인이 사건본인과 공동상속인으로서 망 ◇◇◇ 소유의 별지목록 기재 부동산을 협의분할함에 있어서 ○○시 ○○길 ○○ □□□(19○○년 ○○월 ○○일생)을 사건본인의 특별대리인으로 선임한다.
라는 심판을 구합니다.

청 구 원 인

청구인은 사건본인 △△△의 부로서 청구인의 처이자 사건본인의 모인 ◇◇◇의 사망으로 상속문제가 발생하였고 이와 관련하여 별지목록 기재 부동산을 협의분할하고자 하는바, 사건본인이 미성년자이므로 민법 제921조에 의하여 특별대리인으로 백부인 □□□를 선임하는 심판을 구하기 위해 이 건 신청에 이른 것입니다.

특별대리인의 추천 : □ □ □
                  주 소 : ○○시 ○○구 ○○길 ○○

관 계 :

첨 부 서 류

1. 기본증명서(청구외 망_◇◇◇)   1통
   (2007.12.31. 이전 사망한 경우 제적등본)
1. 가족관계증명서(사건본인)   1통
1. 친족관계를 확인할 수 있는 제적등본   1통
   (또는 가족관계기록사항에 관한 증명서)
1. 주민등록초본(청구인, 미성년자, 대리인분)   각 1통
1. 부동산등기사항전부증명서   1통
1. 신원증명서(대리인)   1통

                    20○○년 ○월 ○일
                    청 구 인 ○ ○ ○   (서명 또는 날인)

○ ○ 가 정 법 원 귀중

[별 지]

부동산의 표시

1. 서울 ○○구○○동○○번지
       대지 ○○㎡
2. 위 지상
       벽돌조 슬래브지붕 2층 단독주택
       지층 ○○㎡
       1층 ○○㎡
       2층 ○○㎡

특 별 대 리 인 선 임 심 판 청 구

청 구 인   ○ ○ ○
             주민등록번호 :
             등록기준지   ○○시 ○○구 ○○길 ○○
             주소   ○○시 ○○구 ○○길 ○○(우편번호)
             전화   ○○○ - ○○○○

사건본인   △ △ △
(미성년자)   주민등록번호 :
             등록기준지   ○○시 ○○구 ○○길 ○○
             주소   ○○시 ○○구 ○○길 ○○(우편번호)
             전화   ○○○ - ○○○○

특별대리인 선임심판 청구

청 구 취 지

청구인이 청구외 망 □□□의 ○○은행 ○○저축증서 계좌번호00-00-000000 명의를 변경함에 있어 사건본인의 특별대리인으로 ○○시 ○○구 ○○길 ○○ 번지 □□□(19○○년 ○○월 ○○일생)을 선임한다.
라는 심판을 구합니다.

청 구 원 인

청구인은 소외 망 ▽▽▽의 처로서 사건본인의 모입니다.
소외 망 ▽▽▽가 20○○. ○. ○. 사망함으로써 ▽▽▽ 명의의 통장을 청구인으로 변경하고자 하는데 이는 사건본인과 법률상 이해가 상반되는 행위이므로 사건본인의 백부인 □□□을 특별대리인으로 선임하고자 이건 청구에 이르렀습니다.

첨 부 서 류

1. 기본증명서(청구외 망▽▽▽)   1통
1. 가족관계증명서(사건본인)   1통
1. 친족관계를 확인할 수 있는 제적등본   1통
   (또는 가족관계기록사항에 관한 증명서)
1. 주민등록등본(청구인, 미성년자, 대리인분)   각   1통
1. 통장사본   1통
1. 신원증명서(대리인)   1통

                     20○○년 ○월 ○일
                 청 구 인 ○ ○ ○ (서명 또는 날인)

○ ○ 지 방 법 원   귀중

【29】 친생부인의 허가청구

1. 의의

민법 제844조 제2항 중 혼인관계종료의 날부터 300일 이내에 출생한 자는 혼인 중에한 것으로 추정하는 부분에 대한 헌법재판소의 헌법불합치 결정(2013헌마623)의 취지를 반영하여 민법 빛 가사소송법(각 2017. 10. 31.공포, 각 2018. 2. 1.시행)이 일부 개정되었고. 개정된 민법 등에 따라 혼인 중에 임신한 것으로 추정되는 자녀(혼인관계가 종료된 날부터 300일 이내에 출생한 자녀) 중 이미 혼인 중의 자녀로 출생신고가 되지 않은 자녀에 대해서는 그 자녀의 어머니 또는 어머니의 전(前) 남편이 가정법원에 비송사건으로 친생부인의 허가를 청구할 수 있도록 하여 친생부인의 소보다 간이한 방법으로 친생추정을 배제할 수 있도록 하였다.

2. 대상

혼인 중에 임신한 것으로 추정되는 자녀(혼인관계가 종료된 날부터 300일 이내에 출생한 자녀) 중 이미 혼인 중의 자녀로 출생신고가 되지 않은 자녀

3. 관할

사건본인의 주소지 가정법원(가사소송법 제44조 제1항 3의 2) 또는 출생지 가정법원(주민등록신고가 안 되어 있는 경우)

4. 청구권자

사건본인의 모 또는 사건본인의 모의 전(前) 남편

5. 청구취지

(1) 사건본인의 모의 전(前) 남편이 청구한 경우 : 청구인의 사건본인(사건본인의 모 OOO. 모의 주민등록번호)에 대한 친생부인을 허가한다.

(2) 사건본인의 모가 청구한 경우 : 청구인의 사건본인과 청구 외 OOO(주민등록번호. 주소)의 친생부인을 허가한다.

6. 심판절차

친생부인의 허가 청구가 있는 경우 어머니의 전 배우자[사건본인의 모의 전(前) 남편]와 그 성년후견인(성년후견인이 있는 경우에 한정한다)의 의견을 들을 수 있으며. 의견청취는 심문하는 방법 외에도 가사조사관의 조사, 서면조회 등 방법으로 가능(임의적 청취)

7. 요건 및 사실조사 등

① 혼인관계가 종료된 날부터 300일 이내 출생

② 사건본인이 이미 혼인 중의 자녀로 출생신고가 된 경우는 제외된다(친생부인의 소등 제기해야 함).

③ 친생부인의 허가 청구가 있는 경우 가정법원은 혈액채취에 의한 혈액형 검사, 유전인자의 검사 등 과학적 방법에 따른 검사결과 또는 장기간의 별거 등 그 밖의 사정을 고려하여 허가 여부를 결정해야 한다(민법 제854조의2 제2항).

8. 불복

① 인용 : 사건본인의 모 또는 사건본인의 모의 전(前)남편이 심판을 고지 받은 날로부터 14일 이내 즉시항고(가사소송규칙 제61조의2. 민법 제854조의2)

② 기각 : 청구인이 심판을 고지받은 날로부터 14일 이내 즉시항고(가사소송규칙 제27조)

9. 확정 후 절차

① 친생추정 배제의 효력 발생시점 : 심판의 확정 시

② 가정법원의 통지나 촉탁 : 할 수 없음(사건본인의 출생신고가 없기 때문)

③ 출생신고 방법 등

1) 자녀의 어머니가 친생부인의 허가심판서 등본과 확정증명서를 첨부하여 출생신고하여야 한다(자녀의 어머니 전(前) 남편은 사건의 청구인이라 하더라도 출생신고적격자가 아니므로 할 수 없음).

2) 자녀의 생부(生父)도 친생부인의 허가심판서 등본과 확정증명서를 첨부하여 가족관계등록 등에 관한 법률 제57조 제1항(친생자출생의 신고에 의한 인지)에 따른 출생신고

친생부인의 허가청구

청 구 인: (연락 가능한 전화번호:)
　　　주민등록번호:
　　　주　　　　　소:
　　　송 달 장 소:
　　　등 록 기준지:

사건본인:
　　　생 년 월 일: 20　년　월　일　시　분생 남(여)자 (체중:　kg)
　　　출 생 장 소:　　시　　구　　로　　병원
　　　주　　　　　소:

(사건본인의 모/사건본인의 모의 전남편):
　　　　　　　　　　　　(연락 가능한 전화번호:)
　　　주민등록번호:
　　　주　　　　　소:

청 구 취 지
"사건본인이 (청구인, 사건본인의 모의 전남편)　　의 친생자임을 부인하는 것을 허가한다."라는 심판을 구합니다.

청 구 원 인
(청구하는 사유를 구체적으로 기재하십시오.)

첨 부 서 류
1. 기본증명서(상세)(사건본인의 모, 사건본인의 모의 전남편)　　　각 1통
2. 가족관계증명서(상세)(사건본인의 모, 사건본인의 모의 전남편)　　각 1통
3. 혼인관계증명서(사건본인의 모, 사건본인의 모의 전남편)　　　　각 1통
4. 주민등록표등(초)본(사건본인의 모, 사건본인의 모의 전남편)　　각 1통
5. 출생증명서(출생병원)　　　　　　　　　　　　　　　　　　　1통
6. 후견등기사항증명서(사건본인의 모의 전남편)　　　　　　　　　1통

20   .   .   .

청구인   (서명 또는 날인)

        법원 귀중

◇ 유의 사항 ◇
 1. 관할법원은 사건본인의 주소지 가정법원입니다.
 2. 청구권자는 사건본인의 모 또는 모의 전남편입니다.
 3. 청구서에는 사건본인마다 각 인지액 5,000원을 현금이나 신용카드·직불카
   드 등으로 납부한 내역을 기재한 영수필확인서를 첨부하여야 합니다.
 4. 송달료는 청구인 수×우편료×6회분을 송달료 취급 은행에 납부하고 영수증
   을 첨부하여야 합니다.

소   장

원   고   ○   ○   ○(○ ○ ○) (주민등록번호)
                19○○년 ○월 ○일생
                등록기준지 : ○○남도 ○○시 ○○길 ○번지
                주소 : ○○시 ○○구 ○○길 ○번지(우편번호)

피   고   △   △   △(△ △ △) (주민등록번호)
                19○○년 ○월 ○일생
                등록기준지 : ○○시 ○○구 ○○길 ○번지
                주소 : 원고와 같음
                위 법정대리인 친권자 모 김□□
                주소 : 원고와 같음

친생부인의 소

청 구 취 지

피고는 원고의 친생자가 아님을 확인하다.
라는 판결을 구합니다.

청 구 원 인

1. 원고와 소외 김□□는 19○○. ○.○. 혼인신고를 한 부부로서 19○○. ○.
   ○. 피고를 출산하고 가족관계등록부 상 친생자로 출생신고를 하여 피고가 친생자
   로 등재되었습니다.
2. 원고는 소외 김□□를 만나 동거생활을 한 날짜가 19○○. ○. ○.이며 이
   기간중 해외지사 파견근무를 명 받고 원고 혼자 10개월을 캐나다 몬트리올
   에서 생활했는데 귀국 후 원고와 대학 동기인 친구로부터 위 소외 김□□가
   새벽녘에 처음보는 사람과 ○○시 ○○구 ○○길 소재 ○○여관에서 나오는
   것을 보았다는 말을 듣게 되었습니다.
3. 그런데 그 후 위 소외 김□□의 외출이 잦아지고 음주까지 하고 귀가하여
   원고가 이를 의심하여 추궁하였더니 소외 김□□는 원고와 혼인 전부터 알

고 지내던 소외 이□□와 피고의 출생일 이전부터 정을 통한 사실을 자백하
였고 소외 이□□에게서도 이와 같은 사실을 확인하였습니다.
4. 이에 원고는 소외 김□□를 상대로 이혼청구를 해놓은 상태이며 청구취지와
같은 판결을 받고자 본 소송을 제기하기에 이르렀습니다.

입 증 방 법

1. 갑 제1호증　　　　　　가족관계증명서(원고)
1. 갑 제2호증　　　　　　혼인관계증명서(원고)
1. 갑 제3호증　　　　　　기본증명서(피고)
1. 갑 제4호증　　　　　　주민등록등본(피고)
1. 갑 제5호증 1내지2　　각 자인서(김□□, 이□□)
1. 갑 제6호증　　　　　　소제기증명서

첨 부 서 류

1. 위 입증방법　　　　　　각 1통
1. 소장부본　　　　　　　　1통
1. 납부서　　　　　　　　　1통

20○○.　○.　○.
위 원고　○　○　○ (서명 또는 날인)

○ ○ 가 정 법 원 귀 중

【30】 인지의 허가청구

1. 의의

민법 제844조 제2항 중 혼인관계종료의 날부터 300일 이내에 출생한 자는 혼인 중에 포태한 것으로 추정하는 부분에 대한 헌법재판소의 헌법불합치 결정(2013헌마623)의 취지를 반영하여 민법 및 가사소송법(각 2017. 10. 31. 공포, 각 2018. 2. 1. 시행)이 일부 개정되었고, 개정된 민법 등에 따라 혼인 중에 임신한 것으로 추정되는 자녀(혼인관계가 종료된 날부터 300일 이내에 출생한 자녀) 중 이미 혼인 중의 자녀로 출생신고가 되지 않은 자녀에 대해서는 그 자녀의 생부(生父)가 가정법원에 비송사건으로 인지의 허가를 청구할 수 있도록 하여 친생부인의 소보다 간이한 방법으로 친생추정을 배제할 수 있도록 하였다.

2. 대상

혼인 중에 임신한 것으로 추정되는 자녀(혼인관계가 종료된 날부터 300일 이내에 출생한 자녀) 중 이미 혼인 중의 자녀로 출생신고가 되지 않은 자녀

3. 관할

사건본인의 주소지 가정법원(가사소송법 제44조 제1항 3의 2) 또는 출생지 가정법원(주민등록신고가 안 되어 있는 경우)

4. 청구권자

사건본인의 생부(生父)

5. 청구취지

청구인이 사건본인(사건본인의 모 OOO. 모의 주민등록번호)을 청구인의 친생자로 인지함을 허가한다.

6. 심판절차

인지의 허가 청구가 있는 경우 어머니의 전 배우자(사건본인의 모의 전(前) 남편)와 그 성년후견인(성년후견인이 있는 경우에 한정한다)의 의견을 들을 수 있으며. 의견청취는 심문하는 방

법 외에도 가사조사관의 조사, 서면조회 등 방법으로 가능(임의적 의견청취)

7. 요건 및 사실조사 등

① 혼인관계가 종료된 날부터 300일 이내 출생

② 사건본인이 이미 혼인 중의 자녀로 출생신고가 된 경우는 제외된다(친생부인의 소, 친생자 관계 확인 등의 소를 제기해야 함).

③ 인지의 허가 청구가 있는 경우 가정법원은 혈액채취에 의한 혈액형 검사, 유전인자의 검사 등 과학적 방법에 따른 검사결과 또는 장기간의 별거 등 그 밖의 사정을 고려하여 허가여부를 결정해야 한다(민법 제854조의2 제2항).

8. 불복

① 인용 : 사건본인의 모 또는 사건본인의 모의 전(前)남편이 고지 받은 날로부터 14일 이내 즉시항고(가사소송규칙 제61조의2. 민법 제854조의2)

② 기각 : 청구인이 심판을 고지받은 날로부터 14일 이내 즉시항고(가사소송규칙 제27조)

9. 확정 후 절차

① 친생추정 배제의 효력 발생시점 : 생부의 출생신고 시

② 가정법원의 통지나 촉탁 : 할 수 없다(사건본인의 출생신고가 없기 때문).

③ 출생신고 : 인지의 허가를 받은 생부(生父)만 인지의 허가심판서 등본과 확정증명서를 첨부하여 가족관계등록 등에 관한 법률 제57조 제1항(친생자출생의 신고에 의한 인지)에 따른 출생신고를 할 수 있다. 따라서 인지의 허가를 받은 생부 외에 다른 사람(예: 자녀의 어머니 또는 출생신고 적격자)은 생부가 받은 인지의 허가심판서 등본과 확정증명서를 첨부하여 혼인외의 자녀로 출생신고를 할 수 없다.

<h2 style="text-align:center;">인지의 허가청구</h2>

청 구 인:　　　　　　　　　(연락 가능한 전화번호:　　　　　　　)

　　　　주민등록번호:

　　　　주　　　　　소:

　　　　송 달 장 소:

　　　　등 록 기준지:

사건본인:

　　　　생 년 월 일: 20　년　월　일　시　분생 남(여)자 (체중:　kg)

　　　　출 생 장 소:　　시　구　동　　병원

　　　　주　　　　　소:

사건본인의 모:　　　　　　　(연락 가능한 전화번호:　　　　　　　)

　　　　주민등록번호:

　　　　주　　　　　소:

<h3 style="text-align:center;">청 구 취 지</h3>

"사건본인을 청구인의 친생자로 인지함을 허가한다."

라는 심판을 구합니다.

<h3 style="text-align:center;">청 구 원 인</h3>

(청구하는 사유를 구체적으로 기재하십시오.)

<h3 style="text-align:center;">첨 부 서 류</h3>

1. 기본증명서(상세)(청구인, 사건본인의 모)　　　　　　　　　　 각 1통
2. 가족관계증명서(상세)(사건본인의 모, 사건본인의 모의 전남편)　각 1통
3. 혼인관계증명서(사건본인의 모, 사건본인의 모의 전남편)　　　 각 1통
4. 주민등록표등(초)본(사건본인의 모, 사건본인의 모의 전 남편)　각 1통
5. 출생증명서(출생병원)　　　　　　　　　　　　　　　　　　　　 1통
6. 후견등기사항증명서(사건본인의 모의 전 남편)　　　　　　　　 1통

20　.　.　.

　　청구인　　　　　　　　　　(서명 또는 날인)

법원 귀중

◇ 유의 사항 ◇

1. 관할법원은 사건본인의 주소지 가정법원입니다.
2. 청구권자는 사건본인의 생부입니다.
3. 청구서에는 사건본인 각 인지액 5,000원을 현금이나 신용카드·직불카드 등으로 납부한 내역을 기재한 영수필확인서를 첨부하여야 합니다.
4. 송달료는 청구인 수 × 우편료× 6회분을 송달료 취급 은행에 납부하고 영수증을 첨부하여야 합니다.

[작성례 ①] 인지청구의 소

소   장

원   고   ○ ○ ○(주민등록번호)
　　　　　　등록기준지 : ○○시 ○○구 ○○길 ○○
　　　　　　주소 : ○○시 ○○구 ○○길 ○○(우편번호)
　　　　　　미성년자이므로 법정대리인
　　　　　　친권자 모   □ □ □(주민등록번호)

　　　　　　등록기준지 : ○○시 ○○구 ○○길 ○○
　　　　　　주소 : ○○시 ○○구 ○○길 ○○(우편번호)
피   고   △ △ △(주민등록번호)
　　　　　　등록기준지 : ○○시 ○○구 ○○길 ○○
　　　　　　주소 : ○○시 ○○구 ○○길 ○○(우편번호)

인지청구의 소

청 구 취 지

1. 피고는 원고를 친생자로 인지한다.
2. 소송비용은 피고의 부담으로 한다.
라는 판결을 구합니다.

청 구 원 인

1. 원고의 생모 □□□는 우연한 기회에 피고를 알게 되어 피고와 내연관계를 맺고 원고를 혼인외자로 출생하였습니다.
2. 피고는 원고가 출생 후 원고를 보살피며 생모 □□□와 아예 동거까지 하였으나 원고가 ○살 때부터 원고 및 생모에 대한 태도가 변하여 아무런 도움을 주지 않고 있습니다.
3. 원고는 아직 미성년자이고 원고의 생모도 또한 지병으로 거동이 불편하여 생활능력이 없으므로 피고에게 원고를 인지하여 줄 것을 요청하였으나 피고는 이에 응하지 않으므로 신분관계를 명확히 하기 위하여 이 청구에 이른 것입니다.

입 증 방 법

1. 갑 제1호증   가족관계증명서(원고)
1. 갑 제2호증   기본증명서(원고)
1. 갑 제3호증   주민등록등본

첨 부 서 류

1. 위 입증서류   각 1부
1. 소장부본   1부
1. 송달료납부서   1부

20○○년   ○월   ○일
원   고   ○ ○ ○
원고는 미성년자이므로
법정대리인 친권자 모 : □ □ □ (서명 또는 날인)

○ ○ 가 정 법 원 귀 중

[작성례 ②] 인지무효확인 청구의 소

소   장

원   고   정 ○ ○ (원 성명 김 ○ ○)
　　　　　　　 19○○년 ○월 ○일생
　　　　　　　 등록기준지　 ○○시 ○○구 ○○길 ○○
　　　　　　　 주소　 ○○시 ○○구 ○○길 ○○ (우편번호)
　　　　　　　 전화　 ○○○ - ○○○○
　　　　　　　 원고는 미성년자이므로 법정대리인
　　　　　　　 친권자 모 김 □ □
　　　　　　　 등록기준지 및 주소 : 원고와 같음

피   고   정 △ △
　　　　　　　 19○○년 ○월 ○일생
　　　　　　　 등록기준지　 ○○시 ○○구 ○○길 ○○
　　　　　　　 주소　 ○○시 ○○구 ○○길 ○○ (우편번호)
　　　　　　　 전화　 ○○○ - ○○○○

인지무효확인청구의 소

청 구 취 지

1. 피고가 20○○. ○. ○. ○○시 ○○구청장에게 신고하여 한 원고에 대한 인지
   는 무효임을 확인한다.
2. 소송비용은 피고가 부담한다.
라는 판결을 구합니다.

청 구 원 인

1. 원고는 원고의 생모인 김□□과 소외 박□□ 사이에 출생한 모의 혼인외 출
   생자인데 생부인 소외 박□□가 인지를 하지 않아 생모인 친권자 위 김□□
   의 출생신고에 의하여 모의 성과 본을 따라 성명은 김○○로 하여 모의 호적
   에 자로 입적된 것입니다.
2. 피고는 원고가 출생하고 나서 원고의 생모와 관계를 맺은 사실도 있었으나,

두 사람 사이에는 태어난 자녀가 없었으며 결혼을 할만한 정신적, 경제적 여유도 없었기에 원고의 생모와 피고는 헤어지기로 하였습니다.

3. 그러나 피고는 계속하여 결혼을 요구하였고, 이에 원고의 생모는 결혼할 수 없음을 설득하던 중, 피고가 원고와 원고의 생부 부지중에 20○○. ○. ○. 원고의 본래 이름인 김○○의 성을 정○○로 정정하여 원고를 자신의 호적에 자로 입적하였습니다.

4. 따라서 위 입적은 원고와 피고 사이에 친생자관계가 존재하지 않음에도 불구하고 원고의 의사에 반한 피고의 일방적인 허위의 사실에 기한 인지이므로 원고는 민법 제862조에 의하여 청구취지와 같은 판결을 구하고자 이 건 청구에 이른 것입니다.

입 증 방 법

1. 갑 제1호증   기본증명서(원고)
1. 갑 제2호증   가족관계증명서(원고)
1. 갑 제3호증   진술서(생모 김□□)

첨 부 서 류

1. 위 입증방법   각 1통
1. 소장부본   1통
1. 납 부 서   1통

20○○년   ○월   ○일

원 고   정 ○   ○의

친권자 모   김   □   □ (서명 또는 날인)

○ ○ 가 정 법 원 귀중

【31】 부재선고의 취소

1. 의의

부재선고에 관한 특별조치법(이하 '특별조치법'이라고 함)에서 정한 절차와 가사비송사건 라류 심리와 심판 절차에 따라 부재선고를 받은 사람이 ① 사망한 사실이 증명된 경우. ② 군사분계선 이북 지역이 아닌 곳에 거주하고 있는 사실이 증명된 경우. ③ 잔류자 거주 군사분계선 이북 지역이 그 이남 지역 행정구역으로 편입된 경우 그 선고를 취소하는 사건이다.

2. 청구인

잔류자 본인, 가족(부재자 가족관계증명서에 나타나는 가족), 검사(특별조치법 제5조)

3. 관할

잔류자의 등록기준지 관할법원(특별조치법 제6조)

4. 첨부서면(특별조치법 제5조)

① 청구인 : 가족관계증명서, 주민등록표 초본
② 사건본인(잔류자) : 가족관계증명서, 기본증명서, 주민등록표 초본(주소변동사항 포함)
③ 부재선고를 받은 사람이 ㉠ 사망한 사실이 증명된 경우, ㉡ 군사분계선 이북 지역이 아닌 곳에 거주하고 있는 사실이 증명된 경우, ㉢ 잔류자 거주 군사분계선 이북 지역이 그 이남 지역 행정구역으로 편입된 경우 각 이를 증명하는 자료

5. 주문 (예시)

이 법원이 잔류자에 대하여 20○○. ○○. ○○.에 한 부재선고를 취소한다.

6. 불복(특별조치법 제9조. 실종선고 취소 절차를 준용)

① 인용 : 이해관계인이 심판을 고지받은 날로부터 14일 이내 즉시항고
② 기각 : 사건본인 또는 이해관계인이 심판을 고지받은 날로부터 14일 이내 즉시항고
③ 즉시항고의 기간은 이해관계인 등에게 고지하지 않는 경우에는 심판이 고지되는 청구인을 기준으로 진행한다(가사소송규칙 제31조).

7. **심판의 효력**(특별조치법 제9조, 실종선고 취소 절차를 준용)

실종선고 취소와 동일

8. **확정 후 절차**(특별조치법 제10조. 실종선고 취소 절차를 준용)

실종선고 취소와 동일하다. 다만. 법원홈페이지 전자게시판에 공고는 하지 아니한다(특별조치법 제9조 단서).

【31】 친권행사방법의 결정

1. 의의

　　혼인 중인 자(子)에 대한 친권은 부모 공동으로 행사하여야 함에도 부모의 의견이 일치하지 아니하는 경우 당사자의 청구에 따라 가정법원이 친권 행사 방법을 정하는 라류 가사비송 절차이고, 대상은 친권을 행사하여야 할 개별적인 사항이다(포괄적으로 부모의 한쪽으로 하여금 친권을 행사하게 하는 것은 다른 한쪽의 친권행사를 배제하는 것과 같은 결과에 이르기 때문)

※ 구별해야 할 사건 유형
　　① 혼외자가 인지, 부모 이혼, 흔인 취소된 경우의 친권자 지정(민법 제909조 제4항, 제5항)
　　　: 마류 가사비송사건
　　② 친권에 속하는 사항 중 자의 보호교양을 양육에 관한 처분 : 마류 가사비송사건
　　③ 자의 징계에 관한 사항 : 별개의 라류 가사비송사건

2. 청구인

　　친권자인 부모의 한쪽(가사소송규칙 제99조 제1항)

3. 관할(가사소송법 제44조 제3호. 제22조 제1호∼제3호)

　　① 부모가 같은 가정법원 관할구역 내에 보통재판적이 있는 경우에는 그 가정법원
　　② 부모가 마지막으로 같은 주소지를 가졌던 가정법원의 관할구역 내에 부모 중 어느 한쪽의 보통재판적이 있는 때에는 그 가정법원
　　③ 위 어느 경우에도 해당되지 아니하는 경우에는 청구인이 아닌 다른 한쪽 친권자의 보통재판적이 있는 곳의 가정법원

4. 첨부서면

　　① 청구인 : 가족관계증명서(상세), 혼인관계증명서(상세). 주민등록표초본
　　② 다른 한쪽 부(또는 모) : 가족관계증명서(상세), 혼인관계증명서(상세), 주민등록표초본(상세)
　　③ 사건본인 : 가족관계증명서(상세), 기본증명서(상세), 주민등록표초본

5. 절차참가

① 친권행사 방법의 결정에는 청구인이 아닌 친권자를 절차에 참가하게 하여야 한다(가사소송규칙 제64조): 필수적 참가

② 청구취지 : 어떤 사항에 대하여 친권 행사 방법의 결정을 구하는지를 특정하면 되고. 당사자가 희망하는 내용은 특정하지 않아도 된다. 다만, 청구원인에는 부모의 의견이 일치하지 이니하게 된 사정이나 원인이 구체적으로 기재되어야 한다.

6. 주문

구체적인 친권행사 방법의 결정에 관하여는 가정법원의 재량에 맡겨져 있지만 자녀의 복리를 최우선적으로 고려하여 결정한다.

주문 예시 : 청구인과 참가인은 사건본인이 서울시 강남구 강남대로 1에서 편의점 영업을 하는 것을 허락한다.

7. 불복

① 인용 : 불복 불가

② 기각 : 청구인이 심판을 고지받은 날로부터 14일 이내(가사소송규칙 제27조)

【33】 상속재산보존을 위한 처분

1. 의의

상속인은 상속재산에 관하여 자기 재산과 동일한 관리의무를 가지는데 수인의 공동상속인 중 일부가 생존(예를 들면 가족관계등록부상 상속인이 존재)하고 있으나 소재불명 또는 관리능력부족 등의 사유로 상당한 불편이 발생할 경우 가정법원은 이해관계인, 검사의 청구에 의해 상속재산의 보존에 필요한 처분을 명하거나 상속재산관리인을 선임할 수도 있다.

※ 경매절차와 관련한 관리인은 여기에서 이야기하는 관리인이 아니라 민법 제1053조의 관리인을 말한다.

관련예규 : 재판예규 제1188호 "당사자가 사망하고 그 상속인의 생존여부도 분명치 않을 경우의 사건처리방법(재민 63-20)"

2. 청구인

① 검사

② 이해관계인 : 공동상속인, 상속채권자. 상속인의 채권자, 차순위 상속인 등과 같이 상속재산에 관하여 법률상의 이해관계를 가지는 자

3. 관할

① 사건본인 마지막 주소지 가정법원(민법 제998조, 가사소송법 제44조 제1호)

② 사건본인의 마지막 주소지가 외국인 경우 대법원이 있는 곳의 가정법원(가사소송법 제35조 제2항, 제13조 제2항).

4. 첨부서류

① 청구인 : 가족관계증명서(상세), 주민등록표초본

② 상속인 : 가족관계증명서(상세), 주민등록표초본

③ 사건본인 : 가족관계증명서(상세), 기본증명서(상세), 주민등록표초본

④ 상속인, 청구인 및 사건본인과의 관계가 나타나는 서면

⑤ 재산목록

5. 주문

    1. 피상속인 망 ㅇㅇㅇ의 별지 목록 기재 상속재산에 관한 재산관리인으로 변호사 ㅇㅇㅇ(주민등록번호. 주소)을(를) 선임한다.

    2. 재산관리인은 3개월마다 위 상속재산에 관한 재산관리현황을 보고하여야 한다.

※ 이유에서 민법 제1023조에 따라 선임되었음을 적어 민법 제1053조에 따라 선임되는 상속재산관리인과 구별할 필요가 있다.

6. 불복

    ① 인용 : 상속재산의 관리에 관한 처분을 명하는 심판에 관하여는 불복할 수 없다.

    ② 기각 : 청구인은 심판을 고지받은 날로부터 14일 이내 즉시항고(가사소송규칙 제27조. 가사소송법 제43조 제5항)

7. 재산관리인 선임공고

    민법 제1053조에 따른 상속재산관리인의 선임은 공고하도록 되어 있으나(민법 제1053조 제1항), 민법 제1023조에 따른 재산관리인의 선임에 관하여는 공고규정이 없어 공고가 필요하지 않는다.

8. 기타

    상속인이 1인이 아니고 공동상속인 경우에 그 공동상속인 중 여러 명이 한정승인을 한 경우에는 민법 제1040조의 규정(상속인이 수인인 경우 청구에 의하여 공동상속인 중에서 상속재산관리인 선임 가능)에 따른다.

【34】 유언증서 개봉

1. 의의

봉인된 유언증서를 검인하는 절차의 일부로 볼 수 있고, 개봉은 가정법원에서 개봉하여야 하고, 가정법원은 반드시 기일을 정하여 상속인 또는 그 대리인을 소환하고, 기타 이해관계인에게 통지하여야 한다.

2. 관할. 청구인. 첨부서면. 절차 등

① 유인증서나 녹음의 검인절차의 일부를 이루는 것이라고 볼 수 있으므로 기본적으로는 관할, 청구인 등은 유인증서검인과 같다.

② 봉인된 유언등서라 함은 그 내용을 외부에서 확인할 수 없도록 봉(封)하고 밀봉한다는 뜻의 날인이 되어 있는 것을 말하고, 단순히 봉투 등에 들어 있는 것만으로는 봉인된 것이라고 할 수 없다. 비밀증서에 따른 유언은 엄봉날인(嚴封捺印)이 방식상의 요건으로 되어 있으므로 언제나 여기의 봉인된 유인증서에 해당하지만, 그 밖의 방식에 따른 유언증서라도 봉인되어 있는 한 이를 개봉하는 것은 가정법원에서 하여야 한다.

③ 봉인된 유언증서를 개봉할 경우에는 기일을 정하여 상속인(또는 대리인)을 소환하고, 기타 이해관계인에게 통지하여야 한다(가사소송규칙 제86조 제2항).

※ 검인기일과 달리 개봉기일에 소환을 받은 상속인 또는 그 대리인이 정당한 이유없이 출석하지 아니하면 가정법원은 결정으로 50만 원 이하의 과태료를 부과할 수 있고, 구인도 할 수 있다(가사소송법 제66조). 그 밖의 이해관계인은 출석하여 개봉 및 검인에 참여할 수 있으나 그 의무가 있는 것은 아니고, 따라서 그 기일에 출석하지 않더라도 제재를 가할 수 없다.

④ 개봉기일의 소환 및 통지

1) 법원이 봉인된 유언증서를 개봉할 때에는 유언자의 상속인, 그 대리인,기타 이해관계인의 참여가 있어야 한다(민법 제1092조). "참여가 있어야 한다"는 것은 상속인 등의 참여가 없으면 개봉할 수 없다는 의미가 아니라 그들에게 참여의 기회를 주어야 한다는 의미이므로 불출석하여도 그대로 개봉할 수 있다.

2) 개봉기일과 검인기일은 별도의 절차이나 봉인된 유언증서의 개봉은 그 유언증서의 검인절차의 일부를 이루는 것이므로 같은 날로 지정함이 보통이다.

3) 개봉은 봉인을 제거하고 내용물을 확인하는 방법으로 실시하며, 검인까지 하는 경우는 "유언의 증서 등 검인" 절차에 따라야 하고 검인조서에는 개봉사실을 적어야 한다.

4) 개봉기일에 출석하지 아니한 유언자의 상속인 그 밖에 유언의 내용에 관계있는 자에게 그 사실을 고지하여야 한다(가사소송규칙 제88조).

【35】부부의 동거, 부양, 협조 또는 생활비용의 부담에 관한 처분

1. 의의 및 성질

1-1. 총설

① 부부는 동거하며 서로 부양하고 협조하여야 하고. 다만 정당한 이유로 일시적으로 동거하지 아니하는 경우에는 서로 인용하여야 한다(민법 제826조 제1항).

② 부부의 공동생활에 필요한 비용은 당사자 사이에 특별한 약정이 없으면 부부가 공동으로 부담한다(민법 제833조).

③ 부양, 협조와 동거의 차이

  1) 동거는 단순히 부부가 같은 장소에서 생활한다는 것만이 아니라 서로 협력하여 공동생활을 하는 것을 뜻하므로 동거의무에는 부양·협조·생활비용의 분담의무가 당연히 포함되어 있다고 할 수 있다. 다만. 부부가 정당한 이유로 일시적으로 동거하지 아니하는 경우에도 부양·협조·생활비용의 분담의무는 소멸되지 않는다는 점에서 동거의무와 부양·협조·생활비용의 분담의무 사이에 차이가 있다.

  2) 동거의무에 관하여는 부부가 협의하여 동거 장소를 정하되 그 협의가 이루어지지 아니하는 경우에는 당사자의 청구에 따라 가정법원이 이를 정하도록 규정되어 있음에 비하여(민법 제826조 제2항), 부양·협조·생활비용의 분담의무에 민법에는 아무런 규정이 없고, 다만 그에 관한 처분이 가능함을 전제로 하여 법에서 그 처분을 가사비송사건으로 규정하고 있을 뿐이다.

  3) 따라서 실무상으로 동거에 관한 심판과 부양·협조·생활비용의 분담의무에 관한 심판을 구별하여 취급한다.

1-2. 부부의 동거

① 부부의 동거 장소는 부부의 협의에 따라 정하고, 협의가 이루어지 아니하는 경우에는 당사자의 청구에 따라 가정법원이 정한다(민법 제826조 제2항).

② 부부의 동거 장소의 지정뿐만 이니라 그 시기, 태양 등에 관한 사항도 심판의 대상이 된다.

③ 상대방이 부부가 아니라거나 부부이기는 하지만 특별한 사정으로 인하여 동거할 의무는 없다고 주장하는 경우에 그 주장의 당부도 심판의 대상이라고 본다. 다만, 민사소송이라는 다른 견해도 있다.

1-3. 부부의 부양·협조·생활비용의 분담

① 정신적인 측면은 강제이행을 청구할 수 없는 것이어서 주로 경제적인 측면이 심판의 대상이 된다.

② 부부사이의 부양은 상대방의 생활을 자기의 생활과 같은 정도로 보장하여 공동생활을 가능하게 하는 '생활유지의무'이다. 따라서 부양료 또는 생활비용의 분담 대상은 단순히 의식주에 필요한 비용뿐만 아니라 의료비, 교제비, 장례비, 자녀에 관한 양육비, 생활무능력자인 세대구성원의 생활비 등이 포함될 수 있고, 공동생활의 수단이 되는 부부 한쪽의 직업관계에서 비롯된 채무도 분담의 대상이 될 수 있다.

※ 구별개념 : 친족사이의 부양(민법 제974조, 제975조)은 자기의 생활에 여유가 있음을 전제로 자력으로 생활을 유지할 수 없는 상대방을 지원하는 '생활보조의무'이다.

③ 자녀의 양육비에 관한 문제

  1) 자녀의 양육에 관한 문제는 부부의 공동생활비용분담의 대상으로 될 뿐만 아니라 친족 사이의 부양의 대상(마류 8호)이기도 하고, 자녀의 양육에 관한 처분(마류 3호)의 대상으로도 될 수 있다.

  2) 이 경우 어떤 심판사건으로 처리할 것인지가 문제가 되는데 실무는 청구인을 기준으로 처리한다.

    ㉠ 부부관계가 유지되고 있는 배우자의 한쪽이 상대방에게 청구하는 경우 : 마류 1호

    ㉡ 이혼 당사자인 배우자의 한쪽이 상대방에게 청구하는 경우 : 마류 3호

  3) 자녀가 청구하는 경우 : 마류 8호

④ 부양. 생활비용분담의 시기 : 이행지체에 빠진 이후의 것에 대해서만 청구가 가능하다(대법원 2005스50 결정 요지 : 민법 제826조 제1항에 규정된 부부간의 상호부양의무는 부부의 일방에게 부양을 받을 필요가 생겼을 때 당연히 발생하는 것이기는 하지만, 과거의 부양료에 관하여는 부양를 받을 자가 부양의무자에게 부양의무의 이행을 청구하였음에도 불구하고 부양의무자가 부양의무를 이행하지 아니함으로써 이행지체에 빠진 이후의 것에 대하여만 부양료의 지급을 청구할 수 있을 뿐, 부양의무자가 부양의무의 이행을 청구받기 이전의 부양료의 지급은 청구할 수 없다고 보는 것이 부양의무의 성질이나 형평의 관념에 합치된다).

⑤ 부양, 생활비용분담의 종기 : 이혼 등으로 혼인관계가 해소되었거나 분담을 명한 재판의 변경심판에 의해 소멸 또는 변경된다.

⑥ 혼인이 파탄되어 별거에 이르렀더라도 혼인이 존속하는 한 생활비용분담의무도 존재하지

만. 부부의 한쪽이 정당한 이유 없이 동거의무 등의 협력의무를 스스로 저버리고 있다면 상대방에게 부양료의 지급을 청구할 수는 없다(대법원 91므245판결 요지 : 민법 제826조 제1항이 규정하고 있는 부부간의 동거·부양·협조의무는 정상적이고 원만한 부부관계의 유지를 위한 광범위한 협력의무를 구체적으로 표현한 것으로서 서로 독립된 별개의 의무가 아니라고 할 것이므로, 부부의 일방이 정당한 이유 없이 동거를 거부함으로써 자신의 협력의무를 스스로 저버리고 있다면. 상대방의 동거청구가 권리의 남용에 해당하는 등의 특별한 사정이 없는 한, 상대방에게 부양료의 지급을 청구할 수 없다).

1-4. 심판의 성질

확인설과 형성설의 대립이 있다

2. 관할(가사소송법 법46조)

① 토지관할 : 상대방 주소지 가정법원(가사소송법 제46조 본문)
② 사물관할 : 단독판사(민사 및 가사소송의 사물관할에 관한 규칙 제3조)
③ 과거부양료 또는 생활비용부담청구가 가능한 특별한 경우도 본 호의 사건이다(민사소송 X).

3. 당사자

① 부부 중 한쪽이 다른 한쪽을 상대방으로 하여 청구한다(가사소송규칙 제96조).
② 사실혼 당사자의 경우 사실혼 관계가 유지 중일 때는 가능하지만. 사실혼 관계가 해소되었다면 당사자 적격이 없다.

4. 첨부서면

① 청구인 : 가족관계증명서(상세), 혼인관계증명서(상세) (혼인사유 기재가 없으면 제적등본), 주민등록표초본
② 상대방 : 가족관계증명서(상세), 주민등록표초본
③ 사건본인 : 가족관계증명서(상세). 기본증명서. 주민등록표초본

5. 조사 및 심리

① 조정전치주의 대상 사건(가사소송법 제50조)

② 청구취지 : 원칙적으로 청구취지를 구체적으로 특정하지 아니하고 "상대방과 동거에 관한 적당한 처분을 구한다"는 것과 같이, 어떤 종류의 심판을 청구하는 것인지를 알 수 있는 정도이면 충분하다. 다만, 재산상의 의무이행에 관하여는 청구취지에 구속력이 있으므로 부양이나 생활비용 부담에 관한 처분의 청구는 구체적으로 금액을 특정하여 청구하여야 한다.

③ 재산명시, 재산조회 제도 : 상대방의 재산을 파악하기 위하여 직권 또는 당사자의 신청에 의하여 당사자에게 재산상태를 구체적으로 밝힌 재산목록을 제출하도록 하거나, 당사자 명의의 재산에 관하여 조회할 수 있다(가사소송법 제48조의2. 제48조의3).

④ 당사자의 사망에 의한 절차의 종료

  1) 부부의 동거·부양·협조의무나 생활비용분담의무는 일신전속적인 것으로 상속의 대상이 되지 아니하므로 심판계속 중에 당사자의 한쪽이 사망하면 절차는 종료한다.

  2) 다만, 특별한 사정이 있어 허용되는 과거의 부양료 등을 청구하는 경우에는 당사자의 한쪽이 사망하더라도 절차는 종료되지 않고 상속인이 수계하여야 한다는 견해가 우세하다.

6. 주문

① 심판의 주문은 청구의 형태에 따라 다양하지만, 심판을 함에 있어서는 금전의 지급, 그 밖의 의무이행을 동시에 명할 수 있으므로(가사소송규칙 제97조), 심판청구를 인용하는 경우에는 상대방이 이행하여야 할 의무와 내용을 구체적으로 주문에 표시한다.

② 동거에 관한 심판

상대방은 청구인의 주소지에서 청구인과 동거하라.

③ 부양·생활비용분담에 관한 심판

  1) 재산상의 청구를 인용하는 심판이므로 가집행할 수 있음을 명하여야 한다(가사소송법 제42조 제1항). 다만, 실무상 부양 또는 생활비용분담을 명하는 심판이 형성적 효력을 가진다는 점 등을 이유로 가집행명령을 하지 않는 경우도 있다.

  2) 양육비를 정기금으로 지급하게 한 가정법원의 판결, 심판 등의 집행방법으로 법에 특별한 제도인 '양육비 직접지급명령(가사소송법 제63조의 2)', '담보제공명령 및 일시금 지급명령 (가사소송법 제63조의 3)' 등은 마류 3호의 이혼 시 양육에 관한 처분으로서 양육비 지급을 명한 경우에 한하여 적용된다고 해석되므로, 실무상으로 마류 1호 부양료의 지급을 정

기금 형태로 명하는 심판 주문에는 '부양료로'라고 명시하여 마류 3호의 '양육비'와 구분되게 한다.

　3) 주문 예시

　　1. 상대방은 청구인에게 부양료로 OO만 원(과거 부양료 인용의 경우) 및 20 . . .부터 혼인관계 해소(또는 별거상태 해소)에 이르기까지 매월 말일에 OO만 원씩을 지급하라.

　　2. 제1항은 가집행할 수 있다.

7. 불복(가사소송규칙 제94조. 가사소송법 제43조 제5항)

　인용 및 기각 : 청구인 또는 상대방이 심판문을 받은 날로부터 14일 이내 즉시항고

8. 심판의 효력

　① 심판의 효력

　　1) 심판에 따라 당사자의 권리의무가 정하여지므로 형성력이 있고, 금전의 지급 등의 재산상의 의무이행을 명하는 심판은 집행권원이 되므로(가사소송법 제41조) 집행력도 있다. 다만, 기판력은 없다.

　　2) 동거를 명하는 심판에 대하여는 직접강제 및 간접강제 모두 안되지만(통설), 손해배상 청구는 가능하다(대법원 2009다32454 판결 요지 : 부부의 일방이 상대방에 대하여 동거에 관한 심판을 청구한 결과로 그 심판절차에서 동거의무의 이행을 위한 구체적인 조치에 관하여 조정이 성립한 경우에 그 조치의 실현을 위하여 서로 협력할 법적 의무의 본질적 부분을 상대방이 유책하게 위반하였다면. 부부의 일방은 바로 그 의무의 불이행을 들어 그로 인하여 통상 발생하는 비재산적 손해의 배상을 청구할 수 있고, 그에 반드시 이혼의 청구가 전제되어야 할 필요는 없다).

　② 변경심판 : 심판 후 이를 그대로 유지할 수 없는 특별한 사정의 변경이 있는 때에는 사정변경의 원칙에 따라 또는 친족 간의 부양에 관한 민법 제978조를 유추적용하여 당사자의 청구에 따라 심판의 내용을 변경할 수 있다.

【36】 부부사이의 재산관리자의 변경 또는 공유재산의 분할을 위한 처분

1. 의의 및 성질

① 부부는 혼인성립 전에, 각자가 소유하고 있는 재산 또는 혼인 중에 취득한 재산의 소유나 관리, 처분 또는 혼인해소 시의 청산방법 등에 관하여 약정할 수 있고, 이 부부재산약정은 혼인 중 이를 변경하지 못함이 원칙이다(민법 제829조 제2항 본문).

② 다만, 그 약정에 따라 부부의 한쪽이 다른 한쪽의 재산을 관리하는 경우에 부적당한 관리로 인하여 그 재산을 위태하게 한 때에는(소유권을 상실하게 할 우려가 있는 경우 등) 다른 한쪽이 가정법원에 자기가 관리할 것을 청구할 수 있고, 그 재산이 부부의 공유인 때에는 그 분할을 청구할 수 있다.

③ 공유재산의 분할청구는 관리자의 변경청구와 동시에 하여야만 하는지, 아니면 분할청구만 할 수 있는지에 관하여는 견해의 대립이 있다.

④ 구별 개념 : 민법 제829조 제2항 단서에 따른 부부재산약정의 변경과 이에 대한 허가는 가사비송 라류 7호 사건으로 '변경을 해야 할 정당한 사유가 있을 때에 한하여 부부쌍방이 미리 변경에 관하여 합의를 한 다음 공동으로 가정법원에 허가를 청구하는 것'이고, 여기에서 말하는 재산관리자의 변경은 부적당한 관리에 대하여 다른 한쪽의 청구에 따라 재산관리자를 변경하는 것이다.

2. 관할(가사소송법 제46조)

① 토지관할 : 상대방 주소지 가정법원(가사소송법 제46조 본문)

② 사물관할 : 단독판사(민사 및 가사소송의 사물관할에 관한 규칙 제3조)

3. 당사자

① 부부 중 한쪽이 다른 한쪽을 상대방으로 하여 청구한다(가사소송규칙 제96조).

② 제3자는 부부재산약정의 당사자로 될 수 없으므로 심판에서의 당사자적격도 없다.

4. 첨부서면

① 청구인 : 가족관계증명서(상세), 혼인관계증명서(상세)(혼인사유 기재가 없으면 제적등본), 주민등록표초본

② 상대방 : 가족관계증명서(상세), 주민등록표초본

③ 부부재산약정등기부 또는 부부재산약정서

5. 조사 및 심리

① 조정전치주의 대상 사건(가사소송법 제50조)

② 재산관리자의 변경 또는 공유재산의 분할은 그 재산이 부부재산약정의 목적물임을 전제로 하는 것이므로, 부부재산약정의 목적물이 아닌 공유재산이나 부부의 공유로 추정되는 재산의 분할은 민사사건의 공유물분할로 청구하여야 한다.

③ 심판 절차의 계속 중에 당사자의 한쪽이 사망하면 절차는 종료된다.

6. 주문

① 재산관리자 변경의 경우

  1) 별지 목록 기재 재산의 관리자를 청구인으로 변경한다.

  2) 별지 목록 기재 재산의 관리는 청구인이 한다.

② 공유재산의 분할에 관하여는 민법 제269조 제2항의 규정을 준용한다(가사소송규칙 제98조).

  1) 민법 제269조 제2항의 규정을 준용하는 취지는 분할의 방법을 예시한 것일 뿐 그 분할의 방법이 현물분할이나 경매에 의해 가액분할에 한정된다는 의미로 볼 것은 아니다.

  2) 구체적인 분할의 방법은 가정법원이 후견적인 입장에서 가정평화와 사회정의를 위하여 가장 합리적으로 당사자 사이의 법률관계를 조정할 수 있는 것이면 어떤 것이라도 무방하고, 금전의 지급, 물건의 인도, 등기 기타의 의무이행을 동시에 명하는 방법으로 분할의 방법을 정할 수도 있다(가사소송규칙 제97조).

③ 재산관리자의 변경과 공유재산의 분할을 같이 명하는 경우

  1) 현물분할을 명하는 경우

   ㉠ 별지 목록 기재 부동산에 대한 상대방의 관리를 중단한다.

   ㉡ 상대방은 청구인에게 위 부동산 중 별지 도면 ******표시 부분(청구인의 소유로 하는 부분)에 관하여 이 사건 심판 확정일자 공유재산분할을 원인으로 한 소유권이전등기절차를 이행하라.

  2) 목적재산을 당사자 한쪽의 단독소유로 하고 상대방의 공유지분은 가액청산을 명하는 경우

   ㉠ 별지 목록 기재 부동산에 대한 상대방의 관리를 중단한다.

   ㉡ 상대방(또는 청구인)은 청구인(또는 상대방)에게 위 부동산 중 O/O지분에 관하여 이 사건

심판 확정일자 공유재산분할을 원인으로 한 소유권이 전등기절차를 이행하라.

ⓒ 상대방(또는 청구인)은 청구인(또는 상대방)에게 OO만 원을 지급하라.

3) 경매에 의한 가액분할을 명하는 경우

㉠ 별지 목록 기재 부동산에 대한 상대방의 관리를 중단한다.

㉡ 위 부동산을 경매에 부쳐 그 대금에서 경매비용을 공제한 나머지 금액을 청구인에게 0/0, 상대방에게 0/0의 비율로 분할한다.

7. 불복(가사소송규칙 제94조. 가사소송법 제43조 제5항)

인용 및 기각 : 청구인 또는 상대방이 심판문을 받은 날로부터 14일 이내 즉시항고

8. 심판의 효력

① 심판이 확정되면 그 내용에 따라 당사자의 권리의무가 변경된다.

② 부부재산약정의 변경은 '부부재산약정등기부'에 변경등기를 하지 않으면 부부의 승계인 또는 제3자에게 대항할 수 없다(민법 제829조 제5항).

③ 심판에서 명한 공유재산의 부동산등기는 별도로 관할 등기소에 신청하여야 한다.

【37】 친권자의 동의를 갈음하는 재판

1. 의의

① 자녀의 수술에 대한 동의 등 친권자의 1회의 동의 행위가 필요한데, 친권자가 이를 정당한 이유 없이 동의하지 아니함으로써 자녀의 생명, 신체 또는 재산에 중대한 손해가 발생한 위험이 있는 경우 가정법원은 청구에 의하여 친권자의 동의에 갈음하는 재판을 할 수 있다(민법 제922조의2).

② 이는 1회의 동의갈음만으로 충분한 사안에서 친권상실, 정지, 제한까지 가는 것은 과잉금지원칙에 위배될 염려가 있으므로 1회만 친권행사를 대체할 수 있도록 한 것이다.

③ 구별개념 : 아동학대의 처벌 등에 관한 특례법 제47조 제1항 제9호의 '친권자의 의사표시를 갈음하는 결정'(가정법원 아동보호사건으로 처리)과 차이점은 자녀의 재산에 중대한 손해가 발생할 위험이 있는 경우에도 가정법원이 친권자의 동의를 갈음하는 재판을 할 수 있다는 점에서 차이가 있다.

2. 관할(가사소송법 제46조)

① 토지관할 : 상대방 주소지 가정법원(가사소송법 제46조 본문)

② 사물관할 : 단독판사(민사 및 가사소송의 사물관할에 관한 규칙 제3조)

3. 당사자

자녀, 자녀의 친족. 검사 또는 지방자치단체의 장이 동의하지 않는 친권자(부. 모 또는 부모)를 상대방으로 하여 청구한다(가사소송규칙 제101조 제1항).

4. 첨부서면

① 청구인 : 가족관계증명서(상세), 주민등록표초본, 친족인 경우 사건본인과의 관계를 알 수 있는 자료(제적등본 등)

② 상대방 : 가족관계증명서(상세), 혼인관계증명서(상세), 주민등록표초본

③ 사건본인 : 가족관계증명서(상세), 기본증명서(상세), 주민등록표초본

5. 조사 및 심리

① 실무상으로는 마류 7호 친권의 상실 등에 관한 사건을 청구하면서 사전처분으로 이런 유형의 허가를 신청하는 경우가 많고, 마류 6호 사건으로 청구하는 경우는 거의 없다. 만약 접수가 된다면 사건 내용을 즉시 검토하여 신속한 처리를 요구하는 청구인 경우(예: 긴급 수술 등), 직권으로 필요한 사전처분을 하고, 빠른 심문기일 지정이 필요하다.

② 조정전치주의 대상 사건(가사소송법 제50조)

③ 요건 : 부모가 자녀의 건강. 생명 등을 지키기 위하여 필요한 의사표시(예시: 수술에 대한 동의 등)를 해야 하는 상황임에도 이를 거부하는 경우나 자녀의 재산에 중대한 손해가 발생할 위험이 있는 경우이다.

④ 사전처분과 대행자의 선임

  1) 사전처분

  ㉠ 청구가 있는 경우 가정법원은 직권으로 또는 당사자의 신청에 의하여 사전처분이 가능하다 (가사소송법 제62조 제1항).

  ㉡ 사전처분에 따라 친권을 행사할 자가 없게 되는 때에는 심판의 확정시까지 그 권한을 행사할 대행자를 사전처분에서 동시에 지정하여야 한다 (가사소송규칙 제102조 제1항). 이는, 자녀의 보호에 공백이 생기지 않도록 하기 위한 것이다.

  ㉢ 실무에서는 청구인이 당해 심판이 확정될 때까지 상대방의 친권행사는 정지함과 동시에 청구인을 그 대행자로 선임해 달라는 취지의 사전처분을 신청하는 경우가 많다.

  2) 대행자

  ㉠ 친권대행자는 법원의 허가가 없는 한 친권자의 통상적인 업무범위를 넘는 행위나 관리의 범위를 넘는 재산에 관한 처분행위 등을 할 수는 없다.

  ㉡ 친권대행자의 지정은 가족관계등록부에 기록할 것을 촉탁하여야 한다 (가사소송규칙 제5조 제1항 제4호, 제2항).

  3) 대행자에 대하여는 자녀의 재산 중에서 상당한 보수를 지급할 것을 명할 수 있다(가사소송규칙 제102조 제2항).

6. 주문

사건본인의 친권자인 상대방을 사건본인의 20○○. ○○. ○○. 무렵 ○○병원에서의 수술에 동의한다.

7. 불복(가사소송규칙 제94조. 103조 및 가사소송법 제43조 제5항)

    ① 기각 : 청구인이 심판문을 받은 날로부터 14일 이내 즉시항고

    ② 인용 : 상대방. 자녀의 친족이 심판문을 받은 날로부터 14임 이내 즉시항고

    ③ 청구인이 아닌 자녀의 친족이 즉시항고를 하는 경우 : 청구인 또는 상대방이 마지막으로 심판문을 받은 날로부터 14일 이내 즉시항고

8. 심판의 효력

심판은 확정되어야만 효력이 발생한다(가사소송법 제40조 단서).

【38】 법률행위 대리권과 재산관리인의 상실선고

1. 의의

가정법원은 법정대리인인 친권자가 부적당한 관리로 인하여 자녀의 재산을 위태롭게 한 경우에는 자녀, 자녀의 친족, 검사 또는 지방자치단체의 장의 청구에 의하여 그 법률행위의 대리권과 재산관리권의 상실을 선고한다(민법 제925조).

2. 관할(가사소송법 제46조)

① 토지관할 : 상대방 주소지 가정법원(가사소송법 제46조 본문)
② 사물관할 : 단독판사(민사 및 가사소송의 사물관할에 관한 규칙 제3조)
③ 부모 모두의 법률행위대리권과 재산관리인의 상실선고를 청구하는 경우 부모의 주소지 관할 가정법원이 다를 때 : 그 중 1명의 주소지 관할 가정법원(가사소송법 제47조, 민사소송법의 공동소송에 관한 규정 준용)

3. 당사자

자녀 본인은 청구권이 없고 자녀의 친족, 검사 또는 지방자치단체의 장이 문제가 된 당해 친권자(부, 모 또는 부모)를 상대방으로 하여 청구한다(민법 제925조, 가사소송규칙 제101조 제1항).

4. 첨부서면

① 청구인 : 가족관계증명서(상세), 주민등록표등(초)본. 친족인 경우 사건본인과의 관계를 알 수 있는 자료(제적등본 등)
② 상대방 : 가족관계증명서(상세), 주민등록표등(초)본
③ 사건본인 : 가족관계증명서(상세), 기본증명서. 주민등록표등(초)본

5. 조사 및 심리

① 법률행위 대리권, 재산관리권의 상실 선고 기준
  법률행위 대리권, 재산관리권의 상실은 친권자의 동의에 갈음하는 재판 또는 그 밖의 다른 조치에 의해서는 자녀의 복리를 충분히 보호할 수 없는 경우에만 할 수 있다(민법 제925조의2).
② 청구취지의 구속력 여부

1) 친권상실선고 청구를 법률행위 대리권, 재산관리권상실로 선고하는 것은 가능하다.

2) 반대로 법률행위 대리권, 재산관리권상실선고 청구를 친권상실로 선고하는 것은 불가능하다 (청구인의 청구취지 변경이 필요함).

3) 친권에 따르는 미성년자인 자녀가 여러 명인 경우, 일부 자녀에 대한 친권이나 법률행위대리권. 재산관리권의 상실을 선고하고, 나머지 자녀에 대한 관계에서는 친권 등을 유지하게 할 수도 있다.

③ 당사자 등의 사망에 의한 절차의 종료

1) 상대방이 사망 또는 자녀가 사망하거나 성년이 된 경우 절차는 목적을 상실하여 종료된다.

2) 청구인이 사망한 경우 : 다른 청구인적격자에 의한 절차의 수계가 가능하다.

6. 주문

법률행위의 대리권이나 재산관리권 상실의 선고에 따라 미성년후견인을 선임할 필요가 있는 경우에는 직권으로 미성년후견인을 선임하여야 한다(민법 제932조 제2항, 제928조). 이 경우 실무상 미성년후견인 선임 심판도 같이 하는 경우가 많다(예: 상대방의 사건본인에 대한 법률행위 대리권과 재산관리권을 상실함).

7. 불복(가사소송규칙 제94조, 제103조 및 가사소송법 제43조 제5항)

① 기각 : 청구인이 심판문을 받은 날로부터 14인 이내 즉시항고

② 인용 : 상대방. 자녀의 친족이 심판문을 받은 날로부터 14일 이내 즉시항고

③ 청구인이 아닌 자녀의 친족이 즉시항고를 하는 경우 : 청구인 또는 상대방이 마지막으로 심판문을 받은 날로부터 14일 이내 즉시항고

8. 심판의 효력

심판은 확정되어야 효력이 발생한다(가사소송법 제40조 단서) : 친권자는 심판문의 내용에 따라 그 권한이나 의무를 상실한다.

9. 확정 후 절차

인용하는 심판이 확정되면 가정법원은 지체 없이 사건본인의 등록기준지 가족관계등록 사무를 처리하는 자에게 촉탁하여야 하고(가사소송법 제9조, 가사소송규칙 제5조 제1항 제1호), 청구인 또는 친권자는 그 내용을 1개월 이내 신고하여야 한다(가족관계등록 등에 관한 법률 제79조 제2항 제3호, 제4호 및 제58조).

【39】 실권회복의 선고 사건

1. 의의

① 민법 제924조, 제924조의 2 또는 제925조에 따른 친권상실 등의 원인이 소멸된 경우에 친권상실 등이 된 본인. 자녀. 자녀의 친족, 검사 또는 지방자치단체의 장은 가정법원에 실권회복의 청구를 할 수 있고, 이러한 청구에 대한 심리와 실권의 회복을 선고하는 절차이다.

② 친권 등이 상실선고로 상실된 친권자의 권리의무는 그 실권회복심판에 의해서만 회복된다 (민법 제926조).

2. 관할(가사소송법 제46조)

① 토지관할 : 상대방 주소지 가정법원(가사소송법 제46 본문)

② 사물관할 : 단독판사(민사 및 가사소송의 사물관할에 관한 규칙 제3조)

③ 상대방이 2명 이상이고 그 2명의 주소지 관할 가정법원이 다를 때 : 그 중 1명의 주소지 관할 가정법원(가사소송법 제47조, 민사소송법의 공동소송에 관한 규정 준용)

3. 당사자

① 청구권자 : 친권상실 등이 된 본인. 자녀, 자녀의 친족, 검사 또는 지방자치단체의 장

② 상대방 : 청구 당시 친권 또는 친권의 일부, 법률행위대리권, 재산관리권을 행사하거나 이를 대행하고 있는 자(가사소송규칙 제101조 제2항)

③ 상대방으로 되어야 할 자가 없는 경우에는 검사를 상대방으로 하여 실권회복의 심판청구를 할 수 있다.

4. 첨부서면

① 청구인 : 가족관계증명서(상세), 주민등록표초본, 친족인 경우 사건본인과의 관계를 알 수 있는 자료(제적등본 등), 친권상실 등의 원인이 소멸되었음을 소명하는 자료

② 상대방 : 가족관계증명서(상세), 주민등록표초본

③ 사건본인 : 가족관계증명서(상세), 기본증명서, 주민등록표초본

5. 조사 및 심리

① 실권회복선고는 당사자가 임의로 처분할 수 없는 사항에 해당하므로 조정은 허용되지 않는다.

② '원인이 소멸'하였다는 것은 단순히 현재의 사정만을 가리키는 것이 아니라 다시 친권 등을 행사하게 하더라도 향후에는 친권을 남용하거나 자녀의 재산을 위태롭게 하지 않을 것으로 인정되는 경우를 뜻한다.

③ 친권 실권회복 선고의 청구에 대하여 친권 중 일부만 회복을 선고하거나, 법률행위, 대리권, 재산관리권만의 회복을 선고할 수도 있다.

④ 당사자 등의 사망에 의한 절차의 종료

　1) 친권 등이 상실된 본인. 그 친권 등에 따르는 미성년자인 자녀가 사망하거나 성년이 된 경우 절차는 목적을 상실하여 종료된다.

　2) 상대방이 사망한 경우 : 검사의 상대방 적격이나 검사의 절차 수계를 허용하지 않는 견해와 검사의 상대방 적격 및 절차 수계를 허용하는 견해가 대립된다.

6. 주문

① 청구를 인용하는 경우

② 실권회복청구에 일부만 인용하는 경우

7. 불복(가사소송규칙 제94조. 제103조 및 가사소송법 제43조 제5항)

① 기각 : 청구인이 심판문을 받은 날로부터 14일 이내 즉시항고

② 인용 : 상대방. 자녀의 친족이 심판문을 받은 날로부터 14일 이내 즉시항고

③ 청구인이 아닌 자녀의 친족이 즉시항고를 하는 경우 : 청구인 또는 상대방이 마지막 심판문을 받은 날로부터 14일 이내 즉시항고

8. 심판의 효력

심판은 확정되어야 효력이 발생한다(가사소송법 제40조 단서) : 심판확정 시부터 친권자는 심판의 내용에 따라 친권 또는 법률행위 대리권, 관리권이 회복되고, 만약 후견이 개시되어 있는 경우에는 후견이 종료된다.

9. 확정 후 절차

　인용하는 심판이 확정되면 가정법원은 지체 없이 사건본인의 등록기준지 가족관계등록 사무를 처리하는 자에게 촉탁하여야 하고(가사소송법 제9조, 가사소송규칙 제5조 제1항 제1호), 청구인 또는 친권자는 그 내용을 1개월 이내에 신고하여야 한다(가족관계등록 등에 관한 법률 제79조 제2항 제3호, 제4호 및 제58조).

제3장

가족관계등록 비송사건

【1】 가족관계등록부 정정허가신청

1. 의의

　　법원의 허가에 의한 가족관계등록부 정정절차는 등록부의 기록이 법률상 허가될 수 없는 것 또는 그 기재에 착오나 누락이 있다고 인정한 때에 이를 진정한 신분관계와 일치되도록 바로 잡는 절차를 말한다[가족관계등록 등에 관한 법률(이하 '가족법'이라 함) 제104조].

※ 등록부 정정절차 비교

허가(경정)에 의한 등록부 정정	가족관계등록비송사건	가족법 104조. 105조
판결에 의한 등록부 정정	가사사건	가족법 107조
직권에 의한 등록부 정정	감독법원의 허가에 의한 직권 정정과 시(구)·읍· 면장의 간이 직권정정	가족법 18조 2항. 가족관계의 등록 등에 관한 규칙 60조 2항

2. 등록부 정정의 방법

　　가족법 제104조는 위법한 가족관계등록기록의 정정을, 가족법 제105조는 무효인 행위(창설적 신고가 무효임이 명백한 경우 또는 무효임을 다투는 쟁송방법이 가사소송법 제2조에 규정되어 있지 않은 경우)의 가족관계등록기록의 정정을 규정하고 있고. 모두 가정법원의 허가결정을 받아 등록부의 기록을 정정할 수 있다.

3. 법원의 허가에 의한 등록부 정정의 대상

　① 위법한 등록부의 기록의 정정

　　등록부의 기록이 법률상 허가될 수 없는 것이거나 그 기재에 착오나 누락이 있다고 인정한 때를 말한다.

　　1) 법률상 허가될 수 없는 등록부의 기록

　　　등록부의 기록사항이 아닌 전과관계. 학사. 병사, 사산 등에 관한 기록사항, 위조·변조된 신고서에 의하여 이루어진 등록부 기록, 권한 없는 사람이 한 등록부 기록, 사망자 또는 신고의무자 또는 신고적격자가 아닌 사람의 신고에 의한 기록사항 및 등록부에 기록된 사항 자체로 보아 당연무효로 판단되는 기록사항 등

　　2) 착오가 있는 등록부의 기록

기록사항이 사실과 부합하지 않는 경우를 말하며, 출생연원일이나 출생장소의 기록이 착오인 때. 성별, 본의 기재가 착오로 기록된 때 및 혼인중의 자가 혼인외의 자로 착오 기록된 때 등

   3) 누락이 있는 등록부의 기록
      신고 또는 신청이 있었으나 담당공무원의 잘못으로 그 기록이 빠뜨려진 경우 또는 등록부를 작성하면서 그 기록사항을 누락한 경우 등
② 무효인 행위에 의한 등록부 기록의 정정
   혼인, 인지, 입양 등 신고로 효력이 발생하는 행위. 즉 창설적 신고사항에 대하여 등록부에 기록된 후에 그 행위가 무효임이 명백한 때를 말한다. 예를 들어 사망한 사람과 혼인을 하는 경우나 사망자 명의로 입양하는 경우 등이 있다. 신고가 무효이더라도 기록사항이 친족법상 또는 상속법상 중대한 영향을 미치는 경우로서 가사소송법 제2조에 가사사건으로 규정되어 있지 않아 판결을 받을 수 없는 경우를 말한다.

4. 신청인

① 가족법 제104조 위법한 가족관계등록기록의 정정 : 이해관계인
※ 이해관계인이란 신고사건 본인, 신고인 그밖에 당해 등록부 기록에 신분상 또는 재산상 이해관계를 가진 사람을 말한다.
② 가족법 제105조 무효인 행위의 가족관계등록기록의 정정 : 신고인 또는 신고사건 본인

5. 신청방법

신청서에 정정사항에 대한 소명자료를 첨부하여 사건본인의 등록기준지 관할법원에 제출하여야 한다.

6. 첨부서류(예시)

① 연령 및 생년월인 정정 : 출생증명서, 초등학교 생활기록부, 2인 이상의 인우보증서(인우보증인의 주민등록표초본) 등
② 이→리, 유→류, 나→라 정정 : 학적부. 졸업증명서. 종중의 확인서, 직계비속의 동의서·확인서 등
③ 위장혼인말소 : 혼인관계증명서(상세), 형사판결등본. 확정증명. 벌금완납증명서. 사회봉사명령이행확인서 등

④ 본관정정 : 본관확인서(중앙종친회), 족보사본(표지, 발행일, 본인등재 부분), 종친 2인의 인우보증서(인우보증인의 기본증명서) 등

⑤ 외국출생자로서 한국시각으로 환산된 출생연원일이 기록된 자가 현지 출생연원일로 정정 : 기본증명서(상세). 가족관계증명서(상세), 출생증명서 및 번역문. 여권 등

7. 결정의 고지. 불복

① 결정에는 허가결정. 기각결정, 각하결정이 있으며, 이 결정은 신청인에게 고지됨으로써 효력 발생한다(결정 등본 송달).

② 결정에 대하여 권리를 침해당한 자는 항고할 수 있으며, 보통항고이므로 항고기간의 제한이 없고 항고의 이익이 있으면 언제라도 가능하다.

8. 허가결정 후의 절차

등록부정정허가 결정을 받은 사람은 재판서의 정(등)본을 받은 날부터 1개월 이내에 그 등본을 첨부하여 등록부의 정정을 신청하여야 한다. 등록부정정정허가신청인이 사망한 때에는 그 사람의 배우자 또는 4촌 이내의 친족이 신청할 수 있다.

[다른 절차에 의한 등록부 정정]

□ 판결에 의한 등록부 정정

1. 의의

가족법 제107조에 의한 등록부 정정으로 정정사항 중에서 친족법상 또는 상속법상 중대한 영향을 미칠 사항으로서, 정정하고자 하는 기록사항과 관련된 신분관계의 존부에 관한 직접적인 쟁송방법이 가사소송법 제2조에 규정된 사항을 정정하는 경우이다.

2. 등록부 정정 신청

판결등본 및 확정증명서를 첨부하여 판결 확정일로부터 1개월 이내에 가족관계등록관서에 신청하여야 한다.

3. 신고 (신청) 의무자

소를 제기한 사람이 법정기간 내에 등록부 정성신청을 하지 않고 있더라도 소의 상대방이 등록부 정정신청을 할 수 있다. 가족법 제107조의 소를 제기한 사람이 사망한 때에는 배우자 또는 4촌 이내의 친족이 등록부의 정정을 신청할 수 있다.

□ 직권에 의한 동록부 정정

1. 의의

① 가족관계등록부의 기록이 법률상 무효이거나 착오 또는 누락이 있는 때에 이를 발견한 공무원이 신고인 또는 사건본인에게 그 사실을 통지하여 정정절차를 취할 수 있도록 하고, 만약 통지를 받을 사람이 없거나 통지를 받고도 정정신청을 하지 않는 경우에 시(구)·읍·면의 장이 직권으로 등록부를 정정하는 것을 말한다(가족법 제18조 제1항).

② 직권으로 등록부를 정정할 수 있는 방법은 시(구)·읍·면의 장이 감독법원에 직권정정신청을 하여 그 허가를 받은 후에 등록부를 정정하는 방법과 감독법원의 허가 없이 시(구)·읍·면의 장이 먼저 직권으로 정정을 하고 감독법원에 보고하는 간이직권정정의 방법이 있다(가족법 제18조 제2항, 가족규칙 제60조 제2항).

2. 감독법원의 허가를 요하는 직권정정사항(사전허가)

가족규칙 제60조 제2항에서 정한 경미한 사항(간이직권정정사항)을 제외하고는 원칙적으로 감독법원의 허가를 받아야 한다. 주의할 점은 비송사건절차에 의한 등록부 정정신청을 법원의 허가(재판)는 소송법상의 법원이 하는 재판이지만, 시(구)·읍·면의 장의 직권정정허가신청에 의한 감독법원의 허가는 가족관계등록사무에 관한 법원의 사법 행정상의 절차를 말한다.

3. 간이직권정정사항(사후보고)

대법원규칙과 예규로 정한 경미한 사항은 시(구)·읍·면의 장이 직권으로 가족관계등록부를 정정하고 나중에 감독법원에 보고하여야 한다(가족규칙 제60조 제2항).

① 가족규칙 제60조 제2항의 간이직권정정사항

  1) 등록부의 기록이 오기되었거나 누락되었음이 가족법 시행 전의 호적(제적)이나 그 등본에 의하여 명백한 때

  2) 가족규칙 제54조 또는 제55조에 의한 기록이 누락되었음이 신고서류 등에 의하여 명백한 때

  3) 한쪽 배우자의 등록부에 혼인 또는 이혼의 기록이 있으나 다른 배우자의 등록부에는 혼인 또는 이혼의 기록이 누락된 때

  4) 부 또는 모의 본이 정정되거나 변경되었음이 등록사항별 증명서에 의하여 명백함에도 그 자녀의 본란이 정정되거나 변경되지 아니한 때

  5) 신고서류에 의하여 이루어진 등록부의 기록에 오기나 누락된 부분이 있음이 해당 신고서류에 비추어 명백한 때

② 가족관계등록예규에 의하여 인정된 간이직권정정사항

  1) 구 호적예규 제662호에 따라 기재된 국호, 지명 및 인명과 가족관계등록예규 제451호가 정하는 방식에 따른 국호, 지명 및 인명이 서로 다른 경우

  2) 가족관계증명서(상세)와 관련하여 호적부 전산화 이전에 분가한 후. 분가전 호적이 전적 등의 사유로 새로이 편제된 경우와 같이 전산호적부상에 가족으로 구성되지 않아 가족관계증명서(상세)에 빠뜨리게 된 경우(가족관계등록선례 제201002-5호)

  3) 주민등록지 관할 시(구)·읍·면의 장이 주민등록번호의 통보를 빠뜨리거나 그 밖의 사유로 가족관계등록부에 주민등록번호의 기록이 빠뜨려졌거나 잘못 기재된 경우에 주민등록지의 시(구)·읍·면의 장의 정정통보가 있거나 본인 또는 동거하는 친족이 주민등록표등(초)본을 첨

부하여 주민등록번호의 기록 또는 정정을 신청하는 때(예규 제45호)

4) 다른 사람의 가족관계등록부에 착오로 사망기록을 하고 폐쇄하였을 경우에 그 가족관계등록부를 부활한 후 실제 사망한 사람의 가족관계등록부에 빠뜨린 사망사유를 기록하는 때(예규 제58호)

5) 후견개시신고가 된 미성년자가 혼인한 경우 민법 제826조의2에 따라 성년자로 보아 가족관계등록부에 후견종료사유를 기복한 때(예규 제371호)

6) 부모가 기아를 찾아 가족법 제44조 제2항에 따른 출생신고를 하고 이를 수리한 시(구)·읍·면의 장이 가족법 제53조 제1항에 따른 등록부 정정신청을 받은 때(예규 제413호)

4. 직권정정신청방법

① 신고인, 신고사건 본인 또는 이해관계인이 가족관계등록공무원의 잘못으로 가족관계등록기록을 빠뜨리거나 착오가 있음을 안 때에는 해당 사건을 처리한 시(구)·읍·면에 말 또는 서면으로 직권정정신청을 할 수 있다.

② 신고서류가 법원에 송부된 이후에 신청인이 가족규칙 제60조에 따른 직권정정을 신청하고자 하는 때에는 해당 신고서류의 사본을 첨부하여야 한다.

등록부 정정 허가신청

신 청 인   최 ○ ○(○○○) (주민등록번호)
　　　　　　19○○년 ○월 ○일생
　　　　　　등록기준지   ○○시 ○○구 ○○길 ○○
　　　　　　주소   ○○시 ○○구 ○○길 ○○(우편번호)
　　　　　　전화   ○○○ - ○○○○

사건본인   최 △ △(△△△) (주민등록번호)
　　　　　　등록기준지 및 주소 위와 같음

신 청 취 지

등록기준지 ○○시 ○○구 ○○길 ○○ 번지, 사건본인의 가족관계등록부 중 사
건본인 최△△의 출생년월일 "서기 199○년 ○월 ○일"을 "서기 199□년 □월
□일"로 정정하는 것을 허가한다
라는 결정을 구합니다.

신 청 원 인

1. 사건본인 최△△는 이 사건 신청인인 부 최○○, 신청외 모 정○○ 사이에서
　199□. □. □. 출생한 자인바, 199○. ○. ○. 위 최○○이 출생 신고하여
　호적(법률 제8435호로 폐지된 호적법에 따른 호적부를 말하며, 이하 "호적"
　이라고 함)에 등재되었습니다. 이후 호적부는 2008. 1. 1.자 가족관계 등록
　등에 관한 법률 시행에 따라 개인별로 구분되어 가족관계등록부로 작성되었
　고, 현행 가족관계등록부에도 사건본인의 출생년월일이 199○. ○. ○.로 기
　재되어 있습니다.
2. 그런데 사건본인의 실제 생년월일은 위와 같이 199□. □. □.이나, 출생신고
　가 늦어 199○. ○. ○. 출생한 것으로 잘못 기재되었습니다.
3. 이와 같이 호적신고 내지 호적기재 잘못 및 이에 기초한 가족관계등록부 작
　성으로 사건본인이 그 원래의 생년월일을 인정받지 못하여 유치원이나 초등
　학교 입학을 제때에 하지 못하는 어려움이 있으므로 사건본인의 출생년월일
　199○. ○. ○.을 199□. □. □.로 정정할 수 있도록 허가하여 주시기 바랍

니다.

첨 부 서 류

1. 기본증명서   1통
1. 가족관계증명서   1통
1. 주민등록등본   1통
1. 출생증명서   1통
1. 보증서   1통
1. 보증인주민등록등본   1통
1. 보증인재직증명서   1통
1. 납부서

20○○년   ○월   ○일
위 신청인   ○   ○   ○ (서명 또는 날인)

○ ○ 가 정 법 원 귀중

등 록 부 정 정 허 가 신 청

신청인겸 사건본인 ○ ○ ○ (○ ○ ○)
                 19○○년 ○월 ○일생
                 등록기준지 ○○시 ○○구 ○○길 ○○
                 주소 ○○시 ○○구 ○○길 ○○(우편번호)
                 전화 ○○○ - ○○○○

신 청 취 지

19○○. ○. ○○. ○○법원의 취적허가에 의하여 편제된 신청인 겸 사건본인의 가족관계등록부(등록기준지: ○○시 ○○구 ○○길 ○○)는 이를 모두 말소한다.
라는 재판을 구합니다.

신 청 이 유

1. 신청인겸 사건본인 ○○○는 어려서 자신도 모르는 집에 수양딸로 보내어졌고, 그 후 그 집이 사업실패로 부도가 나자 19○○. ○.경 다시 사회복지법인 ◎◎◎에 보내져 그곳에서 성장하였으며, ○○법원의 취적허가에 따라 ○○시 ○○구 ○○길 ○○을 본적으로 하여 19○○. ○. ○○. 취적 신고를 하였습니다. 이 호적은 가족관계 등록 등에 관한 법률 시행에 따라 ○○시 ○○구 ○○길 ○○를 등록기준지로 하여 가족관계등록부로 작성되었습니다.
2. 그런데 신청인 겸 사건본인 ○○○는 20○○년경 고모 □□□를 만나 자신이 부 □□□의 ○○시 ○○구 ○○길 ○○, 호주 □□□의 호적에 혼인중의 자(子)로 출생신고 되어 있음을 알게 되었습니다. 그리고 19○○. ○. ○○. 위 □□□와 □□□은 재판상 이혼을 하였고 위 □□□는 사건본인을 같은 해 12.경 지면이 있던 사람에게 수양딸로 보낸 사실도 알게 되었습니다. 또한, 위 출생신고에 따른 호적부도 가족관계 등록 등에 관한 법률 시행에 따라 □□시 □□구 □□길 □□을 등록기준지로, 가족관계등록부가 작성되어 사건본인의 등록부가 이중으로 존재함을 알게 되었습니다.

3. 따라서, 신청인 겸 사건본인은 이중등록부 중 착오된 등록부를 폐쇄하고 등록부를 단일화하고자, 위 등록기준지 ○○시 ○○구 ○○길 ○○, 신청인 겸 사건본인의 등록부를 모두 말소하라는 허가를 구하는 것입니다.

첨 부 서 류

1. 제적등본	각 1통
1. 가족관계증명서 및 기본증명서(출생신고한 것)	각 1통
1. 주민등록등본	1통
1. 인우보증서(보증인 정□□)	1통
1. 인우보증서(보증인 이□□)	1통
1. 납부서	1통
1. 위임장	1통

20○○년 ○월 ○일

신청인겸 사건본인 ○ ○ ○ (서명 또는 날인))

○ ○ 가 정 법 원 귀중

등 록 부 정 정 허 가 신 청

신청인 겸 사건본인   ○   ○   ○(○ ○ ○)
　　　　　　　　　　　19○○년 ○월 ○일생
　　　　　　　　　　　등록기준지　　○○시 ○○구 ○○길 ○○
　　　　　　　　　　　주소　　○○시 ○○구 ○○길 ○○(우편번호)
　　　　　　　　　　　전화　　○○○ - ○○○○

신 청 취 지

등록기준지 ○○도 ○○시 ○○면 ○○길 ○○ 번지, 신청인 겸 사건본인의 가족관계등록부 중 신청인 겸 사건본인의 성별란에 "남"으로 기재된 것을 "여"로 정정함을 허가한다.
라는 결정을 구합니다.

신 청 이 유

1. 신청인 ○○○는 여자이나 남자로 출생신고 되어 가족관계등록부에 남자로 기재되어 있습니다.
2. 그러므로 신청인은 가족관계등록부를 정정하고자 본 건 신청을 하오니 신청취지와 같이 결정하여 주시기 바랍니다.

첨 부 서 류

1. 기본증명서　　　　　　　　　　　1부
1. 인우보증서　　　　　　　　　　　1부
1. 인우인주민등록등본　　　　　　　1부
1. 주민등록등본　　　　　　　　　　1부
1. 감정서　　　　　　　　　　　　　1부

20○○년　　○월　　○일
위 신청인 겸 사건본인　　○　○　○ (서명 또는 날인))

○ ○ 가 정 법 원　귀중

등록부정정 허가 신청서

신청인 겸 사건본인 ○   ○   ○(한자 ○ ○ ○)
19○○년 ○월 ○일생
등록기준지   ○○시 ○○구 ○○길 ○○
주소   ○○시 ○○구 ○○길 ○○(우편번호)
전화   ○○○ - ○○○○

신 청 취 지

위 등록기준지의 사건본인의 가족관계등록부의 기록사항 중 특정등록사항란에 기록된 배우자 "□□□"와 일반등록사항란에 기록된 "혼인사유전부"를 각 삭제하는 것을 허가한다.
라는 결정을 구합니다.

신 청 이 유

1. 사건본인은 혼인의 의사가 전혀 없음에도 사건본인 가족관계등록부에 기재된 배우자 □□□와 위장으로 결혼하였습니다.
2. 그러나, 사건본인과 혼인관계증명서에 기재된 배우자는 마치 정상적으로 혼인한 것처럼 결혼공정증서등 혼인관계서류를 가족관계등록관서에 제출하여 그 정을 모르는 가족관계등록부 담당 공무원으로 하여금 본인의 가족관계등록부에 등재하게 하여 공전자기록등불실기재등으로 형사처벌을 받았습니다.
3. 이에 사건본인은 위 신청취지와 같이 귀 법원에 가족관계등록부 정정허가신청서를 제출하오니, 정정허가를 하여 주시기 바랍니다.

첨 부 서 류

1. 사건본인의 기본증명서   1통
1. 혼인관계증명서   1통
1. 주민등록등본   1통
1. 형사판결문등본과 확정증명원(법원)   각 1통
1. 형벌이 벌금, 사회봉사명령인 경우 벌금완납증명서(검찰청)

또는 사회봉사명령이행확인서(보호관찰소)　　　　　　　각 1통
　1. 인우보증서(보증인 2명의 주민등록등본 첨부)　　　　　1통

　　　　　　　　　　　200 ．　　　．　　　．
　　　　　　　　　　　　　　위 신청인　　　　　(서명 또는 날인))

○ ○ 가 정 법 원 귀중

등 록 부 정 정 허 가 신 청

신 청 인   ○ ○ ○
　　　　　　19○○년 ○월 ○일생
　　　　　　등록기준지　○○시 ○○구 ○○길 ○○
　　　　　　주소　　○○시 ○○구 ○○길 ○○(우편번호)
　　　　　　전화　　○○○ - ○○○○

사 건 본 인   △ △ △
　　　　　　19○○년 ○월 ○일생
　　　　　　등록기준지　○○시 ○○구 ○○길 ○○
　　　　　　주소　　○○시 ○○구 ○○길 ○○(우편번호)
　　　　　　전화　　○○○ - ○○○○

신 청 취 지

등록기준지 ○○시 ○○구 ○○길 ○○ 번지, 사건본인의 가족관계등록부 중 사건본인 최△△의 출생년월일 "서기 199○년"을 "서기 199□년"로 정정하는 것을 허가한다
라는 재판을 구합니다.

신 청 원 인

1. (출생년이 잘못 기재된 사유를 구체적으로 기재).
2. 이에 신청인은 등록부정정허가신청을 하오니 실제 연령으로 정정하여 주시길 바랍니다.

첨 부 서 류

　　1. 기본증명서　　　　　　　　　　　　1통
　　1. 가족관계증명서　　　　　　　　　　1통
　　1. 주민등록표등본　　　　　　　　　　1통
　　1. 연령감정서　　　　　　　　　　　　1통

```
  1. 출산증명서                                    1통
  1. 인우보증서                                    1통

                  20○○년      ○월      ○일
                  신 청 인 ○ ○ ○    (서명 또는 날인))


○ ○ 가 정 법 원   귀중
```

등 록 부 정 정 허 가 신 청

신 청 인 ◇ ◇ ◇(주민등록번호)
　　　　　등록기준지 ○○시 ○○구 ○○길 ○○
　　　　　주　　　소 ○○시 ○○구 ○○길 ○○

사건본인 □ □ □(주민등록번호)
　　　　　등록기준지 및 주소 : 신청인과 동일

신 청 취 지

본적 ○○시 ○○구 ○○동 ○○ 호주 ○○○의 제적 중 사건본인 □□□의 사망사유를 말소함과 동시에 사건본인 □□□의 호적을 부활기재하고, 사건본인의 가족관계등록부 작성을 허가한다.
라는 재판을 구합니다.

신 청 원 인

1. 신청인은 사건본인의 모(母)이고 사건본인은 정신지체를 앓고 있는 장애인인 바, 사건본인이 198○년 여름 당시 거주하던 ○○도 ○○시 ○○동 집근처에서 실종되어 그 행방을 몰라 수년간 찾아 헤맸으나, 결국 찾지 못하고 사건본인의 부(父) ○○○이 200○. ○○. ○○. 사망하자 자(子)인 사건본인의 호적도 정리해야겠다는 생각으로 200○. ○○. ○○. 사건본인이 198○. ○. ○. 사망한 것으로 신고하여 신청인의 가족관계등록(호적)을 제적 말소하였습니다.
2. 신청인과 가족들은 사건본인이 20여년 넘도록 소식도 없었기에 동인이 사망한 줄 알았는데, 200○. ○.경 ○○경찰서로부터 '사건본인이 생존하여 ○○정신병원에 입원중에 있다'는 소식을 접하게 되어 찾아가 확인하여 보니 틀림없는 사건본인이었습니다.
3. 이에 신청인은 사건본인에 관하여 잘못된 사망사유를 말소하고 동인의 가족관계등록 기재를 부활하여 동인이 최소한의 사회생활이라도 하는 것을 돕고자 이 사건 신청에 이르게 되었습니다.

소 명 방 법

1. 소갑 제1호증   제적등본
1. 소갑 제2호증   가족관계증명서
1. 소갑 제3호증   지문에 의한 신원확인결과 회신
1. 소갑 제4호증   정보공개요구에 대한 회시
1. 소갑 제5호증   입원확인서
1. 소갑 제6호증의 1   인우보증서
1. 소갑 제6호증의 2 내지 3 각 인감증명
1. 소갑 제7호증   진 술 서

첨 부 서 류

1. 위 소명자료   각 1부
1. 주민등록표 등본(신청인)   1부
1. 납 부 서

200 .   .   .

위 신청인 ◇ ◇ ◇ (서명 또는 날인))

○ ○ 가 정 법 원 귀중

등 록 부 정 정 허 가 신 청

신청인 겸 사건본인   유 ○ ○ (柳 ○ ○)
주 민 등 록 번 호   ******-*******
등 록 기 준 지   ○ ○도 ○ ○시 ○ ○구 ○ ○동
주   소   ○ ○시 ○ ○읍 ○ ○길 5-12

신 청 취 지

 등록기준지 ○ ○도 ○ ○시 ○ ○구 ○ ○동 유 ○ ○ (柳 ○ ○)의 가족관계등록부 중 신청인 겸 사건본인의 한자 성의 한글표기를 '유'에서 '류'로 정정함을 허가한다.
 라는 결정을 구합니다.

신 청 이 유

1. 신청인 겸 사건본인은 가족관계등록부상의 성이 "유"로 기재되어 있으나 실제로는 "류"로 발음 및 표기하여 사용하고 있습니다.
2. 신청인 겸 사건본인은 ○ ○ 류씨이고, 파는 ○ ○파입니다. 현재 주민등록표나 국민건강보험에서는 모두 "류○ ○"이라고 표기사용되고 있습니다.
3. 그러므로 가족관계등록부상 한글표기를 실제에 맞게 정정하고자 이 건 신청을 합니다.

첨 부 서 류

     1. 기본증명서   1통
     1. 가족관계증명서   1통
     1. 주민등록표등본   1통
     1. 건강보험증사본   1통
     1. 납부서   1통

20○○년   ○월   ○일
위 신청인 겸 사건본인   유 ○ ○ (서명 또는 날인))

○ ○ 가 정 법 원 귀중

등 록 부 정 정 허 가 신 청

신청인 겸 사건본인 ○ ○ ○(○ ○ ○)
　　　　　　　　　　 19○○년 ○월 ○일생
　　　　　　　　　　 등록기준지 ○○시 ○○구 ○○길 ○○
　　　　　　　　　　 주소   ○○시 ○○구 ○○길 ○○(우편번호)
　　　　　　　　　　 전화   ○○○ - ○○○○

신 청 취 지

등록기준지 ○○도 ○○시 ○○면 ○○길 ○○ 번지, 신청인 겸 사건본인의 가
족관계등록부 중 신청인 겸 사건본인의 성별란에 "남"으로 기재된 것을 "여"로
정정함을 허가한다.
라는 결정을 구합니다.

신 청 이 유

1. 신청인 ○○○는 19○○년 ○월 ○일 경기도 ○○에서 부 신청외 1과 모 신청
   외2 사이에 남성의 성기구조를 갖춘 남자로 태어나, 19○○년 ○월 ○일 부
   의 신고로 가족관계등록부의 성별란에 '남'으로 기재되었습니다.

2. 그러나, 신청인은 어려서부터 여자들과 어울려 노는 것을 더 좋아했고, 중.고
   등학교 시절에는 친구들이 신청인을 여자로 취급하며 놀려서 힘든 학창시절
   을 보냈고, 19○○에 ○○학교를 졸업한 후 19○○년 ○월경 군에 입대하였
   으나 군대 고참들이 신청인을 여자처럼 취급하여 군대생활에 적응을 하지
   못하다가 결국 19○○년 ○월경 이로 인하여 정신 분열, 신경 쇄약 증세를
   일으켜 의가사 제대를 하였습니다.

3. 신청인은 군 제대 후 서울로 상경하여 여장을 한 채 술집에서 일했고, 19○
   ○년 ○월경부터는 음식점 주방에서 일하였는데 그 당시 신청인을 여자로
   오인한 신청외 3을 만나 교제를 하였으나 나중에 남자인 사실을 고백하고,
   신청외 3의 권유에 의해 성전환수술을 결심하게 되었습니다.

4. 신청인은 ○○시에 소재하고 있는 ○○병원 정신과에서 성전환증으로 진단받
   은 뒤, 신청인 가족들의 동의를 얻어 20○○년 ○월 ○일 같은 병원에서 음
   경절단술, 고환적출술, 여성성기성형술 등의 성전환 수술을 받아 해부학적으

로 여성의 신체구조를 갖게 되었습니다.

5. 신청인은 어려서부터 남자가 아닌 여자로 평가받을 정도로 뚜렷한 여성적 기질과 외관을 가지고 있었고 일상 생활에서도 여자옷을 입고 여자들과 어울려야 편안한 마음을 가지는 등 남성에 대한 불일치감과 여성으로의 귀속감으로 혼란을 겪어왔으며 특히 여성의 성정체성을 가지고 군입대를 하는 등 극심한 정신적 고통을 겪어왔으나 경제사정이 여의치 아니하여 성전환수술을 받지 못하다가 신청인이 25세때에 이르러 사랑하는 남자의 도움으로 성전환수술을 받아 여성의 신체외관을 갖추게 되었고, 현재 여성으로의 성정체성이 확고하고 곧 결혼도 할 예정이어서 개인생활이나 사회생활에서도 여성에 해당함이 명백합니다.

6. 그러므로 신청인은 남성에서 여성으로 등록부의 성별을 정정하고자 본 건 신청을 하오니 신청취지와 같이 결정하여 주시기 바랍니다.

첨 부 서 류

1. 기본증명서	1부
1. 주민등록등본	1부
1. 정신과 전문의 진단서	1부
1. 성전환시술 의사의 소견서	1부
1. 감정서	1부
1. 성장환경진술서	1부
1. 인우인보증서	2부
1. 부모 동의서	1부
1. 가족관계증명서	1부

20○○년   ○월   ○일
위 신청인 겸 사건본인   ○ ○ ○   (서명 또는 날인))

○ ○ 가 정 법 원 귀중

【2】 개명허가신청

1. 의의

가족관계등록부에 기록된 이름을 법원의 허가를 얻어 새로운 이름으로 변경하는 절차이다.

2. 관할

사건본인의 주소지(재외국민은 등록기준지)를 관할하는 가정법원

3. 신청인

개명하고자 하는 사람 또는 법정대리인

※ 의사능력 있는 미성년자는 자신의 개명허가신청을 직접 신청할 수 있다.

(미성년자가 직접 신청 시에는 부, 모의 동의서 필요)

4. 소명자료

구체적인 사안에 따라 경력증명서, 재직증명서. 재학증명서, 초등학교 생활기록부, 초등학교 졸업증명서, 복무확인서, 편지, 예금통장. 족보(사본), 친족증명서 등

5. 개명허가 요건

① 가족관계등록예규 제307호 제2조 : 개명을 허가할 만한 상당한 사유가 인정되고, 범죄를 기도 또는 은폐하거나 법령에 따른 각종 제한을 회피하려는 불순한 의도나 목적이 개입되어 있는 등 개명신청권의 남용으로 볼 수 있는 경우가 아니라면 개명 허가함을 원칙으로 한다.

② 불순한 의도나 목적의 판단자료 등

경찰관서에 범죄경력·수사경력조회서, 전국은행연합회에 신용정보조회, 출입국관리사무소에 출입국사실조회. 본인 또는 참고인의 심문 등

③ 인명용 한자의 범위를 벗어난 한자로의 개명과 5자를 초과한 개명은 허용되지 아니한다.

6. 결정의 고지·불복

① 결정에는 허가결정, 기각결정, 각하결정이 있으며, 이 결정은 신청인에게 고지됨으로써 효

력이 발생한다(결정 등본의 송달).

② 결정에 의하여 권리를 침해당한 자는 항고할 수 있다(보통항고이므로 항고기간의 제한이 없고. 항고의 이익이 있으면 언제라도 가능)

7. 개명 신고절차

① 신고인

개명허가를 받은 사람[개명허가를 받은 자가 의사능력이 없는 때에는 법정대리인 등이 신고하여야 하며. 의사능력 있는 미성년자(만 15세 이상)는 스스로 신고하여도 무방함]

② 신고기간 : 허가서의 등본을 받은 날부터 1개월 이내

③ 신고장소 : 사건본인의 등록기준지 또는 신고인의 주소지나 현재지

■ 대표적 개명사유 사례

O 근친에 같은 이름이 있는 경우

O 어감상 남자 이름이 여자 이름 같다든가 그 반대여서 성별이 혼동될 경우

O 항렬자 또는 돌림자를 따르기 위한 경우

O 이름의 의미가 좋지 않은 경우

O 실제 부르는 이름과 달라 통칭명으로 바꾸려는 경우

O 출생신고서에 착오로 잘못 기재된 이름을 바꾸려는 경우

O 난해 및 난독의 이름을 쉽고 간명하게 개명하는 경우

O 일본식 이름을 개명하는 경우

O 귀화한 자가 한국식 이름으로 바꾸기를 희망하는 경우

O 부모의 성을 모두 성명에 넣기 위하여 개명하는 경우

O 이름이 희귀하여 잘 알아보지 못하여 개명하는 경우

O 한글 이름을 한자 이름으로 개명하는 경우

O 성명의 발음이 어려워서 개명하는 경우

O 다른 글자로 오인되는 경우가 빈발하여 개명하는 경우

O 너무 흔한 이름이라 개명하려는 경우

O 인명용 한자로 개명하려는 경우

[양식 ①] 개명허가 신청서(성년자용)

개명허가 신청서

등록기준지:
(기본증명서 상단에 표시되어 있습니다. 주로 본적과 일치합니다.)
주민등록등본 주소:
송달(등기우편)희망주소:
사건본인의   성   명: (한자:)
          주민등록번호: -
          전 화 번 호: (휴대전화)   (집전화)

신청취지

등록기준지: _____의 가족관계등록부 중

사건본인의 이름 " (현재 이름)   (한자:)" 을(를)
              " (바꿀 이름)   (한자:)" (으)로
          개명하는 것을 허가하여 주시기 바랍니다.

◇ 유의 사항 ◇
1. 개명하고자 하는 이름은 대법원확정 표준 인명용 한자를 사용하여야 합니다.
2. 모든 글씨(한자)는 정자로 기재하십시오.

신 청 이 유
(신청이유를 구체적으로 기재하시기 바랍니다.)

필 수 소 명 자 료

1. 사건본인의 기본증명서(상세) 1통. (동사무소 또는 구청)
2. 사건본인의 가족관계증명서(상세) 1통. (동사무소 또는 구청)
3. 사건본인 부(父)와 모(母) 각각의 가족관계증명서(상세)(2007년 이전에 사망 시 사망일시 표시된 제적등본, 2008년 이후 사망 시 가족관계증명서) 1통.

(동사무소 또는 구청)

4. 사건본인 자녀[**성인(19세 이상)인 경우만**]의 <u>가족관계증명서(상세)</u> 각 1통.
   (동사무소 또는 구청)

5. 사건본인의 <u>주민등록등본</u> 1통. (동사무소 또는 구청)

6. 소명자료(신청이유를 증명할 수 있는 객관적인 자료 및 개명하고자 하는 이
   름으로 사용하고 있는 객관적인 자료)

※ 대리인이 제출할 때에는 사건본인의 위임장, 사건본인의 신분증, 도장 지참.

20   .   .
신청인   (서명 또는 날인)

법원   귀중

[양식 ②] 개명허가 신청서(미성년자용)

개명허가 신청서

등록기준지:
(기본증명서 상단에 표시되어 있습니다. 주로 본적과 일치합니다.)
주민등록등본 주소:
사건본인의 성   명: (한자:)
      주민등록번호: -
      전 화 번 호: (휴대전화)   (집전화)

법정대리인(친권자) 부: (한자:)
        모: (한자:)
법정대리인의 송달(등기우편)희망주소:
전화번호: (휴대전화)   (집전화)

신 청 취 지

등록기준지: _____ 의 가족관계등록부 중 사건본인의 이름
    " (현재 이름)   (한자:)"을(를)
    " (바꿀 이름)   (한자:)"(으)로
        개명하는 것을 허가하여 주시기 바랍니다.

◇ 유의 사항 ◇
1. 개명하고자 하는 이름은 대법원확정 표준 인명용 한자를 사용하여야 합니다.
2. 모든 글씨(한자)는 정자로 기재하십시오.

신 청 이 유
    (신청이유를 구체적으로 기재하시기 바랍니다.)

필 수 소 명 자 료
1. 사건본인의 기본증명서(상세) 1통. (동사무소 또는 구청)
2. 사건본인의 가족관계증명서(상세) 1통. (동사무소 또는 구청)
3. 사건본인 부(父)와 모(母) 각각의 가족관계증명서(상세)(2007년 이전에 사망시
    제적등본, 2008년 이후 사망시 가족관계증명서) 1통. (동사무소 또는 구청)

4. 사건본인의 <u>주민등록등본</u>   1통. (동사무소 또는 구청)

※ 부(父)또는 모(母)가 단독으로 제출할 때에는 배우자의 위임장, 배우자의 신분
   증 및 도장 지참.

20   .   .   .

미성년자의 법정대리인 친권자   부: (서명 또는 날인)

                                     모: (서명 또는 날인)

법원   귀중

개 명 허 가 신 청 서

신 청 인   박 문 수(朴 文 洙)
　　　　　 19〇〇. 〇. 〇 생
　　　　　 등록기준지 〇〇시 〇〇구 〇〇길 〇〇
　　　　　 주 소 〇〇시 〇〇구 〇〇길 〇〇(우편번호)
　　　　　　　　 위 신청인은 미성년자이므로 법정대리인 친권자
　　　　　　　 부 박 〇 〇, 모 윤 〇 〇

신 청 취 지

등록기준지 〇〇시 〇〇구 〇〇길 〇〇, 신청인의 가족관계등록부 중 신청인의
이름「문수(文洙)」를 「도영(度映)」으로 개명할 것을 허가한다.
라는 결정을 구합니다.

신 청 원 인

1. 신청인의 부모는 슬하에 현재 6세, 3세 자녀를 두고 생활하고 있으나 6세인
   아들 박문수가 유치원에 입학을 하면서부터 고민을 하게 되었습니다.
2. 신청인이 유치원에 입학 할 당시 이미 어린이 만화로 텔레비전에 암행어사
   박문수라는 프로를 하였고 또 아무리 철없는 어린이라 하더라도 '암행어사
   박문수'라는 말을 알아듣고 매일 친구들이 신청인에게 암행어사 놀이를 하
   자고 놀리고 어떤 아이는 암행어사와 관련된 각종 어투와 행동 및 소품으로
   신청인에게 시비를 걸거나 괴롭혀 이제 신청인이 같은 또래의 아이들로부터
   마음의 상처를 받고 있습니다.
3. 신청인은 유치원에 입학하기 전에 집에서 도영이라고 부르게 하였고 유치원
   에 입학하면서도 도영이라는 이름으로 등록을 하고 그렇게 부르라고 하였으
   나 동네 아이들이 문수라고 계속 부르는 바람에 들통나서 이제는 도영이 보
   다 문수가 더 많이 불러지고 있습니다.
4. 그러나 그만큼 도영이 에게는 많은 괴로움이 따르고 있고 유치원에 가려고
   하지 않고 있으며 실제 가정에서나 유치원에서 부르고자 하는 이름으로 바
   꾸지 않으면 어린 나이인 지금부터 초등학교에 이르기까지 너무나 많은 시
   달림을 겪을 것입니다.

5. 사실 초등학생들은 사소한 것으로 서로 놀리기 좋아하고 따돌림을 하고 아무런 철부지 없이 행동하므로 그러한 영향을 받을 경우 심리적 장애에까지 이르는 사례를 종종 볼 때 자식의 이름을 교정하지 않을 수 없어 이 신청에 이른 것입니다.
6. 어른에게는 아무런 놀림이 될 수 없지만 어린이의 시각에서 한번 살펴 주시어 개명하여 주시기 바랍니다.

첨 부 서 류

1. 기본증명서(사건본인)   1통
2. 가족관계증명서(사건본인)   1통
3. 가족관계증명서(사건본인 부와 모)   각 1통
4. 주민등록등본(사건본인)   1통
5. 개명의견서   1통
6. 진정서   1통

20○○. ○. ○.
위 신청인   박 문 수
신청인의 대리인 친권자 부 박 ○ ○ (서명 또는 날인)
모 윤 ○ ○ (서명 또는 날인)

○ ○ 가 정 법 원   귀중

개 명 허 가 신 청 서

신 청 인   ○ ○ ○
　　　　　　 19○○년 ○월 ○일생
　　　　　　 등록기준지　　○○시 ○○구 ○○길 ○○
　　　　　　 주소　　○○시 ○○구 ○○길 ○○(우편번호)
　　　　　　 전화　　○○○ - ○○○○
　　　　　　 위 신청인은 미성년자이므로 법정대리인 친권자
　　　　　　　　　 부 □ □ □, 모 □ □ □ □

신 청 취 지

등록기준지 ○○시 ○○구 ○○길 ○○ 번지, 신청인의 가족관계등록부 중 신청인의 이름 "박○○(朴○○)"을 "박○○(朴○○)"로 개명할 것을 허가한다.
라는 결정을 구합니다.

신 청 이 유

1. 신청인의 성명인 "○○"는 신청인의 조부인 신청외 ◇◇◇이 지어준 것입니다. 위 성명은 성명학을 공부하신 신청인의 조부가 손녀인 신청인의 길운을 위하여 지어준 것으로 처음에는 문제가 되지 않았습니다.
2. 그러나 신청인이 초등학교에 입학한 후로 급우들의 놀림을 받아 신청인이 그 스트레스로 학교에 가는 것을 기피할 정도에 이르게 되었습니다.
3. 이에 신청인은 더 이상 급우들로부터 이름 때문에 놀림을 당하지 않고 정상적인 학교생활을 할 수 있도록 하고자 이 건 개명신청에 이르게 되었습니다.

첨 부 서 류

　1. 기본증명서(사건본인)　　　　　　　　1통
　2. 가족관계증명서(사건본인)　　　　　　1통
　3. 가족관계증명서(사건본인 부와 모)　　각 1통
　4. 주민등록등본(사건본인)　　　　　　　1통
　5. 사실확인서　　　　　　　　　　　　　3통
　6. 송달료납부서　　　　　　　　　　　　1통

20○○년 　○월 　○일

신청인 ○ ○ ○

위 신청인은 미성년자이므로

법정대리인 친권자　부　☐　☐　☐ (서명 또는 날인)

모　☐　☐　☐(서명 또는 날인)

○ ○ 가 정 법 원 　귀 중

개 명 허 가 신 청 서

사건본인 겸 신청인 ○ ○ ○ (○ ○ ○)
19○○년 ○월 ○일생
등록기준지   ○○시 ○○구 ○○길 ○○
주소   ○○시 ○○구 ○○길 ○○(우편번호)
전화   ○○○ - ○○○○
법정대리인 친권자 부 □□□   모 □□□
대리인들 주소   위 주소와 같음.

신 청 취 지

등록기준지 ○○시 ○○구 ○○길 ○○ 번지, 신청인 겸 사건본인의 가족관계등
록부 중 사건본인의 이름 "이○○(李○○)"을 "이○○(李○○)"로 개명할 것을
허가한다.
라는 결정을 구합니다.

신 청 취 지

1. 사건본인은 현재 만 8세로서 초등학교 2학년에 재학 중인 여학생입니다.
2. 그런데 사건본인의 이름 "이○○(李○○)"은 사건본인이 여자인데 남자이름으로
   되어 있어서 성별구분이 곤란할 뿐 아니라 친구들로부터 남자라고 놀림을
   받아 학교에 가기를 싫어 하는 등 상당한 불편이 있습니다.
3. 그리고 앞으로 고학년이 되면 더 많은 친구들로부터 위와 같은 놀림을 당하
   게 될 것이며 아이의 성격형성에 많은 지장을 초래할 것입니다. 나아가 사회활
   동에 있어서도 불편이 있을 것이 분명합니다.
4. 따라서 위와 같은 제반 사정을 참작하시어 아무쪼록 사건본인의 개명을 허가하
   여 주시기 바랍니다.

첨 부 서 류

1. 기본증명서(사건본인)   1통
2. 가족관계증명서(사건본인)   1통

3. 가족관계증명서(사건본인 부와 모)   각 1통

4. 주민등록등본(사건본인)   1통

5. 확인서   1통

20○○년　　○월　　○일

사건본인 겸 신청인　　○　○　○

법정대리인 친권자 부 □　□　□ (서명 또는 날인)

모 □　□　□ (서명 또는 날인)

○ ○ 가 정 법 원 귀 중

【3】 성과 본의 창설허가신청 (국적취득자)

1. 의의

외국인이 대한민국 국적을 취득한 경우에는 원칙적으로 외국에서 사용하던 성명을 그 원지음에 따라 한글로 표기하여 가족관계등록부에 기록하도록 되어 있으므로 외국인이 대한민국 국적 취득 후 한국식 성명을 원할 경우에 가정법원의 허가를 얻어 성과 본을 창설하고 개명허가를 얻어 한국식 성명으로 변경하는 절차를 말한다.

※ 부모를 알 수 없는 자가 민법 제781조 제4항에 따라 성과 본을 창설하는 경우는 가사비송사건

2. 관할

등록기준지 또는 주소지를 관할하는 가정법원

3. 신청인

성과 본을 창설하고자 하는 자 또는 그 법정대리인

※ 의사능력있는 미성년자는 자신의 성과 본의 창설허가신청을 직접 할 수 있다.

4. 성과 본 창설 신고

성과 본 창설 허가심판정(등)본을 받은 날부터 1개월 내에 시(구)·읍·면의 장에게 신고하여야 한다.

[양식] 성과 본의 창설허가 심판청구(부·모 모두를 알 수 없는 사람)

성과 본의 창설허가 심판청구
(부·모 모두를 알 수 없는 사람)

청구인 및 사건본인(연락 가능한 전화번호:)
　성　　　명:
　주민등록번호:
　주　　　　소:
　송 달 장 소:

청 구 취 지
"사건본인의 성(姓)을　　　　(한자:　　　)으로, 본을　　　(한자:　　　)으로 창
설할 것을 허가한다."라는 심판을 구합니다.

청 구 원 인
(성.본 창설허가 청구사유를 구체적으로 기재하십시오.)

첨 부 서 류
1.가족관계등록부 부존재증명서(구청에서 발급)　　　　　　　　　　1통
2. 주민등록신고확인서(관할동사무소 발급) 또는 주민등록표등(초)본　1통
3. 반명함판 사진(사건본인)　　　　　　　　　　　　　　　　　　3매
4. 인우보증서(2인 이상, 각 인감증명서 첨부)　　　　　　　　　　1부
※ 인감증명서에 갈음하여 서명하고 본인서명사실확인서 첨부 가능

20　　.　　.　　.
청구인 겸 사건본인　　　　　　　(서명 또는 날인)

법원 귀중

◇ 유의 사항 ◇
1. 관할법원은 사건본인의 주소지 가정법원입니다.
2. 청구서에는 수입인지 5,000원을 붙여야 합니다.
3. 송달료는 송달료 취급 은행에 납부하고 납부서를 첨부하여야 합니다.

성(姓) 및 본(本)의 창설허가신청

청구인 겸 사건본인   ○ ○ ○ (○ ○ ○) 성별 : 남
추정생년월일 : ○○○○년 ○월 ○○일
주   소 : ○○시 ○○구 ○○길 ○○

청 구 취 지

사건본인의 성을 "강(姜)"으로, 본을 "전주(全州)"로 창설할 것을 허가한다.
라는 심판을 구합니다.

청 구 원 인

1. 청구인겸 사건본인은 추정생년월일 서기 197○년 ○월 ○일 전북 전주 이하
   불상지에서 출생된 것으로 추정되오나 친부모가 누구인지도 전혀 모르고 다
   만 197○년 ○월경 전주 ◎◎ 아동복지회에서 보육되고 있다 197○년 ○월
   ○일 ○○도 ○○군 ○○면 ○○길 ○○번지의 □□□(□□□)과 □□□(□
   □□)사이의 자(子)로 입양 되었습니다.

2. 그러나 전 호적(법률 제8435호로 폐지된 호적법에 따른 호적부를 말하며,
   이하 "호적"이라고 함)상의 □□□(□□□)과 □□□(□□□)는 사건본인을
   198○년 ○월 ○일 친생자 ○○○(○○○)으로 출생 신고하여 호적에 입적
   하였으며 사건본인도 어린시절 친부모로 알고 성장해 오다 초등학교 재학
   중 주위사람들을 통하여 본인이 호적상의 부모사이의 친생자가 아니며 고아
   원에서 입양된 사실을 알게 되었고 그로 인한 심한 심적 충격과 갈등으로
   학교에 잘 나가지 아니하게 되고 방황이 시작되면서 학교생활과 집을 나와
   기거했던 논산시 연무읍 소재 사회복지 법인 ◇◇ 생활에도 정상적으로 적
   응치 못하고 결국 중학교 2학년 때 학교를 자퇴한 후 서울 등 지에서 떠돌
   이 생활을 하다 현재는 주소지에서 정착을 하고 있습니다.

3. 위와 같은 사건본인의 심적 갈등과 충격으로 양부모와 간간이 뜻하지 않은
   불화가 있었으며 결국 전호적상 부모인 □□□(□□□) 및 □□□(□□□)와
   청구인은 199○년 ○월 ○일 ○○지방법원에서 양자간에 친생자가 존재하
   지 아니할 뿐 아니라 양친자관계를 존속하기 어려운 중대한 사유에 해당된
   다 하여 친생자관계부존재 확인 판결을 받아 청구인겸 사건본인은 □□□

(□□□)과 □□□(□□□) 호적의 자(子)에서 199○년 ○월 ○일 말소됨에 따라 현재는 사고무친의 고아이자 무적자로 호적을 갖지 못하고 있습니다.

4. 하지만 사건본인은 이제 성년이 다 되어 친생부모를 찾고자 백방으로 수소문하고 노력도 해보았지만 사실상 불가능하여 다른 사람들과 같이 대한민국의 한 국민으로 정정당당하게 사회생활 또는 법률행위를 함에 있어 호적이 절대로 필요함으로 청구취지와 같이 성과 본의 창설을 허가받아 일가창립을 하고자 본 심판 청구를 하는 바입니다.

첨 부 서 류

1. 주민등록등본   1 통
1. 친생자관계부존재확인소 판결문   1 통
1. 확정증명원   1 통
1. 입양확인서   1 통
1. 말소사항이 기재된 제적등본   1 통

20○○년   ○월 ○일
위 청구인 겸 사건본인   ○ ○ ○ (서명 또는 날인)

○ ○ 가 정 법 원 귀 중

【4】 가족관계등록부 창설허가신청

1. 의의

가족관계등록창설이란 대한민국 국민으로서 가족관계등록부에 등록이 되어 있지 아니한 사람에 대하여 가족관계등록부를 갖게 하는 일련의 절차를 말한다.

2. 요건

① 대한민국 국민일 것

가족관계등록부는 우리나라 국민의 신분에 관한 사항을 등록, 공증하는 것이므로 가족관계등록을 창설할 수 있는 사람은 우리나라 국민에 한한다. 따라서 외국인 또는 무국적자는 가족관계등록 창설을 할 수 없다.

② 가족관계등록이 되어 있지 아니한 사람일 것

가족관계등록이 되어 있는지 분명하지 않은 사람은 등록의 유무가 판명될 때까지 가족관계등록창설을 할 수 없으나, 예외적으로 재외국민은 등록 여부가 판명되지 않은 경우에도 「재외국민의 가족관계등록 창설, 가족관계등록부 정정 및 가족관계등록부 정리에 관한 특례법」에 의하여 가족관계등록창설을 할 수 있다.

③ 출생신고 의무자가 없거나 출생신고를 기대할 수 없을 것

출생자에 대하여 부 또는 모 기타 출생신고 의무자가 없거나 가족들의 생사를 알 수 없어 출생신고를 기대할 수 없을 때에 가족관계등록 창설을 한다.

④ 생존하고 있을 것

가족관계등록창설은 현재 살아 있는 사람을 대상으로 하기 때문에 사망한 사람에 대하여는 원칙적으로 가족관계등록 창설을 할 수 없다.

⑤ 실종아동이 아닐 것

「실종아동 등의 보호 및 지원에 관한 법률」상의 실종아동이거나 실종아동의 보호자가 확인된 경우에는 가족관계등록 창설허가를 할 수 없다.

3. 관할

사건본인이 등록기준지로 정하고자 하는 지역을 관할하는 가정법원

4. 신청인

가족관계등록 창설을 하려는 사람 본인이 신청하여야 하며 신청인이 제한능력자인 때에도 의사능력이 있으면 스스로 신청할 수 있다.

5. 허가결정 후의 절차

① 신고인 : 창설허가 결정을 받은 신청인
② 신고기간 : 허가결정 정(등)본 송달받은 날부터 1개월 이내
③ 신고장소 : 시(구)·읍·면의 장에게 신고
④ 첨부서류 : 허가결정 정(등)본

가족관계등록창설허가 신청서

주소:
신청인 겸
사건본인의 성명: (한자:)
　　　　　주민등록번호: -
　　　　　전화번호:(휴대전화)   (자택)

신청취지

등록기준지를   도(시)   시(군, 구)   동(읍, 면)   리   번지로 정
하고 신청인 겸 사건본인에 대하여 별지 신분표와 같이 가족관계등록창설을 허
가하여 주시기를 바랍니다.

신청이유

첨부서류

1. 가족관계등록신분표
2. 가족관계등록부 부존재증명서(시(구).읍.면장 발행)   1통
3. 주민등록신고확인서(읍.면장 발행)   1통
4. 성·본창설허가 심판서 등본(부모를 알 수 없는 무적자인 경우)   1통
5. 성장환경진술서   1통
6. 성장과정을 뒷받침하는 소명자료(작성자의 주소, 전화번호 기재)   1통
7. 재적확인서(군사분계선이북지역에 본적을 가졌던 자의 가족관계등
　　록부창설의 경우에 한함: 이북5도지사가 발행)   1통
8. 멸실 당시 재적증명(멸실호적취적의 경우에 한함:
　　　　　시(구).읍.면장이 발행)   1통

20   .   .   .
　　　신청인   (서명 또는 날인)

법원 귀중

가족관계등록신분표

1. 기본사항

등록기준지	시 구 동 번지

가족관계등록부사항

구분	상세내용

특정등록사항

구분	성명	출생연월일	주민등록번호	성별	본
본인	김본인(金本人)	년 월 일	-	남	金海

일반등록사항

구분	상세내용
출생	【출생장소】 시 구 동 번지

구분	성명	출생연월일	주민등록번호	성별	본
부	김일남(金一男)	년 월 일	-	남	金海
모	이일녀(李一女)	년 월 일	-	여	全州

2. 가족관계사항

작성 시 유의 사항

1. 가족관계등록창설을 하고자 하는 사람이 고아인 경우에는 2. 가족관계사항은 생략할 수 있습니다.
2. 혼인중의 자(또는 혼인 외 자)로서 출생신고의무자가 없어 가족관계등록부를 작성할 수 없는 경우의 가족관계등록창설은 기본사항과 가족관계사항에 위와 같은 형태로 기재하여 신분표를 작성합니다. 다만 혼인 외의 자는 모에 관한 특정등록사항(성명, 출생연월일, 주민등록번호, 성별, 본)만을 기재합니다.
3. 위의 형태는 예시에 불과하므로 신분에 관한 사항은 사실에 따라 그 내용을 기재해야 합니다.

신청서 작성 안내

1. 성장환경진술서(첨부서류 6)의 작성 요령

가. 성장환경 진술서에는 출생지, 성장지, 성장과정 및 기타 성장환경을 설명하는 데 필요한 사항이 기재되어야 합니다.

나. 출생지는 지번을 알 수 없는 경우에는 행정구역명칭은 기재하되 지번의 기재는 생략할 수 있습니다.

다. 성장지는 가능한 시기별, 연령대별(1~7세, 8~13세까지 등)로 특정하여 기재합니다.

라. 성장과정에는 위 3항과 같이 각 시기마다 주거, 생계수단, 교육관계, 동거인, 후견인 등 생활환경을 종합적으로 기재합니다.

마. 이 진술서는 출생자본인이 작성할 수 없는 경우에는 신고인이 작성하여야 하며 작성자가 서명 또는 날인을 합니다.

2. 성장과정을 뒷받침하는 소명자료(첨부서류 7)의 예시 (이 소명자료에는 작성자의 주소, 전화번호를 기재하여야 합니다.)

가. 취학한 사실이 있는 경우 그 학적부

나. 유치원, 병원이나 종교단체가 운영 또는 후원하는 시설, 기타 보호 및 위탁시설 등에 입소했던 경우 그 확인서 및 실종아동이 아님을 드러내는 소명자료

다. 근로자인 경우 대표자나 감독자의 확인서

3. 신청인의 표시방법

 가족관계등록창설허가 신청은 가족관계등록부 부존재자 본인이 하는 것이므로 미성년자라 하더라도 의사능력이 있는 경우(약 만 15세이상)에는 스스로 가족관계등록창설허가 신청을 할 수 있으나, 의사능력이 없는 경우(약 만 15세 미만)에는 법정대리인이 신청하여야 하므로 신청서에 법정대리인(친권자 또는 후견인)임을 표시하고 그 성명과 주소, 연락처를 기재하여야 합니다.

가족관계등록 창설 허가 신청

주   소 :   ○○시 ○○구 ○○길 ○○번지
신청인 겸 :   ○ ○ ○(한자 ○ ○ ○)
사건본인   주민등록번호
             전화번호:

신 청 취 지

등록기준지   ○○도 ○○시 ○○구 ○○길 ○○번지로 정하고 신청인 겸 사건
본인에 대하여 별지 신분표와 같이 가족관계등록창설을 허가한다
라는 결정을 구함.

신 청 원 인

1. 신청인 겸 사건본인은 ○○시 ○○구 ○○길 ○○번지에서 부 ○ ○ ○(한
자 :○○○)와 모 ○ ○ ○(한자 :○○○)사이에 출생을 하였으나 부, 모가 무
적인 상태로 사건본인이 ○세와 ○세 때에 각 사망을 하였고, 사건본인도 출생
신고가 되지 아니한 무적인 상태에서 의지할 곳 없이 이집 저집 방황하며 살
아오다가 2○○○년 ○월부터 ○○시 ○○구 ○○길 ○○번지에 정착하게 되
었습니다.
2. 위와 같은 사실로 사건본인은 학교도 다니지 못하였고 무식한 소치로 인하
여 지금까지 가족관계등록부 조차 갖지 못하고 있습니다.
3. 그러나 사건본인은 이제 성년이 다되어 사회생활을 함에 있어 가족관계등록
창설이 필요하여 신청취지와 같은 신청을 하기에 이른 것입니다.

첨 부 서 류

1. 가족관계등록신분표   1통
2. 가족관계등록부 부존재증명서[시(구)·읍·면장 발행]   1통
3. 주민등록신고확인서(읍·면장 발행)   1통
4. 성장환경진술서   1통
5. 성장과정을 뒷받침하는 소명자료   1통

(작성자의 주소·전화번호기재)

20○○. ○. ○.
위 신청인 겸 사건본인 ○ ○ ○ (서명 또는 날인)

○ ○ 가 정 법 원(지방법원) 귀 중

【5】 출생확인

1. 의의

① 출생증명서 등이 없는 경우 과거에는 인우보증 방식에 의하여 출생신고를 하였으나, 이를 폐지하고 2016. 11. 30.부터 가정법원의 출생사실에 관한 확인을 받아 출생신고를 할 수 있도록 하는 제도이다.

② 출생신고서에는 의사나 조산사가 작성한 출생증명서나, 분만에 직접 관여한 자가 모의 출산사실을 증명하는 자료 등을 첨부한 출생사실 증명서면이 첨부되어야 하는데, 이러한 서류를 첨부할 수 없는 경우에는 신고인이 가정법원의 출생확인을 받아 그 확인서를 받은 날부터 1개월 이내에 출생신고를 하여야 한다.

2. 신청서 작성 및 첨부서류

① 신청인은 가족법 제44조 제4항의 출생증명서 등을 첨부할 수 없는 출생신고 의무자 또는 출생신고 적격자이며, 비송사건절차법 제9조에 의한 대리인(가사소송규칙 제87조의2 제1항에서 준용)도 신청할 수 있다(이 경우 신청인의 위임장 및 신분증 사본을 첨부하여야 함).

② 사건본인은 출생신고의 대상이 되는 자녀로 신청서에 기재하는 사건본인의 이름은 임시로 사용하는 것이므로 등록관서에 출생신고 시 다른 이름으로 신고할 수 있다.

③ 출생증명서 등을 첨부할 수 없는 사유를 소명

  1) 자료의 예시 : 구급차에서 아이를 출산하여 의사 작성의 출생증명서를 발급받지 못하는 경우. 구급차 출동 및 처치기록이나 환자이송증명서. 응급구조자 진술서 등이 소명자료가 될 수 있다.

  2) 병원에서 출생했으나 출생증명서를 발급받을 수 없는 경우 : 병원의 소재 불명, 폐원. 보존기간(10년) 만료로 인한 진료기록 등의 부존재

④ 사건본인의 모의 성명·생년월일·등록기준지를 소명할 수 있는 자료를 첨부 : 출생확인절차를 통해 모의 출산사실과 모의 인적사항을 확인하여야 하므로 신청서에 모의 인적사항을 기재하고 이를 소명할 수 있는 자료[기본증명서(상세), 가족관계증명서(상세), 주민등록표 등(초)본 등]를 첨부하여야 한다.

⑤ 모와 사건본인 사이에 혈연관계가 있음을 소명할 수 있는 자료
  예시 : 유전자 검사서 등 전문기관이나 전문의 명의의 친자관계확인서면. 친자관계를 확

인한 판결(ex.친생자관계존재확인판결) 등

⑥ 신청인이 사건본인의 모와 다를 경우 그 신청인의 가족관계증명서(상세), 주민등록표등(초)본을 첨부

3. 확인 후의 절차

① 신고인 : 확인서등본을 받은 신청인

② 신고기간 : 확인서 등본을 송달받은 날부터 1개월 이내

③ 신고장소 : 시(구)·읍·면의 장에게 신고

④ 신고서류 : 출생신고서, 확인서 등본

출생확인신청서

신청인   성   명   (주민등록번호: -   )
          등록기준지
          주   소
사건본인   성   명
          출생연월일
          등록기준지
          주   소

신청취지

"가족관계의 등록 등에 관한 법률 제44조의2제1항에 따라 출생증명서 등을 첨부할 수 없는 경우에 해당하여 별지와 같이 사건본인   의 출생을 확인한다."
라는 확인을 구합니다.

신청이유

              20   .   .   .
          신청인   (서명 또는 날인)

                    법원 귀중

첨부서류

1. 가족관계의 등록 등에 관한 법률 제44조제4항에 따른 출생증명서 또는 서면을 첨부할 수 없는 사유를 소명할 수 있는 자료
2. 사건본인의 모의 성명·출생연월일·등록기준지를 소명할 수 있는 자료
3. 사건본인의 모와 사건본인 사이에 혈연관계가 있음을 소명할 수 있는 자료
4. 신청인의 가족관계증명서 1통, 주민등록등본 1통

<별 지>

①출생자	성명			성별	
	출생연월일	년 월 일		출생 장소	

②출생자 (다태아인 경우에만 기재함)	성명			성별	
	출생연월일시	년 월 일 시 분		출생 순위	
	출생 장소				
	성명			성별	
	출생연월일시	년 월 일 시 분		출생 순위	
	출생 장소				

③모(母)	성명		출생연월일		
	등록기준지				

④기타					

※ 작성 방법

1. ②란은 쌍태아 이상인 경우에 ①란에 이어서 출생한 순서대로 기재합니다.
2. ④란은 규칙 제87조의2 제4항에 따라 부 또는 모의 등록기준지의 시.읍.면의 장에 대한 통지를 위한 작성란이며, ④란에는 부의 성명·출생연월일·등록기준지를 기재하고, 이를 소명할 수 있는 자료를 첨부하여야 합니다.
3. ③란을 작성한 경우에는 ④란은 기재하지 않을 수 있습니다.

【6】 친생자 출생신고를 위한 확인 [미혼부(父)의 출생신고를 위한 확인 절차]

1. 의의

2015. 5. 18.에 개정된 「가족관계의 등록 등에 관한 법률」이 시행되기 전에는 생모의 인적사항을 알 수 없는 미혼부는 자에 대하여 출생신고를 할 수 없었으나. 개정법 제57조에서 모의 성명·등록기준지 및 주민등록번호를 알 수 없는 미혼부도 가정법원의 확인을 받아 그 자에 대하여 출생신고를 할 수 있는 제도를 마련하였다.

2. 관할

신청인(출생신고를 하고자 하는 미혼부)의 등록기준지 또는 주소지를 관할하는 가정법원

3. 신청서 기재 및 첨부서류

① 신청인은 출생신고를 하고자 하는 미혼부를 말한다.

② 사건본인은 신청인의 혼인 외 자녀를 말하고 신청서에 기재하는 사건본인의 이름은 임시로 사용하는 것이므로 출생신고 시 다른 이름으로 신고할 수 있다.

③ 사건본인의 출생연월일은 출생신고 시 출생증명서에 갈음하는 확인서의 필수적 기재사항으로, 사건본인의 정확한 출생연원일을 알 수 없는 경우라도 출생추정연월일을 반드시 기재하여야 한다.

④ 신청서의 '신청이유'에 모의 인적사항을 알지 못하고 사건본인의 존재를 알게 된 경위와 사건본인을 인수하여 보호하게 된 경위를 구체적으로 기재 하여야 한다(그 사유를 소명할 수 있는 자료에 기재하여도 무방함).

⑤ 모에 관한 요건

  1) 모가 명백히 외국인이 아니어야 하고 모의 인적사항을 알 수 없어야 한다.

  2) 모가 타인의 법률상의 처(유부녀)가 명백히 아니어야 한다[사건본인이 다른 남자의 친생추정을 받는 경우(생모가 다른 남성과 혼인 중인 경우)에는 출생자가 다른 남자의 친생추정을 받으므로 친생부인의 소에 의하여 친생추정사실을 깨뜨리지 않는 한 미혼부의 자녀로 출생신고를 할 수 없다]

⑥ 신청인과 사건본인 사이에 혈연관계 소명자료(유전자검사서, 친자관계확인판결)

4. 확인 후의 절차

① 신고인 : 신청인인 미혼부

② 신고기간 : 미혼부의 출생신고는 인지의 효력 있는 창설적 신고이므로 신고기간의 제한이
없다.

③ 신고장소 : 시(구)·읍·면의 장에게 신고

④ 신고서류 : 출생신고서 및 확인서 등본

친생자 출생신고를 위한 확인 신청서

신청인   성   명   (주민등록번호: -   )
                 주   소

사건본인   성   명
              *출생연월일
              주   소

사건본인의 모 성   명   (주민등록번호: -   )
                           (외국인인 경우 외국인등록번호)
등록기준지(외국인인 경우 국적)

신청취지

"가족관계의 등록 등에 관한 법률 제57조제1항 단서 규정에 따라 사건본인의 모가 특정됨에도 불구하고 모가 소재불명 또는 모가 정당한 사유 없이 출생신고에 필요한 서류 제출에 협조하지 않는 등의 장애가 있는 경우임을 확인한다."
라는 확인을 구합니다.

신청이유

20   .   .   .
신청인   (서명 또는 날인)

법원 귀중

첨부서류

1. 사건본인의 모가 특정됨에도 불구하고 부가 가족관계의 등록 등에 관한 법률 제57조 본문에 따른 신고를 할 때 모가 소재불명임을 소명할 수 있는 자료 또는 모가

정당한 사유 없이 출생신고에 필요한 서류 제출에 협조하지 않는 등의 장애가 있는 사유를 소명할 수 있는 자료
2. 신청인과 사건본인 사이에 혈연관계가 있음을 소명할 수 있는 자료
3. 가족관계증명서(등록기준지 관할 가정법원에 신청하는 경우)   1통
4. 주민등록표 등·초본(주소지 관할 가정법원에 신청하는 경우)   1통
*정확한 출생연월일을 알 수 없는 경우에는 출생추정연월일을 기재하여야 합니다.

【7】 협의이혼의사 확인신청

1. 의의

    법률상 부부가 당사자 간의 자유로운 의사의 합치에 의하여 혼인관계를 상래에 향하여 해소시키는 신분행위로 가정법원의 확인을 받아 시(구)·읍·면의 장에게 신고함으로써 그 효력이 발생케 하는 제도이다(민법 제836조).

2. 관할

    이혼하고자 하는 사람의 등록기준지 또는 주소지를 관할하는 가정법원

※ 부부쌍방의 주소지 또는 등록기준지가 서로 다른 상태에는 각 주소지 또는 등록기준지

※ 부부쌍방이 재외국민인 경우 서울가정법원 관할

※ 국내에 거주하지 아니하는 경우 서울가정법원

※ 재외공관의 장에게 협의이혼의사확인신청을 하는 경우 서울가정법원

3. 협의이혼의사확인 신청

    ① 부부가 법원에 함께 출석(신분증 지참)하여 신청서를 접수하여야 하고, 변호사 또는 대리인에 의한 신청은 불가

※ 피성년후견인은 의사능력이 회복되어 있는 때에는 부모나 성년후견인의 동의를 얻어 이혼할 수 있다(민법 제835조, 제808조 제2항). 의사능력이 없는 상태에서 이혼에 합의를 하였다면 그 이혼은 당연 무효가 된다.

    ② 부부 중 일방이 국내에 거주하면서 외국인등록이 되어 있는 경우 또는 국내거소신고를 한 경우

      1) 첨부서류 : (우리나라 국적자) 가족관계증명서(상세), 혼인관계증명서, 주민등록표등본 각 1통, (외국인) 외국인등록사실증명원 또는 거소사실증명원 1통, (미성년자가 있는 경우) 자의 양육과 친권자 결정에 관한 협의서 1통

      2) 미성년자녀가 있는 경우 각 미성년자녀의 기본증명서 및 가족관계증명서(상세) 각 1통

      3) 모든 서류는 주민등록번호 공개

    ③ 부부 중 일방이 외국에 거주하면서 재외국민등록을 한 경우

      1) 국내 거주 일방이 관할 법원에 출석하여 신청서를 접수하거나,

      2) 외국에 거주하는 재외국민이 관할 재외공관(대사관, 영사관)에 접수할 수 있다.

④ 당사자 쌍방이 외국에 거주하면서 재외국민등록을 모두 한 경우

　외국에 거주하는 재외국민이 관할 재외공관(대사관, 영사관)에 접수

⑤ 부부 중 일방이 교도소 내지 구치소에 수감 중인 경우

　비수감자 일방이 관할 법원에 출석하여 신청서를 접수할 수 있다.

※ 부부 한쪽 또는 양쪽이 외국인인 경우에는 부부의 동일한 본국법. 동일한 상거소지법, 부부와 가장 밀접한 관련이 있는 곳의 순서대로 적용되므로, 부부의 동일한 상거소지법 또는 부부와 가장 밀접한 관련이 있는 곳의 법으로서 대한민국 법이 준거법이 되는 경우에는 대한민국 법에 따른 협의이혼의사확인 신청을 할 수 있으나, 당사자의 본국법에 협의이혼제도를 인정하고 있지 않으면 본국 신분관계등록부의 정리를 위하여 본국법에 따라 다시 이혼절차등 밟아야 하는 불편이 있을 뿐 아니라, 대한민국 법에 규정된 소정의 숙려기간, 미성년자녀에 대한 협의서 제출이 외국인에게 상당히까다롭게 느껴질 수 있으므로 조정사건 내지 재판에 의한 이혼을 권유한다(서울가정법원 실무).

4. 이혼에 관한 안내, 자녀양육안내 및 협의서 제출

① 이혼하려는 부부는 법원으로부터 이혼에 관한 안내(이혼절차, 이혼의 결과, 이혼이 자녀에게 미치는 영향 등)를 받아야 한다.

★ 주의 : 이혼의사확인신청서를 접수한 날로부터 3개월이 경과하도록 당사자 일방 또는 쌍방이 이혼에 관한 안내를 받지 아니한 경우에는 신청이 취하간주 된다.

② 미성년자녀가 없는 경우 접수 전 상담위원의 의무면담을 받아야 하고, 미성년자녀가 있는 경우에는 후견프로그램 이수를 권유받을 수 있다.

③ 미성년자녀가 있는 부부는 자녀양육안내를 받아야 하며. 미성년자녀의 "자의 양육과 친권자결정에 관한 협의서" 또는 "가정법원의 심판정본 및 확정증명서"를 제출하여야 한다.

④ 이혼에 관한 안내를 받은 경우 협의서는 확인기일 1개월 전까지 제출할 수 있고, 가정법원 심판정본 및 확정증명서는 확인기일까지 제출가능

※ (미성년자 있는 경우) 자의 양육과 친권자결정에 관한 협의서 작성 시 주의사항

O 친권자 및 양육자의 결정

- 두 사람 사이에 태어난 미성년자녀만 기재하며. 이름, 성별. 생년월일. 주　민등록번호가 누락되지 않도록 주의하여 기재

- 친권자란, 미성년자에게 친권(법정대리인, 민빈 제911조)을 행사할 사람

- 양육자란. 미성년자와 함께 거주하면서 맡아 기르는 사람

- 친권자 부모공동이란, 이혼 후에도 친권을 함께 행사하는 것을 의미

- 양육자 부모공동이란. 이혼 후에도 함께 살면서 미성년자녀를 함께 돌보　는 것을 의미하

며. 이 경우에는 이혼제도의미와 상반되므로 신중하게 선택

O 양육비용의 부담

- 지급방식은 양육비용을 지급인이 정기금으로 지급할지, 일시금으로 지급할지를 선택
- 정기금 선택 시 미성년자 1인당 비용임을 주의하고, 지급일을 기재할 경우 29, 30. 31일로 협의한 사람은 2월 28일이 있으므로 "말일로 기재하거나 다른 날짜로 기재하길 권유
- 지급액 : 원화(KRW)가 아닌 경우 해당국 통화 단위 명시(예: 미달러화. 일본국엔화, 유로화. 홍콩달러화, 뉴질랜드달러화. 베트남통화, 중국위안화 등)
- 양육자가 양육비용 부담할 경우에는 지급일, 지급방식 등 란에 기재하지 않고. 기타 란에 "양육비는 따로 받지 않고 양육자가 부담하겠음"으로 기재

O 면접교섭권의 행사여부 및 그 방법

- ㉠ 정기적으로 면접(매월, 매주) 및 ㉡ 수시(기타)로 면접하는 방법 중 선택
- 수시(기타) 기재례:

㉠ 자녀의 의사에 따라 인도장소, 면접장소 제한 없이 수시로 면접

㉡ 인도장소, 면접장소 제한 없이 수시로 면접

㉢ 자녀의 방학이나 명절을 이용하여 면집교섭권 행사

★ 면접교섭권은 미양육자인 부 또는 모가 포기할 수 없다.

O 협의일자 및 작성자(남편, 아내) 이름 및 서명 또는 ㉘ 누락여부 확인

5. 이혼숙려기간

이혼안내를 받은 날로부터 미성년자녀가 있는 경우 3개월, 미성년자녀가 없는 경우 1개월의 숙려기간 후에 협의이혼 의사확인을 받을 수 있다. 단, 가정폭력 등 급박한 사정으로 그 사유를 소명하는 경우에는 판사의 허가 후, 숙려기간 단축 또는 면제를 받을 수 있다.

6. 협의이혼의사 확인

① 확인기일에 반드시 부부가 함께 신분증 지참하여 법원에 출석하여야 한다.

② 고지된 두 번의 확인기일 중 한 번만 출석하면 되고, 2회 연속 불출석하면 협의이혼 신청이 취하간주 된다.

③ 확인기일에 출석한 쌍방의 이혼의사가 확인되면 확인서등본 1통씩을 교부받고, 미성년자녀가 있는 경우에는 협의서 등본 1통씩과 양육비부담조서 정본 1통씩을 추가로 교부받는다. 재외국민이나 재소자의 경우에는 재외공관장이나 교도소장에게 법원에서 송달한다.

7. 협의이혼의사 확인 후의 절차

① 협의이혼신고기간 : 확인서등본을 교부받은 날로부터 3개월 내에 등록기준지 또는 주소지, 현재지 관할 시(구)·읍·면의 장에게 확인서(미성년자가 있는 경우 협의서 포함) 등본을 첨부하여 이혼신고를 할 수 있다.

② 법원의 협의이혼의사확인을 받았어도 3개월 내에 이혼신고를 하지 않으면 확인의 효력이 상실되며, 위 기간이 지나면 법원에 협의이혼의사확인신청서를 다시 제출하여야 한다.

8. 협의이혼의사의 철회

① 당사자 일방은 협의이혼의사확인을 받았더라도 이혼한 의사가 없어졌다면 이혼신고를 하지 않거나, 시(구)·읍·면의 장에게 이혼의사철회서를 제출할 수 있다.

② 상대방의 이혼신고서가 일방의 이혼의사철회서보다 먼저 접수되면 철회서를 제출하여도 이혼의 효력이 발생한다.

협의이혼의사확인신청서

당사자   부   ○○○ (주민등록번호: -   )
                등록기준지:
                주   소:
                전화번호(핸드폰/집전화):
           처   ○○○ (주민등록번호: -   )
                등록기준지:
                주   소:
                전화번호(핸드폰/집전화):

신청의 취지

위 당사자 사이에는 진의에 따라 서로 이혼하기로 합의하였다.
위와 같이 이혼의사가 확인되었다.
라는 확인을 구함.

첨부서류

1. 남편의 혼인관계증명서와 가족관계증명서 각 1통.
   처의 혼인관계증명서와 가족관계증명서 각 1통.
2. 미성년자가 있는 경우 양육 및 친권자결정에 관한 협의서 1통과 사본
   2통 또는 가정법원의 심판정본 및 확정증명서 각 3통(제출__, 미제출)[1]
3. 주민등록표등본(주소지 관할법원에 신청하는 경우) 1통.
4. 진술요지서(재외공관에 접수한 경우) 1통.

                         년   월   일

확인기일		담당자
1회	년 월 일 시	법원주사(보)
2회	년 월 일 시	○○○ ㊞

신청인   부   ○   ○   ○   ㊞
         처   ○   ○   ○   ㊞

확인서등본 및 양육비부담조서정본 교부	교부일
부 ○○○ ㊞	
처 ○○○ ㊞	

1) 해당하는 란에 ○ 표기할 것. 협의하는 부부 양쪽이 이혼에 관한 안내를 받은 후에 협의서는 확인기일 1개월 전까지, 심판정본 및 확정증명서는 확인기일까지 제출할 수 있습니다.

※ 이혼에 관한 안내를 받지 아니한 경우에는 접수한 날부터 3개월이 경과하면 취하한 것으로 봅니다.

【8】 재외국민 (일방 국내거주 시) 협의이혼의사 확인신청 절차

1. 국내거주 당사자 일방이 신청하는 경우

국내거주자의 등록기준지 또는 거주지 관할법원에 일방이 협의이혼의사 확인신청할 수 있다 (단, 다른 일방은 재외국민등록을 한 재외국민이어야 함).

① 처리 절차

1) 국내거주자 등록기준지 또는 주소지 관할법원에 신청서 제출(국내거주자는 이혼에 관한 안 내 받음)

2) 법원에서 재외공관장에게 확인요청

3) 재외공관장은 해외거주자를 출석시켜 확인 후 법원에 회보(이혼의사확인회보서 등 송부)

4) 신청인이 안내받은 날과 해외거주자에 안내한 날을 기준을 비교하여 늦은 기일을 기준으로 숙려기간을 고려하여 확인기일 지정

5) 확인기일에 국내거주자 출석하여 이혼의사확인

6) 법원의 확인 후 국내거주자에게 확인서교부 및 해외공관에 확인서(미성년자가 있는 경우 협 의서 포함) 송부

7) 국내거주자가. 쌍방이 서명·날인한 이혼신고서(확인서 등 첨부)를 시(구)·읍·면에 신고 또는 해외거주자가, 쌍방이 서명·날인한 이혼신고서(확인서 등 첨부)를 재외공관에 신고

★ 주의 : 법원에서 촉탁결과 재외국민인 당사자의 이혼의사 등이 확인되지 아니한 회보서가 송 부되어 오거나 촉탁 후 상당한 기간(재외공관에 대한 촉탁인 경우에는 송달일로부터 6개월 이 상) 지나도록 회보서가 송부되어 오지 않는 경우에는 신청당사자를 법원에 출석시킬 필요 없 이 바로 이혼의사가 확인된 것으로 처리한다.

2. 재외국민등록을 한 재외국민이 신청하는 경우(외국인 X)

① 재외국민이 그 거주지를 관할하는 재외공관(대사관, 영사관, 출장소)의 장(그 지역을 관할 하는 재외공관이 없는 때에는 인접하는 지역을 관할하는 재외공관의 장)에게 그 협의이혼 의사의 확인을 신청할 수 있다.

② 첨부서류는 위와 동일(송달료는 해당사항 없음)

③ 처리 절차

1) 관할 재외공관에 신청서 제출

2) 협의이혼절차안내 받은 후 공관장 면전에서 협의이혼의사 진술(진술요지서 작성)

3) 재외공관에서 외교부 경유하여 진술요지서. 신청서 및 첨부서류를 서울가정법원에 송부

4) 국내거주자에게 이혼에 관한 안내한 날을 기준으로 숙려기간을 고려하여 확인기일 지정

5) 확인기일에 국내거주자만이 법원에 출석하여 이혼의사확인

6) 법원의 확인 후 국내거주자에게 확인서 교부 및 해외공관에 확인서(미성년자가 있는 경우 협의서 포함) 송부

7) 국내거주자가, 쌍방이 서명·날인한 이혼신고서(확인서 등 첨부)를 시(구)·읍·면에 신고 또는 해외거주자가. 쌍방이 서명·날인한 이혼신고서(확인서 등 첨부)를 재외공관에 신고

3. 쌍방이 재외국민등록을 한 재외국민인 경우 (외국인 X)

① 해외거주자가 해외(제3국)거주자를 상대로 협의이혼의사확인신청을 할 때에는 일방이 그 거주지를 관할하는 재외공관(대사관, 영사관, 출장소)의 장(그 지역을 관할하는 재외공관이 없는 때에는 인접하는 지역을 관할하는 재외공관의 장)에게 그 협의이혼의사의 확인을 신청할 수 있다.

② 관할 : 서울가정법원

③ 첨부서류

협의이혼의사확인신청서 1부, 부부 각자의 가족관계증명서(상세)(주민등록번호 공개) 1부, 부부 각자의 혼인관계증명서(주민등록번호 공개) 1부, 부부 각자의 재외국민등록부 등본 1부, (미성년자가 있는 경우) 자의 양육과 친권자결정에 관한 협의서 3부. 이혼신고서 3부

④ 처리절차

1) 신청하고자 하는 당사자의 관할 재외공관에 신청서 제출

2) 협의이혼절차안내 받은 후 공관장 면전에서 협의이혼의사 진술(진술요지서 작성)

3) 재외공관에서 외교부 경유하여 진술요지서, 신청서 및 첨부서류를 서울가정법원에 송부

4) 법원이 재외(제3국)공관장에게 이혼의사확인 요청 촉탁(이혼신고서 및 협의서를 송부받은 경우 이혼신고서. 협의서 포함)

5) 재외(제3국)거주자가 재외(제3국)공관에 출석하여 협의이혼절차안내 받은 후 공관장 면전에서 협의이혼의사 진술(이혼의사확인회보서 작성)

6) 재외공관에서 외교부 경유하여 회보서(이혼신고서 및 협의서를 촉탁받은 경우 이혼신고서, 협의서 포함)를 서울가정법원에 송부

7) 재외(제3국) 거주자가 이혼에 관한 안내한 날은 기준으로 숙려기간을 고려하여 확인기일 지정

8) 법원의 확인 후 쌍방 재외공관에 각 확인서(미성년자가 있는 경우 협의서, 이혼신고서가 제출된 경우 이혼신고서 포함) 송부

9) 일방이, 쌍방이 시명·날인한 이혼신고서(확인시 등 첨부)를 재외공관 또는 대한민국 내 시(구)·읍·면에 신고

협의이혼제도안내(재외국민용)

1. 협의이혼이란
○ 부부가 자유로운 이혼합의에 의하여 혼인관계를 해소시키는 제도로, 재외국 민으로 등록된 국민이 재외공관장에게 협의이혼의사확인신청을 하여 서울가 정법원으로부터 이혼의사확인을 받은 후 **쌍방이 서명 또는 날인**한 이혼신고 서에 그 확인서등본을 첨부하여 재외공관장 등에게 신고함으로써 이혼의 효 력이 발생합니다.

2. 협의이혼절차는
  가. 협의이혼의사확인의 신청
    ① 신청 시 제출하여야 할 서류
      ㉠ 협의이혼의사확인신청서 1통
        - 부부가 함께 작성하며, 신청서 양식은 재외공관의 신청서 접수창구에 있습니다.
        - 신청서에 항시 연락 가능한 전화연락처를 정확히 기재하여야 하며, 전화연락처 변경 시에는 즉시 재외공관에 신고하여야 합니다.
      ㉡ 남편의 가족관계증명서와 혼인관계증명서 각 1통
        처의 가족관계증명서와 혼인관계증명서 각 1통
        - 시(구).읍.면.동사무소에서 발급
      ㉢ 미성년인 자녀(임신 중인 자를 포함하되, 이혼에 관한 안내를 받은 날 부터 3개월 또는 법원이 별도로 정한 기간 이내에 성년에 도달하는 자 녀는 제외)가 있는 부부는 이혼에 관한 서면 안내를 받은 후 그 자녀의 양육과 친권자결정에 관한 협의서 1통과 사본 2통 또는 가정법원의 심 판정본 및 확정증명서 각 3통을 제출하여야 합니다. 미제출 또는 제출 지연 시 협의이혼확인이 지연되거나 불확인 처리될 수 있습니다.
        - 특히 이혼신고 다음 날부터 미성년인 자녀가 성년에 이르기 전날까지 의 기간에 해당하는 양육비에 관하여 협의서를 작성한 경우 양육비부 담조서가 작성되어 별도의 재판 없이 강제집행을 할 수 있으므로 양 육비 부담에 관하여 신중한 협의를 하여야 합니다.
        - 미성년자녀가 입양된 경우에는 친생부모의 친권이 소멸되고 양부모가 친권자가 되므로, 친생부모는 자녀의 양육과 친권자결정에 관한 협의 서에 입양된 자녀에 대하여는 양육과 친권자결정에 관한 사항을 기재 하여서는 안 됩니다.
        - 자녀 양육 안내에 관하여는 유튜브에 공개된 "이혼 우리아이를 어떻게 지키

고　　돌볼까요?{법원　이혼　부모교육(자녀　양육　안내)동영상}"
(https://www.youtube.com/watch?v=GMzgrxYseVw)을　참조하여　주시기
바랍니다(유튜브에　"자녀　양육　안내"로　검색하시면　됩니다).

　ⓔ 이혼신고서
　　- 이혼신고서는 이혼의사확인신청을 할 때 제출하는 서류가 아니고 재
　　　외공관장 등에게 이혼신고할 때 비로소 제출하는 서류입니다. 그러나
　　　신청할 때 미리 이혼신고서 뒷면에 기재된 작성 방법에 따라 부부가
　　　함께 작성하여 **서명 또는 날인**한 후 각자 1통을 보관하고 있다가 이
　　　혼신고할 때 제출하면 편리합니다.
　ⓕ 부부 중 일방이 다른 외국에 있거나 교도소(구치소)에 수감 중인 경우
　　- 재외국민등록부등본 1통(재외공관 및 외교부 발급) 또는 수용증명서
　　　(교도소 및 구치소 발급) 1통을 첨부합니다.

② 신청서를 제출할 재외공관
　○ 이혼당사자의 거주지를 관할하는 재외공관에 부부가 함께 출석하여 신
　　청서를 제출하여야 합니다.
　　- 부부 중 일방이 다른 외국에 있거나 교도소(구치소)에 수감 중인 경우에만
　　　다른 일방이 혼자 출석하여 신청서를 제출하고 안내를 받아야 합니다.

③ 이혼에 관한 안내
　○ 재외공관장으로부터 서면으로 안내를 받을 수 있습니다.

④ 이혼숙려기간의 단축 또는 면제
　○ 안내를 받은 날부터 미성년인 자녀(임신 중인 자를 포함)가 있는 경우
　　에는 3개월, 성년 도달 전 1개월 후 3개월 이내 사이의 미성년인 자녀
　　가 있는 경우에는 성년이 된 날, 성년 도달 전 1개월 이내의 미성년인
　　자녀가 있는 경우 및 그 밖의 경우에는 1개월이 경과한 후에 이혼의사
　　의 확인을 받을 수 있으나, 가정폭력 등 급박한 사정이 있어 위 기간의
　　단축 또는 면제가 필요한 사유가 있는 경우 이를 소명하여 사유서를
　　제출할 수 있습니다.

⑤ 협의이혼의사의 확인
　○ 부부가 함께 본인의 신분증(주민등록증, 운전면허증, 여권 중 하나)과 도
　　장을 가지고 거주지 관할 재외공관에 출석하여야 합니다. 부부 중 일방
　　이 타국에 거주하는 경우 신청당사자만 출석합니다.
　○ 부부 중 일방이 국내에 있으나 서울가정법원 관할 외 주소지에 거주하는
　　경우 국내거주자는 주민등록표 등(초)본을 제출하여 주소지 관할 법원에
　　서 이혼의사를 확인받을 수 있도록 서울가정법원에 신청할 수 있습니다.
　○ 자녀의 복리를 위해서 법원은 자녀의 양육과 친권자결정에 관한 협의에
　　대하여 보정을 명할 수 있고, 보정에 불응하면 불확인 처리됩니다.

○ 불확인 처리를 받은 경우에는 가정법원에 별도로 재판상 이혼 또는 재판상 친권자지정 등을 청구할 수 있습니다.

나. 협의이혼의 신고

○ 이혼의사확인서등본은 교부받은 날부터 3개월이 지나면 그 효력이 상실되므로, 신고의사가 있으면 위 기간 내에 당사자 일방 또는 쌍방이 재외공관, 등록기준지 또는 현재지 시(구).읍.면사무소에 확인서등본이 첨부된 이혼신고서를 제출하여야 합니다. 여기서 "시"라 함은 "구"가 설치되지 않은 시를 말합니다.

- 이혼신고가 없으면 이혼된 것이 아니며, 위 기간을 지난 경우에는 다시 법원의 이혼의사확인을 받지 않으면 이혼신고를 할 수 없습니다.

- 미성년인 자녀가 있는 경우 이혼신고 시에 협의서등본 또는 심판정본 및 그 확정증명서를 첨부하여 친권자지정 신고를 하여야 하며, 임신 중인 자녀는 이혼신고 시가 아니라 그 자녀의 출생신고 시에 협의서등본 또는 심판정본 및 그 확정증명서를 첨부하여 친권자지정 신고를 하여야 합니다.

- 확인서등본을 분실한 경우: 확인서등본을 교부받은 날부터 3개월 이내라면 이혼의사확인신청을 한 법원에서 확인서등본을 다시 교부받을 수 있습니다.

- 법원은 협의서원본을 2년간 보존한 후 폐기하므로, 법원으로부터 교부받은 협의서등본을 이혼신고 전에 사본하여 보관하시기 바랍니다.

다. 협의이혼의 철회

○ 이혼의사확인을 받고 난 후라도 이혼할 의사가 없는 경우에는 등록기준지 또는 현재지 시(구).읍.면의 장에게 이혼의사철회서를 제출하면 됩니다.

- 이혼신고서가 이혼의사철회서보다 먼저 접수되면 철회서를 제출하였더라도 이혼의 효력이 발생합니다.

3. 협의이혼의 효과는

○ 가정법원의 이혼의사확인을 받아 신고함으로써 혼인관계는 해소됩니다.

○ 이혼 후에도 자녀에 대한 부모의 권리와 의무는 협의이혼과 관계없이 그대로 유지되나 미성년인 자녀(임신 중인 자 포함)가 있는 경우에는 그 자녀의 양육과 친권자결정에 관한 협의서 또는 가정법원의 심판에 따릅니다.

○ 특히, 이혼신고 다음날부터 미성년인 자녀가 성년에 이르기 전날까지의 기간에 해당하는 양육비에 관하여 양육비부담조서가 작성되며, 이혼 후 양육비부담조서에 따른 양육비를 지급하지 않으면 양육비부담조서정본에 가정법원이 부여한 집행문을 첨부하여 강제집행을 할 수 있습니다.

○ 이혼하는 남편과 다른 등록기준지를 사용하기를 원하는 처는 별도의 등록기준지 변경신고를 함께 하여야 합니다.

【9】 재소자 협의이혼의사 확인 절차

1. 당사자 일방이 수감 중인 경우

① 비재소자의 주민등록 주소지 내지 등록기준지 관할법원에 비재소자 일방이 협의이혼의사 확인 신청할 수 있다.

② 신청서 및 이혼신고서에 상대방 무인(拇印)을 접수 전에 받아 오시는 것을 권장한다.

③ 수용증명서는 접수 전에 수용시설에서 발급받아 오시길 바랍니다.

2. 처리절차

① 비재소자가 관할법원에 신청(비재소자는 이혼에 관한 안내 받음)

② 법원이 교도소·구치소에 확인 요청

③ 교도소장 등이 재소자를 출석시켜 확인 후 법원에 회보(이혼의사확인회보서 등 송부)

④ 재소자에게 안내한 날을 기준으로 숙려기간 고려하여 확인기일 지정

⑤ 확인기일에 비재소자를 법원에 출석하도록 하여 이혼의사 확인

⑥ 법원의 확인 후 비재소자 및 교도소 등에 확인서(협의서 포함) 교부

⑦ 비재소자가, 쌍방이 서명·날인한 이혼신고서(확인서 등 첨부)를 시(구)·읍·면에 신고

★ 주의 : 법원에서 촉탁결과 수감자인 당사자의 이혼의사 등이 확인되지 아니한 회보서가 송부되어 오거나 촉탁 후 상당한 기간(교도소·구치소의 장에 대한 촉탁인 경우에는 송달일로부터 1개월 이상) 지나도록 회보서가 송부되어 오지 않는 경우에는 신청당사자를 법원에 출석시킬 필요 없이 바로 이혼의사가 불확인된 것으로 처리한다.

제4장

가사신청사건

【1】 가압류가처분신청 (즈단 , 즈합 사건)

1. 의의

가사소송사건, 마류 가사비송사건. 가사조정사건을 본안사건으로 하여 가압류·가처분을 할 수 있고, 이 경우 민사집행법상의 가압류·가처분에 관한 규정을 준용한다.

2. 토지관할

① 가압류신청 : 가압류할 문건이 있는 곳을 관할하는 가정법원이나 본안의 관할 가정법원

② 가처분신청 : 본안의 관할 가정법원이나 다툼의 대상이 있는 곳을 관할하는 가정법원

③ 본안이 1심법원에 계속 중이면 1심법원에, 항소심에 계속 중이면 그 항소법원에, 상고심에 계속 중일 때는 1심법원이 관할법원

3. 사물관할

① 가압류 : 단독(즈단) - 위자료가 2억 원 이하인 사건(재산분할금액은 상관 없음)

합의(즈합) - 위자료가 2억 원 초과의 사건. 원인이 상속분할등 상속에 관한 사건

② 가처분 : 상속재산분할청구를 제외하고 모두 단독사건이다.

4. 신청서 기재사항

① 피보전권리 : 가압류에서는 피보전권리인 청구채권을 표시하고 금액을 기재(위자료와 재산분할청구금액을 나누어서 기재함), 다툼의 대상에 관한 가처분의 경우 그 청구권을 표시 (구체적으로 명확히 기재, 예: 재산분할청구권, 사해행위로 인한 원상회복 청구권 등), 임시의 지위를 정하기 위한 가처분에서는 현재 다툼이 있는 권리 또는 법률관계를 기재

② 보전의 필요성 : 민사집행법 제277조에 따라 구체적으로 기재

③ 목적물의 표시 : 다툼의 대상에 관한 가처분은 그 피보전권리가 특정물에 관한 이행청구권이므로 가처분신청서에 그 목적물을 명확하게 기재해야 한다.

5. 기타 첨부서류

① 부동산가압류 : 부동산등기 사항증명서 등본, 등록세영수확인서 및 통지서(재산소재지 관할하는 시·군·구청에서 가압류할 금액의 2/1000에 해당하는 등록세와 등록세액의

20/100에 해당하는 교육세 - 법원내 비치된 컴퓨터에서 인터넷납부가능), 등기신청수수료(필지당 3,000원), 가압류진술서

② 부동산처분금지가처분신청 : 부동산등기 사항증명서 등본. 건축물관리대장등본. 토지대장등본(개별공시지가확인(원), 등록세 영수확인서 및 통지서. 가처분진술서

③ 본안소송에서 소송대리권을 가지는 자는 딩연히 보전처분신청의 대리권도 가지므로 본안소송의 위임장사본을 제출하고, 본안소송의 소장 사본 등을 첨부하여 피보전권리를 소명한다면 별도의 소송위임장을 제출하지 않아도 된다.

6. 불북방법

① 채권자 : 기각, 각하결정에 대하여 결정문을 송달받은 날로부터 1주 이내 즉시항고

② 채무자 : 이의신청. 본안의 제소명령[첨부서류 : 혼인관계증명서(채권자 1통), 주민등록표초본(채권자. 채무자 각 1통)]

부동산가압류신청서

채권자　성명　　　　　　　(주민등록번호　　　　　　-　　　　　)
　　　　주소
　　　　연락 가능한 전화번호
채무자　성명　　　　　　　(주민등록번호　　　　　　-　　　　　)
　　　　주소

신청취지

　채무자 소유의 별지 목록 기재 부동산을 가압류한다는 결정을 구합니다.

청구채권(피보전권리)의 내용
청구금액　금　　　　　　　원

신청이유

소명방법

1. 부동산등기사항증명서　　통
2.

20　.　.　.

　　　채권자　　　　　　　　(서명 또는 날인)
　　　연락 가능한 전화번호

법원 귀중

◇ 유의 사항 ◇

1. 청구채권(피보전권리)의 내용란에는 채권의 발생일자와 발생원인 등을 기재
　합니다(예시: 2021. 1. 1.자 대여금).
2. 연락 가능한 전화번호에 언제든지 연락 가능한 전화번호나 휴대전화번호를

기재하고, 그 밖에 팩스번호, 이메일 주소 등이 있으면 함께 기재하기 바랍니다.

3. 이 신청서를 접수할 때에는 당사자 1인당 3회분의 송달료를 송달료수납은행에 예납하여야 합니다.

채권가압류신청서

채 권 자   성명

         주소

채 무 자   성명

         주소

제3채무자 성명

         주소

신청취지

채무자의 제3채무자에 대한 별지 목록 기재의 채권을 가압류한다.

제3채무자는 채무자에게 위 채권에 관한 지급을 하여서는 아니 된다.

라는 결정을 구합니다.

청구채권(피보전권리)의 내용

청구금액   금   원

신청이유

소명방법

1.

2.

                    20 . . .

        신청인   (날인 또는 서명)

        연락 가능한 전화번호

                              법원 귀중

◇ 유의 사항 ◇

1. 청구채권(피보전권리)의 내용란에는 채권의 발생일자와 발생원인 등을 기재

한다(예시: 2020. 1. 1.자 대여금).

2. 연락 가능한 전화번호에는 언제든지 연락 가능한 전화번호나 휴대전화번호를 기재하고, 그 밖에 팩스번호, 이메일 주소 등이 있으면 함께 기재하기 바랍니다.

3. 공무원 또는 대기업직원의 임금 또는 퇴직금채권에 대한 가압류를 신청할 때에는 채무자의 이름과 주소 외에 소속부서, 직위, 주민등록번호, 군번/순번(군인/군무원의 경우) 등 채무자를 특정할 수 있는 사항을 기재하시기 바랍니다.

4. 이 신청서를 접수할 때에는 당사자 1인당 3회분의 송달료를 송달료 수납 은행에 예납하여야 합니다.

가압류할 채권 (기재 예시)

■ 임금 및 퇴직금

금   원

채무자가 제3채무자로부터 매월 수령하는 급여채권(급료, 상여금, 그 밖에 이와 비슷한 성질을 가진 급여채권)에서 제세공과금을 뺀 잔액의 1/2씩 위 청구금액에 이를 때까지의 금액[다만, 국민기초생활보장법에 의한 최저생계비를 감안하여 민사집행법 시행령이 정한 금액에 해당하는 경우에는 이를 제외한 나머지 금액, 표준적인 가구의 생계비를 감안하여 민사집행법 시행령이 정한 금액에 해당하는 경우에는 이를 제외한 나머지 금액] 및 위 청구금액에 이르기 전에 퇴직한 때에는 퇴직금에서 제세공과금을 뺀 잔액의 1/2 중 위 청구금액에 이를 때까지의 금액

[단, 근로자퇴직급여 보장법 제7조 및 동법 시행령 제2조에 따라 압류가 금지된 퇴직연금제도의 급여를 받을 권리는 제외한다.)

※ 대한민국법원 전자민원센터 홈페이지(http://www.help.scourt.go.kr) > 절차안내 > 강제집행 > 채권강제집행 > 압류금지채권

■ 대여금

금   원

채무자가 제3채무자에 대하여 가지는 20 . . . 대여한 금   원의 반환채권

■ 매매대금

금   원

채무자가 제3채무자에게 20 . . . 매도한 다음 물건에 대한 금   원의 매매대금채권 중 위 청구금액

■ 공사대금

금   원

채무자와 제3채무자 사이의 20 . . .자   공사 도급계약에 따른 채무자의 금   원의 공사대금채권 중 위 청구금액

〔단, 건설산업기본법 제88조 및 동법 시행령 제84조의 규정에 따라 압류가 금지된 임금채권은 제외한다.〕

부동산가압류신청

채 권 자 ○○○
　　　　○○시 ○○구 ○○길 ○○(우편번호 ○○○○○)
　　　　전화.휴대폰번호:
　　　　팩스번호, 전자우편(e-mail)주소:
채 무 자 ◇◇◇
　　　　○○시 ○○구 ○○길 ○○(우편번호 ○○○○○)
　　　　전화.휴대폰번호:
　　　　팩스번호, 전자우편(e-mail)주소:

청구채권의 표시
금 ○○○원(채권자가 채무자로부터 가지는 위자료, 양육비채권의 일부금)

가압류하여야 할 부동산의 표시
별지 1목록 기재와 같습니다.

신 청 취 지

　채권자가 채무자에 대하여 가지는 위 청구채권의 집행을 보전하기 위하여 채무자 소유의 별지 1목록 기재 부동산은 이를 가압류한다.
라는 재판을 구합니다.

신 청 이 유

1. 채무자의 이혼사유
　가. 채권자는 20○○. ○. ○. 채무자와 혼인하여 20○○. ○. ○. 아들 신청외 ◎◎◎를 낳고 지금까지 살고 있는데, 채무자는 아이를 임신한 초기부터 채권자를 구타하기 시작하였습니다. 20○○. ○.경 채권자가 임신한 사실을 알리자 채무자는 줄담배를 피우면서 "왜 임신을 했느냐?"며 채권자를 다그치고 채권자는 기가 차서 아무 대꾸도 못하고 태아에게 해로우니 담배를 밖에 나가서 피우라고 하자 오히려 연기를 채권자의 코에다 내뿜고 이에 채권자가 따지자 주먹으로 채권자의 안면부를 치고 밖으로 나간 사

실이 있습니다. 그 뒤에도 여러 차례 폭력을 행사하였고 20○○. ○. ○. 채권자가 아들을 낳고 산후조리도 못하고 앓아 누워 있는데 채무자는 제 시간에 맞춰 밥을 해주지 않는다고 욕설과 함께 발과 주먹으로 채권자의 온몸을 때리고 밟아 1주일 동안 움직이지도 못하게 된 일도 있습니다.

나. 채무자는 채권자가 자신의 마음에 들지 않는다고 이야기하면서 마치 채권자를 노리개나 강아지처럼 취급하여 거실이나 방에서 지나가면서도 주먹으로 머리를 때리거나 발로 차고 지나갑니다.

다. 20○○. ○.경 채권자를 엎어놓고 발로 밟고 걷어차 채권자에게 늑골골절과 요추염좌의 상해를 입히고, 20○○. ○. ○. 그 동안 채무자의 이러한 행동으로 불안한 가정을 행복하게 해준다고 시어머니가 굿을 하라고 하여 할 수 없이 참여하게 되었는데 집으로 돌아온 채권자가 "굿을 한다고 되는 것이 아니라"고 하자 채무자는 자신의 모친이 하게 한 굿을 비난하였다고 채권자의 머리와 얼굴을 주먹으로 여러 차례 때려 채권자는 이를 감당할 수 없어 의식을 잃고 말았습니다. 다음날 깨어나서도 1주일 이상 계속 머리가 아프고 정신을 제대로 차리지 못하자 채권자는 외숙모를 데리고 와 같이 병원에 가서 진찰을 받은 결과 콧속의 뼈가 부러졌다는 진단을 받게 되었고 이를 수술하여야 하고 또 악성은 아니지만 뇌종양이 있다는 의사의 설명이 있는데도 채무자는 수술을 할 필요 없다면서 퇴원하도록 하였고 채권자는 지금까지 수술을 하지 못한 채 고통을 받고 있습니다.

라. 채권자는 이러한 채무자의 위와 같은 행패에도 불구하고 지금은 단지 정신이 홀려서 그럴 것이라는 생각과 제정신으로 돌아와 아이와 채권자를 돌볼 것이라는 환상을 가지고 고소와 이혼하는 것을 거부하고 참고 생활해 왔는데, 채무자의 구타를 더 이상 견디지 못하고 무서워 채무자의 요구대로 이혼을 해주기로 하였으며 채무자는 위자료로 금 20,000,000원을 주고, 신청외 ◎◎◎는 자신이 부양한다고 하면서 일방적으로 협의이혼을 강요하므로 폭력이 두려워 협의이혼하기로 하였는바, 채권자는 협의이혼 법정에서도 이혼하지 않으려고 이혼의사여부를 묻는 질문에 눈물을 흘리면서 대답을 못하자 채무자는 채권자를 흘기면서 죽여버리겠다고 하므로 무서워서 협의이혼을 하겠다고 하였습니다.

마. 그러나 채무자는 채권자에게 지급하기로 한 위자료를 지급하지 않고 신청외 ◎◎◎를 채권자가 양육하기 위하여 채무자가 이혼신고를 하기 전에 채권자는 이혼의사철회신고를 먼저 제출하여 채무자의 이혼신고는 수리되지 않았습니다.

바. 채권자는 위에서 열거하지 않은 수많은 폭력과 학대를 더 이상 견딜 수 없고 정상적인 결혼생활을 지속하기 어려우며 이러한 파탄의 책임은 전적으

로 채무자에게 있다고 할 것이므로 채무자는 채권자에게 위자료를 지급하여야 할 것입니다.

2. 위자료 청구

채무자는 위에서 열거한 것 외에도 헤아릴 수 없을 정도로 구타를 일삼았으며 비인간적인 수모를 주는 욕설과 무시로 인간의 존엄성을 무참히 짓밟았으므로 채권자에게 준 고통을 치유하기 위하여 최소한 금 30,000,000원을 지급하여야 할 것입니다.

3. 양육권자 및 양육비

채무자는 채권자 사이에 출생한 신청외 ◎◎◎는 만 2세 남짓하여 엄마의 보호가 절실하며 채무자는 지금 신청외 ◎◎◎를 양육할 수도 없고 현재 자신의 형님 집에 보내어 키우고 있어 채무자가 양육하기에는 부적당하므로 채권자가 양육하고자 합니다. 한편, 채권자가 양육자로 지정된다면 친부인 채무자는 당연히 양육비를 부담하여야 할 것인데, 채권자 및 채무자의 재산상황, 신청외 ◎◎◎의 연령, 양육비용 등을 감안하였을 때 그 양육비는 매월 ○○○원이 상당하다고 할 것입니다. 따라서 채무자는 채권자에게 20○○. ○. ○.부터 신청외 ◎◎◎가 만 19세에 달하는 20○○. ○. ○.까지 매월말일 ○○○원씩을 지급하여야 할 것입니다.

4. 결 론

이상과 같은 이유로 채무자는 채권자에게 이혼 등 청구소송을 준비하고 있는데, 채무자가 오히려 20○○드단○○○호로 이혼소송을 제기하였으나 종결시까지 상당한 시일이 걸리고 그 동안 채무자가 그 재산을 처분할 가능성이 많으므로 집행보전의 방법상 금 ○○○원(위자료 ○○○원 + 3년분 양육비 ○○○원)의 청구채권범위 내에서 부득이 이 사건 신청에 이른 것입니다.

5. 담보제공

담보제공은 공탁보증보험증권(■■보증보험주식회사 증권번호 제○○호)을 제출하는 방법으로 할 수 있도록 허가하여 주시기 바랍니다.

소 명 방 법

1. 소갑 제1호증   혼인관계증명서
1. 소갑 제2호증   가족관계증명서
1. 소갑 제3호증   주민등록등본
1. 소갑 제4호증   치료확인서
1. 소갑 제5호증   진단서
1. 소갑 제6호증   각서

첨 부 서 류

1. 위 소명서류   각 1통
1. 부동산등기사항증명서   2통
1. 가압류신청진술서   1통
1. 송달료납부서   1통

20○○. ○. ○.
위 채권자 ○○○ (서명 또는 날인)

○○지방법원 귀중

[별 지 1]

부동산의 표시

1동의 건물의 표시
　　　○○시 ○○구 ○○동 ○○
　　　[도로명주소] ○○시 ○○구 ○○길 ○○
　　　○○시 ○○구 ○○동 ○○-○ ◎◎아파트 제107동
　　　철근콘크리트조 슬래브지붕 15층 아파트

전유부분의 건물의 표시
　　　철근콘크리트조 제9층 제901호 131.40㎡
대지권의 목적인 토지의 표시
　　　　1. ○○시 ○○구 ○○동 ○○ 대 ○○○○㎡
　　　　2. ○○시 ○○구 ○○동 ○○-○ 대 ○○○㎡
대지권의 표시 1, 2 소유대지권 비율 43685.4분의 58.971. 끝.

<h1 style="text-align:center">부동산처분금지가처분신청</h1>

채권자 ○○○
　　　○○시 ○○구 ○○길 ○○(우편번호 ○○○○○)
　　　전화.휴대폰번호:
　　　팩스번호, 전자우편(e-mail)주소:
채무자 ◇◇◇
　　　○○시 ○○구 ○○길 ○○(우편번호 ○○○○○)
　　　등기부상 주소 ○○시 ○○구 ○○길 ○○○
　　　전화.휴대폰번호:
　　　팩스번호, 전자우편(e-mail)주소:

목적물의 표시　　　별지 목록 기재와 같습니다.

피보전권리의 내용　 20○○. ○. ○. 매매를 원인으로 한 소유권이전등기청구
권
목적물의 가격　　　○○○원

<h2 style="text-align:center">신 청 취 지</h2>

　채무자는 별지 목록 기재 부동산에 대하여 매매, 증여, 저당권설정 그 밖의 일체의 처분행위를 하여서는 아니 된다.
라는 재판을 구합니다.

<h2 style="text-align:center">신 청 이 유</h2>

1. 채권자는 별지 목록 기재 부동산을 채무자로부터 20○○. ○. ○. 금 124,500,000원에 매수하기로 하는 매매계약을 체결하면서, 같은 해 10. 21. 금 10,000,000원을 계약금으로 지불하고, 같은 해 11. 13. 중도금으로 금 50,000,000원을 지불하였으며, 잔금은 같은 해 12. 15. 금 64,500,000원을 지불하기로 하였습니다.
2. 그 뒤 채권자는 위 매매계약에 정해진 날짜에 계약금과 중도금을 지급하고, 잔금지급기일에 잔금 64,500,000원을 지급제시 하였으나, 채무자는 매매대

금을 올려줄 것을 요구하면서 소유권이전등기에 필요한 서류의 교부를 거절하고 있습니다.

3. 따라서 채권자는 위 잔금 64,500,000원을 ○○지방법원 20○○년 금 제○○○호로 변제공탁하고 채무자를 상대로 소유권이전등기절차이행청구의 소송을 준비중에 있는데, 채무자는 별지 목록 기재 부동산을 다른 사람에게 처분할 우려가 있으므로, 위 청구권의 집행보전을 위하여 이 사건 신청에 이른 것입니다.

4. 한편, 채권자는 경제적 여유가 없으므로 이 사건 부동산처분금지가처분명령의 손해담보에 대한 담보제공은 민사집행법 제19조 제3항, 민사소송법 제122조에 의하여 보증보험주식회사와 지급보증위탁계약을 맺은 문서를 제출하는 방법으로 담보제공을 할 수 있도록 허가하여 주시기 바랍니다.

소 명 방 법

1. 소갑 제1호증   부동산매매계약서
1. 소갑 제2호증의 1, 2   영수증(계약금 및 중도금)
1. 소갑 제3호증   공탁서

첨 부 서 류

1. 위 소명방법   각 1통
1. 부동산등기사항전부증명서   1통
1. 토지대장등본   1통
1. 건축물대장등본   1통
1. 송달료납부서   1통

20○○. ○. ○.
위 채권자 ○○○ (서명 또는 날인)

○○지방법원 귀중

[별 지]

부동산의 표시

1. 1동의 건물의 표시

○○ ○○구 ○○동 ○○○ ○○아파트 제101동

[도로명주소] ○○시 ○○구 ○○로 ○○

철근콘크리트 평슬래브지붕 15층 아파트

  1층 539.97㎡

  2 내지 15층 각 519.12㎡

  지층 454.98㎡

2. 전유부분의 건물의 표시

    건물의 번호 101-4-405

    구   조 철근콘크리트조

    면   적 39.60㎡

3. 대지권의 목적인 토지의 표시

  ○○ ○○구 ○○동 ○○○ 대 39,883.1㎡

4. 대지권의 표시

  소유권대지권 39,883.1분의 29.734. 끝.

채권가압류신청

채 권 자 ○○○

　　　　○○시 ○○구 ○○길 ○○(우편번호 ○○○○○)

　　　　전화.휴대폰번호:

　　　　팩스번호, 전자우편(e-mail)주소:

채 무 자 ◇◇◇

　　　　○○시 ○○구 ○○길 ○○(우편번호 ○○○○○)

　　　　전화.휴대폰번호:

　　　　팩스번호, 전자우편(e-mail)주소:

제3채무자 ◈◈◈

　　　　○○시 ○○구 ○○길 ○○(우편번호 ○○○○○)

　　　　전화.휴대폰번호:

　　　　팩스번호, 전자우편(e-mail)주소:

청구채권의 표시

금 10,000,000원(20○○. ○. ○.자 시멘트 매매대금)

가압류할 채권의 표시

별지 제1목록 기재와 같습니다.

신 청 취 지

1. 채무자의 제3채무자에 대한 별지 제1목록 기재의 채권을 가압류한다.
2. 제3채무자는 채무자에게 위 채권에 관한 지급을 하여서는 아니 된다.

라는 결정을 구합니다.

신 청 이 유

1. 채권자는 채무자에 대하여 20○○. ○. ○. 금 10,000,000원 상당의 시멘트를, 변제기를 20○○. ○. ○○.로 약정하고 판매하였으나 채무자는 변제기에 이르러서도 이를 지급하지 않고 있습니다.

2. 채권자는 채무자에 대하여 물품대금청구의 소를 제기하고자 준비중이나, 채무자는 다른 사람에게도 많은 채무를 부담하고 있고, 제3채무자에 대하여 가지는 공사대금채권 외에는 다른 재산이 없어 지금 가압류를 해두지 않으면 나중에 승소판결을 얻더라도 집행을 할 수 없으므로 집행보전을 위하여 이 사건 신청을 하게 되었습니다.
3. 이 사건에 대한 담보제공은 공탁보증보험증권(■■보증보험주식회사 증권번호 제○○호)을 제출하는 방법으로 할 수 있도록 허가하여 주시기 바랍니다.

소 명 방 법

1. 소갑 제1호증 　　　　　　물품수령증
1. 소갑 제2호증 　　　　　　통고서(내용증명우편)

첨 부 서 류

1. 위 소명방법 　　　　　　각 1통
1. 가압류신청 진술서 　　　　　1통
1. 송달료납부서 　　　　　　1통

20○○. ○. ○.
위 채권자 ○○○ (서명 또는 날인)

○○지방법원 귀중

[별 지 1]

가압류할 채권의 표시

금 10,000,000원

채무자가 제3채무자로부터 수급하여 시행한 제3채무자의 ○○시 ○○구 ○○길 ○○에 있는 신축중인 건물에 대한 공사대금채권 가운데 위 청구채권에 이를 때까지의 금액. 끝.

【2】 가압류·가처분결정에 대한 채무자의 구제 (이의·취소) (즈단 , 즈합 사건)

1. 가압류·가처분결정에 대한 이의신청

① 의의

채권자의 가압류·가처분신청이 인용된 경우, 새로이 변론 또는 당사자 쌍방이 참여할 수 있는 심문기일을 열어 그 신청의 당부와 보전처분의 당부를 심리할 것을 요구할 수 있는 권리를 채무자에게 인정하는 제도이다.

② 관할

1) 가압류·가처분결정을 한 법원의 전속관할

2) 가압류·가처분신청이 1심에서 배척되고 항고심에서 보전처분을 한 경우 이의사건의 관할법원은 항고심법원(판례입장)

③ 신청권자

채무자와 그 일반승계인, 파산관재인은 신청가능. 채무자의 채권자는 이해관계인으로서 보조참가신청과 동시에 이의신청 가능(가압류의 제3채무자는 이의신청을 할 수 없고, 채권자가 채무자를 대위하여 이의신청을 할 수는 없음)

④ 신청시기

법률상 제한이 없고 보전처분의 취소·변경을 구할 이익이 있는 한 언제든지 가능(확정판결 있은 후 그에 기한 강제집행의 착수가 있기 전까지 가능함)

⑤ 접수 및 절차

신청사건(즈단, 즈합)으로 접수하며 기록은 따로 조제하지 않고 합철하고, 변론 또는 심문기일을 정하여 진행

2. 가압류·가처분결정의 취소

① 의의

가압류·가처분신청의 당부 및 발령요건의 존부를 다투는 것이 아니라, 현재의 여러 가지 사정으로 볼 때 그 보전처분을 유지하는 것이 부적당하다는 이유를 들어 채무자가 보전처분의 취소를 구하는 제도이다.

② 관할

가압류·가처분을 명한 법원의 전속관할. 다만, 사정변경 등에 따른 취소사건의 본안이 이

미 계속되어 있는 경우에는 그 본안의 관할법원이 관할(심급을 달리하더라도 본안법원으로 이송-필수적 이송)

③ 신청인

채무자, 그 일반승계인, 파산관재인

④ 신청시기

가압류·가처분결정이 유효하게 존재하는 한 그 취소신청을 할 수 있다. 단. 가압류·가처분결정이 본집행으로 이행되어 강제집행이 이루어진 경우는 신청할 수 없음)

⑤ 사유

1) 제소기간 도과로 인한 보전처분 취소(민사집행법 제287조. 제301조)

채무자에게 채권자로 하여금 상당한 기간내에 본안의 소를 제기하고 이를 증명하는 서류를 제출할 것을 명하도록 법원에 신청할 권리를 주고 채권자가 이 명령을 이행하지 않으면 채무자의 신청에 의하여 보전처분을 취소하도목 한 제도이다.

2) 사정변경 등에 따른 보전처분 취소(민사집행법 제288조. 제301조)

(가) 피보전권리의 전부 또는 일부의 소멸, 변경

(나) 확실한 물적·인적 남보의 제공, 재부액의 공탁

(다) 법원이 정한 담보를 제공한 때

(라) 가압류 집행 후 3년간 본안의 소를 제기하지 아니한 때

3) 특별사정에 의한 가처분취소(민사집행법 제307조)

가압류(가처분)결정에 대한 이의신청서

신 청 인(채무자) 성명   (주민등록번호   -   )
                주소
                연락 가능한 전화번호
피신청인(채권자) 성명   (주민등록번호   -   )
                주소

신청취지

1. 위 당사자 간   법원   지원   카   호 신청사건에 관하여 20 . . .
   동원에서 결정한   결정을 취소한다.
2. 채권자의 이 사건 가압류(가처분)신청을 기각한다.
3. 소송비용은 채권자가 부담한다.
라는 재판을 구합니다.

신청이유

별지와 같음

소명방법

1.
2.

20 .   .   .

신청인   (서명 또는 날인)

법원 귀중

◇ 유의 사항 ◇

1. 연락 가능한 전화번호에 언제든지 연락 가능한 전화번호나 휴대전화번호를
   기재하고, 그 밖에 팩스번호, 이메일 주소 등이 있으면 함께 기재하기 바랍
   니다.
2. 이 신청서를 접수할 때에는 당사자 1인당 8회분의 송달료를 송달료 수납 은
   행에 납부하여야 합니다.

3. ○ 가압류이의신청서와 다툼의 대상에 대한 가처분이의신청서에는 10,000원의 인지를 납부하여야 합니다.

   ○ 임시의 지위를 정하기 위한 가처분 이의신청서에는 그 본안의 소에 따른 인지액의 2분의 1에 해당하는 금액(이 경우 인지액의 상한액은 50만원으로 함)을 납부하여야 하는데, 그 금액이 1만원 미만일 때에는 인지 또는 현금으로 납부할 수 있으며 1만 원 이상일 때에는 현금으로 납부하여야 하고, 수납 은행 또는 인지 납부 대행 기관(금융결제원)의 인터넷 홈페이지(www.cardrotax.or.kr)에서 인지 납부 대행 기관을 통하여 신용카드 등으로도 납부할 수 있습니다(일정 비율의 납부 대행 수수료를 납부자가 부담함).

가압류결정에 대한 이의신청

신청인(채무자) ○○○(주민등록번호)

　　　　　　　　○○시 ○○구 ○○길 ○○(우편번호 ○○○○○)

　　　　　　　　전화.휴대폰번호:

　　　　　　　　팩스번호, 전자우편(e-mail)주소:

피신청인(채권자) ◇◇◇(주민등록번호)

　　　　　　　　○○시 ○○구 ○○길 ○○(우편번호 ○○○○○)

　　　　　　　　전화.휴대폰번호:

　　　　　　　　팩스번호, 전자우편(e-mail)주소:

신 청 취 지

1. 피신청인의 신청인에 대한 ○○지방법원 20○○카단○○○호 유체동산가압류
   신청사건에 관하여 귀원이 20○○. ○. ○.자에 한 가압류결정을 취소한다.
2. 피신청인의 위 가압류신청을 기각한다.
3. 소송비용은 피신청인의 부담으로 한다.
라는 재판을 구합니다.

신 청 원 인

1. 피신청인(채권자)은 20○○. ○. ○. 신청인(채무자)에게 대여한 대여금채권이
   있는데도 변제기일이 지난 뒤에도 변제하지 않고 있다고 주장하고 같은 채
   권의 집행보전을 위하여 신청인(채무자) 소유의 유체동산가압류신청에 이른
   것이라고 주장하여 ○○지방법원 20○○카단○○○호 유체동산가압류결정에
   의하여 신청인(채무자) 소유의 유체동산을 가압류집행한 사실이 있습니다.
2. 그러나 신청인(채무자)은 20○○. ○. ○. 피신청인(채권자)으로부터 금 ○○○
   원을 차용한 사실은 인정하나 변제기일이 지난 현재에 이르도록 변제하지
   않고 있다는 사실은 부인합니다. 왜냐하면, 피신청인(채권자)이 위 채권을 20
   ○○. ○. ○. ○○시 ○○구 ○○동 ○○○에 주소를 둔 신청외 ■■■에게
   양도하고 같은 날짜로 채권양도통지와 함께 변제기일이 도래하면 양수인인
   신청외 ■■■에게 지급하라는 당부까지 있어서 신청인(채무자)은 변제기일
   인 20○○. ○. ○. 신청외 ■■■에게 채무전액을 변제하였기 때문입니다.

3. 그러므로 신청인(채무자)의 피신청인(채권자)에 대한 채무는 소멸하였으므로 이
   에 기한 이 사건 유체동산가압류신청은 그 이유가 없으므로 이의 취소를 구
   하고자 이 사건 신청을 하기에 이른 것입니다.

소 명 방 법

   1. 소을 제1호증   유체동산가압류집행조서
   1. 소을 제2호증   채권양도통지서
   1. 소을 제3호증   영수증

첨 부 서 류

   1. 위 소명방법   각 1통
   1. 송달료납부서   1통

20○○. ○. ○.
위 신청인(채무자) ○○○ (서명 또는 날인)

○○지방법원 귀중

【3】 동의에 의한 담보취소신청 (즈기 사건)

① 담보제공자는 담보취소에 관한 담보권리자의 동의를 얻은 것을 증명하여 담보취소의 신청을 할 수 있다(민사소송법 제125조 제2항).
② 가압류해제 및 본안사건의 종료여부를 불문하고 언제든지 가능하다.

담 보 취 소 신 청 서 (동 의)

신청인   (성명)   (주민등록번호   -   )
             (주소)
             (연락 가능한 전화번호)

피신청인   (성명)   (주민등록번호   -   )
             (주소)

신 청 취 지

 법원 20   (   )   사건에 관하여 신청인이 20   .   .   .
법원 공탁관에게 20   년 금 제   호로 공탁한   원의 담보를 취
소한다 라는 결정을 구합니다.

신 청 이 유

  이 사건에 관련하여 피신청인인 채무자가 신청인의 담보취소에 동의하여 첨
부서류와 같이 담보취소동의서를 제출하였으므로, 이 건에 대하여 담보취소결
정을 하여 주시기 바랍니다.

첨 부 서 류

 1. 담보취소동의서(피신청인)   1통
 1. 인감증명서(피신청인)   1통
 1. 소명자료(가압류결정문 등)   1통
 1. 인지 및 송달료납부서   1통

                         20 .   .   .
             신청인   (서명 또는 날인)

                                           법원 귀중

◇ 유의 사항 ◇

1. 연락 가능한 전화번호에 언제든지 연락 가능한 전화번호나 휴대전화번호를 기재하고, 그 밖에 팩스번호, 이메일 주소 등이 있으면 함께 기재하기 바랍니다.
2. 이 신청서를 접수할 때에는 당사자 1인당 3회분의 송달료를 송달료 수납 은행에 납부하여야 합니다.

[양식 ②] 담보취소동의서

담보취소동의서

신청인   (성명)   (주민등록번호   -   )
          (주소)
          (연락 가능한 전화번호)

피신청인   (성명)   (주민등록번호   -   )
          (주소)

  위 당사자 사이의 귀원 20 (   )   호   사건에 관하여
신청인이 피신청인의 손해담보를 위하여 금   원을 귀원 20   년 금
제   호로 공탁하였는데, 피신청인은 신청인이 위 공탁금을 회수하는데 동의
하고, 그 회수를 위한 담보취소에 동의합니다.

첨부서류

1. 인감증명서   1통

20 .   .   .
    위 피신청인   (서명 또는 날인)

즉 시 항 고 권 포 기 서

신청인   (성명)   (주민등록번호   -   )
          (주소)
          (연락 가능한 전화번호)

피신청인   (성명)   (주민등록번호   -   )
          (주소)

  위 당사자 사이의 귀원 20   카담   호 담보취소신청사건에 관하여 귀
원의 담보취소결정에 관하여 피신청인은 즉시항고권을 포기합니다.

첨 부 서 류

1. 인감증명서(동의서 첨부 인감 원용가능)   1통
1. 제출위임장   1통

                    20   .   .   .
          위 피신청인   (서명 또는 날인)

                                        법원 귀중

대위에 의한 담보취소신청

신청인 ○○○(주민등록번호)

　　　　○○시 ○○구 ○○길 ○○(우편번호 ○○○○○)

　　　　전화.휴대폰번호:

　　　　팩스번호, 전자우편(e-mail)주소:

대위신청인 겸 피신청인 ◇◇◇(주민등록번호)

　　　　○○시 ○○구 ○○길 ○○(우편번호 ○○-○○○)

　　　　전화.휴대폰번호:

　　　　팩스번호, 전자우편(e-mail)주소:

신 청 취 지

　신청인과 피신청인 사이의 귀원 20○○카기○○호 강제집행정지신청사건에 관하여 신청인이 20○○. ○○. ○○. 귀원 공탁공무원에게 20○○년 금 제○○호로 공탁한 금 ○○만원의 담보는 담보권자의 동의가 있으므로 이를 취소한다.

라는 재판을 구합니다.

신 청 이 유

1. 대위신청인 겸 피신청인은 신청인을 상대로 ○○지방법원 20○○가단○○호 대여금청구의 소를 제기하여 금 ○○○원을 지급하라는 가집행선고부 승소판결을 받았는데, 신청인은 ○○지방법원에 항소를 제기하며 강제집행정지신청(귀원 20○○카기○○○호)을 하고, 강제집행정지를 위한 보증공탁으로 금 ○○○원을 귀원 공탁공무원에게 20○○년 금 제○○호로 공탁하고 항소심 판결선고시까지 강제집행정지결정을 받은 사실이 있습니다.

2. 신청인의 항소심사건(20○○나○○○호)은 ○○지방법원에서 20○○. ○. ○○. 신청인 항소기각 판결로 제1심 판결 주문과 동일하게 선고되고 신청인이 상고기간 내에 상고하지 않아 위 사건은 확정되었습니다.

3. 한편, 대위신청인은 위 확정판결에 의하여 신청인이 위 보증공탁금 20○○년 금 제○○호에 대하여 가지는 회수청구권을 채권압류 및 전부명령신청(20○○타채○○호)하여 전액 압류 및 전부 받아 위 권리를 대위신청인이

승계 하였습니다.

4. 따라서 대위신청인은 신청인을 대위하여 이 사건 담보취소를 신청하고, 대위신청인은 담보권리자인 피신청인이므로 스스로 담보취소에 동의하고, 그 동의서와 즉시항고권포기서를 첨부하여 대위로 이 사건 신청합니다.

첨　부　서　류

1. 채권압류 및 전부명령결정	1통
1. 담보취소동의서	1통
1. 즉시항고권포기서	1통
1. 송달료납부서	1통

20○○.　○.　○.

위 대위신청인(전부채권자)겸 피신청　　◇◇◇ (서명 또는 날인)

○○지방법원　귀중

【4】담보사유 소멸을 이유로 한 담보취소신청 (즈기 사건)

① 담보제공자가 담보하여야 할 사유가 소멸되었음을 증명하면서 취소신청을 하면, 법원은 담보취소결정을 하여야 한다(민사소송법 제125조 제1항).

② 담보를 제공한 원인이 부존재하거나 손해 발생의 가능성이 없는 경우로서, 채권자가 본안의 승소 확정판결로 담보사유가 소멸한 경우(단, 가압류청구금액 이상으로만 승소할 시 가능)

③ 가압류·가처분을 위해 제공된 담보는 본안소송이 계속 중인 한 담보사유가 소멸되지 아니한다.

담 보 취 소 신 청 서 (사 유 소 멸)

신청인   (성명)   (주민등록번호   -   )
             (주소)
             (연락 가능한 전화번호)

피신청인   (성명)   (주민등록번호   -   )
             (주소)

신 청 취 지

법원 20 ( ) 사건에 관하여 신청인이 20 . . . 법원 공탁관에게 20 년 금 제 호로 공탁한 원의 담보를 취소한다 라는 결정을 구합니다.

신 청 이 유

이 사건에 관련하여 신청인이 제기한 귀원 20 ( ) 사건의 본안소송사건은 그 항소심이 20 . . . 신청인의 전액승소판결로 선고되어 이미 확정되어 공탁사유가 소멸하였으므로 담보취소결정을 받고자 신청합니다.

첨 부 서 류

1. 판결문정본   1통
1. 판결확정증명   1통
1. 가압류결정문   1통
1. 공탁서   1통
1. 인지 및 송달료납부서   1통

20 . . .

신청인   (서명 또는 날인)

법원 귀중

```
┌─────────────────────────────────────────────────────────────┐
│                     ◇ 유의 사항 ◇                            │
│                                                               │
│ 1. 연락 가능한 전화번호에 언제든지 연락 가능한 전화번호나 휴대전화번호를 │
│    기재하고, 그 밖에 팩스번호, 이메일 주소 등이 있으면 함께 기재하기 바랍 │
│    니다.                                                      │
│ 2. 이 신청서를 접수할 때에는 당사자 1인당 3회분의 송달료를 송달료 수납 은 │
│    행에 납부하여야 합니다.                                     │
└─────────────────────────────────────────────────────────────┘
```

【5】 권리행사최고 및 담보취소신청 (즈기 사건)

① 소송완결 후 담보제공자의 신청이 있는 때에는 법원은 담보권리자에게 일정한 기간이내에 그 권리를 행사할 것을 최고하고, 담보권리자가 그 행사를 하지 아니하는 때에는 담보취소에 대한 담보권리자의 동의가 있는 것으로 본다(민사소송법 제125조 제3항).

② 가압류·가처분 취하 및 해제가 선행되어야 한다.

권리행사최고 및 담보취소신청서

신청인　　 (성명)　　　　　　 (주민등록번호　　　　　-　　　　　)
　　　　　 (주소)
　　　　　 (연락 가능한 전화번호)

피신청인　 (성명)　　　　　　 (주민등록번호　　　　　-　　　　　)
　　　　　 (주소)

신 청 취 지 및 신 청 이 유

　당사자 간　귀원 20　(　　)　　　　　호　　　　　　　 사건에 대하여 신청인(피신청인)이 손해담보로서 귀원 공탁공무원에게　　년　　월　　일에 공탁한 금　　　　원(금제　　　　호)에 관하여, 피신청인에게 일정한 기간 내 권리를 행사하도록 최고하여 주시고, 만약 피신청인이 그 기간 동안 권리를 행사하지 않을 경우에는 담보취소결정을 하여 주시기 바랍니다.

첨 부 서 류

　　1. 공탁서 사본 1부.
　　1. 소명자료(취하 및 해제증명/ 판결문 및 확정증명/ 집행불능조서 등)
　　1. 인지 및 송달료 납부서

20 ．　 ．　 ．

　　　　신청인　　　　　　　　 (서명 또는 날인)

법원 귀중

◇ 유의 사항 ◇

1. 연락 가능한 전화번호에 언제든지 연락 가능한 전화번호나 휴대전화번호를 기재하고, 그 밖에 팩스번호, 이메일 주소 등이 있으면 함께 기재하기 바랍니다.
2. 이 신청서를 접수할 때에는 당사자 1인당 3회분의 송달료를 송달료 수납 은행에 납부하여야 합니다.

권리행사최고에 의한 담보취소신청

신청인 ○○○(주민등록번호)

　　　○○시 ○○구 ○○길 ○○(우편번호 ○○○○○)

　　　전화.휴대폰번호:

　　　팩스번호, 전자우편(e-mail)주소:

피신청인 ◇◇◇(주민등록번호)

　　　○○시 ○○구 ○○길 ○○(우편번호 ○○○○○)

　　　전화.휴대폰번호:

　　　팩스번호, 전자우편(e-mail)주소:

신 청 취 지

위 당사자간 (　　　사건번호기재　　　)호 사건에 대하여 신청인(피신청인)이 손해담보로서 귀원 공탁공무원에게　년　월　일에 공탁한 금　　　원 (금제　　　호)에 관하여, 피신청인에게 일정한 기간내 권리를 행사하도록 최고하여 주시고, 만약 피신청인이 그 기간 동안 권리를 행사하지 않을 경우에는 담보취소결정을 하여 주시기 바랍니다.

신 청 이 유

1. 신청인은 피신청인에 대하여 대여금청구채권이 있어 그 채권의 집행보전을 위하여 피신청인 소유 부동산에 대하여 귀원 20○○카단○○○호로서 부동가압류신청을 할 때 위 신청취지기재와 같이 보증공탁을 한 후 가압류집행을 한 바 있으나 신청인이 피신청인을 상대로 제기한 같은 사건의 본안소송인 귀원 20○○가합○○○호 대여금청구사건이 20○○. ○. ○. 신청인의 패소판결이 선고되고 신청인의 항소포기로 이 판결이 확정되었습니다.

2. 따라서 이 사건 부동산가압류신청사건의 보증공탁은 그 사유가 소멸되었다 할 것이므로 신청인은 담보사유소멸로 인한 담보취소결정을 구하고자 하는데, 그동안 피신청인이 위 부동산가압류로 인한 손해배상발생이 있다면 위 신청취지의 공탁금에 대하여 권리행사 할 것을 최고한 후 그 권리행사가 없을 때에는 이 사건 담보의 취소결정을 구하기 위하여 이 사건 신청에 이른 것입니다.

첨 부 서 류

    1. 공탁서   1통
    1. 판결정본   1통
    1. 확정증명원   1통
    1. 송달료납부서   1통

20○○. ○. ○.

위 신청인 ○○○ (서명 또는 날인)

○○지방법원 귀중

【6】 집행취소[채권자의 집행취소(해제신청)]　가압류취하/집행해제신청

① 보전처분의 집행상태가 계속되고 있는 한 채권자는 언제든지 해제가능하며. 채무자의 동
   의가 필요 없다.
② 문건으로 접수하여야 한다.

※ 채무자의 해제신청-문건으로 접수
   채무자가 가압류·가처분의 이의 또는 취소신청을 하여 그 취소결정(판결)을 받은 경우에 그
   결정(판결) 정본 및 송달증명원을 첨부하여 신청(부동산가압류·가처분인 경우 등기신청수수료-
   필지당 3,000원. 말소등록면허세 필요)

가압류(가처분) 집행해제신청서

사건번호

채권자   성명   (주민등록번호   -   )

           주소

           연락 가능한 전화번호

채무자   성명   (주민등록번호   -   )

           주소

 당사자 간 귀원   카   호   가압류(가처분)사건에 관하여 쌍방 원만히 합의가 이루어졌으므로 별지 목록기재 부동산에 대한 가압류(가처분)집행을 해제하여 주시기 바랍니다.

20 . . .

        채권자   (서명 또는 날인)

                           법원 귀중

부동산가압류해제신청

채 권 자 ○○○
　　　　 ○○시 ○○구 ○○길 ○○(우편번호 ○○○○○)
　　　　 전화.휴대폰번호:
　　　　 팩스번호, 전자우편(e-mail)주소:
채 무 자 ◇◇◇
　　　　 ○○시 ○○구 ○○길 ○○(우편번호 ○○○○○)
　　　　 전화.휴대폰번호:
　　　　 팩스번호, 전자우편(e-mail)주소:

　위 당사자 사이의 ○○지방법원 20○○카단○○○호 부동산가압류신청사건에 관하여 같은 법원에서 20○○. ○. ○. 결정한 가압류결정에 기초하여 채무자 소유의 별지목록 기재 부동산에 대하여 20○○. ○. ○○. ○○지방법원 ○○등기소 등기접수 제○○호로서 가압류집행을 하였으나, 위 당사자 사이에 원만한 합의가 성립되었으므로 위 가압류를 해제하여 주시기 바랍니다.

　　　　　　　　　　 20○○. ○. ○.
　　　　　　　　　　 위 채권자 ○○○ (서명 또는 날인)

○○지방법원　귀중

[별　지]

가압류부동산의 표시

　　 1. ○○시 ○○구 ○○동 ○○-○○
　　　　 대 157.4㎡
　　 1. 위 지상
　　　　 벽돌조 평슬래브지붕 2층주택
　　　　　　　　 1층 74.82㎡
　　　　　　　　 2층 74.82㎡
　　　　　　　　 지층 97.89㎡. 끝.

【7】 해방공탁에 의한 채무자의 가압류집행취소신청 (즈기 사건)

① 채무자가 가압류결정에 기재된 해방금액을 공탁하였을 때 법원은 집행한 가압류를 취소해야 하는 제도이다.

② 금전의 일부공탁·제3자에 의한 공탁은 허용되지 않으며 금전공탁만 가능하다.

③ 해방공탁금의 회수

  ㉠ 가압류채권자는 본안의 승소판결의 집행권원에 기하여 가압류채무자가 가지는 해방공탁금회수청구권에 대하여 집행법원의 현금화명령(전부명령 또는 추심명령)을 받아서 공탁금을 회수할 수 있다.

  ㉡ 채무자는 1) 가압류채권자가 가압류신청을 취하하거나 집행을 해제하면 그 증명서를 첨부하여 해방공탁금을 회수할 수 있다. 2) 채무자가 본안소송에서 승소하면 이를 이유로 사정변경에 따른 가압류취소신청을 하여 취소결정을 받은 후 그 확정 또는 가집행선고에 의하여 해방공탁금을 회수할 수 있다.

※ 담보제공으로 인한 가압류취소와 차이점

담보제공으로 인한 가압류취소(민사집행법 제288조 제1항 제2호)는 법원이 명한 담보를 제공하고 가압류명령자체를 취소할 수 있는 것으로 사정변경으로 인한 취소의 일종이다.

※ 가압류해방공탁의 가압류해방금액이 가압류목적물을 대신하는 것으로 채권자는 공탁금회수청구권을 가압류하는 것과 동일한 효과를 가질뿐 여기에 대해 우선변제권을 갖지 않는 것(압류경합)과 달리 담보제공으로 인한 가압류취소에서의 채권자는 담보금에 대하여 일종의 질권을 갖게 된다.

부동산가압류집행취소신청

채 권 자 ○○○

　　　　○○시 ○○구 ○○길 ○○(우편번호 ○○○○○)

　　　　전화.휴대폰번호:

　　　　팩스번호, 전자우편(e-mail)주소:

채 무 자 ◇◇◇

　　　　○○시 ○○구 ○○길 ○○(우편번호 ○○○○○)

　　　　전화.휴대폰번호:

　　　　팩스번호, 전자우편(e-mail)주소:

신 청 취 지

위 당사자 사이의 귀원 20○○카단○○호 부동산가압류신청사건에 관하여 귀원에서 20○○. ○. ○.자 결정한 가압류결정에 의한 채무자 소유의 별지목록 표시 부동산에 대한 가압류의 집행이 완료되었는바, 채무자는 위 결정주문에 표시된 해방금을 공탁하였기에 집행을 취소하여 주시기 바랍니다.

신 청 이 유

1. 채권자 ○○○, 채무자 ◇◇◇ 사이의 ○○지방법원 20○○카단○○호 부동산 가압류결정정본에 의하여 채권자는 채무자 소유의 부동산에 가압류집행을 하였습니다.
2. 이 사건 가압류결정 주문에는 채무자가 공탁하고 가압류집행의 정지 또는 취소를 구할 수 있는 해방금으로서 금 ○○○만원이 정해져 있습니다.
3. 그러므로 채무자는 위 결정주문에 따라 20○○. ○. ○. 해방금 ○○○만원을 귀원 공탁공무원에게 20○○년 금 제○○호로 공탁하였으므로 위 집행처분의 취소를 구하기 위하여 이 사건 신청에 이른 것입니다.

첨 부 서 류

1. 가압류결정등본　　　　　　　1통
1. 가압류집행조서등본　　　　　1통
1. 공탁서　　　　　　　　　　　1통

1. 송달료납부서   1통

                           20○○. ○. ○.
                           위 채무자 ◇◇◇ (서명 또는 날인)

○○지방법원 귀중

[별 지]

가압류부동산의 표시

1. ○○시 ○○구 ○○동 ○○-○○
   대 157.4㎡
1. 위 지상
   벽돌조 평슬래브지붕 2층주택
        1층 74.82㎡
        2층 74.82㎡
        지층 97.89㎡. 끝.

【8】 재산명시신청

1. 의의

재산분할·부양료·미성년자인 자녀의 양육비 청구의 본안사건 진행과정에서 당사자로 하여금 성실하게 재산목록을 제출하도록 유도함으로써 가정법원이 해당 유형사건을 효율적으로 심리할 수 있게 하는 제도적 장치인 점에서 이미 집행권원을 확보한 당사자가 독립적인 신청사건으로 집행법원에 대하여 제기하는 민사집행법상 재산관계명시절차와는 그 법적 성격이 다름.

2. 요건

이혼에 따른 재산분할, 부양료, 미성년자인 자녀의 양육비 청구사건이 가정법원에 계속 중일 것
※ 민사집행법상 재산명시신청 : 채무자 주소지 관할법원

3. 접수 및 심리

문건으로 접수하고 본안사건기록에 가철하며, 당사자의 재산명시신청서 부본을 상대방에게 송달하여 의견을 표명할 기회를 주어야 한다.

4. 결정의 고지

재산명시명령을 재산명시 대상당사자에게 송달하는 경우 민사소송법 제187조(발송송달) 및 제194조(공시송달)에 따른 방법으로는 할 수 없다(가사소송규칙 제95조의3).

5. 재산명시명령을 불이행한 경우 제재

재산명시 대상 당사자가 정당한 사유없이 재산목록의 제출을 거부하거나 거짓 재산목록을 제출하면 1천만 원이하의 과태료를 부과할 수 있다.

6. 불복방법

재산명시명령이나, 재산명시신청을 기각·각하하는 결정에 대하여 모두 불복 불가

재 산 명 시 신 청 서

사건번호   20   느(드)   [담당재판부: 제   가사(단독)부]

청구인(원고)

상대방(피고)

신 청 취 지

  "상대방(피고)은 재산상태를 명시한 재산목록을 제출하라."라는 결정을 구합니다.

신 청 사 유

1. 상대방(피고)의 재산을 파악하기가 쉽지 않아 이 사건의 해결을 위하여 상대방(피고)의 재산목록 제출이 특히 필요합니다.
2. 따라서 가사소송법 제48조의2제1항에 따라 상대방(피고)에 대한 재산명시명령을 신청합니다.

20   .   .   .

        청구인(원고)   (서명 또는 날인)
                연락 가능한 전화번호:

법원 귀중

[작성례] 재산명시신청서(가사소송법)

재 산 명 시 신 청

사건번호   20   느(드)   [담당재판부 : 제   가사(단독)부]
청구인(원고)
상대방(피고)

신 청 취 지

상대방(피고)은 재산상태를 명시한 재산목록을 제출하라.
라는 결정을 구합니다.

신 청 사 유

1. 상대방(피고)의 재산을 파악하기가 쉽지 않아 이 사건의 해결을 위하여 상대
   방(피고)의 재산목록 제출이 특히 필요합니다.
2. 따라서 가사소송법 제48조의2 제1항에 따라 상대방(피고)에 대한 재산명시명
   령을 신청합니다.

20   .   .   .

위 청구인(원고)   (날인 또는 서명)

○○가정법원   귀중

【9】 사전처분신청 (즈기 사건)

1. 의의

가사사건의 소의 제기, 심판청구 또는 조정의 신청이 있는 경우에 사건의 해결을 위하여 필요하다고 인정한 때에는 직권 또는 당사자의 신청에 의하여 상대방 기타 관계인에게 ① 현상을 변경하거나 물건을 처분하는 행위의 금지. ② 재산의 보존을 위한 처분, ③ 관계인의 감호와 양육을 위한 처분. ④ 기타 적당하다고 인정되는 처분을 할 수 있는 제도이다.

※ 종류 : 접근금지. 양육비. 부양료, 면접교섭. 유아인도. 임시양육자지정 등

2. 관할

① 가사사건이 계속 중인 가정법원
② 본안이 항소·항고심에 계속 중인 때는 그 항소심·항고심 법원
③ 본안이 상고심·재항고심에 계속 중인 때는 제1심 가정법원이 관할

3. 시적한계

본안사건(소의 제기. 심판의 청구. 조정의 신청)이 가정법원에 계속되어 있음을 전제로 한다. 즉, 가사사건이 가정법원에 접수된 후 그 종료(확정)전에 한하여 할 수 있다.

4. 사전처분의 대상자

사건의 당사자, 상대방 그 밖의 관계인

5. 불복

① 직권사전처분, 사전처분신청의 전부 또는 일부 인용 - 고지받은 날로부터 1주일 내 즉시 항고
② 신청기각. 각하결정 - 불복할 수 없고, 이에 대한 불복은 특별항고로 처리

6. 효력 등

① 효력의 발생시기 : 사전처분결정이 확정된 때
② 효력의 종기 : 사전처분결정 자체에 효력의 종기를 명시한 경우 그에 따른다.

③ 사전처분에는 집행력이 없다.

④ 정당한 이유없이 사전치분을 위반한 때는 직권 또는 권리자의 신청에 따른 결정으로 1.000만 원 이하의 과태료를 부과할 수 있다.

※ 유의사항

① 임시후견인선임 사전처분의 경우 성년후견개시심판청구에 준하는 첨부서류가 필요하나, 급박한 경우 일부 추후보완 가능한 경우도 있다.

② 가사본안소송을 제기하지 않은 상태에서 가정폭력범죄의 피해자가 자신의 안전을 위하여 접근금지신청을 하려면 피해자보호명령을 활용해야 한다.

사전처분신청서

본안 사건번호: 20

신 청 인: (☎   )
주민등록번호:
주소:
송달장소:

피신청인:
주민등록번호:
주소:

사건 본인:
주민등록번호:
주소:

신 청 취 지

이 사건 판결(심판)의 효력이 발생할 때 까지
□ 접근금지
□ 양육비(.부터   .까지
      매월 금   원, 매월   일   지급)
□ 부양료(.부터   .까지
      매월 금   원, 매월   일   지급)
□ 면접교섭(매월   주   부터   까지에서 면접교섭)
□ 유아인도
□ 기타

신 청 원 인

(신청이유를 구체적으로 기재, 별지 기재 가능)

첨 부 서 류

1. 신청인, 피신청인의 가족관계증명서(상세) 및 혼인관계증명서   각 1통
1. 신청인, 피신청인의 주민등록표등(초)본   각 1통

1. 신청서 부본   1부

                    20   .   .   .
                신청인   (날인 또는 서명)
서울가정법원 귀중

※유의사항
1. 신청서에는 수입인지 1,000원을 붙여야 합니다.
2. 송달료는 28,800원(3회분 x 당사자 수)을 송달료취급은행에 납부하고 납부
   서를 첨부하여야 합니다.
3. ☎ 란에는 연락 가능한(휴대)전화번호를 기재하시기 바랍니다.

사 전 처 분 신 청

신 청 인   여 ○ ○ (주민등록번호)
(본소피고)   등록기준지 : ○○시 ○○구 ○○길 ○○
            주소 : ○○시 ○○구 ○○길 ○○

피 신 청 인   남 △ △(주민등록번호)
(본소원고) 등록기준지 및 주소 : 반소원고(본소 피고)와 같음
            송달 장소 : ○○시 ○○구 ○○길 ○○(우편번호)

본안소송의 표시 : 귀원 20○○ 드단 ○○○호 이혼등(본소), 부양료(반소)

신 청 취 지

피신청인은 신청인에게 부양료의 일부로 이 사건 사전처분 결정일부터 서울가정법원 20○○ 드단 ○○○ 소송 확정일까지 매월 금 ○○○원을 그 달 말일까지 신청인의 주소지에 지참하거나 송금하여 지급하라.
라는 결정을 구합니다.

신 청 이 유

1. 혼인 및 별거 경위
   가. 신청인과 피신청인은 20○○. ○. ○. 혼인신고를 마친 법률상 부부로서 그 사이에 1남(남□□, 20○○. ○. ○.생)을 두고 있습니다.
   나. 신청인과 피신청인은 성당에서 만나 친구 사이로 지내기 시작하여 피신청인이 군입대한 후부터 서로 사랑하게 되었으나, 어려운 가정 형편과 ○○대학교에 재학중인 수재 아들에 대한 기대가 지나칠 정도로 컸던 시부모의 결혼 반대로 계속 결혼을 미루다가 신청인은 임신 9개월 상태에서 끝내 시부모의 허락을 받지 못한 채 피신청인과 혼인신고를 하고 신청인의 친정 어머니의 도움으로 방을 얻어 신혼 살림을 시작하였습니다.
   다. 혼인 당시 피신청인은 대학원 재학 중이었고 신청인은 그 이전에 대학을 졸업한 상태였으므로, 신청인은 피신청인과 사귀는 동안 결혼 비용을 마

련하기 위해 야근까지 하며 열심히 일을 하였고, 데이트 비용 부담은 물론 때때로 피신청인의 용돈도 대주며 사랑의 힘으로 모든 고통과 어려움을 이겨냈으며, 출산 이후에는 일을 할 수 없어 신청인이 받은 퇴직금과 저축해둔 돈으로 생계를 꾸려 오다가 피신청인이 20○○. ○.중순경 ☆☆증권(주)에 취직하면서 비로소 피신청인이 생계를 책임지게 되었습니다.

라. 그러나 혼인 후에도 처음부터 신청인을 며느리로 받아들이기를 거부했던 시부모의 입장에는 변함이 없었고, 신청인이 아들을 출산한 지 백일이 될 무렵 허위 사실을 주장하며 신청인을 모욕죄로 고소하기도 하였습니다.(고소기간 경과로 공소권없음 처분받음)

그리고 시부모는 피신청인이 처자식에 대한 부양보다는 ○천만원에 이르는 부모의 빚을 먼저 해결하여야 한다는 입장이었으므로 피신청인은 취업을 하여 돈을 벌게 되면서부터 더욱 더 부모와 처자식에 대한 책임 사이에서 갈등을 겪게 되었고, 결국은 자포자기적 심정에서 처자식을 버리기로 결정하고는 20○○. ○. ○. 집을 나간 후 신청인 상대로 이 사건 이혼 소송을 제기하였던 것입니다.

마. 위와 같이 신청인은 재판상 이혼사유가 될 만한 아무런 잘못이 없음에도 억울하게 이혼청구를 당하게 된 것이라 할 것이고, 신청인은 아직도 피신청인을 사랑하고 있을 뿐만 아니라 이혼청구가 피신청인의 진심은 아니라고 믿고 있습니다.

2. 부양료 사전처분의 필요성

가. 피신청인은 가출 후에도 신청인에게 조금씩 생활비를 지급해 주었고 급여의 절반 정도를 생활비로 주겠다는 취지의 약속도 한 사실이 있으나, 20○○. ○월부터는 일체의 생활비 지급을 중단하고 있습니다.

나. 그런데 신청인은 현재 생후 12개월 정도 된 아들 남□□을 양육하고 있고, 둘째 아이를 임신중이며 아무런 직업 및 소득이 없습니다.

취업을 하고자 하더라도 위 남□□이 너무 어리고 임신상태라 취업을 할 수도 없으며 현재 임신 4개월로 접어들면서 입덧도 심하고 남편의 가출로 인한 정신적 충격이 큰데다 피신청인의 이혼소송 제기 후 충격을 이기지 못하고 자살을 기도하며 수면제를 과다 복용하여 입원 치료를 받은 사실이 있어 육체적으로도 건강 상태가 좋지 않습니다.

다. 한편 피신청인은 소외 ☆☆증권(주)에 다니며 월 평균 ○○○원의 급여를 받고 있습니다.(피신청인의 월급여는 상여금과 수당을 포함하여 월평균 ○○○원이 넘는 것 같으나, 피신청인으로서는 정확한 금액을 알 수 없음)

라. 신청인은 위 남□□의 분유, 이유식 비용, 기저귀 비용, 병원비 등으로 한 달 평균 약 20-30만원정도가 소요되고, 아파트 관리비, 가스, 수도등 공

과금, 전화요금, 반소 원고의 산부인과 진료비를 비롯한 병원비, 기타 식비 등 기등록기준지인 생활비로 월 평균 약 40-50 만원정도 소요됩니다.

마. 민법 제826조에 의하면 부부는 동거하며 서로 부양하고 협조할 의무가 있고 이는 부부가 서로 협력하여 자녀를 양육하는 등의 가정 공동 생활을 하면서 자기 생활을 유지하는 것과 동일한 수준으로 상대방의 생활을 유지해 주는 것을 의미하는 것이므로 부부는 가정 공동 생활에 필요한 비용을 공동하여 부담할 의무가 있다고 할 것이며 미성숙 자녀의 양육비도 부부의 공동생활비용 분담의 대상에 포함된다고 할 것입니다.

바. 이에 신청인은 피신청인을 상대로 매월 ○○○원의 부양료지급을 구하는 반소를 제기하였는바, 신청인은 피신청인으로부터 3개월 이상 생활비를 전혀 지급 받지 못하고 있어 당장 기초적인 생계 유지비도 부족한 형편이며 생후 12개월의 아기에 내년 3월말을 출산 예정일로 하고 있는 임산부로서 부양료에 관한 판결이 선고될 때까지 기다리기에는 급박한 생계 곤란의 문제가 있어 부양료 청구 금액의 일부라도 지급 받을 필요성이 있습니다.

3. 결 론

따라서 피신청인으로 하여금 신청인에게 부양료의 일부로서 이 사건 사전처분 결정일부터 이 사건 본안 소송 사건의 확정일까지 매월 금 ○○○원을 매월 말일에 신청인의 주소지에 지참하거나 송금하여 지급하라는 취지의 사전처분을 내려 주실 것을 구하고자 이 건 신청에 이르렀습니다.

소 명 자 료 및 첨 부 서 류

1. 소 갑 제1호증	소제기증명원
1. 소 갑 제2호증	편지(신청인이 작성하고 피신청인이 그 내용을 확인하고 일부 가필한 후 무인을 찍은 것임)
1. 소 갑 제3호증의 1,2	진술서 및 인감증명
1. 소 갑 제4호증의 1,2	진술서 및 인감증명
1. 소 갑 제5호증의 1,2	진술서 및 인감증명
1. 소 갑 제6호증	진술서
1. 소 갑 제7호증의 1,2	의무기록사본증명서 및 의무기록사본
1. 소 갑 제8호증의 1- 5	각 산부인과 진료비 영수증
1. 소 갑 제9호증	주민등록등본

20○○년 ○월 ○일
위 신청인(본소 피고) ○ ○ ○ (날인 또는 서명)

○ ○ 가 정 법 원 (가사○단독) 귀중

【10】 담보제공명령신청 (즈기 사건)

1. 의의

① 미성년자인 자녀에 대한 양육비 지급채무를 부담하게 된 정기금 양육비채무자가 양육비를 지급하지 않거나 양육비채무자의 자력이 변동하는 상황에 대비하기 위하여 채무자로 하여 금 담보를 제공하게 하는 제도이다.

② 양육비채무자가 근로자가 아닌 자영업자 등인 경우에 양육비 직접지급명령제도를 이용할 수 없으므로, 그 대안으로서 마련된 제도로 담보제공명령은 통상 양육비채무자가 근로자 가 아닌 자영업자 등인 경우에 많이 활용될 것이다. 그러나 채무자가 근로자인 경우에 양 육비 직접지급명령과 담보제공명령 어느 쪽도 선택이 가능하다.

2. 관할

① 사건본인(미성년자인 자녀)의 주소지 가정법원의 전속관할
② 위 가정법원이 없는 경우 대법원 소재지의 가정법원의 전속관할

3. 당사자

정기금양육비채권에 관한 집행채권을 가진 채권자와 채무자

4. 신청요건

① 정기금양육비채권(장래에 이행기 도래)에 관한 집행권원을 가진 채권자의 신청이 있을 것
② 정당한 사유 없이 채무자가 정기금 양육비채무를 이행하지 않았을 것

※ 가정법원이 양육비채무자에게 양육비를 정기금으로 지급하게 하도록 명하는 경우에 직권으로 발령될 수도 있다.

5. 심문절차

특별한 사정이 없으면 당사자를 심문한다.

6. 실효성의 확보

정당한 이유 없이 그 명령에 위반한 자에 대하여 직권 또는 신청으로 1,000만 원 이하의 과

태료에 처할 수 있다.

7. 불복방법

① 결정문을 송달받은 날로부터 1주 이내 즉시항고

② 담보제공명령을 인용하는 결정에 대한 즉시항고가 있을 경우 집행정지의 효력이 있다(단. 담보제공명령의 신청 기각, 각하 결정에 대하여는 불복 불가).

담보제공명령 신청서

신 청 인 성   명: (연락 가능한 전화번호:)
　　　　주민등록번호:
　　　　주   소:
　　　　송 달 장 소:
피신청인 성   명:
　　　　주민등록번호:
　　　　주   소:

신 청 취 지

"피신청인에 대하여   법원 20 . . . 선고   사건의 확정판결(심판, 조정조서)에 기한 정기금 양육비채무를 담보하기 위하여 상당한 담보를 제공할 것을 명한다."라는 결정을 구합니다.

신 청 이 유
(신청사유를 구체적으로 기재하십시오.)

첨 부 서 류

1. 집행력 있는 정본 또는 사본   1통
2. 혼인관계증명서(집행권원이 양육비부담조서인 경우)   1통
3. 확정증명서(집행권원이 판결 또는 심판인 경우)   1통
4. 피신청인의 주민등록표등(초)본   1통

20   .   .   .

　　　　신청인   (서명 또는 날인)

　　　　　　　　　　　　　　　　　　　　　　　　　　　　법원 귀중

◇ 유의 사항 ◇
 1. 신청서에는 수입인지 1,000원을 붙여야 합니다.
 2. 송달료는 당사자 1인당 3회분을 송달료 취급 은행에 납부하고 납부서를 첨부하여야 합니다.

3. 집행력 있는 정본은 "확정된 종국판결(심판), 가집행선고 있는 종국판결(심판), 조정조서, 양육비부담조서" 등이 있습니다.

4. 신청인은 피신청인이 이행하지 않은 금전채무액 및 그 기간을 신청이유에 기재합니다.

담 보 제 공 명 령 신 청

신 청 인   ○○○ (주민등록번호)
         ○○시 ○○구 ○○길 ○○
피신청인   ◇◇◇ (주민등록번호)
         ○○시 ○○구 ○○로 ○○

신 청 취 지

　피신청인에 대하여, ○○지방법원 2014느단○○○○(본심판) 친권자의 지정과 변경, 2014느단○○○○(반심판) 양육비감액심판청구사건의 2014. 10. 29.자 조정조서에 기한 정기금 양육비채무 중 이 사건 결정일 다음날 이후 지급기가 도래하는 정기금 양육비채무를 담보하기 위하여 상당한 담보를 제공할 것을 명한다.
라는 결성을 구합니다.

신 청 이 유

　1. 신청인은 피신청인에 대하여 ○○지방법원 2014느단○○○○(본심판) 친권자의 지정과 변경, 2014느단○○○○(반심판) 양육비감액심판청구사건의 2014. 10. 29.자 조정조서에 기하여 '2014. 11. 1.부터 자녀인 신청 외 이○○(08. 4. 30.생)이 초등학교 입학 전날까지는 월 40만원씩을, 초등학교 입학후부터 성년에 이르기 전날까지는 월 50만원씩을, 매월 말일에 각 지급한다'는 내용의 양육비 채권을 가지고 있습니다.
　2. 현재 위 이○○이 수원에 있는 초등학교에 입학한 상태인바, 피신청인은 2015. 3월부터는 신청인에게 월 50만원씩을 지급하여야 합니다. 그러나 피신청인은 신청인과 연락을 단절한 채 2015. 3월분부터 양육비를 지급하지 않고 있다가 신청인이 양육비이행관리원을 통해 지급독촉을 하자 2015. 6. 2. 50만원을 지급하였을 뿐이며, 여전히 나머지 양육비 지급의무는 이행하지 아니하고 있어 양육비의 정기금을 담보하도록 이 건 신청에 이른 것입니다.

첨 부 서 류

1. 주민등록표 등본   1통
1. 혼인관계증명서   1통
1. 가족관계증명서   1통
1. 조정조서   1통
1. 송달증명원   1통
1. 혼인관계증명서(집행권원이 양육비부담조서인 경우)   1통
1. 내용증명   2통

20○○. ○○. ○○.

위 신청인   (서명 또는 날인)

○ ○ 가 정 법 원   귀 중

【11】 일시금지급명령신청 (즈기 사건)

1. 의의

① 담보제공명령 불이행시의 제재 중 하나로서 양육비채무자가 담보제공명령을 받고서도 담보를 제공하여야 할 기간 이내에 담보를 제공하지 아니할 경우. 양육비채권자의 신청에 따라 가정법원이 양육비채무자에게 양육비의 전부 또는 일부를 일시금으로 지급하도록 명하는 재판(일시금 지급명령 시를 기준으로 하여 그 이후에 이행기가 도래하는 정기금 양육비 채무의 지급을 위하여 일시금으로 지급하는 형태)이다.

② 정기금 양육비채권의 이행담보를 위한 특수한 제도라는 점에서 담보제공명령과 제도의 취지가 같다.

2. 관할

① 일시금지급명령에 관한 사건은 미성년자인 자녀의 보통재판적이 있는 곳의 가정법원의 전속관할이다.

② 위 가정법원이 없는 경우 대법원소재지의 가정법원의 전속관할이다.

3. 당사자

정기금양육비채권에 관한 집행채권을 가진 채권자와 양육비채무자(단순한 이해관계인은 당사자가 될 수 없음)

4. 신청요건

양육비채무자가 담보제공명령을 받고서도 담보를 제공하여야 할 기간 이내에 이를 제공하지 아니할 것

5. 신청방식

신청서에는 신청인. 피신청인과 그 대리인, 미성년자인 자녀의 표시, 집행권원의 표시 및 내용, 담보제공명령의 표시 및 내용, 신청취지와 신청사유를 각 기재하고. 신청인 또는 대리인이 기명날인 또는 서명을 하여야 한다.

6. 심문절차

특별한 사정이 없으면 당사자를 심문(당사자가 소환에 불응 시 심문 없이도 가능)

7. 실효성의 확보

일시금지급명령을 받은 자가 30입 이내에 정당한 사유 없이 그 의무를 이행하지 아니한 때에는 가정법원은 권리자의 신청에 따라 30일의 범위 내에서 감치에 처할 수 있다.

8. 감치를 명하는 재판(정드 사건, 인지: 1.000원, 송달료: 48,000원)

① 관할 : 일시금 지급명령을 한 가정법원의 전속관할
② 신청 : 권리자
③ 신청방식 : 신청서에는 의무자의 성명과 주소, 집행권원의 표시, 일시금 지급명령이 의무자에게 고지된 일자, 불이행한 의무의 내용, 감치의 재판을 구하는 뜻을 기재하고 권리자가 기명날인 또는 서명을 하여야 한다.

9. 불복방법

일시금지급명령에 대하여는 불복할 수 없으나 일시금지급명령에 위반하여 감치 재판을 받게 되는 경우 감치에 대한 불복은 가능하다(감치 재판의 고지를 받은 날로부터 3일 이내에 항고).

일시금지급명령 신청서

신 청 인 성   명: (연락 가능한 전화번호:)
          주민등록번호:
          주   소:
          송 달 장 소:

피신청인 성   명:
          주민등록번호:
          주   소:

신 청 취 지

"피신청인은 신청인에게   법원 20 . . . 선고   사건
의 확정판결(심판, 조정조서)에 기한 정기금 양육비채무 중 이 사건 결정일 다
음날 이후부터 20 . . .까지 사이에 지급기기 도래하는 정기금 양육비채무의
지급을 위하여 일시금으로 금   원을 지급하라."라는 결정을 구합니다.

신 청 이 유
(신청사유를 구체적으로 기재하십시오.)

첨 부 서 류
1. 집행력 있는 정본 또는 사본   1통
2. 혼인관계증명서(집행권원이 양육비부담조서인 경우)   1통
3. 확정증명서(집행권원이 판결 또는 심판인 경우)   1통
4. 담보제공명령등본 또는 사본   1통
5. 채무자의 주민등록표등(초)본   1통

20   .   .   .

신청인   (서명 또는 날인)

법원 귀중

◇ 유의 사항 ◇
1. 신청서에는 수입인지 1,000원을 붙여야 합니다.
2. 송달료는 당사자 1인당 3회분을 납부하고 납부서를 첨부하여야 합니다.

일 시 금 지 급 명 령 신 청

신청인(채권자)   ○○○ (주민등록번호)

                  ○○시 ○○구 ○○길 ○○(우편번호)

                  전화.휴대폰번호:

                  팩스번호, 전자우편(e-mail)주소:

피신청인(채무자)   ◇◇◇ (주민등록번호)

                  ○○시 ○○구 ○○길 ○○(우편번호)

                  전화.휴대폰번호:

                  팩스번호, 전자우편(e-mail)주소:

신 청 취 지

피신청인은 신청인에게 ○○법원 20 .   .   .선고   사건의 확정판결에 기한 정기금 양육비채무 중 이 사건 결정일 다음날 이후부터 20 . . .까지 사이에 지급기가 도래하는 정기금 양육비채무의 지급을 위하여 일시금으로 금   ○○원을 지급하라.

라는 결정을 구합니다.

신 청 이 유

1. 신청인은 피신청인을 상대로 20 . . .   00법원에 재판상 이혼청구소송을 제기하여 20 . . . 사건본인 □□□에 대한 양육비로 20 . . .부터 사건본인이 성년에 이르기 전날까지 월 50만원을 매월 20일에 지급하는 내용으로 판결이 선고되었고, 위 판결은 20 . . . 확정되었습니다.

2. 그러나 신청인은 피신청인으로부터 현재까지 위 판결에 따른 양육비를 전혀 지급받지 못하여 그 이행을 확보하기 위하여 20 . . 00법원에 담보제공명령신청을 하였고, 20 . . .에 피신청인은 20 . . .까지 담보를 제공하라는 결정을 송달받았습니다. 그러나 피신청인은 위 담보제공기간 내에 담보를 제공하지 아니하였습니다.

3. 이에 신청인은 가사소송법 제63조의3제4항에 따라 위 양육비의 전부 또는 일부를 일시금으로 지급받기 위하여 이 사건 신청을 하게 되었습니다.

소 명 방 법

1. 판결정본
1. 송달 및 확정증명원
1. 담보제공명령결정문

첨 부 서 류

1. 위 소명방법   각 1통
1. 신청서부본   1통
1. 송달료납부서   1통

2000.   0.   0.

위 신청인   000   (시명 또는 날인)

○○가정법원 귀중

【12】 양육비 직접지급명령신청 (취소) (즈기 사건)

1. 의의

　이혼 시 미성년자인 자녀에 대한 양육비 지급책임을 부담하게 된 정기금 양육비채무자(양육비지급의무자)의 고용자(소득세원천징수의무자)로 하여금 양육비채권자에게 직접 양육비를 지급하도록 명령하는 제도로서 비교적 소액의 정기금채권인 양육비채권을 실효적으로 확보할 수 있는 제도(장래의 양육비채권만 포함되고 이미 기한이 도래한 양육비채권은 포함되지 않는다고 보는 것이 다수설)이다.

※ 이미 기한이 도래한(과거) 양육비채권자는 일반 강제집행 또는 사전처분제도를 이용할 수 있다.

2. 관할

① 양육비 직접지급명령에 관한 사건은 미성년자인 자녀의 보통재판적이 있는 곳의 가정법원의 전속관할이다(가사소송규칙 제120조의 3).

② 위 가정법원이 없는 경우에는 소득세원천징수의무자의 보통재판적이 있는 곳의 가정법원의 전속관할이다.

3. 양육비 직접지급명령신청의 방식

양육비 직접지급명령신청서에는 다음의 각 사항을 적고 집행력 있는 정본을 붙여야 한다.

① 신청의 취지

② 양육비 채권자, 양육비 채무자, 소득세 원천징수의무자와 그 대리인. 미성년자인 자녀의 표시

③ 집행권원 및 집행채권(청구금액)의 표시

④ 2회 이상 양육비가 지급되지 않은 구체적인 내역과 직접지급을 구하고 있는 기한이 도래하지 아니한 정기금 양육비채권의 구체적인 내용

⑤ 집행권원에 표시된 양육비채권의 일부에 관하여만 직접지급명령을 신청하거나 목적채권의 일부에 대하여만 직접지급명령을 신청하는 때에는 그 범위

4. 신청요건

① 양육비채무자가 정기적 급여채권을 가질 것

② 양육비채권자에게 기한이 도래하지 아니한 정기금 양육비 채권이 있을 것 ※ 양육비직접
   지급명령신청 당시를 기준

③ 정당한 사유 없이 2회 이상 양육비를 지급하지 않았을 것(2회 이상 연속적일 필요는 없음)

5. 불복 (즉시항고)

재판을 고지받은 날로부터 1주일 이내에 항고장을 그 재판을 행한 가정법원에 제출하여야 한
다(가사소송규칙 제120조의6).

6. 효력

① 정기적 급여채권의 양육비채권자로의 이전(권리이전효과)과 그로 인한 양육비채권의 소멸
   (변제효)

② 양육비 직접지급명령이 소득세 원천징수의무자(양육비채무자가 근무하는 회사)에게 송달된
   때 소급하여 효력발생

7. 양육비 직접지급명령의 취소

① 양육비 직접지급명령을 발령한 가정법원은 양육비 직접지급명령의 목적을 달성하지 못할
   우려가 있다고 인정할 만한 사정(소득세원천징수의무자의 재력 악화, 양육비 직집지급명
   령의 토대가 된 집행권원의 실효, 양육대상인 미성년자녀의 사망 등)이 있는 때에는 양육
   비채권자의 신청에 따라 양육비 직집지급명령을 취소할 수 있다. 이 경우 양육비 직접지
   급명령은 장래에 향하여 그 효력을 잃게 된다(가사소송법 제63조의2 제3항).

② 취소결정은 양육비채무자에게 고지하여야 하고, 취소결정이 확정된 때에는 소득세 원천징
   수의무자에게 통지하여야 한다.

③ 관 할: 양육비 직접지급명령을 발령한 가정법원의 전속관할

8. 양육비채무자 소득원 변경사유 통지

소득세 원천징수의무자는 양육비 채무자의 직장변경 등 주된 소득원의 변경사유가 발생한 경
우에 그 사유가 발생한 날부터 1주 이내에 가정법원에 변경사실을 통지하여야 한다(가사소송법
제63조의2 제6항).

양육비 직접지급명령 신청서

신청인(채권자) 성명:　　　　　　　（연락 가능한 전화번호:　　　　　　　）
　　　　　주민등록번호:
　　　　　주　　　　소:
　　　　　송 달 장 소:

피신청인(채무자) 성명:
　　　　　　주민등록번호:
　　　　　　주　　　　소:

소득세원천징수의무자:
　　　　　주　소:
　　　　　대표자:

신 청 취 지
채무자의 소득세원천징수의무자에 대한 별지 압류채권목록 기재의 채권을 압류한다.
소득세원천징수의무자는 채무자에게 위 채권에 관한 지급을 하여서는 안된다.
채무자는 위 채권의 처분과 영수를 하여서는 안된다.
소득세원천징수의무자는 매월　　일에 위 채권에서 별지 청구채권목록 기재의 양육비 상당액을 채권자에게 지급하라.
라는 결정을 구합니다.

청구채권 및 그 금액: 별지 청구채권목록 기재와 같음

신 청 이 유
(신청사유를 구체적으로 기재하십시오.)

첨 부 서 류

1. 집행력 있는 정본　　　　　　　　　　　　　　　　　　　1통

2. 송달(확정)증명서   1통
3. 채무자의 주민등록표등(초)본   1통
4. 소득세원천징수의무자의 자격증명서류(법인인 경우 법인등기사항전부증명서
   등)   1통

                      20   .   .   .
            신청인(채권자):   (서명 또는 날인)

                                                      법원   귀중

┌───┐
│ ◇ 유의 사항 ◇   │
│ 1. 송달료는 당사자 1인당 3회분을 송달료 취급 은행에 납부 후 납부서를 │
│   첨부하여야 합니다.   │
│ 2. 수입인지 2,000원을 붙여야 합니다.   │
│ 3. 채권자는 2회 이상 양육비가 지급되지 않은 구체적인 내역과 직접지급을 │
│   구하고 있는 기한이 도래하지 않은 정기금 양육비 채권의 구체적인 내용 │
│   을 기재하여야 합니다.   │
│ 4. 집행력 있는 정본은 확정된 종국판결(심판), 가집행선고 있는 종국판결(심 │
│   판), 조정정서, 양육비부담조서 등이 있습니다.   │
│ 5. 채무자의 성명과 주소 외에도 소속부서, 직위, 주민등록번호, 군번/순번 │
│   (군인/군무원의 경우) 등 채무자를 특정할 수 있는 사항을 기재하시기 바 │
│   랍니다.   │
└───┘

┌───┐
│ [별지]   │
│   청구채권목록   │
│ (집행권원: 법원   호   사건의   )에   │
│   표시된 정기금 양육비채권 중 아래 금원 및 집행비용   │
│   │
│   │
│ 1. 정기금 양육비채권   │
│   (1) 미성년자   (.   .   .생)에 대한 양육비: 20   . . .부터 20   . │
│   .   .까지 월   원씩 매월   일에 지급하여야 할 양육비 중 이 사 │
│   건 양육비 직접지급명령 송달 다음날 이후 지급기가 도래하는 양육비 │
│   (2) 미성년자   (.   .   .생)에 대한 양육비: 20   . . .부터 20   . │
│   .   .까지 월   원씩 매월   일에 지급하여야 할 양육비 중 이 사 │
│   건 양육비 직접지급명령 송달 다음날 이후 지급기가 도래하는 양육비 │
│ 2. 집행비용: 금   원   │
└───┘

신청수수료 2,000원

신청서 작성 및 제출비용　　　원

송달비용　　　　　　　　　　원

자격증명서교부수수료　　　　원

송달증명서신청수수료　　　원　끝.

[별지]

압류채권목록

　양육비채무자(　　　　　　　　　　)가 소득세원천징수의무자로부터 지급받는 다음의 채권으로서 별지 청구채권목록 기재 금액에 이르기까지의 금액. 다만, 별지 청구채권목록 기재 1의 (1) 및 (2)의 금액에 대하여는 그 정기금 양육비의 지급기가 도래한 후에 지급기(급여지급일)가 도래하는 다음의 채권에 한함

다　　　음

1. 매월 수령하는 급료(본봉 및 제수당) 중 제세공과금을 뺀 잔액의 1/2씩
2. 기말수당(상여금) 중 제세공과금을 뺀 잔액의 1/2씩
※ 다만, 국민기초생활보장법에 의한 최저생계비를 감안하여 민사집행법 시행령이 정한 금액에 해당하는 경우에는 이를 제외한 나머지 금액, 표준적인 가구의 생계비를 감안하여 민사집행법 시행령이 정한 금액에 해당하는 경우에는 이를 제외한 나머지 금액

양육비 직접지급명령 신청서

채 권 자   (이름)   (주민등록번호   -   )
          (주소)
채 무 자   (이름)   (주민등록번호   -   )
          (주소)
소득세원천징수의무자 (이름)   (주민등록번호   -   )
          (주소)

신 청 취 지

1. 채무자의 소득세원천징수의무자에 대한 별지 압류채권목록 기재의 채권을 압류한다.
2. 소득세원천징수의무자는 채무자에게 위 채권에 관한 지급을 하여서는 아니 된다.
3. 채무자는 위 채권의 처분과 영수를 하여서는 아니 된다.
4. 소득세원천징수의무자는 매월   일에 위 채권에서 별지 청구채권목록 기재의 양육비 상당액을 채권자에게 지급하라.
라는 결정을 구합니다.

청구채권 및 그 금액 : 별지 청구채권목록 기재와 같음

신 청 이 유

1. 채권자는 2000. O. O. 채무자와 재판상 이혼(OO지방법원 2010 드단 OOOO 이혼 등)을 하면서 사건본인에 대한 친권자 및 양육자로 지정되었고 2000. O. O.부터 매달 300,000원을 채무자로부터 양육비로 지급받기로 합의하였습니다. 그러나 채무자는 양육비를 전혀 지급하지 않고 있습니다.
2. 가정법원은 양육비를 정기적으로 지급할 의무가 있는 사람(이하 "양육비채무자"라 한다)이 정당한 사유 없이 2회 이상 양육비를 지급하지 아니한 경우에 정기금 양육비 채권에 관한 집행권원을 가진 채권자(이하 "양육비채권

자"라 한다)의 신청에 따라 양육비채무자에 대하여 정기적 급여채무를 부담하는 소득세원천징수의무자(이하 "소득세원천징수의무자"라 한다)에게 양육비채무자의 급여에서 정기적으로 양육비를 공제하여 양육비채권자에게 직접 지급하도록 명할 수 있습니다(가사소송법 제63조의 2 제1항).

3. 이에 채권자는 양육비 지급명령을 신청하는 바입니다.

첨 부 서 류

1. 집행력 있는　　　　　　정본　　　　　1통
2. 송달증명서　　　　　　　　　　　　　1통

20 .　.　.

채권자　　　　　　　　(서명 또는 날인)

(연락처 :　　　　　　　　　)

○○법원　귀중

양육비 직접지급명령 취소신청서

신청인(채권자)　　　　　○○○ (주민등록번호)
　　　　　　　　　　　　○○시 ○○구 ○○길 ○○(우편번호)
　　　　　　　　　　　　전화.휴대폰번호:
　　　　　　　　　　　　팩스번호, 전자우편(e-mail)주소:

피신청인(채무자)　　　　◇◇◇ (주민등록번호)
　　　　　　　　　　　　○○시 ○○구 ○○길 ○○(우편번호)
　　　　　　　　　　　　전화.휴대폰번호:
　　　　　　　　　　　　팩스번호, 전자우편(e-mail)주소:

소득세원천징수의무자　　□□□
　　　　　　　　　　　　○○시 ○○구 ○○길 ○○(우편번호)
　　　　　　　　　　　　대표자 △△△

신 청 취 지

위 당사자간 ○○법원　　　즈기　　　　　호 신청사건에 관하여 20 ． ．
． 귀원에서 한 양육비 직접지급명령을 취소한다.
라는 결정을 구합니다.

신 청 이 유

1. 채권자와 채무자는 협의이혼을 하면서 20 ． ． ． 00법원에서 사건본인 ▽▽
▽에 대한 양육비로 이혼신고 다음 날부터 사건본인이 성년에 이르기 전날
까지 월 50만원을 매월 20일에 지급하는 내용으로 양육비부담조서를 작성
하였습니다.
2. 그러나 채무자는 이혼한 날부터 현재까지 채권자에게 정당한 사유없이 2회
이상 양육비를 지급하지 않았고, 이에 채권자는 가사소송법 제63조의2에 따
라 채무자의 소득세원천징수의무자에게 채무자의 급여에서 정기적으로 위
양육비를 공제하여 채권자에게 직접 지급하도록 하는 내용의 양육비 직접

지급명령을 신청하여 20 . . . ○○법원 즈기   호로 양육비 직접지급명
령을 받았습니다.

3. 그런데 그 후 소득세원천징수의무자의 자력이 나빠져 양육비를 변제받지 못
하게 됨으로써(혹은 사건본인이 사망함으로써) 위 명령의 목적을 달성하지
못할 사정이 발생하였는 바, 이에 채권자는 가사소송법 제63조의 2 제3항에
따라 위 양육비 직접지급명령을 취소하기 위하여 이 사건 신청을 하게 되었
습니다.

소 명 방 법

1. 양육비직접지급명령서
1. 위 송달증명원

첨 부 서 류

1. 위 소명방법   각 1통
1. 신청서부본   1통
1. 송달료납부서   1통

20○○.   ○.   ○.

위 신청인   ○○○   (서명 또는 날인)

○○가정법원 귀중

【13】 이행명령신청

1. 의의

    가사사건에 관한 판결·심판·조정조서·조정에 갈음하는 결정 또는 양육비부담조서에 의하여 ① 금전의 지급 등 재산상의 의부, ② 유아의 인도의무 또는 ③ 자녀(子女)와의 면접교섭 허용의무를 이행하여야 할 자가 정당한 이유 없이 그 의무를 이행하지 아니 할 때에는 당사자의 신청에 의하여 가정법원이 인정한 기간 내에 그 의무를 이행할 것을 명하는 제도이다.

    (협의이혼시 면접교섭에 관한 합의가 있었으나 이를 불이행하는 경우는 이행명령의 대상이 아니므로 가사비송사건인 "면접교섭허가" 청구를 해야 한다. 또한 단순히 등기 또는 등록절차의 이행, 부부의 동거를 명하는 것과 같은 의무는 이행명령의 대상이 되지 아니 한다)

2. 관할

    ① 미성년자의 인도의무, ② 면접교섭 허용의무, ③ 미성년자녀에 관한 양육비지급의무 위반 등을 이유로 한 이행명령 사건의 관할은 미성년자인 자녀의 보통재판적이 있는 곳의 가정법원 전속관할이고, 그 외의 이행명령 사건의 관할은 의무자의 보통재판적이 있는 곳의 가정법원 전속관할이다. 다만. 관할 가정법원이 없는 경우에는 대법원 소재지의 가정법원의 전속관할이다 (가사소송규칙 제121조).

3. 종류 및 범위

    ① 금전의 지급 등 재산상의 의무(예: 양육비)
    ② 유아의 인도의무
    ③ 자녀와의 면접교섭허용의무

4. 신청인 및 상대방

    ① 신청권자 : 판결·심판·조정조서·조정을 갈음하는 결정, 양육비부담조서, 재판상 화해 및 화해권고결정 등에서 정하여진 권리주체 및 그 승계인, 각종 절차에서 당사자적 지위를 가지는 참가인, 유언진행자 등
    ② 상대방 : 위 판결 등에 의해 의무를 이행하여야 할 사람과 그 승계인
※ 면접교섭허용의무위반에 대한 이행명령은 그 권리주체인 부(父) 또는 모(母)만이 청구권자 또

는 상대방이 될 수 있다.

5. 심리

당사자의 자발적인 의무이행을 권고하고 이행명령이 발령된 후의 불이행에 따른 제재를 고지하기 위하여 특별한 사정이 없으면 미리 당사자를 심문하고 그 의무를 이행하도록 권고한다(소환불응 시 진술하지 아니하고 이행명령을 발할 수 있음).

6. 위반에 대한 제재

정당한 사유 없이 이행명령을 위반할 때에는 직권 또는 신청으로 1천만 원 이하의 과태료에 처할 수 있고(가사소송법 제67조 제1항), ① 이행명령에 따른 금전의 정기적 지급의무를 정당한 이유 없이 3기 이상 위반하거나. ② 유아의 인도명령을 받은 사람이 과태료의 제재를 받고도 30일 이내에 정당한 이유 없이 그 의무를 이행하지 아니한 경우, 권리자의 신청에 의하여 30일의 범위에서 감치에 처할 수 있다(가사소송법 제68조 제1항).

※ 면접교섭이행명령의 불이행에 대하여는 감치의 제재는 불가

7. 불복

이행명령의 발령여부, 이행명령의 범위 등은 가정법원의 재량에 의한 판단에 맡겨져 있고 그 성질상 신청을 기각한 결정은 물론 신청을 인용하여 하는 이행명령에 대하여도 불복할 수 없으며 이에 대한 불복은 특별항고로 처리하여야 한다.

이행명령 신청서

(양육비 등 재산상 의무 불이행)

사건번호: (이행명령의 근거가 되는 재판)

신 청 인 성   명: (연락 가능한 전화번호:)

　　　　주민등록번호:

　　　　주   소:

　　　　송 달 장 소:

피신청인 성   명:

　　　　주민등록번호:

　　　　주   소

미성년자인 자녀 성명:

　　　　주민등록번호:

　　　　주   소:

신 청 취 지

1. 피신청인은   법원   사건의 확정판결(확정심판, 조정조서)에 기한 의무의 이행으로 신청인에게   .   .   .까지의 미지급 양육비 중   원을   회 분할하여   .   .   .부터   .   .   .까지 매월 말일에 각   원씩을 지급하라(반드시 금액을 구체적으로 기재하여야 합니다).
2. 신청비용은 피신청인이 부담한다.

라는 결정을 구합니다.

신 청 이 유

(신청 사유를 구체적으로 기재하십시오.)

첨 부 서 류

1. 판결(조정조서, 화해조서,양육비부담조서 등) 정본 또는 사본   1통
2. 확정(송달)증명서   1통

3. 혼인관계증명서(상세)(집행권원이 양육비부담조서인 경우)　　　　1통
4. 사건본인의 주민등록표등(초)본　　　　　　　　　　　　　　　　1통
　　[사건본인이 성년인 경우 피신청인의 주민등록표(초)본 첨부]
5. 신청서 부본　　　　　　　　　　　　　　　　　　　　　　　　1부

20　　.　.　.

신청인　　　　　(서명 또는 날인)

법원 귀중

◇ 유의 사항 ◇
1. 신청서에는 수입인지 1,000원을 붙여야 합니다.
2. 송달료는 10회분을 송달료 취급 은행에 납부하고 납부서를 첨부하여야 합
　니다.

이 행 명 령 신 청

신 청 인 여 ○ ○(주민등록번호)
　　　　　　주 소 ○○시 ○○구 ○○길 ○○(우편번호)
피신청인 남 △ △(주민등록번호)
　　　　　　주 소○○시 ○○구 ○○길 ○○(우편번호)
사건본인 성별 □ □ (주민등록번호)
　　　　　　주 소○○시 ○○구 ○○길 ○○(우편번호)

신 청 취 지

1. 피신청인은 신청인에게 ○○지방법원 20○○드단 ○○ 이혼 및 위자료 사건
의 20○○. ○. ○.자 조정조서에 기한 양육비 지급 의무로서 20○○. ○.
○.부터. 사건본인이 성년에 이르기 전날까지 1인당 월 400,000원을 매월
말일에 지급하라.
2. 신청비용은 피신청인이 부담한다.
라는 재판을 구합니다.

신 청 원 인

1. 위 당사자 사이 ○○지방법원 20○○드단 ○○ 이혼 및 위자료 사건에 관하
여 20○○. ○. ○. 귀원으로부터 "피신청인은 신청인에게 사건본인 □□□
에 대한 양육비로 20○○. ○. ○.부터 사건본인이 성년에 이르기 전까지 매
달 말일에 월 40만원씩 지급한다"는 조정조서를 받았습니다.
2. 신청인은 지체장애 3급으로 노동능력에 제한이 있어 취업이 쉽지 않고 그
소득도 얼마 되지 않아 부득이 피신청인으로부터 사건본인에 대한 양육비를
절대적으로 지급받아야 하는데, 피신청인은 형편이 어렵지도 않는데도 불구
하고 사건본인에 대한 양육비를 지금까지 전혀 지급하지 않고 있습니다.
3. 이에 신청인은 피신청인을 상대로 별도 양육비 직접지급명령을 신청한 상태
이나 피신청인은 양육비의 지급을 면탈하기 위해 직장을 그만 둘만한 사람
이기에 부득이 장래를 위해 피신청인에게 이행의무를 부담시키고자 합니다.
4. 장애를 안고 어린 자녀를 키우는 신청인의 처지로 아이를 키우는데 피신청
인으로부터 받아야 할 양육비는 너무도 중요하기에, 더 이상 자녀 양육을

위한 비용을 혼자서 감당하기 어려워 가사소송법 제64조에 따라 피신청인에게 의무이행을 구하고자 이 사건 신청에 이른 것입니다.

첨 부 서 류

1. 조정조서 사본	1부
1. 위 송달증명원	1부
1. 복지카드 사본(신청인)	1부
1. 주민등록표 초본(피신청인, 사건본인)	1부
1. 사건본인들의 기본증명서	1부
1. 신청서부본	1부

20○○.　○.　○.

신 청 인 ○　○　○ (서명 또는 날인)

○○가정법원　귀중

이 행 명 령 신 청 서

신 청 인　　한○○(주민등록번호)
　　　　　　　　○○시 ○○구 ○○길 ○○(우편번호)
　　　　　　　전화.휴대폰번호:
　　　　　　　팩스번호, 전자우편(e-mail)주소:

피신청인　　박◇◇(주민등록번호)
　　　　　　　　○○시 ○○구 ○○길 ○○(우편번호)
　　　　　　　　전화.휴대폰번호:
　　　　　　　　팩스번호, 전자우편(e-mail)주소:

신 청 취 지

　피신청인은 신청인에게 ○○지방법원 2013. 10. 28.자 2012드단○○○○(본소), 2013드단○○○○(반소) 이혼 등 사건의 조정조서에 기한 의무이행으로서 면접교섭허용의무를 이행하라
라는 재판을 구합니다.

신 청 원 인

1. 당사자의 관계

　신청인과 피신청인은 2004. 12. 13. 혼인신고를 경료한 법률상 부부였는바, 8년에 걸친 혼인생활 끝에 수원지방법원 2012드단○○○○(본소), 2013드단○○○○(반소)호로 재판상 이혼에 이르게 되었습니다. 한편, 신청인과 피신청인 사이에는 자녀로 신청외 한○○(06. 2. 21.생), 한○○(08. 12. 3.생)가 있습니다.

2. 면접교섭허용의무의 발생

　신청인과 피신청인은 위 제1항 기재 소송절차 중 2010. 10. 28.자 조정 기일에서 '피고(신청인)는 매월 둘째.넷째 일요일 10:00부터 19:00까지 피고(신청인)가 책임질 수 있는 장소에서 사건본인들을 면접교섭할 수 있고, 추가로 사건본인들의 여름.겨울방학 기간 동안 각 6박 7일씩 사건본인들을 면접교섭할 수 있다. 원고(피신청인)는 면접교섭이 원활하게 이루어질 수 있도록 적극 협조하기로 한다'는 내용이 포함된 합의를 하였으며 위 내용 그대로 조정조서에 기재되었습니다.

3. 피신청인의 의무불이행

 그런데 신청인이 위 조정조서 상의 다른 의무를 성실히 이행하고 있는 반면, 피신청인은 위 조정 성립 이후 현재까지 신청인이 전화를 해도 받지 않거나, 자녀들이 바쁘다는 이유를 들며 신청인의 자녀들에 대한 면접교섭에 비협조적인 태도로 일관하고 있어 신청인이 자녀들을 만날 수 없는 상황입니다(피신청인이 신청인과 자녀들의 전화통화 마저 제한하고 있어 신청인으로서는 자녀들의 의사를 확인하기도 어렵습니다). 즉, 피신청인은 위 조정조서에 기재된 면접교섭 허용의무를 이행하여야 함에도 불구하고 정당한 이유없이 그 의무를 이행하지 아니하고 있다고 할 것입니다.

4. 결어

 이에 따라 가사소송법 제64조 제1항 제3호에 기하여 이건 이행명령 신청을 하기에 이르렀으니, 인용하여 주실 것을 희망합니다.

소 명 방 법

1. 소갑 제1호증	조정조서
1. 소갑 제2호증	송달증명원
1. 소갑 제3호증	문자메시지 자료

첨 부 서 류

1. 위 소명방법	각 1통
1. 소송 위임장	1통
1. 송달료 납부서	1통

20○○. ○○. ○○ .

위 신청인　　　(서명 또는 날인)

○○가정법원 귀 중

【14】 이행명령 등 불이행에 따른 과태료·감치 재판 (정드 사건)

1. 의의

이행명령, 혈액형 등 수검명령, 사전처분, 양육비 직접지급명령, 담보제공명령. 양육비일시금지급명령 등(이하 '이행명령 등'이라 함)을 받고 정당한 이유 없이 그 명령에 위반한 자에 대하여 제재를 가하는 재판이다.

2. 관할

이행명령 등을 한 법원

3. 대상

① 과태료 재판

당사자 또는 관계인이 정당한 이유 없이 이행명령 등을 위반한 경우(일시금지급명령위반 제외)

② 감치 재판

(1) 이행명령의 내용이 금전의 정기적 지급을 명하는 것인 경우에 의무자가 정당한 이유 없이 그 의무를 3기 이상 이행하지 아니한 경우(과태료를 부과할 수도 있고 감치를 명함 수도 있으나 과태료와 감치의 제재를 동시에 과하는 것은 허용되지 않음)

(2) 이행명링의 내용이 유아인도의무의 이행을 명하는 것인 경우에 의무자가 이를 위반하여 과태료의 제재를 받고도 30일 이내에 정당한 이유 없이 그 의무를 이행하지 않는 경우

(3) 양육비의 일시금지급명령올 받은 사람이 30일 이내에 정당한 사유 없이 그 의무를 이행하지 않는 경우

(4) 혈액형 등 수검명링을 정당한 이유 없이 위반하여 과태료의 제재를 받고도 정당한 이유 없이 다시 수검명령을 위반한 경우

4. 범위

① 과태료: 1.000만 원 이하
② 감치 : 30일 이내

5. 심리

① 과태료 재판

(1) 수검명령 위반 및 사전처분 위반으로 인한 과태료 재판 : 통상 당사자의 진술을 듣지 않고 서면심리하나, 특별한 사정이 있는 경우에는 심문을 열거나 서면으로 당사자의 진술을 듣고 재판

(2) 양육비 직접지급명령, 담보제공명령, 이행명령 위반으로 인한 과태료재판 : 원칙적으로 위반자 또는 의무자를 소환하여 심문. 소환된 위반자 또는 의무자가 정당한 사유 없이 심문기일에 출석하지 않은 때에는 구인가능

② 감치 재판 : 원칙적으로 위반자 또는 의무자를 소환하여 심문. 소환된 위반자 또는 의무자가 정당한 사유 없이 재판기일에 출석하지 않은 때에는 구인 가능

6. 불복

① 과태료 재판 : 재판 방식에 따라 그 불복절차가 구분된다.

과태료재판 방식	불북신청	불복기간	인지/송달료	효력	재판
약식재판 (비송 250조)	이의신청	1주일	없음	과태료결정 실효	과태료결정을 한 원재판부
정식재판 (비송 248조)	즉시항고	1주일	2,000원/ 28.800원	집행정지	항고법원

(1) 당사자의 진술을 듣지 않고 재판한 경우(비송사건절차법 제250조 약식재판)

(가) 불복방법 : 위반자 또는 의무자가 재판의 고지를 받은 날부터 1주일 내에 이의신청

(나) 효력 : 과태료 재판이 효력을 잃는다. 법원은 당사자의 진술을 듣고 다시 재판해야 하며 (정식재판), 이에 따라 과태료결정을 한 경우에는 비송사건절차법 제248조에 따라 즉시항고로 불복

(2) 당사자의 진술을 듣고 재판한 경우(비송사건절차법 제248조 정식재판)

(가) 불복방법 : 위반자 또는 의무자가 재판의 고지를 받은 날부터 1주일 이내 즉시항고

(나) 효력 : 집행정지 효력

※ 과태료 결정을 하기 전에 서면으로 당사자에게 의견진술의 기회를 준 경우도 정식재판이므로 (대법원 2008. 3. 24. 2007마1492 결정), 즉시항고로 불복

② 감치 재판 : 위반자 또는 의무자가 재판의 고지를 받은 날로부터 3일 이내에 즉시항고 가능, 집행정지의 효력은 없다.

③ 신청각하 결정, 불처벌결정에 대하여는 불복하지 못한다.

7. 의무이행에 의한 감치집행의 종료

감치재판을 받은 자가 감치집행 중에 의무를 이행하고 이를 증명하는 서면(권리자의 영수서 또는 확인서)을 제출한 때에는, 재판장은 지체 없이 서면으로 감치시설의 장에게 위반자의 석방을 명하여야 한다.

이행명령 불이행 등에 따른 감치.과태료 신청서

대상사건번호 20   즈기   (이행명령, 수검명령, 일시금지급명령)
신 청 인 성   명: (연락 가능한 전화번호:)
          주민등록번호:
          주   소:
          송 달 장 소:

피신청인 성   명 :
          주민등록번호:
          주   소:

신 청 취 지

"피신청인은 위 당사자 간 서울가정법원 20   즈기   호   사건의
이행의무를 위반하였으므로 (감치, 과태료)에 처한다."라는 결정을 구합니다.

신 청 이 유
(신청 사유를 구체적으로 기재하십시오.)

첨 부 서 류
1. 이행명령 등 정본 또는 사본   1통
2. 신청서 부본   1부

20   .   .   .
신청인   (서명 또는 날인)

법원 귀중

◇ 유의 사항 ◇
 1. 신청서에는 수입인지 1,000원을 붙여야 합니다.
 2. 송달료는 송달료 취급 은행에 납부하고 납부서를 첨부하여야 합니다.

이행명령 불이행에 따른 과태료부과신청

신 청 인   ○○○ (주민등록번호)
　　　　　○○시 ○○구 ○○길 ○○(우편번호)
　　　　　전화.휴대폰번호:
　　　　　팩스번호, 전자우편(e-mail)주소:

피신청인   ◇◇◇ (주민등록번호)
　　　　　○○시 ○○구 ○○로 ○○(우편번호)
　　　　　전화.휴대폰번호:
　　　　　팩스번호, 전자우편(e-mail)주소:

신 청 취 지

피신청인은 위 당사자간 ○○가정법원 20○○즈기○○ 이행명령 사건의 이행의무를 위반하였으므로 과태료에 처한다.
라는 결정을 구합니다.

신 청 이 유

1. 신청인은 ○○지방법원 20○○호○○ 협의이혼의사확인신청사건의 집행력 있는 양육비부담조서정본에 기초하여 「미성년 자녀(들)에 대한 양육비로 이혼신고 다음날부터 자녀(들)이 각 성년에 이르기 전날까지 1인당 월 800,000원」의 금전 지급을 받기로 하였으나, 20○○. ○.부터 20○○. ○○.까지 매월 800,000원씩 피신청인이 지급할 양육비 합계 4,000,000원 중 1,350,000원을 지급받지 못하여 이에 ○○가정법원 20○○즈기○○호로 이행명령을 받고, 위 결정은 20○○. ○. ○○. 피신청인에게 송달되었습니다.

2. 위 이행명령에도 불구하고 피신청인은 현재까지 신청인에게 미지급한 양육비를 지급하지 않고 있을 뿐만 아니라, 매월 지급해야할 양육비 800,000원마저도 지급하지 않고 있습니다. 이에 신청인은 하는 수 없이 가사소송법 제67조 제1항에 의하여 피신청인에 대한 과태료 부과를 신청하는 바입니다.

소 명 방 법

1. 양육비부담조서 사본   1부
1. 이행명령 사본   1부
1. 위 송달증명원   1부
1. 신청서 부본   1부

20○○. ○. ○○.

위 신청인 ○○○ (인)

○○가정법원 귀중

【15】 소송구조신청 (즈기 사건)

1. 의의

소송비용을 지출할 자금능력이 부족한 사람에 대하여 법원이 당사자의 신청 또는 직권으로 재판에 필요한 비용(인지대, 변호사 보수, 송달료, 증인여비, 감정료 기타 재판비용)의 납입을 유예 또는 면제시킴으로써 그 비용을 내지 않고 재판을 받을 수 있도록 하는 제도이다.

2. 관할

① 소송구조신청은 소송기록을 보관하고 있는 법원이 관할
② 소를 제기하기 전에는 소를 제기하려는 법원. 소제기 후에는 수소법원이 관할

3. 신청권자

원고. 피고 모두 가능

4. 신청방식

서면으로 접수

5. 요건

신청인의 무자력과 승소가능성 소명

6. 제출서류

재산관계진술서, 소장사본. 답변서 및 준비서면과 각종 증거의 사본 등

7. 기타

신청인은 소송 진행 중 또는 완결 후에 직업이나 재산에 중대한 변동이 생기거나 소송의 결과 상대방으로부터 이행을 받게 된 때에는 법원에 즉시 그 내용을 신고해야 한다.

[양식] 소송구조신청서

소송구조신청서

구조대상사건
신 청 인(원고,피고):　　　　　　(연락 가능한 전화번호:　　　　　　)
　　주　　　소:
　　송 달 장 소:
피신청인(원고,피고:
　　주　　　소:

1. 구조를 신청하는 범위
　□ 인지대　　[□ 소장　□ 상소장　□ 기타(　　　　　)]
　□ 변호사비용
　□ 기타 (　　　　　　　　　　　　　　　)
　□ 위 각 사항 등을 포함한 소송비용 전부
2. 구조가 필요한 사유
　가. 사건 내용: 별첨 기재와 같다(소장 사본의 첨부로 갈음 가능).
　나. 신청인의 자력:
　□ 「국민기초생활보장법」에 따른 수급자(수급자 증명서)
　□ 「한부모가족지원법」에 따른 보호대상자(한부모가족증명서)
　□ 「기초노령연금법」에 따른 수급자(기초노령연금수급자 증명서 또는
　　　기초노령연금　지급내역이 나오는 거래은행통장 사본)
　□ 위 대상자 외의 자: 재산관계진술서 및 그 밖의 소명자료 첨부
　　　　　　　　　　　20 ．　　．　　．
　　　　　　　　신청인　　　　　　　　(서명 또는 날인)
　　　　　　　　　　　　　　　　　　　　　　법원 귀중

◇ 유의 사항 ◇
1. 신청서에는 수입인지 1,000원을 붙여야 합니다.
2. 송달료는 송달료 취급 은행에 납부하고 납부서를 첨부하여야 합니다.
3. 신청인은 소송 진행 중 또는 완결 후에 직업이나 재산에 중대한 변동이
　생기거나 소송의 결과 상대방으로부터 이행을 받게 되었을 때 법원에 즉시
　그 내용을 신고해야　합니다.

소송구조 재산관계진술서

신 청 인	성 명		주민등록번호				
	직 업		주 소				

가족관계	성 명	신청인과 관계	나 이	직 업	월수입	동거 여부

신청인의 월수입	금 액	
	내 역	

수급권자 여부	□ 국민기초생활보장법상의 수급권자임 □ 수급권자 아님

신청인의 주거	형 태	아파트, 단독주택, 다가구주택, 연립주택, 다세대주택 기타( )
	소유관계	신청인 또는 가족 소유 (소유자:) 임대차(전세, 월세: 보증금 원, 월세 원) 기타( )

신청인과 가족들이 보유한 재산내역	부동산	
	예금	
	자동차	
	연금	
	기타	

　　신청인은 이상의 기재사항이 모두 사실과 다름이 없음을 확약하며 만일 다른 사실이 밝혀질 때에는 구조결정이 취소되더라도 이의가 없습니다.

20 .   .   .

신청인   (서명 또는 날인)

【16】 소송법상 특별대리인 선임신청 (즈기 사건)

1. 의의

소송절차에서 법정대리인이 없거나 법정대리권을 행사할 수 없는 경우에 소송절차가 지연됨으로써 손해 볼 염려가 있는 경우 특별대리인을 선임하는 재판을 말한다.

2. 요건

소송무능력자의 법정대리인이 없거나 또는 있더라도 대리권을 행사할 수 없는 경우
① '소송무능력자'는 사실상 의사능력을 상실한 상태에 있는 사람, 미성년자 등이 포함된다.
② '법정대리인이 없거나 그 권한을 행사할 수 없는 때'라 함은 법률상 장애 뿐 아니라 사실상 장애(소재불명. 장기여행 등)도 포함(다수설)된다.
③ 소송무능력자를 상대방(피고, 피청구인)으로 하여 소제기(심판청구)를 하거나 소송무능력자가 소제기(심판청구)할 경우여야 한다.
④ 지연으로 인하여 손해를 받을 염려가 있어야 한다.

3. 관할

수소법원(본안사건이 장래에 계속될 또는 이미 계속되어 있는 가정법원)

4. 신청권자

① 소송무능력자를 상대로 소송행위를 하고자 하는 경우 : 그 상대방 당사자(원고, 청구인 등)
② 소송무능력자가 소송행위를 하고자 하는 경우 : 친족, 이해관계인 또는 검사

5. 신청취지 (예시)

1. 「신청인과 OOO 사이의 이 법원 20   느단   호 양육비 청구사건에 관하여 OOO(000000-0000000, 주소: 서움 서초구 서초동 2)를 위 OOO의 특별대리인으로 선임한다」라는 결정을 구합니다.
2. 「신청인과 사건본인들, OOO 사이의 이 법원 20   느합   호 상속재산 분할 사건에 관하여 사건본인 1. OOO의 특별대리인으로 변호사 OOO(19   .   .   .생 서울 서초구

서초1동 1111-1 OO빌딩 1층)을. 사건본인 2.   OOO의 특별대리인으로 변호사 OOO(19 .. .생 서울 서초구 서초동   1111-11 OO빌딩 101호)을 각 선임한다.」라는 결정을 구합니다.

6. 소명자료

신청원인을 입증할 수 있는 자료

7. 불복

① 기각결정 : 항고 가능(민사소송법 제439조)
② 선임결정 : 항고 불가능(대법원 1963. 5. 2.자 63마4 결정)

특별대리인선임신청서
(소송법상 특별대리인)

대상사건 20   느단

신 청 인 성   명: (연락 가능한 전화번호:)
　　　　　주민등록번호:
　　　　　주   　 소:
　　　　　송 달 장 소:

사건본인 성   명:
　　　　　주민등록번호:
　　　　　주   　 소:

신 청 취 지
(뒷장의 작성 예시를 참조하십시오.)

신 청 이 유
(신청사유를 구체적으로 기재하십시오.)

첨 부 서 류

1. 기본증명서(상세)(사건본인)   1통
2. 가족관계증명서(상세)(사건본인, 특별대리인)
   각 1통
3. 주민등록표등(초)본(특별대리인)   1통
4. 기타 소명자료(소장부본 등)   1부

20   .   .   .
신청인   (서명 또는 날인)

법원 귀중

※ 신청취지 작성 예시
　1. 신청인과 ○○○ 사이의 이 법원 20   느단   호 양육비 청구사건에
　　　관하여   ○○○(000000-0000000, 주소: 서울 서초구 서초동 2)를 위

○○○의 특별대리인으로 선임한다. 라는 결정을 구합니다.

2. 신청인과 사건본인들, ○○○ 사이의 이 법원 20   느합   호 상
속재산분할 사건에 관하여 사건본인 1. ○○○의 특별대리인으로 변호
사 ○○○(19 . . .생 서울 서초구 서초1동 1111-1 ○○빌딩 1층)을
(를), 사건본인 2. ○○○의 특별대리인으로 변호사 ○○○(19   .
    .생 서울 서초구 서초동 1111-11 ○○빌딩 101호)을(를) 각각 선임
한다. 라는 결정을 구합니다.

◇ 유의 사항 ◇

1. 신청서에는 수입인지 1,000원을 붙여야 합니다.

2. 송달료는 송달료 취급 은행에 납부하고 납부서를 첨부하여야 합니다.

특 별 대 리 인 선 임 신 청

신 청 인   ○○이씨○○파 종중

             ○○시 ○○구 ○○길 ○○(우편번호)

            대표자 □□□

         전화.휴대폰번호:

         팩스번호, 전자우편(e-mail)주소:

신 청 취 지

신청인이 신청인의 대표자 □□□를 상대로 제기할 ○○시 ○○구 ○○길 ○○ 대 3,000㎡에 관하여 명의신탁해지를 원인으로 한 소유권이전등기절차의 이행을 청구하는 소송에 있어서, ◉◉◉(주민등록번호, 주소: ○○시 ○○구 ○○길 ○○)을 신청인의 특별대리인으로 선임한다.

라는 재판을 구합니다.

신 청 이 유

1. 신청인 종중은 종중 소유의 ○○시 ○○구 ○○길 ○○ 대 3,000㎡를 매수하면서 위 대표자 □□□명의로 명의신탁에 의한 소유권이전등기를 경료하였습니다.

2. 그런데 200○. ○. ○. 종중 정기총회에서 위 부동산의 소유권을 신청인 종중 명의로 환원하기로 결의하였습니다. 그리하여 신청인 종중은 대표자인 □□□을 상대로 ○○시 ○○구 ○○길 ○○ 대 3,000㎡에 관하여 명의신탁해지를 원인으로 한 소유권이전등기절차의 이행을 청구하는 소를 제기하려고 준비 중입니다. 위 대표자 □□□은 신청인 종중의 대표자로 이익이 상반되므로 신청인 종중의 현재 대표자 □□□은 대표권을 행사할 수 없기 때문에 법인의 대표자가 없는 경우와 사정이 같다 할 것입니다.

3. 그렇다면, 신청인이 통상의 절차에 따라 위 종중의 대표자를 재선출할 때까지 기다린다면 기일지연으로 인하여 상당한 손해를 받을 염려가 있으므로 신청인 종중을 위한 위 소유권이전등기절차 이행의 소의 특별대리인으로 ◉◉◉(주민등록번호, 주소: ○○시 ○○구 ○○길 ○○)을 선임하고자 민사소송법 제62조에 따라 이 사건 신청에 이르렀습니다.

소명방법 및 첨부서류

        1. 대표자선출결의서   1통

1. 등기사항전부증명서(부동산)   1통

1. 주민등록표등본   각 1통

1. 족보사본   1통

1. 송달료납부서   1통

20○○. ○. ○.

위 신청인   ○○이씨○○파 종중

대표자 □□□ (서명 또는 날인)

○○지방법원 귀중

제5장
후견사건등

【1】 임시후견인선임 사전처분신청

1. 의의

① 가사사건의 심판청구가 있는 경우에는 가정법원은 사건을 해결하기 위하여 특히 필요하다고 인정하면 직권으로 또는 당사자의 신청에 의하여 상대방이나 그 밖의 관계인에게 현상을 변경하거나 물건을 처분하는 행위의 금지를 명할 수 있고, 사건에 관련된 재산의 보존을 위한 처분, 관계인의 감호와 양육을 위한 처분 등 적당하다고 인정되는 사전처분을 할 수 있다.

② 후견개시 사건에서도 가정법원은 본안에서 후견인이 선임되기 전까지 잠정적으로 사건본인의 후견사무를 처리할 임시후견인을 선임하는 사전처분을 할 수 있다.

2. 관할

① 성년후견개시 사건이 계속 중인 가정법원
② 본안이 항고심에 계속 중인 때는 항고심 법원
③ 본안이 재항고심에 계속 중인 때는 제1심 가정법원이 관할

3. 시적 한계

후견개시사건이 가정법원에 접수된 때로부터 종료(확정)전

4. 신청권자

① 신청 : 성년후견개시 사건의 당사자(청구인, 참가인 등)가 신청할 수 있다.
② 직권 : 필요하면 후견개시 사건을 담당하는 가정법원이 직권으로 임시후견인을 선임하는 사전처분을 할 수 있다.

5. 심리

① 본안과 같은 정도의 심리는 사전처분의 성질상 요구되지 않으나 사건본인의 능력. 신상과 재산보호에 큰 영향을 미칠 수 있으므로 사건본인의 정신적 제약 상태를 판단할 최소한의 소명자료(진단서 등)를 갖추어야 한다.

② 당사자 사이에 다툼이 있는 경우에는 발령에 신중을 기하여야 한다.

6. 심판

① 결정의 형식

② 본안 심판시까지 임시후견인의 권한을 정하는 것이 주된 내용

③ 본안사건의 내용과 목적, 특히 피후견인의 재산과 신상에 대한 중대한 변경을 가져 올 사항에 대한 대리권은 수여하지 않는다.

7. 불복

① 즉시항고기간 : 특별한 규정이 없으므로 1주일

② 항고권자

  1) 기각, 각하 : 불가(이에 대한 불복신청은 특별항고로 취급)

  2) 인용 : 사건본인 등 후견개시심판 청구권자

[양식] 임시후견인 선임 사전처분신청서

임시후견인 선임 사전처분신청

신청인   성 명: (연락 가능한 전화번호:)
　　　　　주민등록번호:
　　　　　주소:
　　　　　사건본인과의 관계:

사건본인   성 명:
　　　　　주민등록번호(외국인등록번호):
　　　　　주소:
　　　　　등록기준지(국적):

청 구 취 지

"가정법원　　　느단　　　　　호 성년후견개시 사건의 심판이 확정될 때까지 사건본인의 임시후견인으로 [성명:　　,주민등록번호:　　　　　, 주소:　　　　)을(를) 선임한다."라는 결정을 구합니다.

청 구 원 인

1. 신청인은 사건본인에 대하여 20 ． ． ．이 법원 20 느단　　　호로 성년후견개시 심판청구를 하였습니다.
2. 사건본인에게는 별지 기재 재산이 있고, 제3자에게 임대 중인 부동산도 있으나 중증의 노인성 치매 증세로 재산관리를 전혀 할 수 없는 상황이므로 성년후견개시 신청에 대한 심판이 효력을 발생하기까지 임시로 후견인이 필요합니다.
3. 임시후견이 필요한 사항
   가. 재산 관련
   나. 신상 관련
4. 이에 임시후견인의 선임을 구하는 사전처분을 신청합니다.
5. 임시후견인으로는　　　　　　을(를) 추천합니다.

임시후견인 후보자	성명	
	주소	
	주민등록번호	

	직업	
	사건본인과의 관계	

첨 부 서 류

1. 가족관계증명서(상세) 및 기본증명서(상세)(신청인, 사건본인, 후견인후보자) 각1통
2. 주민등록등본(사건본인)   각1통
3. 사건본인 및 후견인후보자의 후견등기사항증명서(말소 및 폐쇄사항 포함),
   후견등기사항 부존재증명서   1통
   (후견등기사항이 없는 경우에는 후견등기사항부존재증명서만 제출하면 됩니다.)
4. 신청인 및 후견인후보자와 사건본인과의 관계를 밝혀줄 제적등본, 가족관계증
   명서(상세) 등   각 1통
   (제1항의 가족관계증명서만으로는 그 관계를 알 수 없는 경우)
5. 기타 (소명자료)

                        20   .   .   .
     신청인   (서명 또는 날인)

                                                      법원 귀중

【2】 성년후견인의 직무집행정지 및 직무대행자선임 사전처분신청

1. 의의

① 가사사건의 심판청구가 있는 경우에 가정법원은 사건을 해결하기 위하여 필요하다고 인정하면 직권으로 또는 당사자의 신청에 의하여 적당하다고 인정되는 사전처분을 할 수 있다(가사소송법 제62조 제1항).

② 성년후견인 변경에 있어서도 필요한 경우에는 가정법원은 변경심판에 앞서 해당 성년후견인의 직무집행의 전부 또는 일부를 정지하는 사전처분을 할 수 있고, 성년후견인의 직무집행이 정지됨으로써 사건본인에 대하여 보호의 공백이 생길 우려가 있는 경우 직무대행자를 선임하는 사전처분도 할 수 있다.

2. 관할

① 성년후견개시 사건이 계속 중인 가정법원

② 본안이 항고심에 계속 중인 때는 항고심 법원

③ 본안이 재항고심에 계속 중인 때는 제1심 가정법원이 관할

3. 신청권자

① 신청 : 성년후견인 변경 사건의 당사자(청구인. 참가인 등)

② 직권 : 후견인 변경 사건을 담당하는 가정법원

4. 심판의 고지 및 통지

① 고지 : 선임된 자와 해당 후견인

② 통지 : 사건본인

5. 불복

① 즉시항고기간 : 특별한 규정이 없으므로 1주일

② 항고권자

  1) 기각, 각하 : 불가(이에 대한 불복신청은 특별항고로 취급)

  2) 인용 : 기존의 후견인, 사건본인 등

성년후견인 직무집행정지 및 직무대행자 선임 사전처분신청

신청인   (연락 가능한 전화번호:)
            주민등록번호
            주소
            사건본인과의 관계
사건본인
            주민등록번호(외국인등록번호)
            주소
            등록기준지(국적)

청 구 취 지

1.   법원 20   느단   호   성년후견인변경청구 사건의 심판이 확정될
    때까지 피신청인의 사건본인에 대한   성년후견인으로서의 직무집행을 성
    지한다.
2. 사건본인의   성년후견인 직무대행자로   (주민등록번호   , 주소
)을(를) 선임한다.
3. 성년후견인 직무대행자의 권한범위는 별지와 같다.
라는 심판을 구합니다.

청 구 원 인

1. 신청인은   법원에 20   느단   호로   성년후견인변경청구 사건의
    심판을 청구하였습니다.
2. 성년후견인   은(는) 선임된 후   등의 행위를 하고 있기 때문에
    사건본인의 복리를 위하여 후견인의 변경을 청구하였으나, 변경심판이
    효력을 발생하기까지 성년후견인   이(가) 이대로 계속 관리를 한다면
    사건본인에게 회복하기 어려운 불이익을 초래할 우려가 있습니다.
3. 이에 성년후견인   의 직무집행을 정지하고 직무대행자 선임을 신청하는
    바입니다.
4. 직무집행자의 권한범위 관련한 의견
    □기존 후견인과 동일한 권한을 갖길 원함
    □직무집행자의 권한범위를 새로 정하길 원함(이 경우 별지 체크리스트
    활용)

5. 사건본인의 직무대행자로는   을(를) 추천합니다. (또는 가정법원이
   적임자를 선임해 주시기 바랍니다.)

직무대행 자 후보자	성명	
	주소	
	주민등록번호	
	직업	
	사건본인과의 관계	

첨 부 서 류

1. 가족관계증명서(상세) 및 기본증명서(상세)(신청인, 사건본인, 직무대행자후보자)   각1통
2. 주민등록등본(사건본인)   1통
3. 사건본인의 후견등기사항증명서(말소 및 폐쇄사항 포함)   1통
4. 직무대행자후보자의 후견등기사항증명서(말소 및 폐쇄사항 포함),
   후견등기사항 부존재증명서   각 1통
   (후견등기사항이 없는 경우에는 후견등기사항부존재증명서만 제출하면 됩니다.)
5. 신청인 및 직무대행자후보자와 사건본인과의 관계를 소명할 제적등본,
   가족관계증명서(상세) 등   각 1통
   (제1항의 가족관계증명서만으로는 그 관계를 알 수 없는 경우)
6. 기타 (소명자료)

20   .   .   .

청구인   (서명 또는 날인)

법원 귀중

[별지]
직무대행자의 권한 범위

1. 사건본인이 직무대행자의 동의를 얻어야 하는 법률행위의 범위
가. 재산의 처분, 채무의 부담(단, 법원의 허가를 받아야함)
나. 예금의 인출행위 (단, 사건본인의 의료비, 생활비 지출 목적 이외의 것은
    법원의 허가를 받아야함)
다. 금전의 대여행위

라. 증여행위

2. 직무대행자의 대리권의 범위
가. 재산의 보전행위, 그 성질이 변하지 않는 범위 내에서의 이용, 개량행위
나. 예금의 인출행위(단, 사건본인의 의료비, 생활비 지출 목적 이외의 것은 법
    원의 허가를 받아야 함)
다. 소송행위(단, 법원의 허가를 받아야 함)

3. 신상결정대행권
가. 개호서비스 이용계약, 복지시설, 요양시설, 입소계약의 체결, 종료 및 비용
    의 지급
나. 치료 등의 목적으로 정신병원이나 그 밖의 다른 장소에 입원 등 격리에 대
    한 동의(단, 법원의 사전허가를 받아야 함). 끝.

【3】 성년후견개시 심판청구(성년후견종료 심판청구 포함)

1. 의의

종래의 금치산제도 및 한정치산제도를 대신하여 본인 스스로 의사결정과 판단이 어려운 성년 (뇌병변. 치매, 정신병, 발달장애 등)이 후견인의 지원를 통해 법률행위, 재산관리, 사회복지서비스의 이용. 신상보호 및 기타 사회생활에 필요한 사무를 처리할 수 있도록 하는 제도이다.

2. 대상

질병, 장애, 노령, 그 밖의 사유로 인한 정신적 제약으로 사무를 처리할 능력이 지속적 결여된 사람

3. 관할

① 개시심판 : 피성년후견인(피성년후견인이 된 사람 포함)의 주소지 관할 가정법원
② 종료심판 : 후견개시 등의 심판을 한 가정법원(관할변경 및 이송된 경우에는 변경, 이송된 가정법원. 항고법원이 후견개시 등의 심판을 한 경우에는 그 제1심 법원인 가정법원)
※ 대한민국에 상거소 또는 거소가 있는 외국인도 이용 가능

4. 청구권자

본인, 배우자, 4촌 이내의 친족, 미성년후견(감독)인, 한정후견(감독)인, 특정후견(감독)인, 임의후견(감독)인. 검사 또는 지방자치단체의 장(민법 제9조 제1항)

5. 청구취지

1. 사건본인에 대하여 성년후견을 개시한다.
2. 사건본인의 성년후견인으로 ○○○(주민등록번호   .주소   ) 를   선임한다.
   라는 심판을 구합니다.

6. 심판절차

① 본인의 의사 확인을 위하여 원칙적으로 피성년후견인 심문
② 정신감정이나 가사조사가 이루어지기도 한다.

7. 성년후견개시 심판의 효과

① 법률행위의 효력과 대리권

　1) 취소권 - 제한: 일상적 법률행위(일용품의 구입, 식당 이용 등)와 가정법원이 취소할 수 없도록 정한 행위

　2) 법정대리권 - 성년후견인은 포괄적인 법정대리인이지만, 대리권의 범위를 가정법원이 따로 정할 수 있다.

　3) 거래 상대방 - 최고권, 철회권 및 거절권

　4) 취소권의 배제 - 제한능력자의 속임수로써 능력자로 믿게 한 경우

② 신상에 관한 효과

　1) 피성년후견인의 신상에 관한 자기결정권 - 상태가 허락하는 범위에서 피성년후견인이 스스로 단독으로 결정함이 원칙

　2) 성년후견인의 신상에 관한 결정대행 - 가정법원이 범위를 정하여 결정권을 부여

　3) 신상결정권한의 제한 - 원칙적으로 가정법원의 사전허가 필요(민법 제947소의 2)

　(가) 성신병원 기타의 장소에의 격리 - 반드시 사전 허가

　(나) 의료행위의 직접적인 결과로 사망 또는 상당한 장애를 입을 위험이 있을 때

　(다) 피성년후견인이 거주하고 있는 건물 또는 그 대지에 대하여 매도. 임대, 전세권설정. 저당권 설정, 임대차의 해지, 전세권의 소멸, 그 밖에 이에 준하는 행위를 하는 경우

8. 성년후견인 선임

직권 선임, 여러 명을 선임할 수 있으며, 법인도 가능

9. 성년후견감독인 선임

직권 또는 청구권자의 청구에 의하여 선임되며, 반드시 필요적으로 선임되는 것은 아니다.

10. 심판의 고지

당사자와 절차에 참가한 이해관계인. 성년후견(감독)인(임무가 개시되거나 종료될 자 포함)

※ 사건본인 - 심판 통지(가사소송규칙 제35조)

11. 불복 : 2주 이내 즉시항고

① 개시심판 - 청구권자(민법 제9조 제1항)

※ 성년후견개시가 아닌 성년후견인선임심판에 대한 독립적 불복은 허용되지 않는다.
가사비송심판에는 대법원규칙으로 따로 정하는 경우에 한정하여 즉시항고만을 할 수 있는데
(가사소송법 제43조 제1항), 즉시항고를 할 수 있는 심판을 규정한 가사소송규칙 제36조에
규정이 없으므로 성년후견인선임심판에 대하여는 불복할 수 없기 때문이다(따라서 이에 대한
불복신청은 특별항고로 취급)
② 기각- 청구인

※ 청구에 의하여서만 심판하여야 할 경우에 그 청구를 기각한 심판에 대하여는 특별한 규정이
있는 경우를 제외하고는 청구인에 한하여 즉시항고를 할 수 있다(가사소송규칙 제27조).

12. 성년후견 후견등기 촉탁

심판이 확정된 경우

13. 종료사유

① 성년후견개시의 원인이 소멸된 경우(민법 제11조)

성년후견 종료 심판청구 사유(심판확정 시 후견등기를 촉탁)

② 피성년후견인에게 다른 종류의 후견이 개시된 경우 직권으로 후견종료심판(민법 제14조의
3 제2항)

※ 피한정후견인 사망의 경우는 아래와 같이 종료등기 신청 사유일 뿐 성년후견 종료심판 사유가
아니다.

③ 피성년후견인이 사망한 경우

종료등기 신청 사유(후견등기에 관한 법률 제29조 제1항. 제2항)

1) 신청의무자 : 성년후견인(종료되었음을 안 날로부터 3개월 이내)

2) 신청권자 : 피성년후견인의 배우자 또는 4촌 이내 친족, 성년후견감독인

※ 종료등기 신칭시 제출서류

- 후견등기담당자에게 사망사실이 기재된 기본증명서 및 후견종료등기신청서 제출

성년후견개시 심판청구서

청 구 인: (연락 가능한 전화번호:)
　　　　　주민등록번호(외국인등록번호):
　　　　　주소:
　　　　　사건본인과의 관계:

사건본인:
　　　　　주민등록번호(외국인등록번호):
　　　　　주소:
　　　　　등록기준지:
　　　　　(외국인의 경우 국적 기재)

청 구 취 지

1. 사건본인에 대하여 성년후견을 개시한다.
2. 사건본인의 성년후견인으로   (주민등록번호: -   , 주소:)을(를) 선임한다.
　　　라는 심판을 구합니다.

청 구 원 인

1. 청구인은 사건본인의 아들입니다.
2. 사건본인은 약 7년 전부터 노인성 치매 증세가 나타나 병원에서 치료를 받아 왔는데, 3년 전부터 상태가 급격히 악화되어 병원에서 요양 중에 있습니다. 현재 사건본인은 아들인 청구인조차 알아보지 못할 정도이므로 일상생활의 사무를 처리할 능력이 전혀 없고, 향후에도 증세가 호전될 가능성이 매우 희박합니다.
3. 청구인은 아들로서 사건본인을 정성껏 돌보아 왔으나 치료비와 요양비 부담이 만만치 않고, 사건본인 소유 부동산의 관리에 많은 어려움을 겪고 있으므로, 이 사건 심판을 통해 성년후견인으로서의 지위를 인정받고, 사건본인의 부동산을 관리하여 그 수익을 사건본인을 돌보는 비용으로 사용하고자 합니다.

4. 사건본인의 성년후견인으로는 아들인 청구인이 선임되기를 원하며, 그 권한
  의 범위는 별지 기재와 같이 정해지기를 원합니다.
5. 이러한 이유로 이 사건 청구에 이르게 되었습니다.

※ 청구취지에 기재된 후견인후보자에 대한 상세 기재란입니다.

성년후견인후보자	성명	(연락 가능한 전화번호:)
	주소	
	주민등록번호 (외국인등록번호)	
	직업	
	사건본인과의 관계	

첨 부 서 류

1. 사전현황설명서/재산목록/성년후견인의 권한범위   각1부
2. 후견인후보자에 관한 사항   각 1부
3. 추정 선순위 상속인들의 동의서   각 1부
  (인감날인, 인감증명서 첨부 또는 본인서명, 본인서명사실확인서 첨부)
4. 사건본인의 기본증명서(상세),가족관계증명서(상세),주민등록표등(초)본 각1통
5. 청구인과 후견인후보자의 가족관계증명서(상세), 주민등록표등(초)본 각 1통
6. 청구인 및 후견인후보자와 사건본인과의 관계를 밝혀줄 자료   1통
  [가족관계증명서(상세), 제적등본(가족관계증명서만으로 관계를 알 수 없는 경우) 등
7. 사건본인과 후견인후보자의 후견등기사항부존재증명서(전부) 또는 후견등기사
  항전부 증명서(말소 및 폐쇄사항 포함)   각 1통
  ※ 발급기관: 전국 가정법원(가정법원이 없는 경우 지방법원) 및 지원
8. 진단서 및 진료기록지 등   각 1통
9. 후견인후보자의 신용조회서   1부
10. 기타(소명자료)   각 1부

20   .   .   .
청구인   (서명 또는 날인)

법원 귀중

◇ 유의사항 ◇

1. 청구서에는 수입인지 5,000원×(사건본인 수)를 납부 후 전자납부서를 제출하여야 합니다.

2. 송달료는 당사자(청구인 및 사건본인) 1인당 10회분을 송달료 수납 은행에 납부하시고 납부서를 첨부하시기 바랍니다.

3. 관할법원은 사건본인의 주소지 가정법원입니다.

4. 위 첨부서류 이외에도 절차 진행에 따라 추가 서류가 필요할 수 있습니다.

5. 정신감정을 하는 것이 원칙이고, 정신감정 시 감정료 예납이 필요하며 추가 비용(검사비, 입원비 등)이 발생할 수 있습니다.

6. 청구인이 청구한 후견인 후보자가 반드시 후견인으로 지정되는 것은 아닙니다.

7. 후견이 일단 개시되고 난 이후에는 후견사유가 종료될 때까지(후견개시원인의 소멸 또는 사건본인의 사망 등) 후견개시의 효력이 유지되며, 가족들의 의사가 변경되는 경우라 하여도 그러한 사정만으로 중도에 종료될 수 없습니다.

8. 당사자가 외국인인 경우 첨부서류로 여권사본, 외국인등록사실증명, 외국국적 동포인 경우 여권사본, 국내거소사실증명 등 국적 확인이 가능한 자료를 제출하시기 바랍니다.

사전현황설명서

1. 사건본인에 관한 사항	
가. 한정후견·특정후견·임의후견을 받고 있는지	예□ 아니요□
나. 현재의 심신 상태 및 치료 상황	
다. 현 거주지 및 현재 누구와 동거하고 있는지	
라. 사건본인의 재산 상황	※ 구체적인 재산 상황은 별지 재산목록으로 작성하십시오.
마. 의견진술을 위하여 법원 출석이 가능한지 여부	
바. 치료받은 병원 이름 및 치료받은 기간	
2. 성년후견을 청구하게 된 동기와 목적(구체적으로 기재하십시오.)	
가. 현재 시급히 해결하여야 할 후견 업무	
나. 향후 처리하여야 할 후견 업무의 내용과 후견 계획	
3. 이 사건 청구에 관한 사건본인의 추정 선순위 상속인들의 의견	
가. 추정 선순위 상속인들 명단	
나. 동의자(동의서 및 인감 증명서 첨부)	
다. 부동의자	

※ **추정 선순위 상속인이란**

　추정 선순위 상속인이란, 사건본인 사망 시 민법 제1000조 내지 제1004조에 따라 상속순위에 서 우선적 지위에 있을 것으로 추정되는 자를 말합니다.

　※ 민법 제1000조에 따른 선순위 상속인

- 사건본인이 기혼일 경우: 사건본인의 배우자와 직계비속
- 사건본인이 기혼이고 직계비속이 없는 경우: 사건본인의 배우자와 사건본
  인의 직계존속
- 사건본인이 미혼일 경우: 사건본인의 직계존속
- 사건본인이 미혼이고 직계존속이 모두 사망한 경우: 사건본인의 형제자매
- 사건본인이 기혼이고 직계비속이 먼저 사망한 경우: 사건본인의 배우자와
  그 직계비속의 배우자와 직계비속(대습상속인)
- 사건본인이 미혼이고 직계존속과 기혼의 형제자매 모두 사망한 경우: 사건
  본인의 형제자매의 배우자와 그 직계비속(대습상속인)
- 사건본인이 미혼이고 직계존속과 미혼의 형제자매 모두 사망한 경우: 사건
  본인의 4촌 이내의 방계혈족

재 산 목 록

■ **적극재산**

❑ **부동산**: ☐ 아래와 같이 있음　　☐ 없음

부동산의 종류	소재지	시가(원) (☐실거래가☐공시지가)
☐토지　☐건물		
☐토지　☐건물		

※ 시가는 실거래가를 기재하고 실거래가를 모르는 경우 공시지가를 표시
※ 증빙서류: 해당 부동산 등기사항증명서, 공시지가(또는 실거래가)확인서 첨부

❑ **예·적금**: ☐ 아래와 같이 있음　　☐ 없음

금융기관명	잔고	비고(계좌번호 기재)

❑ **보험**: ☐ 아래와 같이 있음　　☐ 없음

보험회사명	납입금총액	비고(계좌번호 기재)

❑ **증권 등**: ☐ 아래와 같이 있음　　☐ 없음

주식	
펀드	

❑ **채권**: ☐ 아래와 같이 있음　　☐ 없음

채권 종류	채무자	채권	비고(기간 등)
대여금			
보증금반환채권			

❑ **기타**: ☐ 아래와 같이 있음　　☐ 없음

차량	
유체동산 (귀금속, 미술품 등)	
기타 (현금 등)	

■ 소극재산
❏ 채무: ☐ 아래와 같이 있음   ☐ 없음   ☐ 모름

채무 종류	채권자 (채권자명, 은행 등)	채무액	비고(기간, 사유 등)
담보대출			
보증금반환채무			
기타채무			

■ 순재산 합계

■ 수입 및 지출 내역
❏ 수입: ☐ 아래와 같이 있음   ☐ 없음

근로소득	
임대소득	
사업소득	
이자수입	
연금	국민연금(유족연금), 사학연금, 공무원연금, 기초노령연금, 장애인연금 등
보험	개인연금보험, 산재보험 등
사회보장급여	기초생활수급(주거급여 및 생계급여 등), 장애수당 등
기타	
후견개시여부에 따라 <u>추가로 발생할 예상 수입</u>이 있다면 아래에 기재하여 주십시오. 예: 보험금(진단금 및 기타 의료실비), 산재보험금, 손해보상금 및 합의금 등 수령 예정 금액	

❏ 지출목록

정기적 지출	
비정기적 지출	

❏ 순수입액

수입-지출	

성년후견인의 권한범위

I. 취소할 수 없는 피성년후견인의 법률행위의 범위

성년후견인은 피성년후견인이 행한 법률행위에 대한 취소권을 가집니다. 다만 일용품의 구입 등 일상생활에 필요하고 그 대가가 과도하지 아니한 법률행위는 성년후견인이 취소할 수 없습니다. 가정법원은 이외에 성년후견인이 취소할 수 없는 피성년후견인의 법률행위의 범위를 따로 지정할 수 있습니다.

성년후견인이 민법상의 일반원칙에 따른 취소권을 갖기를 원한다면 취소권 제한 없음, 그 외에 특별히 취소할 수 없는 법률행위의 범위를 지정하고 싶은 경우에는 취소권 제한 있음에 표시해 주시고, 취소권 제한이 있는 경우에는 그 범위를 구체적으로 기재하여 주십시오.

□ 취소권 제한 없음

□ 취소권 제한 있음
  □ _____
  □ _____
  □ _____
  □ _____

II. 성년후견인의 법정대리권의 범위

성년후견인은 피성년후견인에 대하여 포괄적인 법정대리인이 됩니다. 다만 가정법원은 성년후견인이 가지는 법정대리권의 범위를 따로 정할 수 있습니다.

성년후견인이 피성년후견인에 대하여 포괄적인 법정대리권을 갖기를 원한다면 법정대리권 제한 없음, 법정대리권의 범위를 따로 정하고 싶은 경우에는 법정대리권 제한 있음에 표시해 주시고, 법정대리권 제한이 있는 경우에는 그 범위를 구체적으로 기재하여 주시되, 특히 후견인의 대리권 행사에 법원의 허가가 필요하다고 보이는 행위가 있으면 그 범위도 구체적으로 기재하여 주십시오.

□ 법정대리권 제한 없음

□ 법정대리권 제한 있음

아래 사항에 대하여는 후견인에게 법정대리권이 없음
  □ _____
  □ _____

아래 사항은 후견인의 대리권 행사에 법원의 허가를 필요로 함
- □ _____
- □ _____

Ⅲ. 성년후견인이 피성년후견인의 신상에 관하여 결정할 수 있는 권한의 범위

성년후견인이 신상에 관한 결정 권한을 부여받은 경우에도 피성년후견인은 자신의 신상에 관하여 그의 상태가 허락하는 범위에서 단독으로 이를 결정할 수 있습니다. 피성년후견인이 스스로 결정할 수 없는 상태에 있는 경우에만 성년후견인이 이를 대신하여 결정할 수 있습니다.

피성년후견인을 치료 등의 목적으로 정신병원이나 그 밖의 다른 장소에 격리하려는 경우, 피성년후견인이 의료행위의 직접적인 결과로 사망하거나 상당한 장애를 입을 위험이 있을 때에는 별도로 가정법원의 허가를 받아야 합니다. 다만 허가절차로 의료행위가 지체되어 피성년후견인의 생명에 위험을 초래하거나 심신상의 중대한 장애를 초래할 때에는 사후에 허가를 청구할 수 있습니다.

□ 신상에 관한 결정권한 없음
□ 아래 사항에 관하여 피성년후견인이 스스로 결정을 할 수 없는 경우 성년후견인   이 결정권을 가짐
1. □ 의료행위의 동의
2. □ 거주·이전에 관한 결정
3. □ 면접교섭에 관한 결정
4. □ 우편·통신에 관한 결정
5. □ 사회복지서비스 선택 또는 결정
6. □ 기타 사항
   - □ _____
   - □ _____

Ⅳ. 권한분장에 관한 사항(후견인을 2명 이상 선임 청구하는 경우)

□ 위 각 권한은 후견인들이 각자 행사할 수 있음
□ 위 각 권한은 후견인들이 공동으로 행사함
- □ _____
- □ _____

후견인 후보자에 관한 사항

□ 회생절차개시결정 또는 파산선고를 받은 자

□ 자격정지 이상의 형의 선고를 받고 그 형기 중에 있는 사람

□ 피후견인을 상대로 소송을 하였거나 하고 있는 사람

□ 기타(민법 제937조에 의한 결격사유)

□ 해당 사항 없음

※ 해당 사항에 V표시한 후 관련 자료와 함께 제출하여 주시기 바랍니다.

후견인의 결격사유(민법 제937조)

다음 각 호의 어느 하나에 해당하는 자는 후견인이 되지 못한다.
1. 미성년자
2. 피성년후견인, 피한정후견인, 피특정후견인, 피임의후견인
3. 회생절차개시결정 또는 파산선고를 받은 자
4. 자격정지 이상의 형의 선고를 받고 그 형기 중에 있는 사람
5. 법원에서 해임된 법정대리인
6. 법원에서 해임된 성년후견인, 한정후견인, 특정후견인, 임의후견인과 그 감독인
7. 행방이 불분명한 사람
8. 피후견인을 상대로 소송을 하였거나 하고 있는 사람
9. 제8호에서 정한 사람의 배우자와 직계혈족. 다만, 피후견인의 직계비속은 제외한다.

동 의 서

사건번호:

청 구 인:

사건본인:

　사건본인에 대한 성년후견개시 및 성년후견인으로 (생년월일　　　．　．　．)
을(를) 선임하는 것에 동의합니다.

동의자　　　　　*(본인서명 또는 인감날인)* (전화번호:　　　　　　　　　　　)

동의자　　　　　*(본인서명 또는 인감날인)* (전화번호:　　　　　　　　　　　)

동의자　　　　　*(본인서명 또는 인감날인)* (전화번호:　　　　　　　　　　　)

붙임　　　인감증명서 (또는 본인서명사실확인서)　각 1부

법원 귀중

◇ **유의사항** ◇

1. 동의자는 동의서에 인감을 날인하고 그와 일치하는 인감증명서를 첨부하시기 바랍니다.
2. 인감을 날인하는 대신 본인서명을 할 경우에는 같은 필체의 본인서명사실확인서를 첨부하시기 바랍니다..
3. 동의하는 추정 선순위 상속인 전원의 동의서를 첨부하시기 바랍니다.
4. 부동의 또는 행방불명의 사유 등으로 동의서를 받을 수 없는 경우에는 별지로 그 사유서를 제출하시기 바랍니다. 이 경우 법원이 직접 동의대상자에게 의견청취절차를 진행할 수 있습니다.

성년후견개시 심판청구

청 구 인   ○ ○ ○(주민등록번호)
            등록기준지   ○○시 ○○구 ○○길 ○○
            주소   ○○시 ○○구 ○○길 ○○
            사건본인과의 관계

사건본인   △ △ △(주민등록번호)
            등록기준지   ○○시 ○○구 ○○길 ○○
            주소   ○○시 ○○구 ○○길 ○○

청 구 취 지

1. 사건본인에 대하여 성년후견을 개시한다.
2. 사건본인의 성년후견인으로 ○○○(주민등록번호, 주소)를 선임한다.
라는 심판을 구합니다.

청 구 원 인

1. 청구인은 사건본인의 아들로서 자영업을 영위하면서 청구인이 사건본인을
   모시고 있습니다.
2. 사건본인은 약 5년 전부터 노인성 치매로 ○○병원에서 요양 중인데 현재 사
   건본인은 일상생활을 혼자 힘으로 영위할 능력이 없습니다.
3. 청구인은 이 사건 심판을 통하여 성년후견인이 되어 사건본인의 부동산을
   관리하고 그 수익을 사건본인에 대한 치료비로 사용하고자 합니다.
4. 따라서 청구인은 사건본인의 성년후견인으로 지정받고자 이 사건 심판 청구
   에 이르렀습니다.

첨 부 서 류

  1. 가족관계증명서 및 기본증명서(청구인, 사건본인, 후견인후보자) 1통
  1. 주민등록등본(사건본인)   1통
  1. 사건본인 및 후견인후보자의 후견등기사항전부증명서

(말소 및 폐쇄사항 포함)

(후견등기사항이 없는 경우 후견등기사항부존재증명서)   1통

1. 진단서   1통

1. 사전현황설명서

1. 기타(소명자료)

20○○년 ○월 ○일

위 청 구 인 ○ ○ ○ (서명 또는 날인)

○ ○ 가 정 법 원   귀 중

【5】 취소할 수 없는 피성년후견인의 법률행위의 범위를 변경하는 심판청구

1. 의의

① 성년후견이 개시되면 피성년후견인은 원칙적으로 행위능력을 상실하여 유효한 법률행위를 할 수 없으므로 일상품의 구입 등 일상생활에 필요하고 그 대가가 과도하지 아니한 법률행위 이외의 법률행위는 취소할 수 있지만(민법 제10조 제2항, 제4항), 가정법원은 취소할 수 없는 피성년후견인의 법률행위의 범위를 따로 정할 수 있고, 일정한 자의 청구에 의하여 그 범위를 변경할 수 있다.

② 피성년후견인의 정신능력 상태가 시기에 따라 유동적일 수 있음을 고려하여 행위능력이 제한되는 정도를 유연하게 조정함으로써 필요성의 원칙을 구현하기 위함이다.

2. 관할

후견개시 등의 심판을 한 가정법원(관할변경 및 이송된 경우에는 변경·이송된 가정법원, 항고법원이 후견개시 등의 심판을 한 경우에는 그 제1심 법원인 가정법원)

3. 청구권자

사건본인, 배우자, 4촌 이내의 친족, 성년후견인, 성년후견감독인, 검사 또는 지방자치단체의 장(민법 제10조 제3항)

4. 심판의 고지 및 통지

① 고지 : 청구인, 절차 참가 이해관계인, 성년후견(감독)인
② 통지 : 사건본인

5. 불복

① 인용 : 불가(따라서 이에 대한 불복신청은 특별항고로 취급)
② 기각 : 청구인

6. 후견등기의 촉탁

심판확정시 후견등기 촉탁

취소할 수 없는 피성년후견인의 법률행위범위 변경 청구

청구인   (연락 가능한 전화번호:)
        주민등록번호
        주소
        사건본인과의 관계

사건본인
        주민등록번호(외국인등록번호)
        주소
        등록기준지(국적)

청 구 취 지

"취소할 수 없는 사건본인의 법률행위 범위를 별지 기재와 같이 변경한다."
라는 심판을 구합니다.

청 구 원 인

1. 사건본인에 대하여 20 .   .   .   법원 20 느단   호로 성년후견개시
   심판이 있었고, 성년후견인으로   이(가) 선임되었습니다.
2. 위 심판에 의하면, 취소할 수 없는 사건본인의 법률행위의 범위는 다음과
   같습니다(내용을 구체적으로 기재해 주십시오).
3. 그런데   사정변경이 발생하여 취소할 수 없는 법률행위의
   범위를 다음과 같이 변경할 필요성이 있습니다(내용을 구체적으로 기재해
   주십시오).
4. 따라서 청구인은 이건 청구에 이르렀습니다.

첨 부 서 류

1. 가족관계증명서(상세) 및 기본증명서(상세)(청구인, 사건본인)   각 1통
2. 주민등록등본 (사건본인)   1통
3. 사건본인의 후견등기사항전부증명서(말소 및 폐쇄사항 포함)   1통
4. 청구인과 사건본인과의 관계를 밝혀 줄 제적등본, 가족관계증명서(상세) 등
       각 1통 (1.항의 가족관계증명서만으로는 그 관계를 알 수 없는 경우)

5. 기타(소명자료)

20 ． ． ．

청구인   (서명 또는 날인)

법원 귀중

◇ 유의 사항 ◇

1. 수입인지: 사건본인 수 × 5,000원을 붙여야 합니다.
2. 송 달 료: 청구인 수 × 우편료 × 10회분을 송달료 취급 은행에 납부하고 영수증을 첨부하여야 합니다.
3. 관할법원: 성년후견·한정후견 개시의 심판, 특정후견의 심판, 미성년후견인·임의후견감독인 선임 심판을 한 가정법원(관할변경 및 이송된 경우에는 변경된 가정법원, 항고법원이 후견개시 등의 심판을 한 경우에는 그 제1심 법원인 가정법원)입니다.

취소할 수 없는 피성년후견인의 법률행위의 범위

□ 취소권 제한 없음
□ 취소권 제한 있음
    □ _____
    □ _____
    □ _____
    □ _____

【5】 성년후견인을 재선임 (추가로 선임) 하는 심판청구

1. 의의

이미 선임된 성년후견인이 사망, 결격 그 밖의 사유로 없게 된 경우에는 가정법원은 직권으로 또는 일정한 자의 청구에 의하여 성년후견인을 다시 선임하여야 한다(재선임). 성년후견인이 선임된 경우에도 가정법원은 필요하다고 인정하면 직권으로 또는 일정한 자의 청구에 의하여 성년후견인을 추가로 선임할 수 있다(추가선임).

2. 관할

후견개시 등의 심판을 한 가정법원(관할변경 및 이송된 경우에는 변경·이송된 가정법원. 항고법원이 후견개시 등의 심판을 한 경우에는 그 제1심 법원인 가정법원)

3. 청구권자

직권 또는 민법 제9조 제1항 개시심판청구권자나 성년후견인의 청구(민법 제936조 제3항)

4. 심판의 고지와 통지

① 고지 : 청구인, 절차 참가 이해관계인, 신·구 성년후견(감독)인
② 통지 : 사건본인

5. 불복

① 인용 : 불가(이에 내한 불복신청은 특별항고로 취급)
② 기각 : 청구인

6. 후견등기의 촉탁

심판확정시 후견등기 촉탁

성년후견인 재선임 심판청구서

청구인: (☎   )

주민등록번호:

주소:

사건본인과의 관계:

사건본인: (출생연월일   /성별   )

주민등록번호(외국인등록 번호):

주소:

등록기준지(국적):

청구취지

「사건본인의 성년후견인으로   (주민등록번호   )를(을) 선임한다」 라는 심판을 구합니다.

청구원인

1. 사건본인에 대하여 20 . . 서울가정법원 20 느단 로 성년후견개시 심판이 있었고, 성년후견인으로 (이)가 선임되었으나, 성년후견인이 20 . . .에 사망하였습니다.

2. 따라서 사건본인의 복리를 위하여 새로운 성년후견인의 선임을 구하고, 새로운 성년후견인으로 아래와 같이 을(를) 추천합니다

성년후견인 후보자	성명	
	주소	
	주민등록번호	
	직업	
	사건본인과의 관계	

첨부서류

1. 기본증명서(상세), 가족관계증명서(상세)(청구인, 사건본인. 종전후견인. 후견인 후보자) 각 1통
1. 주민등록표등본. 후견등기사항전부증명서(사건본인) 각 1통
1. 후견등기사항부존재증명서(후견인 후보자) 1통
1. 청구인과 사건본인과의 관계를 밝혀줄 제적등본. 가족관계증명서(상세) 1통

(청구인. 사건본인. 종전후견인, 후견인 후보자의 가족관계증명서만으로 그 관계를 알 수 없는 경우)

1. 추정상속인 모두의 동의서

ㄴ 기타(소명자료)

20 .   .   .

청구인   (날인 또는 서명)

서울가정법원 귀중

※ 유의사항

1. 관할법원은 후견개시심판을 한 가정법원입니다.

2. 위 첨부서류 이외에도 절차진행에 따라 추가서류가 필요할 수 있습니다.

3. 청구인이 청구한 후견인후보자가 후견인으로 반드시 지정되는 것은 아닙니다.

4. 후견인후보자의 범죄경력·수사경력조회 회보서. 신용조회서 등 추가서류가 필요할 수 있습니다.

5 .☎ 란에는 연락 가능한9휴대)전화번호를 기재하시기 바랍니다.

[양식 ②] 성년후견인 추가선임 심판청구서

성년후견인 추가선임 심판청구서

청구인: (☎   )

주민등록번호:

주소:

사건본인과의 관계:

사건본인: (출생연월일   /성별   )

주민등록번호(외국인등록 번호):

주소:

등록기준지(국적):

청구취지

「사건본인의 성년후견인으로   (주민등록번호   )를(을) 추가로 선임
한다」 라는 심판을 구합니다.

청구원인

1. 사건본인에 대하여 20 . . 서울가정법원 20 느단 로 성년후견개시 심판이
   있었고, 성년후견인으로 (이)가 선임되었습니다.
2. ....(추가 선임의 필요성을 구체적으로 기재)하므로, 종전의 성년후견인
   만으로는 사건본인에 대한 후견사무를 충실히 수행하기 어려운 상황입니다.
3. 사건본인의 복리를 위하여 성년후견인을 추가로 선임해 줄 것을 청구하고,
   추가로 선임된 성년후견인으로는 아래와 같이 을(를) 추천합니다.

성년후견인 후보자	성명	
	주소	
	주민등록번호	
	직업	
	사건본인과의 관계	

첨부서류

1. 기본증명서(상세), 가족관계증명서(상세)(청구인, 사건본인. 종전후견인. 후견
   인 후보자) 각 1통
1. 주민등록표등본. 후견등기사항전부증명서(사건본인)   각 1통
1. 후견등기사항부존재증명서(후견인 후보자)   1통

1. 청구인과 사건본인과의 관계를 밝혀줄 제적등본. 가족관계증명서(상세) 1통
 (청구인. 사건본인. 종전후견인, 후견인 후보자의 가족관계증명서만으로 그 관
  계를 알 수 없는 경우)
L 기타(소명자료)

20   .   .   .
청구인   (날인 또는 서명)

서울가정법원 귀중

※ 유의사항
1. 관할법원은 후견개시심판을 한 가정법원입니다.
2. 위 첨부서류 이외에도 절차진행에 따라 추가서류가 필요할 수 있습니다.
3. 청구인이 청구한 후견인후보자가 후견인으로 반드시 지정되는 것은 아닙니다.
4. 후견인후보자의 범죄경력·수사경력조회 회보서. 신용조회서 등 추가서류가
   필요할 수 있습니다.
5 .☎ 란에는 연락 가능한9휴대)전화번호를 기재하시기 바랍니다.

【6】 후견인의 대리권 및 피후견인의 신상에 관하여 결정할 수 있는 권한의 범위 결정과 그 변경청구

1. 의의

① 후견인의 대리권의 범위 결정 및 피후견인의 신상에 관하여 결정할 수 있는 권한의 범위 결정은 실무상 후견개시심판에서 함께 이루어지고 있다.

② 후견인의 대리권의 범위 변경, 신상에 관하여 결정할 수 있는 권한의 변경은 피후견인의 사무처리능력의 악화나 호전 등을 감안하여 후견제도를 탄력적이고 유연하게 운영하기 위한 규정이다.

③ 후견인의 권한을 초과한 사무집행 행위가 일시적이거나 특별한 사정에 의하여 권한을 넘는 행위가 아닌, 지속적일 것으로 예상되는 등 심판에서 정하여진 후견인의 권한이 적절하지 않다고 판단되는 경우에 청구할 수 있다.

④ 대리권과 신상결정권한의 일반적인 범위 변경의 경우에만 허용되고, 예컨대 부동산매각이나 한정된 금액 이상의 예금인출 등 구체적 권한의 부여에는 대리권의 범위 변경청구가 아닌 권한초과행위 심판 등을 구하여야 한다.

2. 관할

후견개시 등의 심판을 한 가정법원(관할변경 및 이송된 경우에는 변경·이송된 가정법원. 항고법원이 후견개시 등의 심판을 한 경우에는 그 제1심 법원인 가정법원)

3. 청구권자

① 피후견인. 배우자, 4촌 이내의 친족. 후견인, 후견감독인. 검사, 지방자치단체의 장

② 직권에 의한 절차 개시는 허용되지 않는다(민법 제938조 제4항)

4. 심판의 고지 및 통지

① 고지 : 후견인. 후견감독인, 절차에 참가한 이해관계인

② 통지 : 피후견인

5. 불복

① 인용 : 불가(따라서 이에 대한 불복신청은 특별항고로 취급)

② 기각 : 청구인

6. 후견등기의 촉탁

심관 확정시 후견등기촉탁

성년후견인의 법정대리권의 범위 변경 청구서

청구인   (연락 가능한 전화번호:)
        주민등록번호
        주소
        사건본인과의 관계
사건본인

        주민등록번호(외국인등록번호)
        주소
        등록기준지(국적)

청 구 취 지

"사건본인에 대한 성년후견인의 법정대리권의 범위를 별지 기재와 같이 변경한다."라는 심판을 구합니다.

청 구 원 인

1. 사건본인에 대하여 20 .   .   . 법원 20 느단   호로 성년후견개시 심판이 있었고, 성년후견인으로   이(가) 선임되었습니다.
2. 위 심판에 의하면, 성년후견인의 법정대리권의 범위는 다음과 같습니다(내용 기재).
3. 그런데   사정변경이 발생하여 성년후견인의 법정대리권 범위를 다음과 같이 변경할 필요성이 있습니다(내용을 구체적으로 기재하십시오).
4. 따라서 청구인은 이건 청구에 이르렀습니다.

첨 부 서 류

1. 가족관계증명서(상세) 및 기본증명서(상세)(청구인, 사건본인)   각 1통
2. 주민등록등본 (사건본인)   1통
3. 사건본인의 후견등기사항전부증명서(말소 및 폐쇄사항 포함)
4. 청구인과 사건본인과의 관계를 밝혀줄 제적등본, 가족관계증명서(상세)등 각 1통
   (1.항의 가족관계증명서만으로는 그 관계를 알 수 없는 경우)
5. 기타(소명자료)

20   .   .   .

청구인 　　　　　　　(서명 또는 날인)

법원 귀중

◇ 유의 사항 ◇

1. 수입인지: 사건본인 수 × 5,000원을 붙여야 합니다.
2. 송 달 료: 청구인 수 × 우편료 × 10회분을 송달료 취급 은행에 납부하고 영수증을 첨부하여야 합니다.
3. 관할법원: 성년후견·한정후견 개시의 심판, 특정후견의 심판, 미성년후견인·임의후견감독인 선임 심판을 한 가정법원(관할변경 및 이송된 경우에는 변경된 가정법원, 항고법원이 후견개시 등의 심판을 한 경우에는 그 제1심 법원인 가정법원)입니다.

성년후견인의 법정대리권의 범위

□ 법정대리권 제한 없음

□ 법정대리권 제한 있음

□ 아래 사항에 대하여는 후견인에게 법정대리권이 없음

□ _____

□ 아래 사항은 후견인의 대리권 행사에 법원의 허가를 필요로 함

□ _____

【7】 후견인의 사임을 허가하는 심판청구

1. 의의

① 후견의 기간이나 후견인의 임기에는 제한이 없으므로, 후견인의 고령·질병으로 인한 건강 악화나 피후견인 또는 그 친족과의 갈등 등을 이유로 후견업무를 지속하기 어려운 상황이 발생한 경우, 후견인은 가정법원의 허가를 받아 사임할 수 있다.

② 사임청구와 동시에 새로운 후견인의 선임을 청구해야 하나. 청구가 없더라도 직권으로 새로운 후견인을 선임한다.

2. 관할

후견개시 등의 심판을 한 가정법원(관할변경 및 이송된 경우에는 변경·이송된 가정법원. 항고법원이 후견개시 등의 심판을 한 경우에는 그 제1심 법원인 가정법원)

3. 청구권자

후견인(민법 제939조)

※ 동시에 새로운 후견인의 선임을 청구하여야 하고 제3자는 후견인 변경심판을 청구해야 한다.

4. 심판의 고지 및 통지

① 고지 : 새로운 후견인, 종전 후견인. 후견감독인, 절차에 참가한 이해관계인

② 통지 : 피후견인

5. 불복

① 인용 : 불가(따라서 이에 대한 불복신청은 특별항고로 취급)

② 기각 : 청구인

6. 후견등기의 촉탁

심판확정시 후견등기촉탁

성년후견인 사임에 대한 허가 청구

청구인   (연락 가능한 전화번호:)
         주민등록번호
         주소
         사건본인과의 관계

사건본인
         주민등록번호(외국인등록번호)
         주소
         등록기준지(국적)

청 구 취 지

1. 청구인이 사건본인의 성년후견인을 사임함을 허가한다.
2. 사건본인의 성년후견인으로   주민등록번호   , 주소
)을(를) 선임한다.

라는 심판을 구합니다.

청 구 원 인

1. 사건본인에 대하여 20 . . . 법원 20 느단 호로 성년후견개시 심판이 있었고, 성년후견인으로 청구인이 선임되었습니다.
2. 그런데 이번에 청구인은   을(를) 하게 되었습니다.
3. 따라서 청구인은 성년후견인의 직무 수행이 곤란하므로 그 직을 사임하고자 합니다.
4. 새로운 성년후견인으로는   을(를) 추천합니다.

성년후견인 후보자	성명	
	주소	
	주민등록번호	
	직업	
	사건본인과의 관계	

첨 부 서 류

1. 가족관계증명서 및 기본증명서(상세)(사건본인, 후견인후보자)   각 1통
2. 주민등록등본 (사건본인)   1통
3. 사건본인 및 후견인후보자의 후견등기사항전부증명서(말소 및 폐쇄사항 포함) 또는 후견등기사항부존재증명서(후견등기사항이 없는 경우)   각 1통
4. 후견인후보자와 사건본인과의 관계를 밝혀줄 제적등본, 가족관계증명서(상세) 등   각 1통
   (제1항의 가족관계증명서만으로는 그 관계를 알 수 없는 경우)
5. 기타(증거자료)

20   .   .   .

청구인   (서명 또는 날인)

법원   귀중

◇ 유의 사항 ◇

 1. 수입인지: 사건본인 수 × 5,000원을 붙여야 합니다.
 2. 송 달 료: 청구인 수 × 우편료 × 10회분을 송달료 취급 은행에 납부하고 영수증을 첨부하여야 합니다.
 3. 관할법원: 성년후견·한정후견 개시의 심판, 특정후견의 심판, 미성년후견인· 임의후견감독인 선임 심판을 한 가정법원(관할변경 및 이송된 경우에는 변경된 가정법원, 항고법원이 후견개시 등의 심판을 한 경우에는 그 제1심 법원인 가정법원)입니다.

【8】 재산목록 작성을 위한 기간의 연장허가 심판청구

1. 의의

후견인은 지체 없이 피후견인의 재산을 조사하여 2개월 내에 그 목록을 작성하여야 하고, 다만 정당한 사유가 있는 경우에는 법원의 허가를 받아 그 기간을 연장할 수 있다.

2. 관할

후견개시 등의 심판을 한 가정법원(관할변경 및 이송된 경우에는 변경·이송된 가정법원, 항고법원이 후견개시 등의 심판을 한 경우에는 그 제1심 법원인 가정법원)

3. 청구권자

후견인(민법 제941조)

4. 심판의 고지 및 통지

① 고지 : 후견인
② 통지 : 피후견인

성년후견인의 재산목록 작성기간 연장 허가 청구

청구인   (연락 가능한 전화번호:)
      주민등록번호
      주소
      후견인과의 관계
사건본인

      주민등록번호(외국인등록번호)
      주소
      등록기준지(국적)

청 구 취 지

"청구인이 사건본인의 재산목록을 작성하는 기간을 20 .   .   .까지 연장함을 허가한다."라는 재판을 구합니다.

청 구 원 인

1. 사건본인에 대하여 20 .   .   . 법원 20 느단 호로 성년후견 개시 심판이 있었고, 성년후견인으로 청구인이 선임되었습니다.
2. 청구인은 20 .   .   .까지 사건본인의 재산목록을 작성해야 하지만 사건본인의 재산이 많고, 부동산이 여러 곳에 분산되어 있어 법정 기간 내에 이를 작성하는 것이 어려운 상황입니다.
3. 따라서 청구인은 이 사건 청구에 이르렀습니다.

첨 부 서 류

1. 가족관계증명서(상세) 및 기본증명서(상세)(사건본인)   각 1통
2. 주민등록등본 (사건본인)   1통
3. 사건본인의 후견등기사항전부증명서(말소 및 폐쇄사항 포함)   1통
4. 기타(소명자료)

20 .   .   .

청구인   (서명 또는 날인)

법원 귀중

◇ 유의 사항 ◇
  1. 수입인지: 사건본인 수 × 5,000원을 붙여야 합니다.

2. 송 달 료: 청구인 수 × 우편료 × 10회분을 송달료 취급 은행에 납부하고 영수증을 첨부하여야 합니다.
3. 관할법원: 성년후견·한정후견 개시의 심판, 특정후견의 심판, 미성년후견인·임의후견감독인 선임 심판을 한 가정법원(관할변경 및 이송된 경우에는 변경된 가정법원, 항고법원이 후견개시 등의 심판을 한 경우에는 그 제1심 법원인 가정법원)입니다.

부록

관련 법령

가사소송법

가사소송규칙

가사소송수수료규칙

가사소송법

[시행 2021. 1. 26.] [법률 제17905호, 2021. 1. 26., 타법개정]

제1편 총칙

<개정 2010. 3. 31.>

제1조(목적) 이 법은 인격의 존엄과 남녀 평등을 기본으로 하고 가정의 평화 및 친족 간에 서로 돕는 미풍양속을 보존하고 발전시키기 위하여 가사(家事)에 관한 소송(訴訟)과 비송(非訟) 및 조정(調停)에 대한 절차의 특례를 규정함을 목적으로 한다.

[전문개정 2010. 3. 31.]

제2조(가정법원의 관장 사항) ① 다음 각 호의 사항(이하 "가사사건"이라 한다)에 대한 심리(審理)와 재판은 가정법원의 전속관할(專屬管轄)로 한다. <개정 2013. 4. 5., 2013. 7. 30., 2014. 10. 15., 2016. 12. 2., 2017. 10. 31.>

1. 가사소송사건
   가. 가류(類) 사건
      1) 혼인의 무효
      2) 이혼의 무효
      3) 인지(認知)의 무효
      4) 친생자관계 존부 확인(親生子關係 存否 確認)
      5) 입양의 무효
      6) 파양(罷養)의 무효
   나. 나류(類) 사건
      1) 사실상 혼인관계 존부 확인
      2) 혼인의 취소
      3) 이혼의 취소
      4) 재판상 이혼
      5) 아버지의 결정
      6) 친생부인(親生否認)
      7) 인지의 취소
      8) 인지에 대한 이의(異議)
      9) 인지청구
      10) 입양의 취소
      11) 파양의 취소
      12) 재판상 파양
      13) 친양자(親養子) 입양의 취소
      14) 친양자의 파양
   다. 다류(類) 사건
      1) 약혼 해제(解除) 또는 사실혼관계 부당 파기(破棄)로 인한 손해배상청구(제3자에 대한 청구를 포함

한다) 및 원상회복의 청구

　　2) 혼인의 무효·취소, 이혼의 무효·취소 또는 이혼을 원인으로 하는 손해배상청구(제3자에 대한 청구를 포함한다) 및 원상회복의 청구

　　3) 입양의 무효·취소, 파양의 무효·취소 또는 파양을 원인으로 하는 손해배상청구(제3자에 대한 청구를 포함한다) 및 원상회복의 청구

　　4)「민법」제839조의3에 따른 재산분할청구권 보전을 위한 사해행위(詐害行爲) 취소 및 원상회복의 청구

2. 가사비송사건

　가. 라류(類) 사건

　　1)「민법」제9조제1항, 제11조, 제14조의3제2항 및 제959조의20에 따른 성년후견 개시의 심판과 그 종료의 심판

　　1)의2「민법」제10조제2항 및 제3항에 따른 취소할 수 없는 피성년후견인의 법률행위의 범위 결정 및 그 변경

　　1)의3「민법」제12조제1항, 제14조, 제14조의3제1항 및 제959조의20에 따른 한정후견 개시의 심판과 그 종료의 심판

　　1)의4「민법」제13조제1항부터 제3항까지의 규정에 따른 피한정후견인이 한정후견인의 동의를 받아야 하는 행위의 범위 결정과 그 변경 및 한정후견인의 동의를 갈음하는 허가

　　1)의5「민법」제14조의2, 제14조의3 및 제959조의20에 따른 특정후견의 심판과 그 종료의 심판

　　2)「민법」제22조부터 제26조까지의 규정에 따른 부재자 재산의 관리에 관한 처분

　　2)의2「민법」제909조의2제5항에 따라 친권자 또는 미성년후견인의 임무를 대행할 사람(이하 "임무대행자"라 한다)의 같은 법 제25조에 따른 권한을 넘는 행위의 허가

　　3)「민법」제27조부터 제29조까지의 규정에 따른 실종의 선고와 그 취소

　　4)「민법」제781조제4항에 따른 성(姓)과 본(本)의 창설 허가

　　5)「민법」제781조제5항에 따른 자녀의 종전 성과 본의 계속사용허가

　　6)「민법」제781조제6항에 따른 자녀의 성과 본의 변경허가

　　7)「민법」제829조제2항 단서에 따른 부부재산약정의 변경에 대한 허가

　　7)의2「민법」제854조의2에 따른 친생부인의 허가

　　7)의3「민법」제855조의2제1항 및 제2항에 따른 인지의 허가

　　8)「민법」제867조에 따른 미성년자의 입양에 대한 허가

　　8)의2「민법」제873조제2항에 따라 준용되는 같은 법 제867조에 따른 피성년후견인이 입양을 하거나 양자가 되는 것에 대한 허가

　　9)「민법」제871조제2항에 따른 부모의 동의를 갈음하는 심판

　　10) 삭제〈2013. 7. 30.〉

　　11)「민법」제906조제1항 단서에 따른 양자의 친족 또는 이해관계인의 파양청구에 대한 허가

　　12)「민법」제908조의2에 따른 친양자 입양의 허가

　　13)「민법」제909조제2항 단서에 따른 친권 행사 방법의 결정

　　13)의2「민법」제909조의2제1항부터 제5항까지(같은 법 제927조의2제1항 각 호 외의 부분 본문에 따라 준용되는 경우를 포함한다)에 따른 친권자의 지정, 미성년후견인의 선임 및 임무대행자의 선임

　　13)의3「민법」제909조의2제6항에 따른 후견의 종료 및 친권자의 지정

　　14) 삭제〈2021. 1. 26.〉

15) 「민법」 제918조(같은 법 제956조에 따라 준용되는 경우를 포함한다)에 따른 재산관리인의 선임 (選任) 또는 개임(改任)과 재산관리에 관한 처분

16) 「민법」 제921조(「민법」 제949조의3에 따라 준용되는 경우를 포함한다)에 따른 특별대리인의 선임

17) 「민법」 제927조에 따른 친권자의 법률행위 대리권 및 재산관리권의 사퇴(辭退) 또는 회복에 대한 허가

17)의2 「민법」 제927조의2제2항에 따른 친권자의 지정

17)의3 「민법」 제931조제2항에 따른 후견의 종료 및 친권자의 지정

18) 「민법」 제932조, 제936조제1항부터 제3항까지, 제940조, 제959조의3 및 제959조의9에 따른 미성년후견인·성년후견인·한정후견인·특정후견인의 선임 또는 변경

18)의2 「민법」 제938조제2항부터 제4항까지의 규정에 따른 성년후견인의 법정대리권의 범위 결정과 그 변경 및 성년후견인이 피성년후견인의 신상에 관하여 결정할 수 있는 권한의 범위 결정과 그 변경

18)의3 「민법」 제940조의7에 따라 준용되는 제940조와 제940조의3, 제940조의4, 제959조의5 및 제959조의10에 따른 미성년후견감독인·성년후견감독인·한정후견감독인·특정후견감독인의 선임 또는 변경

19) 「민법」 제939조(「민법」 제940조의7, 제959조의3제2항, 제959조의5제2항, 제959조의9제2항, 제959조의10제2항에 따라 준용되는 경우 및 제959조의16제3항에 따라 준용되는 제940조의7에 따라 다시 준용되는 경우를 포함한다)에 따른 미성년후견인·성년후견인·한정후견인·특정후견인·미성년후견감독인·성년후견감독인·한정후견감독인·특정후견감독인·임의후견감독인의 사임에 대한 허가

20) 「민법」 제941조제1항 단서(같은 법 제948조에 따라 준용되는 경우를 포함한다)에 따른 후견인의 재산 목록 작성을 위한 기간의 연장허가

21) 「민법」 제947조의2제2항(「민법」 제959조의6에 따라 준용되는 경우를 포함한다)에 따른 피성년후견인 또는 피한정후견인의 격리에 대한 허가 및 「민법」 제947조의2제4항(「민법」 제940조의7, 제959조의5제2항 및 제959조의6에 따라 준용되는 경우를 포함한다)에 따른 피미성년후견인, 피성년후견인 또는 피한정후견인에 대한 의료행위의 동의에 대한 허가

21)의2 「민법」 제947조의2제5항(「민법」 제940조의7, 제959조의5제2항 및 제959조의6에 따라 준용되는 경우를 포함한다)에 따른 피미성년후견인, 피성년후견인 또는 피한정후견인이 거주하는 건물 또는 그 대지에 대한 매도 등에 대한 허가

21)의3 「민법」 제949조의2(「민법」 제940조의7, 제959조의5제2항, 제959조의6, 제959조의10제2항, 제959조의12에 따라 준용되는 경우 및 제959조의16제3항에 따라 준용되는 제940조의7에 따라 다시 준용되는 경우를 포함한다)에 따른 여러 명의 성년후견인·한정후견인·특정후견인·성년후견감독인·한정후견감독인·특정후견감독인·임의후견감독인의 권한 행사에 관한 결정과 그 변경 또는 취소 및 성년후견인·한정후견인·특정후견인·성년후견감독인·한정후견감독인·특정후견감독인·임의후견감독인의 의사표시를 갈음하는 재판

21)의4 「민법」 제950조제2항(「민법」 제948조 및 제959조의6에 따라 준용되는 경우를 포함한다)에 따른 미성년후견감독인·성년후견감독인·한정후견감독인의 동의를 갈음하는 허가

22) 「민법」 제954조(「민법」 제948조, 제959조의6 및 제959조의12에 따라 준용되는 경우를 포함한다)에 따른 피미성년후견인, 피성년후견인, 피한정후견인 또는 피특정후견인의 재산상황에 대한 조

사 및 그 재산관리 등 후견임무 수행에 관하여 필요한 처분명령

22)의2「민법」제909조의2제5항에 따라 준용되는 같은 법 제954조에 따른 미성년자의 재산상황에 대한 조사 및 그 재산관리 등 임무대행자의 임무 수행에 관하여 필요한 처분명령

23)「민법」제955조(「민법」제940조의7, 제948조, 제959조의5제2항, 제959조의6, 제959조의10제2항, 제959조의12에 따라 준용되는 경우 및 제959조의16제3항에 따라 준용되는 제940조의7에 따라 다시 준용되는 경우를 포함한다)에 따른 미성년후견인·성년후견인·한정후견인·특정후견인·미성년후견감독인·성년후견감독인·한정후견감독인·특정후견감독인·임의후견감독인에 대한 보수(報酬)의 수여

24)「민법」제957조제1항 단서(「민법」제959조의7 및 제959조의13에 따라 준용되는 경우를 포함한다)에 따른 후견 종료 시 관리계산기간의 연장허가

24)의2「민법」제959조의4에 따른 한정후견인에게 대리권을 수여하는 심판과 그 범위 변경 및 한정후견인이 피한정후견인의 신상에 관하여 결정할 수 있는 권한의 범위 결정과 그 변경

24)의3「민법」제959조의8에 따른 피특정후견인의 후원을 위하여 필요한 처분명령

24)의4「민법」제959조의11에 따른 특정후견인에게 대리권을 수여하는 심판

24)의5「민법」제959조의16제3항에 따라 준용되는 제940조의7에 따라 다시 준용되는 제940조 및 제959조의15제1항·제3항·제4항에 따른 임의후견감독인의 선임 또는 변경

24)의6「민법」제959조의16제2항에 따른 임의후견감독인에 대한 감독사무에 관한 보고 요구, 임의후견인의 사무 또는 본인의 재산상황에 대한 조사명령 또는 임의후견감독인의 직무에 관하여 필요한 처분명령

24)의7「민법」제959조의17제2항에 따른 임의후견인의 해임

24)의8「민법」제959조의18제2항에 따른 후견계약 종료의 허가

25) 삭제〈2013. 4. 5.〉

26) 삭제〈2013. 4. 5.〉

27) 삭제〈2013. 4. 5.〉

28) 삭제〈2013. 4. 5.〉

29) 삭제〈2013. 4. 5.〉

30)「민법」제1019조제1항 단서에 따른 상속의 승인 또는 포기를 위한 기간의 연장허가

31)「민법」제1023조(같은 법 제1044조에 따라 준용되는 경우를 포함한다)에 따른 상속재산 보존을 위한 처분

32)「민법」제1024조제2항, 제1030조 및 제1041조에 따른 상속의 한정승인신고 또는 포기신고의 수리(受理)와 한정승인 취소신고 또는 포기 취소신고의 수리

33)「민법」제1035조제2항(같은 법 제1040조제3항, 제1051조제3항 및 제1056조제2항에 따라 준용되는 경우를 포함한다) 및 제1113조제2항에 따른 감정인(鑑定人)의 선임

34)「민법」제1040조제1항에 따른 공동상속재산을 위한 관리인의 선임

35)「민법」제1045조에 따른 상속재산의 분리

36)「민법」제1047조에 따른 상속재산 분리 후의 상속재산 관리에 관한 처분

37)「민법」제1053조에 따른 관리인의 선임 및 그 공고와 재산관리에 관한 처분

38)「민법」제1057조에 따른 상속인 수색(搜索)의 공고

39)「민법」제1057조의2에 따른 상속재산의 분여(分與)

40) 「민법」 제1070조제2항에 따른 유언의 검인(檢認)

41) 「민법」 제1091조에 따른 유언의 증서 또는 녹음(錄音)의 검인

42) 「민법」 제1092조에 따른 유언증서의 개봉

43) 「민법」 제1096조에 따른 유언집행자의 선임 및 그 임무에 관한 처분

44) 「민법」 제1097조제2항에 따른 유언집행자의 승낙 또는 사퇴를 위한 통지의 수리

45) 「민법」 제1104조제1항에 따른 유언집행자에 대한 보수의 결정

46) 「민법」 제1105조에 따른 유언집행자의 사퇴에 대한 허가

47) 「민법」 제1106조에 따른 유언집행자의 해임

48) 「민법」 제1111조에 따른 부담(負擔) 있는 유언의 취소

나. 마류(類) 사건

1) 「민법」 제826조 및 제833조에 따른 부부의 동거·부양·협조 또는 생활비용의 부담에 관한 처분

2) 「민법」 제829조제3항에 따른 재산관리자의 변경 또는 공유재산(共有財産)의 분할을 위한 처분

3) 「민법」 제837조 및 제837조의2(같은 법 제843조에 따라 위 각 조항이 준용되는 경우 및 혼인의 취소 또는 인지를 원인으로 하는 경우를 포함한다)에 따른 자녀의 양육에 관한 처분과 그 변경, 면접교섭권(面接交涉權)의 처분 또는 제한·배제·변경

4) 「민법」 제839조의2제2항(같은 법 제843조에 따라 준용되는 경우 및 혼인의 취소를 원인으로 하는 경우를 포함한다)에 따른 재산 분할에 관한 처분

5) 「민법」 제909조제4항 및 제6항(혼인의 취소를 원인으로 하는 경우를 포함한다)에 따른 친권자의 지정과 변경

6) 「민법」 제922조의2에 따른 친권자의 동의를 갈음하는 재판

7) 「민법」 제924조, 제924조의2, 제925조 및 제926조에 따른 친권의 상실, 일시 정지, 일부 제한 및 그 실권 회복의 선고 또는 법률행위의 대리권과 재산관리권의 상실 및 그 실권 회복의 선고

8) 「민법」 제976조부터 제978조까지의 규정에 따른 부양(扶養)에 관한 처분

9) 「민법」 제1008조의2제2항 및 제4항에 따른 기여분(寄與分)의 결정

10) 「민법」 제1013조제2항에 따른 상속재산의 분할에 관한 처분

② 가정법원은 다른 법률이나 대법원규칙에서 가정법원의 권한으로 정한 사항에 대하여도 심리·재판한다.

③ 제2항의 사건에 관한 절차는 법률이나 대법원규칙으로 따로 정하는 경우를 제외하고는 라류 가사 비송사건의 절차에 따른다.

[전문개정 2010. 3. 31.]

제3조(지방법원과 가정법원 사이의 관할의 지정) ① 사건이 가정법원과 지방법원 중 어느 법원의 관할에 속하는지 명백하지 아니한 경우에는 관계 법원의 공통되는 고등법원이 관할법원을 지정한다.

② 제1항의 관할법원 지정에 관하여는 「민사소송법」 제28조를 준용한다.

③ 제1항에 따라 가정법원의 관할로 정하여진 사건은 이 법에서 정하는 절차에 따라 처리하고, 지방법원의 관할로 정하여진 사건은 민사소송 절차에 따라 처리한다.

[전문개정 2010. 3. 31.]

제4조(제척·기피 및 회피) 법원 직원의 제척·기피 및 회피에 관한 「민사소송법」의 규정 중 법관에 관한 사항은 조정장(調停長)과 조정위원에 준용하고, 법원사무관등에 관한 사항은 가사조사관(家事調

査官)에 준용한다.

[전문개정 2010. 3. 31.]

제5조(수수료) 이 법에 따른 소(訴)의 제기, 심판의 청구, 조정의 신청이나 그 밖의 재판과 처분의 신청에는 대법원규칙으로 정하는 바에 따라 수수료를 내야 한다.

[전문개정 2010. 3. 31.]

제6조(가사조사관) ① 가사조사관은 재판장, 조정장 또는 조정담당판사의 명을 받아 사실을 조사한다.
② 가사조사관의 사실조사 방법과 절차에 관한 사항은 대법원규칙으로 정한다.

[전문개정 2010. 3. 31.]

제7조(본인 출석주의) ① 가정법원, 조정위원회 또는 조정담당판사의 변론기일, 심리기일 또는 조정기일에 소환을 받은 당사자 및 이해관계인은 본인 또는 법정대리인이 출석하여야 한다. 다만, 특별한 사정이 있을 때에는 재판장, 조정장 또는 조정담당판사의 허가를 받아 대리인을 출석하게 할 수 있고 보조인을 동반할 수 있다.
② 변호사 아닌 자가 대리인 또는 보조인이 되려면 미리 재판장, 조정장 또는 조정담당판사의 허가를 받아야 한다.
③ 재판장, 조정장 또는 조정담당판사는 언제든지 제1항 및 제2항의 허가를 취소할 수 있고, 본인이 법정대리인 또는 대리인과 함께 출석할 것을 명할 수 있다.

[전문개정 2010. 3. 31.]

제8조(사실조사의 촉탁) 재판장, 조정장, 조정담당판사 또는 가사조사관은 사실조사를 위하여 필요한 경우에는 경찰 등 행정기관이나 그 밖에 상당하다고 인정되는 단체 또는 개인에게 사실의 조사를 촉탁하고 필요한 사항을 보고하도록 요구할 수 있다.

[전문개정 2010. 3. 31.]

제9조(가족관계등록부 기록 등의 촉탁) 가정법원은 대법원규칙으로 정하는 판결 또는 심판이 확정되거나 효력을 발생한 경우에는 대법원규칙으로 정하는 바에 따라 지체 없이 가족관계등록 사무를 처리하는 사람에게 가족관계등록부에 등록할 것을 촉탁하거나 후견등기 사무를 처리하는 사람에게 후견등기부에 등기할 것을 촉탁하여야 한다. 〈개정 2013. 4. 5.〉

[전문개정 2010. 3. 31.] [제목개정 2013. 4. 5.]

제10조(보도 금지) 가정법원에서 처리 중이거나 처리한 사건에 관하여는 성명·연령·직업 및 용모 등을 볼 때 본인이 누구인지 미루어 짐작할 수 있는 정도의 사실이나 사진을 신문, 잡지, 그 밖의 출판물에 게재하거나 방송할 수 없다.

[전문개정 2010. 3. 31.]

제10조의2(기록의 열람 등) ① 당사자나 이해관계를 소명한 제3자는 다음 각 호의 사항을 법원서기관, 법원사무관, 법원주사 또는 법원주사보(이하 "법원사무관등"이라 한다)에게 신청할 수 있다.
　1. 재판서의 정본(正本)·등본·초본의 발급
　2. 소송에 관한 사항의 증명서 발급

② 당사자나 이해관계를 소명한 제3자는 재판장의 허가를 받아 다음 각 호의 사항을 법원사무관등에게 신청할 수 있다.

1. 조서(調書)의 정본·등본·초본의 발급
2. 기록의 열람·복사

③ 제1항제1호, 제2항제1호의 신청에 따라 발급되는 재판서·조서의 정본·등본·초본에는 그 취지를 적고 법원사무관등이 기명날인하여야 한다.

④ 제1항 또는 제2항에 따른 신청을 할 때에는 대법원규칙으로 정하는 수수료를 내야 한다.

[전문개정 2013. 4. 5.]

제11조(위임 규정) 가사사건의 재판과 조정의 절차에 관하여 필요한 사항은 대법원규칙으로 정한다.

[전문개정 2010. 3. 31.]

제2편 가사소송

〈개정 2010. 3. 31.〉

제1장 통칙

〈개정 2010. 3. 31.〉

제12조(적용 법률) 가사소송 절차에 관하여는 이 법에 특별한 규정이 있는 경우를 제외하고는 「민사소송법」에 따른다. 다만, 가류 및 나류 가사소송사건에 관하여는 「민사소송법」 제147조제2항, 제149조, 제150조제1항, 제284조제1항, 제285조, 제349조, 제350조, 제410조의 규정 및 같은 법 제220조 중 청구의 인낙(認諾)에 관한 규정과 같은 법 제288조 중 자백에 관한 규정은 적용하지 아니한다.

[전문개정 2010. 3. 31.]

제13조(관할) ① 가사소송은 이 법에 특별한 규정이 있는 경우를 제외하고는 피고의 보통재판적(普通裁判籍)이 있는 곳의 가정법원이 관할한다.

② 당사자 또는 관계인의 주소, 거소(居所) 또는 마지막 주소에 따라 관할이 정하여지는 경우에 그 주소, 거소 또는 마지막 주소가 국내에 없거나 이를 알 수 없을 때에는 대법원이 있는 곳의 가정법원이 관할한다.

③ 가정법원은 소송의 전부 또는 일부에 대하여 관할권이 없음을 인정한 경우에는 결정(決定)으로 관할법원에 이송하여야 한다.

④ 가정법원은 그 관할에 속하는 가사소송사건에 관하여 현저한 손해 또는 지연을 피하기 위하여 필요한 경우에는 직권으로 또는 당사자의 신청에 의하여 다른 관할가정법원에 이송할 수 있다.

⑤ 이송결정과 이송신청의 기각결정에 대하여는 즉시항고를 할 수 있다.

[전문개정 2010. 3. 31.]

제14조(관련 사건의 병합) ① 여러 개의 가사소송사건 또는 가사소송사건과 가사비송사건의 청구의

원인이 동일한 사실관계에 기초하거나 1개의 청구의 당부(當否)가 다른 청구의 당부의 전제가 되는 경우에는 이를 1개의 소로 제기할 수 있다.

② 제1항의 사건의 관할법원이 다를 때에는 가사소송사건 중 1개의 청구에 대한 관할권이 있는 가정법원에 소를 제기할 수 있다.

③ 가류 또는 나류 가사소송사건의 소의 제기가 있고, 그 사건과 제1항의 관계에 있는 다류 가사소송사건 또는 가사비송사건이 각각 다른 가정법원에 계속(係屬)된 경우에는 가류 또는 나류 가사소송사건의 수소법원(受訴法院)은 직권으로 또는 당사자의 신청에 의하여 결정으로 다류 가사소송사건 또는 가사비송사건을 병합할 수 있다.

④ 제1항이나 제3항에 따라 병합된 여러 개의 청구에 관하여는 1개의 판결로 재판한다.

[전문개정 2010. 3. 31.]

제15조(당사자의 추가·경정) ① 「민사소송법」 제68조 또는 제260조에 따라 필수적 공동소송인을 추가하거나 피고를 경정(更正)하는 것은 사실심(事實審)의 변론종결 시까지 할 수 있다.

② 제1항에 따라 피고를 경정한 경우에는 신분에 관한 사항에 한정하여 처음의 소가 제기된 때에 경정된 피고와의 사이에 소가 제기된 것으로 본다.

[전문개정 2010. 3. 31.]

제16조(소송 절차의 승계) ① 가류 또는 나류 가사소송사건의 원고가 사망이나 그 밖의 사유(소송 능력을 상실한 경우는 제외한다)로 소송 절차를 계속하여 진행할 수 없게 된 때에는 다른 제소권자(提訴權者)가 소송 절차를 승계할 수 있다.

② 제1항의 승계신청은 승계 사유가 생긴 때부터 6개월 이내에 하여야 한다.

③ 제2항의 기간 내에 승계신청이 없을 때에는 소가 취하된 것으로 본다.

[전문개정 2010. 3. 31.]

제17조(직권조사) 가정법원이 가류 또는 나류 가사소송사건을 심리할 때에는 직권으로 사실조사 및 필요한 증거조사를 하여야 하며, 언제든지 당사자 또는 법정대리인을 신문할 수 있다.

[전문개정 2010. 3. 31.]

제18조(소송비용 부담의 특칙) 검사가 소송 당사자로서 패소한 경우 그 소송비용은 국고에서 부담한다.

[전문개정 2010. 3. 31.]

제19조(항소) ① 가정법원의 판결에 대하여 불복하는 경우에는 판결정본이 송달된 날부터 14일 이내에 항소할 수 있다. 다만, 판결정본 송달 전에도 항소할 수 있다.

② 항소법원의 소송 절차에는 제1심의 소송 절차에 관한 규정을 준용한다.

③ 항소법원은 항소가 이유 있는 경우에도 제1심 판결을 취소하거나 변경하는 것이 사회정의와 형평의 이념에 맞지 아니하거나 가정의 평화와 미풍양속을 유지하기에 적합하지 아니하다고 인정하는 경우에는 항소를 기각할 수 있다.

[전문개정 2010. 3. 31.]

제20조(상고) 항소법원의 판결에 대하여 불복하는 경우에는 판결정본이 송달된 날부터 14일 이내에

대법원에 상고할 수 있다. 다만, 판결정본 송달 전에도 상고할 수 있다.

[전문개정 2010. 3. 31.]

제21조(기판력의 주관적 범위에 관한 특칙) ① 가류 또는 나류 가사소송사건의 청구를 인용(認容)한 확정판결은 제3자에게도 효력이 있다.

② 제1항의 청구를 배척한 판결이 확정된 경우에는 다른 제소권자는 사실심의 변론종결 전에 참가하지 못한 데 대하여 정당한 사유가 있지 아니하면 다시 소를 제기할 수 없다.

[전문개정 2010. 3. 31.]

제2장 혼인관계소송

〈개정 2010. 3. 31.〉

제22조(관할) 혼인의 무효나 취소, 이혼의 무효나 취소 및 재판상 이혼의 소는 다음 각 호의 구분에 따른 가정법원의 전속관할로 한다.
1. 부부가 같은 가정법원의 관할 구역 내에 보통재판적이 있을 때에는 그 가정법원
2. 부부가 마지막으로 같은 주소지를 가졌던 가정법원의 관할 구역 내에 부부 중 어느 한쪽의 보통재판적이 있을 때에는 그 가정법원
3. 제1호와 제2호에 해당되지 아니하는 경우로서 부부 중 어느 한쪽이 다른 한쪽을 상대로 하는 경우에는 상대방의 보통재판적이 있는 곳의 가정법원, 부부 모두를 상대로 하는 경우에는 부부 중 어느 한쪽의 보통재판적이 있는 곳의 가정법원
4. 부부 중 어느 한쪽이 사망한 경우에는 생존한 다른 한쪽의 보통재판적이 있는 곳의 가정법원
5. 부부가 모두 사망한 경우에는 부부 중 어느 한쪽의 마지막 주소지의 가정법원

[전문개정 2010. 3. 31.]

제23조(혼인무효 및 이혼무효의 소의 제기권자) 당사자, 법정대리인 또는 4촌 이내의 친족은 언제든지 혼인무효나 이혼무효의 소를 제기할 수 있다.

[전문개정 2010. 3. 31.]

제24조(혼인무효·취소 및 이혼무효·취소의 소의 상대방) ① 부부 중 어느 한쪽이 혼인의 무효나 취소 또는 이혼무효의 소를 제기할 때에는 배우자를 상대방으로 한다.

② 제3자가 제1항에 규정된 소를 제기할 때에는 부부를 상대방으로 하고, 부부 중 어느 한쪽이 사망한 경우에는 그 생존자를 상대방으로 한다.

③ 제1항과 제2항에 따라 상대방이 될 사람이 사망한 경우에는 검사를 상대방으로 한다.

④ 이혼취소의 소에 관하여는 제1항과 제3항을 준용한다.

[전문개정 2010. 3. 31.]

제25조(친권자 지정 등에 관한 협의권고) ① 가정법원은 미성년자인 자녀가 있는 부부의 혼인의 취소나 재판상 이혼의 청구를 심리할 때에는 그 청구가 인용될 경우를 대비하여 부모에게 다음 각 호의 사항에 관하여 미리 협의하도록 권고하여야 한다.

1. 미성년자인 자녀의 친권자로 지정될 사람
2. 미성년자인 자녀에 대한 양육과 면접교섭권

② 가정법원이 혼인무효의 청구를 심리하여 그 청구가 인용되는 경우에 남편과 부자관계가 존속되는 미성년자인 자녀가 있는 경우에도 제1항과 같다.

[전문개정 2010. 3. 31.]

제3장 부모와 자녀 관계소송

〈개정 2010. 3. 31.〉

제1절 친생자관계

〈개정 2010. 3. 31.〉

제26조(관할) ① 친생부인, 인지의 무효나 취소 또는 「민법」 제845조에 따른 아버지를 정하는 소는 자녀의 보통재판적이 있는 곳의 가정법원의 전속관할로 하고, 자녀가 사망한 경우에는 자녀의 마지막 주소지의 가정법원의 전속관할로 한다.

② 인지에 대한 이의(異議)의 소, 인지청구의 소 또는 「민법」 제865조에 따른 친생자관계 존부 확인의 소는 상대방(상대방이 여러 명일 때에는 그중 1명)의 보통재판적이 있는 곳의 가정법원의 전속관할로 하고, 상대방이 모두 사망한 경우에는 그중 1명의 마지막 주소지의 가정법원의 전속관할로 한다.

[전문개정 2010. 3. 31.]

제27조(아버지를 정하는 소의 당사자) ① 「민법」 제845조에 따른 아버지를 정하는 소는 자녀, 어머니, 어머니의 배우자 또는 어머니의 전(前) 배우자가 제기할 수 있다.

② 자녀가 제기하는 경우에는 어머니, 어머니의 배우자 및 어머니의 전 배우자를 상대방으로 하고, 어머니가 제기하는 경우에는 그 배우자 및 전 배우자를 상대방으로 한다.

③ 어머니의 배우자가 제기하는 경우에는 어머니 및 어머니의 전 배우자를 상대방으로 하고, 어머니의 전 배우자가 제기하는 경우에는 어머니 및 어머니의 배우자를 상대방으로 한다.

④ 제2항과 제3항의 경우에 상대방이 될 사람 중에 사망한 사람이 있을 때에는 생존자를 상대방으로 하고, 생존자가 없을 때에는 검사를 상대방으로 하여 소를 제기할 수 있다.

[전문개정 2010. 3. 31.]

제28조(준용규정) 인지무효의 소에는 제23조 및 제24조를 준용하고, 인지취소의 소, 인지에 대한 이의의 소 또는 친생자관계 존부 확인의 소에는 제24조를 준용하며, 인지청구의 소에는 제25조제1항을 준용한다.

[전문개정 2010. 3. 31.]

제29조(혈액형 등의 수검 명령) ① 가정법원은 당사자 또는 관계인 사이의 혈족관계의 유무를 확정할 필요가 있는 경우에 다른 증거조사에 의하여 심증(心證)을 얻지 못한 때에는 검사를 받을 사람의 건강과 인격의 존엄을 해치지 아니하는 범위에서, 당사자 또는 관계인에게 혈액채취에 의한 혈액형의 검사

등 유전인자의 검사나 그 밖에 적당하다고 인정되는 방법에 의한 검사를 받을 것을 명할 수 있다.

② 제1항의 명령을 할 때에는 제67조에 규정된 제재(制裁)를 고지하여야 한다.

[전문개정 2010. 3. 31.]

제2절 입양·친양자 입양관계

〈개정 2010. 3. 31.〉

제30조(관할) 다음 각 호의 소는 양부모 중 1명의 보통재판적이 있는 곳의 가정법원의 전속관할로 하고, 양부모가 모두 사망한 경우에는 그중 1명의 마지막 주소지의 가정법원의 전속관할로 한다.

    1. 입양의 무효

    2. 입양 또는 친양자 입양의 취소

    3. 파양

    4. 친양자의 파양

    5. 파양의 무효나 취소

[전문개정 2010. 3. 31.]

제31조(준용규정) 입양무효 및 파양무효의 소에 관하여는 제23조 및 제24조를 준용하고, 입양·친양자 입양의 취소, 친양자의 파양 및 파양취소의 소에 관하여는 제24조를 준용한다.

[전문개정 2010. 3. 31.]

제4장 삭제

〈2005. 3. 31.〉

제32조 삭제 *〈2005. 3. 31.〉*

제33조 삭제 *〈2005. 3. 31.〉*

제3편 가사비송

〈개정 2010. 3. 31.〉

제1장 통칙

〈개정 2010. 3. 31.〉

제34조(준용 법률) 가사비송 절차에 관하여는 이 법에 특별한 규정이 없으면 「비송사건절차법」 제1편을 준용한다. 다만, 「비송사건절차법」 제15조는 준용하지 아니한다.

[전문개정 2010. 3. 31.]

제35조(관할) ① 이 법과 대법원규칙으로 관할법원을 정하지 아니한 가사비송사건은 대법원이 있는 곳의 가정법원이 관할한다.

② 가사비송사건에 관하여는 제13조제2항부터 제5항까지의 규정을 준용한다.

[전문개정 2010. 3. 31.]

제36조(청구의 방식) ① 가사비송사건의 청구는 가정법원에 심판청구를 함으로써 한다.

② 심판의 청구는 서면 또는 구술로 할 수 있다.

③ 심판청구서에는 다음 각 호의 사항을 적고 청구인이나 대리인이 기명날인하거나 서명하여야 한다.〈개정 2016. 1. 19.〉

　　1. 당사자의 등록기준지, 주소, 성명, 생년월일, 대리인이 청구할 때에는 대리인의 주소와 성명

　　2. 청구 취지와 청구 원인

　　3. 청구 연월일

　　4. 가정법원의 표시

④ 구술로 심판청구를 할 때에는 가정법원의 법원사무관등의 앞에서 진술하여야 한다.

⑤ 제4항의 경우에 법원사무관등은 제3항 각 호의 사항을 적은 조서를 작성하고 기명날인하여야 한다.

[전문개정 2010. 3. 31.]

제37조(이해관계인의 참가) ① 심판청구에 관하여 이해관계가 있는 자는 재판장의 허가를 받아 절차에 참가할 수 있다.

② 재판장은 상당하다고 인정하는 경우에는 심판청구에 관하여 이해관계가 있는 자를 절차에 참가하게 할 수 있다.

[전문개정 2010. 3. 31.]

제37조의2(절차의 구조) ① 가정법원은 가사비송사건의 절차에 소요되는 비용을 지출할 자금능력이 없거나 그 비용을 지출하면 생활에 현저한 지장이 있는 사람에 대하여 그 사람의 신청에 따라 또는 직권으로 절차구조(節次救助)를 할 수 있다. 다만, 신청인이 부당한 목적으로 심판청구를 하는 것이 명백한 경우에는 그러하지 아니하다.

② 제1항의 절차구조에 관하여는 「민사소송법」 제128조제2항부터 제4항까지, 제129조부터 제133조까지를 준용한다. 다만, 「민사소송법」 제132조 및 제133조 단서는 마류 가사비송사건에 한정하여 준용한다.

[본조신설 2013. 4. 5.]

제37조의2(절차의 구조) ① 가정법원은 가사비송사건의 절차에 소요되는 비용을 지출할 자금능력이 없거나 그 비용을 지출하면 생활에 현저한 지장이 있는 사람에 대하여 그 사람의 신청에 따라 또는 직권으로 절차구조(節次救助)를 할 수 있다. 다만, 신청인이 부당한 목적으로 심판청구를 하는 것이 명백한 경우에는 그러하지 아니하다.

② 제1항의 절차구조에 관하여는 「민사소송법」 제128조제3항부터 제5항까지, 제129조부터 제133조까지를 준용한다. 다만, 「민사소송법」 제132조 및 제133조 단서는 마류 가사비송사건에 한정하여 준용한다.〈개정 2023. 4. 18.〉

[본조신설 2013. 4. 5.] [시행일: 2023. 10. 19.] 제37조의2

제38조(증거 조사) 가정법원은 필요하다고 인정할 경우에는 당사자 또는 법정대리인을 당사자 신문(訊問) 방식으로 심문(審問)할 수 있고, 그 밖의 관계인을 증인 신문 방식으로 심문할 수 있다.

제39조(재판의 방식) ① 가사비송사건에 대한 제1심 종국재판(終局裁判)은 심판으로써 한다. 다만, 절차상의 이유로 종국재판을 하여야 하는 경우에는 그러하지 아니하다.

② 심판서에는 다음 각 호의 사항을 적고 심판한 법관이 기명날인하여야 한다. 심판한 법관이 기명날인하는 데 지장이 있는 경우에는 다른 법관이 그 사유를 적고 기명날인하여야 한다.

　1. 당사자와 법정대리인

　2. 주문(主文)

　3. 이유

　4. 법원

③ 라류 가사비송사건의 심판서에는 이유를 적지 아니할 수 있다.

④ 심판에 관하여는 「민사소송법」 중 결정에 관한 규정을 준용한다.

[전문개정 2010. 3. 31.]

제40조(심판의 효력발생 시기) 심판의 효력은 심판을 받을 사람이 심판을 고지받음으로써 발생한다. 다만, 제43조에 따라 즉시항고를 할 수 있는 심판은 확정되어야 효력이 있다.

[전문개정 2010. 3. 31.]

제41조(심판의 집행력) 금전의 지급, 물건의 인도(引渡), 등기, 그 밖에 의무의 이행을 명하는 심판은 집행권원(執行權原)이 된다.

[전문개정 2010. 3. 31.]

제42조(가집행) ① 재산상의 청구 또는 유아(幼兒)의 인도에 관한 심판으로서 즉시항고의 대상이 되는 심판에는 담보를 제공하게 하지 아니하고 가집행할 수 있음을 명하여야 한다.

② 가정법원은 직권으로 또는 당사자의 신청에 의하여 이행의 목적인 재산에 상당한 금액을 담보로 제공하고 가집행을 면제받을 수 있음을 명할 수 있다.

③ 판결로 유아의 인도를 명하는 경우에도 제1항을 준용한다.

[전문개정 2010. 3. 31.]

제43조(불복) ① 심판에 대하여는 대법원규칙으로 따로 정하는 경우에 한정하여 즉시항고만을 할 수 있다.

② 항고법원의 재판 절차에는 제1심의 재판 절차에 관한 규정을 준용한다.

③ 항고법원은 항고가 이유 있다고 인정하는 경우에는 원심판을 취소하고 스스로 적당한 결정을 하여야 한다. 다만, 항고법원이 스스로 결정하기에 적당하지 아니하다고 인정하는 경우에는 사건을 원심법원에 환송하여야 한다.

④ 항고법원의 결정에 대하여는 재판에 영향을 미친 헌법, 법률, 명령 또는 규칙 위반이 있음을 이유로 하는 경우에 한정하여 대법원에 재항고할 수 있다.

⑤ 즉시항고는 대법원규칙으로 정하는 날부터 14일 이내에 하여야 한다.

[전문개정 2010. 3. 31.]

제2장 라류 가사비송사건

〈개정 2010. 3. 31.〉

제44조(관할 등) ① 라류 가사비송사건은 다음 각 호의 가정법원이 관할한다. 〈개정 2013. 4. 5., 2017. 10. 31.〉

1. 다음 각 목의 어느 하나에 해당하는 사건은 사건 본인의 주소지의 가정법원
   가. 삭제〈2013. 4. 5.〉
   나. 실종에 관한 사건
   다. 성(姓)과 본(本)의 창설에 관한 사건
   라. 자녀의 종전 성과 본의 계속 사용에 관한 사건
   마. 자녀의 성과 본의 변경에 관한 사건
1의2. 미성년후견·성년후견·한정후견·특정후견 및 임의후견에 관한 사건은 각 피후견인(피후견인이 될 사람을 포함한다)의 주소지의 가정법원. 다만, 성년후견·한정후견 개시의 심판, 특정후견의 심판, 미성년후견인·임의후견감독인 선임 심판이 각각 확정된 이후의 후견에 관한 사건은 후견개시 등의 심판을 한 가정법원(항고법원이 후견개시 등의 심판을 한 경우에는 그 제1심 법원인 가정법원)
2. 부재자의 재산관리에 관한 사건은 부재자의 마지막 주소지 또는 부재자의 재산이 있는 곳의 가정법원
3. 부부 사이의 재산약정의 변경에 관한 사건, 공동의 자녀에 대한 친권 행사방법의 결정사건은 제22조제1호부터 제3호까지의 가정법원
3의2. 친생부인의 허가 및 인지의 허가에 관한 사건은 자녀의 주소지의 가정법원
4. 입양, 친양자 입양 또는 파양에 관한 사건은 양자·친양자의 주소지 또는 양자·친양자가 될 사람의 주소지의 가정법원
5. 친권에 관한 사건(부부 사이의 공동의 자녀에 대한 친권 행사방법의 결정사건은 제외한다)은 미성년자인 자녀의 주소지의 가정법원
6. 상속에 관한 사건은 상속 개시지(開始地)의 가정법원
7. 유언에 관한 사건은 상속 개시지의 가정법원. 다만, 「민법」제1070조제2항에 따른 유언의 검인(檢認) 사건은 상속 개시지 또는 유언자 주소지의 가정법원
8. 제1호부터 제7호까지에 해당되지 아니하는 사건은 대법원규칙으로 정하는 가정법원

② 가정법원은 피후견인의 이익을 위하여 필요한 경우에는 직권 또는 후견인, 후견감독인, 피후견인, 피후견인의 배우자·4촌 이내의 친족, 검사, 지방자치단체의 장의 신청에 따른 결정으로 제1항제1호의2 단서의 관할 가정법원을 피후견인의 주소지의 가정법원으로 변경할 수 있다.〈신설 2017. 10. 31.〉

③ 변경신청을 기각하는 결정에 대하여는 신청인이, 변경결정에 대하여는 후견인, 후견감독인, 피후견인이 즉시항고를 할 수 있다. 변경결정의 즉시항고의 경우에는 집행정지의 효력이 있다.〈신설 2017. 10. 31.〉

[전문개정 2010. 3. 31.] [제목개정 2017. 10. 31.]

제45조(심리 방법) 라류 가사비송사건의 심판은 이 법과 다른 법률 또는 대법원규칙에 특별한 규정이 있는 경우를 제외하고는 사건관계인을 심문하지 아니하고 할 수 있다. 〈개정 2013. 4. 5.〉

[전문개정 2010. 3. 31.]

제45조의2(정신상태의 감정 등) ① 가정법원은 성년후견 개시 또는 한정후견 개시의 심판을 할 경우에는 피성년후견인이 될 사람이나 피한정후견인이 될 사람의 정신상태에 관하여 의사에게 감정을 시켜야 한다. 다만, 피성년후견인이 될 사람이나 피한정후견인이 될 사람의 정신상태를 판단할 만한 다른 충분한 자료가 있는 경우에는 그러하지 아니하다.

② 가정법원은 특정후견의 심판을 할 경우에는 의사나 그 밖에 전문지식이 있는 사람의 의견을 들어야 한다. 이 경우 의견을 말로 진술하게 하거나 진단서 또는 이에 준하는 서면으로 제출하게 할 수 있다.

[본조신설 2013. 4. 5.]

제45조의3(성년후견·한정후견·특정후견 관련 심판에서의 진술 청취) ① 가정법원은 다음 각 호의 어느 하나에 해당하는 심판을 하는 경우에는 해당 호에서 정한 사람의 진술을 들어야 한다. 다만, 피성년후견인(피성년후견인이 될 사람을 포함한다)이나 피임의후견인(피임의후견인이 될 사람을 포함한다)이 의식불명, 그 밖의 사유로 자신의 의사를 표명할 수 없는 경우에는 그러하지 아니하다.

1. 성년후견 개시의 심판, 한정후견 개시의 심판 및 특정후견의 심판을 하는 경우에는 피성년후견인이 될 사람, 피한정후견인이 될 사람 또는 피특정후견인이 될 사람. 다만, 후견계약이 등기되어 있는 경우에는 피임의후견인과 임의후견인

2. 성년후견·한정후견·특정후견 종료의 심판을 하는 경우에는 피성년후견인과 성년후견인, 피한정후견인과 한정후견인 또는 피특정후견인과 특정후견인

3. 성년후견인·한정후견인·특정후견인의 선임 심판을 하는 경우에는 피성년후견인(피성년후견인이 될 사람을 포함한다)과 성년후견인이 될 사람, 피한정후견인(피한정후견인이 될 사람을 포함한다)과 한정후견인이 될 사람, 피특정후견인(피특정후견인이 될 사람을 포함한다)과 특정후견인이 될 사람

4. 성년후견감독인·한정후견감독인·특정후견감독인의 선임 심판을 하는 경우에는 피성년후견인(피성년후견인이 될 사람을 포함한다)과 성년후견감독인이 될 사람, 피한정후견인(피한정후견인이 될 사람을 포함한다)과 한정후견감독인이 될 사람, 피특정후견인(피특정후견인이 될 사람을 포함한다)과 특정후견감독인이 될 사람

5. 성년후견인·한정후견인·특정후견인의 변경 심판을 하는 경우에는 피성년후견인과 그 변경이 청구된 성년후견인 및 성년후견인이 될 사람, 피한정후견인과 그 변경이 청구된 한정후견인 및 한정후견인이 될 사람, 피특정후견인과 그 변경이 청구된 특정후견인 및 특정후견인이 될 사람

6. 성년후견감독인·한정후견감독인·특정후견감독인의 변경 심판을 하는 경우에는 피성년후견인과 그 변경이 청구된 성년후견감독인 및 성년후견감독인이 될 사람, 피한정후견인과 그 변경이 청구된 한정후견감독인 및 한정후견감독인이 될 사람, 피특정후견인과 그 변경이 청구된 특정후견감독인 및 특정후견감독인이 될 사람

7. 취소할 수 없는 피성년후견인의 법률행위의 범위 결정과 그 변경 또는 성년후견인·한정후견인의 대리권의 범위 결정과 그 변경 심판을 하는 경우에는 피성년후견인(피성년후견인이 될 사람을 포

함한다) 또는 피한정후견인(피한정후견인이 될 사람을 포함한다)

8. 성년후견인·한정후견인이 피성년후견인·피한정후견인의 신상에 관하여 결정할 수 있는 권한의 범위 결정과 그 변경 또는 피성년후견인·피한정후견인의 격리에 대한 허가 심판을 하는 경우에는 피성년후견인(피성년후견인이 될 사람을 포함한다) 또는 피한정후견인(피한정후견인이 될 사람을 포함한다)

9. 피미성년후견인·피성년후견인·피한정후견인에 대한 의료행위의 동의에 대한 허가 심판을 하는 경우에는 피미성년후견인(피미성년후견인이 될 사람을 포함한다), 피성년후견인(피성년후견인이 될 사람을 포함한다) 또는 피한정후견인(피한정후견인이 될 사람을 포함한다)

10. 피한정후견인이 한정후견인의 동의를 받아야 하는 행위의 범위 결정과 그 변경 심판을 하는 경우에는 피한정후견인(피한정후견인이 될 사람을 포함한다)

11. 한정후견인의 동의를 갈음하는 허가 심판을 하는 경우에는 피한정후견인과 한정후견인

12. 피미성년후견인, 피성년후견인 또는 피한정후견인이 거주하는 건물이나 그 대지에 대한 매도 등에 대한 허가 심판을 하는 경우에는 피미성년후견인, 피성년후견인 또는 피한정후견인

13. 특정후견인에게 대리권을 수여하는 심판을 하는 경우에는 피특정후견인(피특정후견인이 될 사람을 포함한다)

② 가정법원이 제1항제1호 또는 제2호에 따라 진술을 듣는 경우에는 피성년후견인(피성년후견인이 될 사람을 포함한다), 피한정후견인(피한정후견인이 될 사람을 포함한다) 또는 피특정후견인(피특정후견인이 될 사람을 포함한다)을 심문하여야 한다. 다만, 그 사람이 자신의 의사를 밝힐 수 없거나 출석을 거부하는 등 심문할 수 없는 특별한 사정이 있는 때에는 그러하지 아니하다.

③ 제2항의 심문을 위하여 검증이 필요한 경우에는 「민사소송법」 제365조 및 제366조제1항·제3항을 준용한다.

[본조신설 2013. 4. 5.]

제45조의4(후견사무의 감독) ① 가정법원은 전문성과 공정성을 갖추었다고 인정할 수 있는 사람에게 성년후견사무·한정후견사무·특정후견사무의 실태 또는 피성년후견인·피한정후견인·피특정후견인의 재산상황을 조사하게 하거나 임시로 재산관리를 하게 할 수 있다. 이 경우 가정법원은 법원사무관등이나 가사조사관에게 사무의 실태나 재산상황을 조사하게 하거나 임시로 재산관리를 하게 할 수 있다.

② 가정법원은 제1항에 따라 사무의 실태나 재산상황을 조사하거나 임시로 재산관리를 하는 사람에게 피성년후견인·피한정후견인·피특정후견인의 재산 중에서 상당한 보수를 지급할 수 있다. 다만, 법원사무관등이나 가사조사관과 같은 법원 소속 공무원에 대하여는 별도의 보수를 지급하지 아니한다.

③ 제1항에 따라 임시로 재산관리를 하는 사람에 대하여는 「민법」 제681조, 제684조, 제685조 및 제688조를 준용한다.

[본조신설 2013. 4. 5.]

제45조의5(진단결과 등의 청취) 가정법원은 임의후견감독인을 선임할 경우에는 피임의후견인이 될 사람의 정신상태에 관하여 의사나 그 밖에 전문지식이 있는 사람의 의견을 들어야 한다. 이 경우 의견

을 말로 진술하게 하거나 진단서 또는 이에 준하는 서면으로 제출하게 할 수 있다.

[본조신설 2013. 4. 5.]

제45조의6(임의후견 관련 심판에서의 진술 청취) ① 가정법원은 다음 각 호의 어느 하나에 해당하는 심판을 하는 경우에는 해당 호에서 정한 사람의 진술을 들어야 한다. 다만, 피임의후견인(피임의후견인이 될 사람을 포함한다)이 의식불명, 그 밖의 사유로 그 의사를 표명할 수 없는 경우에는 그러하지 아니하다.

1. 임의후견감독인의 선임 심판을 하는 경우에는 피임의후견인이 될 사람, 임의후견감독인이 될 사람 및 임의후견인이 될 사람
2. 임의후견감독인의 변경 심판을 하는 경우에는 피임의후견인, 임의후견인, 그 변경이 청구된 임의후견감독인 및 임의후견감독인이 될 사람
3. 임의후견인의 해임 심판을 하는 경우에는 피임의후견인 및 그 해임이 청구된 임의후견인
4. 후견계약의 종료에 관한 허가 심판을 하는 경우에는 피임의후견인 및 임의후견인

② 가정법원은 제1항제1호 또는 제4호의 심판을 하는 경우에는 피임의후견인(피임의후견인이 될 사람을 포함한다)을 심문하여야 한다. 다만, 그 사람이 자신의 의사를 밝힐 수 없거나 출석을 거부하는 등 심문할 수 없는 특별한 사정이 있는 때에는 그러하지 아니하다.

③ 제2항의 심문을 위하여 검증이 필요한 경우에는 「민사소송법」 제365조 및 제366조제1항·제3항을 준용한다.

[본조신설 2013. 4. 5.]

제45조의7(임의후견감독사무의 실태 조사) 가정법원은 법원사무관등이나 가사조사관에게 임의후견감독사무의 실태를 조사하게 할 수 있다.

[본조신설 2013. 4. 5.]

제45조의8(친생부인의 허가 및 인지의 허가 관련 심판에서의 진술 청취) ① 가정법원은 다음 각 호의 어느 하나에 해당하는 심판을 하는 경우에는 어머니의 전 배우자와 그 성년후견인(성년후견인이 있는 경우에 한정한다)에게 의견을 진술할 기회를 줄 수 있다.

1. 「민법」 제854조의2에 따른 친생부인의 허가 심판
2. 「민법」 제855조의2제1항 및 제2항에 따른 인지의 허가 심판

② 제1항의 진술을 들을 때에는 심문하는 방법 외에도 가사조사관을 통한 조사나 서면조회 등의 방법으로 진술을 들을 수 있다.

[본조신설 2017. 10. 31.] [종전 제45조의8은 제45조의9로 이동 〈2017. 10. 31.〉]

제45조의9(입양허가의 절차) ① 가정법원은 입양의 허가 심판을 하는 경우에 다음 각 호의 사람의 의견을 들어야 한다. 다만, 그 사람이 의식불명, 그 밖의 사유로 자신의 의사를 표명할 수 없는 경우에는 그러하지 아니하다.

1. 양자가 될 사람(양자가 될 사람이 13세 이상인 경우만 해당한다)
2. 양자가 될 사람의 법정대리인 및 후견인
3. 양자가 될 사람의 부모(「민법」 제870조에 따라 부모의 동의가 필요한 경우를 말한다)

4. 양자가 될 사람의 부모의 후견인

5. 양부모가 될 사람

6. 양부모가 될 사람의 성년후견인

② 가정법원은 양자가 될 사람의 복리를 위하여 필요하다고 인정하는 경우 다음 각 호의 구분에 따라 해당 자료를 제공할 것을 요청할 수 있다. 이 경우 자료 제공을 요청받은 기관은 정당한 사유가 없으면 이에 따라야 한다.

1. 양부모가 될 사람의 주소지 및 가족관계 등을 확인하기 위한 범위: 시장·군수·구청장에 대하여 주민등록표 등본·초본

2. 양부모가 될 사람의 소득을 확인하기 위한 범위: 국세청장에 대하여 근로소득자료 및 사업소득자료

3. 양부모가 될 사람의 범죄경력을 확인하기 위한 범위: 경찰청장에 대하여 범죄경력자료

4. 양부모가 될 사람이 양육능력과 관련된 질병이나 심신장애를 가지고 있는지 확인하기 위하여 특히 필요하다고 인정되는 범위:「의료법」에 따른 의료기관의 장 또는「국민건강보험법」에 따른 국민건강보험공단의 장에 대하여 진료기록자료

[본조신설 2013. 7. 30.] [제45조의8에서 이동 〈2017. 10. 31.〉]

제3장 마류 가사비송사건

〈신설 2017. 10. 31.〉

제46조(관할) 마류 가사비송사건은 상대방의 보통재판적이 있는 곳의 가정법원이 관할한다. 〈개정 2014. 10. 15.〉

[전문개정 2010. 3. 31.]

제47조(공동소송에 관한 규정의 준용) 마류 가사비송사건의 청구인 또는 상대방이 여러 명일 때에는 「민사소송법」 중 공동소송에 관한 규정을 준용한다.

[전문개정 2010. 3. 31.]

제48조(심리 방법) 마류 가사비송사건의 심판은 특별한 사정이 없으면 사건관계인을 심문하여 하여야 한다.

[전문개정 2010. 3. 31.]

제48조의2(재산 명시) ① 가정법원은 재산분할, 부양료 및 미성년자인 자녀의 양육비 청구사건을 위하여 특히 필요하다고 인정하는 경우에는 직권으로 또는 당사자의 신청에 의하여 당사자에게 재산상태를 구체적으로 밝힌 재산목록을 제출하도록 명할 수 있다.

② 제1항의 재산 명시 절차, 방법 등에 대하여 필요한 사항은 대법원규칙으로 정한다.

[전문개정 2010. 3. 31.]

제48조의3(재산조회) ① 가정법원은 제48조의2의 재산 명시 절차에 따라 제출된 재산목록만으로는 재산분할, 부양료 및 미성년자인 자녀의 양육비 청구사건의 해결이 곤란하다고 인정할 경우에 직권으로 또는 당사자의 신청에 의하여 당사자 명의의 재산에 관하여 조회할 수 있다.

② 제1항의 재산조회에 관하여는 그 성질에 반하지 아니하는 범위에서 「민사집행법」 제74조를 준용한다.

③ 재산조회를 할 공공기관, 금융기관, 단체 등의 범위 및 조회절차, 당사자가 내야 할 비용, 조회결과의 관리에 관한 사항, 과태료의 부과절차 등은 대법원규칙으로 정한다.

④ 누구든지 재산조회의 결과를 심판 외의 목적으로 사용하여서는 아니 된다.

[전문개정 2010. 3. 31.]

제4편 가사조정

〈개정 2010. 3. 31.〉

제49조(준용법률) 가사조정에 관하여는 이 법에 특별한 규정이 있는 경우를 제외하고는 「민사조정법」을 준용한다. 다만, 「민사조정법」 제18조 및 제23조는 준용하지 아니한다.

[전문개정 2010. 3. 31.]

제50조(조정 전치주의) ① 나류 및 다류 가사소송사건과 마류 가사비송사건에 대하여 가정법원에 소를 제기하거나 심판을 청구하려는 사람은 먼저 조정을 신청하여야 한다.

② 제1항의 사건에 관하여 조정을 신청하지 아니하고 소를 제기하거나 심판을 청구한 경우에는 가정법원은 그 사건을 조정에 회부하여야 한다. 다만, 공시송달의 방법이 아니면 당사자의 어느 한쪽 또는 양쪽을 소환할 수 없거나 그 사건을 조정에 회부하더라도 조정이 성립될 수 없다고 인정하는 경우에는 그러하지 아니하다.

[전문개정 2010. 3. 31.]

제51조(관할) ① 가사조정사건은 그에 상응하는 가사소송사건이나 가사비송사건을 관할하는 가정법원 또는 당사자가 합의로 정한 가정법원이 관할한다.

② 가사조정사건에 관하여는 제13조제3항부터 제5항까지의 규정을 준용한다.

[전문개정 2010. 3. 31.]

제52조(조정기관) ① 가사조정사건은 조정장 1명과 2명 이상의 조정위원으로 구성된 조정위원회가 처리한다.

② 조정담당판사는 상당한 이유가 있는 경우에는 당사자가 반대의 의사를 명백하게 표시하지 아니하면 단독으로 조정할 수 있다.

[전문개정 2010. 3. 31.]

제53조(조정장 등 및 조정위원의 지정) ① 조정장이나 조정담당판사는 가정법원장 또는 가정법원지원장이 그 관할법원의 판사 중에서 지정한다.

② 조정위원회를 구성하는 조정위원은 학식과 덕망이 있는 사람으로서 매년 미리 가정법원장이나 가정법원지원장이 위촉한 사람 또는 당사자가 합의하여 선정한 사람 중에서 각 사건마다 조정장이 지정한다.

[전문개정 2010. 3. 31.]

제54조(조정위원) 조정위원은 조정위원회에서 하는 조정에 관여할 뿐 아니라 가정법원, 조정위원회 또는 조정담당판사의 촉탁에 따라 다른 조정사건에 관하여 전문적 지식에 따른 의견을 진술하거나 분쟁의 해결을 위하여 사건 관계인의 의견을 듣는다.

[전문개정 2010. 3. 31.]

제55조(조정의 신청) 조정의 신청에 관하여는 제36조제2항부터 제5항까지의 규정을 준용한다.

[전문개정 2010. 3. 31.]

제56조(사실의 사전 조사) 조정장이나 조정담당판사는 특별한 사정이 없으면 조정을 하기 전에 기한을 정하여 가사조사관에게 사건에 관한 사실을 조사하게 하여야 한다.

[전문개정 2010. 3. 31.]

제57조(관련 사건의 병합신청) ① 조정의 목적인 청구와 제14조에 규정된 관련 관계에 있는 나류, 다류 및 마류 가사사건의 청구는 병합하여 조정신청할 수 있다.

② 당사자 간의 분쟁을 일시에 해결하기 위하여 필요하면 당사자는 조정위원회 또는 조정담당판사의 허가를 받아 조정의 목적인 청구와 관련 있는 민사사건의 청구를 병합하여 조정신청할 수 있다.

[전문개정 2010. 3. 31.]

제58조(조정의 원칙) ① 조정위원회는 조정을 할 때 당사자의 이익뿐 아니라 조정으로 인하여 영향받게 되는 모든 이해관계인의 이익을 고려하고 분쟁을 평화적·종국적(終局的)으로 해결할 수 있는 방안을 마련하여 당사자를 설득하여야 한다.

② 자녀의 친권을 행사할 사람의 지정과 변경, 양육 방법의 결정 등 미성년자인 자녀의 이해(利害)에 직접적인 관련이 있는 사항을 조정할 때에는 미성년자인 자녀의 복지를 우선적으로 고려하여야 한다.

[전문개정 2010. 3. 31.]

제59조(조정의 성립) ① 조정은 당사자 사이에 합의된 사항을 조서에 적음으로써 성립한다.

② 조정이나 확정된 조정을 갈음하는 결정은 재판상 화해와 동일한 효력이 있다. 다만, 당사자가 임의로 처분할 수 없는 사항에 대하여는 그러하지 아니하다.

[전문개정 2010. 3. 31.]

제60조(이의신청 등에 의한 소송으로의 이행) 제57조제2항에 따라 조정신청된 민사사건의 청구에 관하여는 「민사조정법」 제36조를 준용한다. 이 경우 가정법원은 결정으로 그 민사사건을 관할법원에 이송하여야 한다.

[전문개정 2010. 3. 31.]

제61조(조정장 등의 의견 첨부) 조정의 목적인 가사사건의 청구에 관하여 「민사조정법」 제36조에 따라 소가 제기된 것으로 의제(擬制)되거나, 제50조제2항에 따라 조정에 회부된 사건을 다시 가정법원에 회부할 때에는 조정장이나 조정담당판사는 의견을 첨부하여 기록을 관할가정법원에 보내야 한다.

[전문개정 2010. 3. 31.]

제5편 이행의 확보

〈개정 2010. 3. 31.〉

제62조(사전처분) ① 가사사건의 소의 제기, 심판청구 또는 조정의 신청이 있는 경우에 가정법원, 조정위원회 또는 조정담당판사는 사건을 해결하기 위하여 특히 필요하다고 인정하면 직권으로 또는 당사자의 신청에 의하여 상대방이나 그 밖의 관계인에게 현상(現狀)을 변경하거나 물건을 처분하는 행위의 금지를 명할 수 있고, 사건에 관련된 재산의 보존을 위한 처분, 관계인의 감호(監護)와 양육을 위한 처분 등 적당하다고 인정되는 처분을 할 수 있다.

② 제1항의 처분을 할 때에는 제67조제1항에 따른 제재를 고지하여야 한다.

③ 급박한 경우에는 재판장이나 조정장은 단독으로 제1항의 처분을 할 수 있다.

④ 제1항과 제3항의 처분에 대하여는 즉시항고를 할 수 있다.

⑤ 제1항의 처분은 집행력을 갖지 아니한다.

[전문개정 2010. 3. 31.]

제63조(가압류, 가처분) ① 가정법원은 제62조에도 불구하고 가사소송사건 또는 마류 가사비송사건을 본안(本案) 사건으로 하여 가압류 또는 가처분을 할 수 있다. 이 경우 「민사집행법」 제276조부터 제312조까지의 규정을 준용한다.

② 제1항의 재판은 담보를 제공하게 하지 아니하고 할 수 있다.

③ 「민사집행법」 제287조를 준용하는 경우 이 법에 따른 조정신청이 있으면 본안의 제소가 있는 것으로 본다.

[전문개정 2010. 3. 31.]

제63조의2(양육비 직접지급명령) ① 가정법원은 양육비를 정기적으로 지급할 의무가 있는 사람(이하 "양육비채무자"라 한다)이 정당한 사유 없이 2회 이상 양육비를 지급하지 아니한 경우에 정기금 양육비 채권에 관한 집행권원을 가진 채권자(이하 "양육비채권자"라 한다)의 신청에 따라 양육비채무자에 대하여 정기적 급여채무를 부담하는 소득세원천징수의무자(이하 "소득세원천징수의무자"라 한다)에게 양육비채무자의 급여에서 정기적으로 양육비를 공제하여 양육비채권자에게 직접 지급하도록 명할 수 있다.

② 제1항에 따른 지급명령(이하 "양육비 직접지급명령"이라 한다)은 「민사집행법」에 따라 압류명령과 전부명령을 동시에 명한 것과 같은 효력이 있고, 위 지급명령에 관하여는 압류명령과 전부명령에 관한 「민사집행법」을 준용한다. 다만, 「민사집행법」 제40조제1항과 관계없이 해당 양육비 채권 중 기한이 되지 아니한 것에 대하여도 양육비 직접지급명령을 할 수 있다.

③ 가정법원은 양육비 직접지급명령의 목적을 달성하지 못할 우려가 있다고 인정할 만한 사정이 있는 경우에는 양육비채권자의 신청에 의하여 양육비 직접지급명령을 취소할 수 있다. 이 경우 양육비 직접지급명령은 장래에 향하여 그 효력을 잃는다.

④ 가정법원은 제1항과 제3항의 명령을 양육비채무자와 소득세원천징수의무자에게 송달하여야 한다.

⑤ 제1항과 제3항의 신청에 관한 재판에 대하여는 즉시항고를 할 수 있다.

⑥ 소득세원천징수의무자는 양육비채무자의 직장 변경 등 주된 소득원의 변경사유가 발생한 경우에

는 그 사유가 발생한 날부터 1주일 이내에 가정법원에 변경사실을 통지하여야 한다.

[전문개정 2010. 3. 31.]

제63조의3(담보제공명령 등) ① 가정법원은 양육비를 정기금으로 지급하게 하는 경우에 그 이행을 확보하기 위하여 양육비채무자에게 상당한 담보의 제공을 명할 수 있다.

② 가정법원은 양육비채무자가 정당한 사유 없이 그 이행을 하지 아니하는 경우에는 양육비채권자의 신청에 의하여 양육비채무자에게 상당한 담보의 제공을 명할 수 있다.

③ 제2항의 결정에 대하여는 즉시항고를 할 수 있다.

④ 제1항이나 제2항에 따라 양육비채무자가 담보를 제공하여야 할 기간 이내에 담보를 제공하지 아니하는 경우에는 가정법원은 양육비채권자의 신청에 의하여 양육비의 전부 또는 일부를 일시금으로 지급하도록 명할 수 있다.

⑤ 제2항과 제4항의 명령에 관하여는 제64조제2항을 준용한다.

⑥ 제1항과 제2항의 담보에 관하여는 그 성질에 반하지 아니하는 범위에서 「민사소송법」 제120조제1항, 제122조, 제123조, 제125조 및 제126조를 준용한다.

[전문개정 2010. 3. 31.]

제64조(이행 명령) ① 가정법원은 판결, 심판, 조정조서, 조정을 갈음하는 결정 또는 양육비부담조서에 의하여 다음 각 호의 어느 하나에 해당하는 의무를 이행하여야 할 사람이 정당한 이유 없이 그 의무를 이행하지 아니하는 경우에는 당사자의 신청에 의하여 일정한 기간 내에 그 의무를 이행할 것을 명할 수 있다.

   1. 금전의 지급 등 재산상의 의무
   2. 유아의 인도 의무
   3. 자녀와의 면접교섭 허용 의무

② 제1항의 명령을 할 때에는 특별한 사정이 없으면 미리 당사자를 심문하고 그 의무를 이행하도록 권고하여야 하며, 제67조제1항 및 제68조에 규정된 제재를 고지하여야 한다.

[전문개정 2010. 3. 31.]

제65조(금전의 임치) ① 판결, 심판, 조정조서 또는 조정을 갈음하는 결정에 의하여 금전을 지급할 의무가 있는 자는 권리자를 위하여 가정법원에 그 금전을 임치(任置)할 것을 신청할 수 있다.

② 가정법원은 제1항의 임치신청이 의무를 이행하기에 적합하다고 인정하는 경우에는 허가하여야 한다. 이 경우 그 허가에 대하여는 불복하지 못한다.

③ 제2항의 허가가 있는 경우 그 금전을 임치하면 임치된 금액의 범위에서 의무자(義務者)의 의무가 이행된 것으로 본다.

[전문개정 2010. 3. 31.]

제6편 벌칙

〈개정 2010. 3. 31.〉

제66조(불출석에 대한 제재) 가정법원, 조정위원회 또는 조정담당판사의 소환을 받은 사람이 정당한

이유 없이 출석하지 아니하면 가정법원, 조정위원회 또는 조정담당판사는 결정으로 50만원 이하의 과태료를 부과할 수 있고 구인(拘引)할 수 있다.

[전문개정 2010. 3. 31.]

제67조(의무 불이행에 대한 제재) ① 당사자 또는 관계인이 정당한 이유 없이 제29조, 제63조의2제1항, 제63조의3제1항·제2항 또는 제64조의 명령이나 제62조의 처분을 위반한 경우에는 가정법원, 조정위원회 또는 조정담당판사는 직권으로 또는 권리자의 신청에 의하여 결정으로 1천만원 이하의 과태료를 부과할 수 있다.

② 제29조에 따른 수검 명령을 받은 사람이 제1항에 따른 제재를 받고도 정당한 이유 없이 다시 수검 명령을 위반한 경우에는 가정법원은 결정으로 30일의 범위에서 그 의무를 이행할 때까지 위반자에 대한 감치(監置)를 명할 수 있다.

③ 제2항의 결정에 대하여는 즉시항고를 할 수 있다.

[전문개정 2010. 3. 31.]

제67조의2(제출명령 위반에 대한 제재) 가정법원은 제3자가 정당한 사유 없이 제45조의3제3항 또는 제45조의6제3항에 따라 준용되는 「민사소송법」 제366조제1항의 제출명령에 따르지 아니한 경우에는 결정으로 200만원 이하의 과태료를 부과한다. 이 결정에 대하여는 즉시항고를 할 수 있다. 〈개정 2013. 7. 30.〉

[본조신설 2013. 4. 5.] [종전 제67조의2는 제67조의3으로 이동 〈2013. 4. 5.〉]

제67조의3(재산목록 제출 거부 등에 대한 제재) 제48조의2제1항에 따른 명령을 받은 사람이 정당한 사유 없이 재산목록의 제출을 거부하거나 거짓 재산목록을 제출하면 1천만원 이하의 과태료를 부과한다.

[전문개정 2010. 3. 31.] [제67조의2에서 이동 , 종전 제67조의3은 제67조의4로 이동 〈2013. 4. 5.〉]

제67조의4(거짓 자료 제출 등에 대한 제재) 제48조의3제2항에 따라 준용되는 「민사집행법」 제74조제1항 및 제3항의 조회를 받은 기관·단체의 장이 정당한 사유 없이 거짓 자료를 제출하거나 자료를 제출할 것을 거부하면 1천만원 이하의 과태료를 부과한다.

[전문개정 2010. 3. 31.]

[제67조의3에서 이동 〈2013. 4. 5.〉]

제68조(특별한 의무 불이행에 대한 제재) ① 제63조의3제4항 또는 제64조의 명령을 받은 사람이 다음 각 호의 어느 하나에 해당하면 가정법원은 권리자의 신청에 의하여 결정으로 30일의 범위에서 그 의무를 이행할 때까지 의무자에 대한 감치를 명할 수 있다.

1. 금전의 정기적 지급을 명령받은 사람이 정당한 이유 없이 3기(期) 이상 그 의무를 이행하지 아니한 경우
2. 유아의 인도를 명령받은 사람이 제67조제1항에 따른 제재를 받고도 30일 이내에 정당한 이유 없이 그 의무를 이행하지 아니한 경우
3. 양육비의 일시금 지급명령을 받은 사람이 30일 이내에 정당한 사유 없이 그 의무를 이행하지 아니한 경우

② 제1항의 결정에 대하여는 즉시항고를 할 수 있다.

[전문개정 2010. 3. 31.]

제69조(과태료 사건의 절차) 「비송사건절차법」제248조 및 제250조 중 검사에 관한 규정은 제66조, 제67조제1항 및 제67조의2부터 제67조의4까지의 규정에 따른 과태료 재판에 적용하지 아니한다. 〈개정 2013. 4. 5.〉

[전문개정 2010. 3. 31.]

제70조(감치를 명하는 재판 절차) 제67조제2항 및 제68조에 규정된 감치를 명하는 재판 절차와 그 밖에 필요한 사항은 대법원규칙으로 정한다.

[전문개정 2010. 3. 31.]

제71조(비밀누설죄) ① 조정위원이거나 조정위원이었던 사람이 정당한 이유 없이 합의의 과정이나 조정장·조정위원의 의견 및 그 의견별 조정위원의 숫자를 누설하면 30만원 이하의 벌금에 처한다.

② 조정위원이거나 조정위원이었던 사람이 정당한 이유 없이 그 직무수행 중에 알게 된 다른 자의 비밀을 누설하면 2년 이하의 징역 또는 100만원 이하의 벌금에 처한다.

③ 제2항의 죄에 대하여 공소를 제기하려면 고소가 있어야 한다.

[전문개정 2010. 3. 31.]

제72조(보도 금지 위반죄) 제10조에 따른 보도 금지 규정을 위반한 사람은 2년 이하의 금고 또는 100만원 이하의 벌금에 처한다.

[전문개정 2010. 3. 31.]

제73조(재산조회 결과 등의 목적 외 사용죄) 제48조의2에 따른 재산목록, 제48조의3에 따른 재산조회 결과를 심판 외의 목적으로 사용한 사람은 2년 이하의 징역 또는 500만원 이하의 벌금에 처한다.

[전문개정 2010. 3. 31.]

부칙

〈제17905호,2021. 1. 26.〉

(민법)

제1조(시행일) 이 법은 공포한 날부터 시행한다.

제2조 생략

제3조(다른 법률의 개정) 가사소송법 일부를 다음과 같이 개정한다.

제2조제1항제2호가목14)를 삭제한다.

제4조(「가사소송법」의 개정에 관한 경과조치) 이 법 시행 전에 법원에 감화 또는 교정기관 위탁에 대한 허가를 신청하여 이 법 시행 당시 법원에 계속 중인 사건에 관하여는 부칙 제3조에 따라 개정되는 「가사소송법」제2조제1항제2호가목14)의 개정규정에도 불구하고 종전의 규정에 따른다.

가사소송규칙

[시행 2019. 8. 2.] [대법원규칙 제2856호, 2019. 8. 2., 일부개정]

제1편 총칙

제1장 통칙

제1조(규칙의 취지) 가사사건의 재판과 조정의 절차에 관하여는 「가사소송법」(이하 "법"이라 한다)의 규정에 의하는 외에 이 규칙이 정하는 바에 의한다. 〈개정 2006. 3. 23.〉

제2조(가정법원의 관장사항) ①가정법원은 법 제2조제1항 각호의 사항외에, 다음 각호의 사항에 대하여도 이를 심리·재판한다. 〈개정 1998. 12. 4., 2006. 3. 23., 2013. 6. 5., 2013. 6. 27., 2015. 7. 28.〉

 1. 미성년후견인의 순위확인
 2. 「민법」제1014조의 규정에 의한 피인지자등의 상속분에 상당한 가액의 지급청구
 3. 양친자관계존부확인
 4. 「민법」제924조제3항에 따른 친권의 일시 정지 기간 연장 청구
 5. 삭제〈2015. 7. 28.〉
 6. 삭제〈2015. 7. 28.〉
 7. 삭제〈2015. 7. 28.〉
 8. 삭제〈2015. 7. 28.〉
 9. 삭제〈2015. 7. 28.〉
 10. 삭제〈2015. 7. 28.〉
 11. 삭제〈2015. 7. 28.〉
 12. 삭제〈2015. 7. 28.〉
 13. 삭제〈2015. 7. 28.〉

② 제1항제1호·제3호의 사건은 법 및 이 규칙이 정한 가류 가사소송사건의 절차에 의하여, 제2호의 사건은 다류 가사소송사건의 절차에 의하여, 제4호의 사건은 마류 가사비송사건의 절차에 의하여 심리·재판한다.〈개정 2013. 6. 27., 2015. 7. 28.〉

제3조(사실조사의 촉탁등) 재판장, 조정장, 조정담당판사 또는 가사조사관은 필요한 때에는 공무소, 은행, 회사, 학교, 관계인의 고용주 기타의 자에 대하여 관계인의 예금, 재산, 수입, 교육관계 기타의 사항에 관한 사실조사를 촉탁하고 필요한 사항의 보고를 요구할 수 있다.

제3조의2(다른 가정법원에 대한 사실조사 등의 촉탁 등) ① 재판장, 조정장, 조정담당판사는 필요한 경우에는 다른 가정법원에 사실조사 또는 제12조에 따른 조치를 촉탁할 수 있다.

② 제1항의 촉탁을 받은 가정법원은 가사조사관으로 하여금 그 촉탁받은 사실조사 또는 제12조에 따른 조치를 하게 할 수 있다.

[본조신설 2016. 12. 29.]

제4조(비용의 예납등) ①법 및 이 규칙에 의한 사실조사·증거조사·소환·고지·공고 기타 심판절차의 비용의 예납에 관하여는 특별한 규정이 있는 경우를 제외하고는 「민사소송법」 제116조, 「민사소송규칙」 제19조, 제20조의 규정을 준용한다. 〈개정 2002. 6. 28., 2006. 3. 23.〉

② 당사자가 예납하여야 할 비용의 범위와 액 및 그 지급에 관하여는 「민사소송비용법」 및 「민사소송비용규칙」의 규정을 준용한다.〈개정 2006. 3. 23.〉

제5조(가족관계등록부기록을 촉탁하여야 할 판결등) ①법 제9조의 규정에 의하여 대법원규칙으로 정하는 가족관계등록부기록을 촉탁하여야 할 판결 또는 심판은 다음 각호의 것으로 한다. 〈개정 2006. 3. 23., 2013. 6. 5., 2013. 6. 27., 2015. 7. 28.〉

1. 친권, 법률행위대리권, 재산관리권의 상실선고의 심판 또는 그 실권회복선고의 심판
1의2. 친권의 일시 정지, 일부 제한, 일시 정지에 대한 기간연장의 심판 또는 그 실권 회복의 심판
2. 친권자의 지정과 변경의 판결 또는 심판
2의2. 미성년후견의 종료 및 친권자의 지정의 심판
2의3. 친권자·미성년후견인의 임무대행자 선임의 심판
3. 미성년후견인·미성년후견감독인의 선임, 변경 또는 사임허가의 심판
4. 법 제62조의 규정에 의하여 친권자의 친권, 법률행위대리권, 재산관리권의 전부 또는 일부의 행사를 정지하거나 미성년후견인·미성년후견감독인의 임무수행을 정지하는 재판과 그 대행자를 선임하는 재판

② 제1항제4호의 재판이 본안심판의 확정, 심판청구의 취하 기타의 사유로 효력을 상실하게 된 때에는 가정법원의 법원서기관, 법원사무관, 법원주사 또는 법원주사보(이하 "법원사무관등"이라 한다)는 법 제9조의 예에 의하여 가족관계등록부 기록을 촉탁하여야 한다.〈개정 2007. 12. 31.〉

[제목개정 2007. 12. 31.]

제5조의2(후견등기부기록을 촉탁하여야 할 심판등) ① 법 제9조에 따라 대법원규칙으로 정하는 후견등기부기록을 촉탁하여야 할 심판은 다음 각 호 각 목의 것으로 한다.

1. 성년후견에 관한 심판
   가. 성년후견의 개시 또는 그 종료의 심판
   나. 성년후견인·성년후견감독인의 선임 또는 그 변경의 심판
   다. 성년후견인·성년후견감독인의 사임에 대한 허가의 심판
   라. 취소할 수 없는 피성년후견인의 법률행위의 범위 결정 또는 그 변경의 심판
   마. 성년후견인의 법정대리권의 범위 결정 또는 그 변경의 심판
   바. 성년후견인이 피성년후견인의 신상에 관하여 결정할 수 있는 권한의 범위 결정 또는 그 변경의 심판
   사. 여러 명의 성년후견인·성년후견감독인의 권한 행사에 관한 결정과 그 변경 또는 취소의 심판
2. 한정후견에 관한 심판
   가. 한정후견의 개시 또는 그 종료의 심판
   나. 한정후견인·한정후견감독인의 선임 또는 변경의 심판
   다. 한정후견인·한정후견감독인의 사임에 대한 허가의 심판
   라. 피한정후견인이 한정후견인의 동의를 받아야 하는 행위의 범위 결정 또는 그 변경의 심판

마. 한정후견인에 대한 대리권 수여 또는 그 범위 변경의 심판

바. 한정후견인이 피한정후견인의 신상에 관하여 결정할 수 있는 권한의 범위 결정 또는 그 변경의 심판

사. 여러 명의 한정후견인·한정후견감독인의 권한 행사에 관한 결정과 그 변경 또는 취소의 심판

3. 특정후견에 관한 심판

가. 특정후견의 심판 또는 그 종료의 심판

나. 특정후견인·특정후견감독인의 선임 또는 변경의 심판

다. 특정후견인·특정후견감독인의 사임에 대한 허가의 심판

라. 피특정후견인의 후원을 위하여 필요한 처분명령의 심판

마. 특정후견인에 대한 대리권 수여의 심판(대리권 행사에 가정법원이나 특정후견감독인의 동의를 받도록 명한 부분 포함)

바. 여러 명의 특정후견인·특정후견감독인의 권한 행사에 관한 결정과 그 변경 또는 취소의 심판

4. 임의후견에 관한 심판

가. 임의후견감독인의 선임 또는 변경의 심판

나. 임의후견감독인의 사임에 대한 허가의 심판

다. 여러 명의 임의후견감독인의 권한 행사에 관한 결정과 그 변경 또는 취소의 심판

라. 임의후견인의 해임 심판

마. 후견계약 종료의 허가 심판

5. 법 제62조에 따른 재판

가. 성년후견인·한정후견인·특정후견인·임의후견인·성년후견감독인·한정후견감독인·특정후견감독인·임의후견감독인의 권한 범위를 변경하거나 그 직무집행의 전부 또는 일부를 정지하는 재판 및 그 직무대행자를 선임하는 재판

나. 성년후견, 한정후견 및 특정후견에 관한 사건에서 임시후견인을 선임하는 재판

다. 직무대행자, 임시후견인을 해임 또는 개임하는 재판 및 그 권한의 범위를 정하거나 변경하는 재판

라. 여러 명의 직무대행자, 임시후견인의 권한 행사에 관한 결정과 그 변경 또는 취소의 재판

② 제1항제5호의 재판이 본안심판의 확정, 심판청구의 취하 기타의 사유로 효력을 상실하게 된 때와 「민법」제959조의20제1항에 따라 후견계약이 종료된 때에는 가정법원의 법원사무관등은 법 제9조의 예에 의하여 후견등기부기록을 촉탁하여야 한다.

[본조신설 2013. 6. 5.]

제6조(가족관계등록부기록등 촉탁의 방식) ① 가족관계등록부 또는 후견등기부기록의 촉탁은 재판장의 명을 받아 가정법원의 법원사무관등이 이를 한다. 〈개정 2007. 12. 31., 2013. 6. 5.〉

② 촉탁서에는 다음 각호의 사항을 기재하고 법원사무관등이 기명날인 하여야 한다.〈개정 2007. 12. 31., 2013. 6. 5., 2016. 4. 8.〉

1. 당사자 및 사건본인의 성명, 등록기준지(외국인의 경우에는 국적), 주소, 주민등록번호(외국인의 경우에는 외국인등록번호, 외국인등록을 하지 아니한 외국국적동포의 경우에는 국내거소신고번호)

2. 가족관계등록부 또는 후견등기부기록의 원인 및 그 원인일자

2의2. 후견등기의 목적과 등기할 사항

3. 촉탁 연월일

4. 법원사무관등의 관직과 성명 및 소속법원의 표시

③제2항의 촉탁서에는 확정된 판결등본, 효력을 발생한 심판서의 등본 기타 가족관계등록부 또는 후견등기부기록의 원인을 증명하는 서면을 첨부하여야 한다.⟨개정 2007. 12. 31., 2013. 6. 5.⟩

④ 제1항부터 제3항까지의 촉탁 및 서면 첨부는 전산정보처리조직을 이용하여 「민사소송 등에서의 전자문서 이용 등에 관한 법률」 제2조제1호의 전자문서로 할 수 있다.⟨신설 2011. 12. 12.⟩

[제목개정 2013. 6. 5.]

제7조(가족관계등록사무를 처리하는 자에 대한 통지) ①다음 각호의 판결이 확정되거나 심판이 효력을 발생한 때에는 법원사무관등은 지체없이 당사자 또는 사건본인의 등록기준지의 가족관계등록사무를 처리하는 자에게 그 뜻을 통지하여야 한다. ⟨개정 2007. 12. 31., 2011. 12. 12.⟩

　　1. 가류 및 나류 가사소송사건의 청구를 인용한 판결. 다만, 사실혼관계존부확인사건을 제외한다.

　　2. 삭제⟨2013. 6. 5.⟩

　　3. 실종선고와 그 취소의 심판

　　3의2. 친양자 입양 허가의 심판

　　4. 친권자의 법률행위대리권, 재산관리권의 사퇴 또는 회복허가의 심판

　　5. 삭제⟨2013. 6. 5.⟩

　　6. 성·본 계속사용허가의 심판

　　7. 성·본 변경허가의 심판

②제1항의 통지에는 제6조의 규정을 준용한다. 다만, 판결 또는 심판서의 등본에 확정일자 또는 효력발생일자를 부기하여 송부함으로써 통지에 갈음할 수 있다.

[제목개정 2007. 12. 31.]

제2장 가사조사관

제8조(가사조사관의 임무) 가사조사관은 재판장, 조정장 또는 조정담당판사의 명을 받아 사실을 조사하고 의무이행상태를 점검하며 당사자 또는 사건관계인의 가정 기타 주위 환경의 조정을 위한 조치를 행한다.

제9조(가사조사관의 사실조사) ①가사조사관은 조사를 명령받은 사항에 관하여 독립하여 조사한다.

②가사조사관은 필요에 따라 사건관계인의 학력, 경력, 생활상태, 재산상태와 성격, 건강 및 가정환경등에 대하여 심리학, 사회학, 경제학, 교육학 기타 전문적 지식을 활용하여 조사하여야 한다.

제10조(조사기간) 가사조사관이 재판장, 조정장 또는 조정담당판사의 조사명령을 받은 경우에 그 명령에 기한의 정함이 없는 때에는 그 명령을 받은 때로부터 2월이내에 조사를 완료하여야 한다.

제11조(조사보고서의 작성) ①가사조사관이 사실조사를 마친 때에는 조사보고서를 작성하여 조사명령을 한 재판장, 조정장 또는 조정담당판사에게 보고하여야 한다.

② 조사보고서에는 조사의 방법과 결과 및 가사조사관의 의견을 기재하여야 한다.

③ 가사조사관은 전문가의 감정 기타 조력이 필요하다고 인정할 때에는 그 취지를 기재하여야 한다.

제12조(사회복지기관과의 연락등) 재판장, 조정장 또는 조정담당판사는 사건처리를 위하여 당사자 또는

사건관계인의 가정 기타의 환경을 조정할 필요가 있는 때에는 가사조사관으로 하여금 사회복지기관과의 연락, 기타의 조정조치를 하게 할 수 있다. 이 경우에는 제11조제1항 및 제2항의 규정을 준용한다.

제12조의2(상담 권고) ① 가정법원은 필요한 경우 당사자에게 상담에 관하여 전문적인 지식과 경험을 갖춘 전문상담인의 상담을 받을 것을 권고할 수 있다.

② 가정법원은 전문상담인을 상담위원으로 위촉하여 제1항의 상담을 담당하게 할 수 있고, 상담위원의 일당 및 수당은 매년 대법관회의에서 이를 정하여 국고 등에서 지급할 수 있다.

③ 가정법원은 당사자가 다른 가정법원 관할구역 내에 거주하는 등 필요한 경우에는 다른 가정법원에서 위촉한 상담위원으로 하여금 제1항의 상담을 담당하게 할 수 있다.〈신설 2016. 12. 29.〉

[본조신설 2008. 6. 5.]

제12조의3(전문가 등의 자문) 가정법원은 미성년자인 자녀의 복리를 위하여 필요한 경우에는 정신건강의학과의사·심리학자·아동학자, 그 밖의 관련 전문가 또는 사회복지기관 등으로부터 자문을 받을 수 있다.

[본조신설 2016. 12. 29.]

제13조(가사조사관의 기일에의 출석) 가정법원, 조정위원회 또는 조정담당판사는 가사조사관을 기일에 출석시켜 의견을 진술하게 할 수 있다.

제2편 가사소송

제14조(준용규정) 가사소송절차에 관하여는 법 및 이 규칙에 특별한 규정이 있는 경우를 제외하고는 「민사소송규칙」의 규정을 준용한다. 〈개정 2006. 3. 23.〉

제15조(병합신청에 대한 재판등) ①법 제14조제3항의 규정에 의하여 관련사건의 병합신청을 받은 가정법원은 그 신청이 이유있다고 인정한 때에는 관련사건을 병합하는 취지의 결정을, 이유없다고 인정한 때에는 신청을 기각하는 취지의 결정을 하여야 한다.

② 병합결정을 한 때에는 당사자 전원에게, 병합신청을 기각하는 결정을 한 때에는 신청인에게 이를 고지하여야 한다.

③ 병합결정에 대하여는 즉시항고를 할 수 있다. 그러나 병합신청을 기각한 결정에 대하여는 불복하지 못한다.

④ 가정법원은 병합결정이 확정된 때에는 병합되어야 할 사건이 계속된 가정법원에 그 결정정본을 송달하여야 하고, 이를 송달받은 가정법원은 지체없이 병합결정을 한 가정법원에 그 사건기록을 송부하여야 한다. 다만, 병합결정을 송달받은 가정법원이 이미 그 사건에 대한 변론 또는 심리를 종결하거나 종국재판을 한 경우에는 그러하지 아니하다.

⑤ 제4항 단서의 경우에는 병합결정을 한 가정법원에 그 취지를 통지하여야 한다.

제16조(소송절차의 승계신청) ①법 제16조제1항의 규정에 의한 소송절차의 승계신청은 서면으로 하여야 한다.

② 제1항의 승계신청서에는 다음 각호의 사항을 기재하고 신청인이 기명날인 또는 서명하여야 한다.〈개정 2002. 6. 28., 2007. 12. 31.〉

1. 사건번호와 피승계인의 성명
2. 신청인의 성명, 등록기준지, 주소와 자격
3. 승계신청의 사유

제17조(승계신청에 대한 재판등) 가정법원은 제16조의 규정에 의한 승계신청이 부적법하거나 이유없다고 인정한 때에는 결정으로 이를 기각하여야 하고, 이유있다고 인정한 때에는 소송절차를 속행하여야 한다.

제18조(친권자 지정 등에 관한 조치) ① 법 제25조의 규정에 의한 가정법원의 협의권고에 따라 부모 사이에 미성년자인 자의 친권자로 지정될 자 또는 미성년자인 자의 양육과 면접교섭권에 관한 사항에 대한 협의가 성립되거나 가정법원이 직권으로 이를 정한 때에는 가정법원은 이를 판결주문에 기재하여야 한다. 다만, 위 협의가 자의 복리에 반하는 경우에는 가정법원은 보정을 명하거나 직권으로 해당 사항을 정하여 판결주문에 기재하여야 한다. 〈개정 2008. 6. 5.〉
② 제1항의 규정은 인지청구의 소에도 준용한다.

[전문개정 2006. 3. 23.]

제18조의2(자의 의견의 청취) 가정법원이 미성년자인 자의 친권자 지정, 양육과 면접교섭권에 관한 사항을 직권으로 정하는 경우 자(子)가 13세이상인 때에는 가정법원은 그 자(子)의 의견을 들어야 한다. 다만, 자(子)의 의견을 들을 수 없거나 자(子)의 의견을 듣는 것이 오히려 자(子)의 복지를 해할 만한 특별한 사정이 있다고 인정되는 때에는 그러하지 아니하다. 〈개정 2013. 6. 5.〉

[본조신설 2006. 3. 23.]

제19조(혈액형등의 수검명령) 법 제29조제1항의 규정에 의한 수검명령을 함에는 검사를 받을 자에게 다음 각호의 사항을 고지하여야 한다.
1. 검사의 목적
2. 검사의 일시, 장소 및 방법
3. 검사자
4. 검사를 받을 자가 제2호의 일시, 장소에 출석하여 검사를 받아야 한다는 취지
5. 법 제67조의 규정에 의한 제재의 개요

제3편 가사비송

제1장 총칙

제20조(사건본인의 기재) 심판이 당사자 이외에 사건본인의 신분관계 기타 권리, 의무에 관계된 것인 때에는 심판서에 그 사건본인의 성명, 생년월일, 등록기준지 및 주소를 기재하여야 한다. 〈개정 2007. 12. 31.〉

제20조의2(가사비송사건의 병합) 수개의 가사비송사건의 청구가 법 제14조제1항의 요건을 갖춘 때에는 이를 1개의 심판청구로 제기할 수 있다.

[본조신설 1998. 12. 4.]

제21조(이해관계인의 참가신청) ①법 제37조제1항의 규정에 의한 이해관계인의 참가신청은 참가의 취지와 이유를 기재한 서면으로 하여야 한다.

② 참가신청인은 참가의 이유를 소명하여야 한다.

제22조(참가신청에 대한 재판등) ①재판장은 제21조제1항의 참가신청이 있는 때에는 그 허부의 결정을 하여야 한다.

② 제1항의 규정에 의한 참가허가의 결정과 법 제37조제2항의 규정에 의한 참가명령은 당사자 및 참가신청인 또는 참가명령을 받은 자에게 고지하여야 한다.

③ 제1항의 규정에 의한 참가허부의 결정과 법 제37조제2항의 규정에 의한 참가명령에 대하여는 불복하지 못한다.

제22조의2(절차의 구조) 법 제37조의2제1항의 절차구조에 관하여는 「민사소송규칙」제24조부터 제27조까지의 규정을 준용한다.

[본조신설 2013. 6. 5.]

제23조(증거조사등) ①가정법원은 직권으로 사실을 조사하고 필요한 증거조사를 하여야 한다.

② 가정법원은 증거조사를 다른 가정법원에 촉탁할 수 있다.〈개정 2016. 12. 29.〉

③ 삭제〈2016. 12. 29.〉

④ 증거조사에 관하여는 가사소송의 예에 의한다.

제24조 삭제 〈2007. 12. 31.〉

제25조(심판의 고지) 심판은 이규칙에 특별한 규정이 있는 경우를 제외하고는, 당사자와 절차에 참가한 이해관계인에게 고지하여야 한다.

제26조(공고) 가사비송절차에서 공고에 관하여는 「민사소송규칙」 제142조의 규정을 준용한다. 〈개정 2006. 3. 23.〉

[전문개정 2002. 6. 28.]

제27조(청구기각심판에 대한 불복) 청구에 의하여서만 심판하여야 할 경우에 그 청구를 기각한 심판에 대하여는 특별한 규정이 있는 경우를 제외하고는 청구인에 한하여 즉시항고를 할 수 있다.

제28조(즉시항고 제기의 방식) 즉시항고는 원심가정법원에 즉시항고장을 제출함으로써 한다.

제29조(항고심의 재판절차) 항고심의 재판절차에는 이 규칙중 제1심의 재판절차에 관한 규정을 준용한다.

제29조의2(청구인에 대한 통지) 가사비송청구를 인용한 심판에 대하여 이해관계인이 즉시항고한 경우 항고심 법원은 상당하다고 인정하는 때에는 제1심 청구인에게 사건이 계속된 사실을 통지하거나 제1심 청구인을 심문할 수 있다.

[본조신설 1998. 12. 4.]

제30조(재항고심의 재판절차) 재항고심의 재판절차에는 그 성질에 반하지 아니하는 한 「민사소송법」 및 「민사소송규칙」중 재항고에 관한 규정을 준용한다. 〈개정 2006. 3. 23.〉

제2장 라류 가사비송사건

제1절 총칙

제31조(즉시항고 기간의 진행) 즉시항고의 기간은, 특별한 규정이 있는 경우를 제외하고는, 즉시항고를 할 수 있는 자가 심판을 고지 받는 경우에는 그 고지를 받은 날부터, 심판을 고지 받지 아니하는 경우에는 청구인(청구인이 수인일 때에는 최후로 심판을 고지받은 청구인)이 심판을 고지받은 날부터 진행한다.

제31조의2(관할변경신청에 관한 처리) ① 법 제44조제2항에 따른 변경결정은 신청인 외에 후견인, 후견감독인에게 고지하여야 하고, 가정법원의 법원사무관등은 지체 없이 피후견인에게 그 뜻을 통지하여야 한다.

② 가정법원의 법원사무관등은 법 제44조제2항에 따른 변경결정이 확정되면 바로 그 결정정본과 후견사무의 감독에 관한 소송기록을 변경된 관할법원에 보내야 한다.

[본조신설 2018. 4. 27.]

제2절 성년후견, 한정후견, 특정후견 및 임의후견

〈개정 2013. 6. 5.〉

제32조(사전처분) ① 성년후견, 한정후견, 특정후견 및 임의후견에 관한 사건에 있어서, 가정법원이 법 제62조에 따른 사전처분으로서 직무대행자를 선임한 때에는, 그 직무대행자에 대하여는 특별한 규정이 있는 경우를 제외하고 해당 후견인 또는 해당 후견감독인에 관한 규정을 준용한다.

② 제1항에 따른 직무대행자의 선임처분은 그 선임된 자, 해당 후견인 및 해당 후견감독인에게 고지하여야 하고, 가정법원의 법원사무관등은 지체 없이 사건본인에게 그 뜻을 통지하여야 한다.

③ 가정법원은 상당하다고 인정할 때에는 언제든지 제1항의 직무대행자에게, 사건본인의 신상보호 또는 재산관리에 필요한 명령을 할 수 있고, 그 선임한 직무대행자를 해임하거나 개임할 수 있다.

④ 가정법원이 법 제62조에 따른 사전처분으로 임시후견인을 선임한 경우, 특별한 규정이 있는 경우를 제외하고, 성년후견 및 한정후견에 관한 사건의 임시후견인에 대하여는 한정후견인에 관한 규정을, 특정후견에 관한 사건의 임시후견인에 대하여는 특정후견인에 관한 규정을 각 준용한다.

⑤ 제2항 및 제3항의 규정은 제4항의 임시후견인을 선임한 경우에 이를 준용한다.

⑥ 제1항의 직무대행자에 대하여는 사건본인의 재산 중에서, 제4항의 임시후견인에 대하여는 청구인 또는 사건본인의 재산 중에서 각 상당한 보수를 지급할 것을 명할 수 있다.

[전문개정 2013. 6. 5.]

제33조 삭제 *〈2013. 6. 5.〉*

제34조 삭제 *〈2013. 6. 5.〉*

제35조(심판의 고지등) ① 성년후견·한정후견·특정후견 및 임의후견에 관한 심판은 제25조에서 정한 자 이외에 후견인(그 심판 및 법률에 의하여 임무가 개시되거나 종료될 자를 포함한다) 및 후견

감독인(그 심판 및 법률에 의하여 임무가 개시되거나 종료될 자를 포함한다)에게도 고지하여야 한다.

② 제1항의 심판이 있는 때에는 가정법원의 법원사무관등은 지체 없이 사건본인에게 그 뜻을 통지하여야 한다.

[전문개정 2013. 6. 5.]

제36조(즉시항고) ① 법 제2조제1항제2호가목에 정한 심판사항 중 다음의 각 호 각 목에서 정하는 심판에 대하여는 해당 각 호 각 목에서 정하는 자가 즉시항고를 할 수 있다.

1. 성년후견에 관한 심판
    가. 성년후견의 개시 심판 : 「민법」 제9조제1항에 규정한 자 및 「민법」 제959조의20제1항의 임의후견인, 임의후견감독인
    나. 성년후견인·성년후견감독인의 변경 심판 : 변경 대상 성년후견인·성년후견감독인
    다. 피성년후견인의 격리에 대한 허가, 피성년후견인에 대한 의료행위의 동의에 대한 허가 및 피성년후견인이 거주하는 건물 또는 그 대지에 대한 매도 등에 대한 허가 심판 : 피성년후견인, 친족, 성년후견인, 성년후견감독인, 검사, 지방자치단체의 장

2. 한정후견에 관한 심판
    가. 한정후견의 개시 심판 : 「민법」 제12조제1항에 규정한 자 및 「민법」 제959조의20제1항의 임의후견인, 임의후견감독인
    나. 한정후견인·한정후견감독인의 변경 심판 : 변경 대상 한정후견인·한정후견감독인
    다. 피한정후견인의 격리에 대한 허가, 피한정후견인에 대한 의료행위의 동의에 대한 허가 및 피한정후견인이 거주하는 건물 또는 그 대지에 대한 매도 등에 대한 허가 심판 : 피한정후견인, 친족, 한정후견인, 한정후견감독인, 검사, 지방자치단체의 장

3. 특정후견에 관한 심판
    가. 특정후견의 심판 : 「민법」 제14조의2제1항에 규정한 자 및 「민법」 제959조의20제1항에 규정한 임의후견인, 임의후견감독인
    나. 특정후견인·특정후견감독인의 변경 심판 : 변경 대상 특정후견인·특정후견감독인

4. 임의후견에 관한 심판
    가. 임의후견감독인의 변경 심판 : 변경 대상 임의후견감독인
    나. 임의후견인의 해임 심판 : 본인, 임의후견인
    다. 후견계약 종료의 허가 심판 : 「민법」 제959조의18제2항에 규정한 자

② 법 제2조제1항제2호가목에 정한 심판사항 중 다음의 각 호에서 정하는 심판에 대하여는 제27조에 정한 자 이외에 해당 각 호에서 정하는 자도 즉시항고를 할 수 있다.

1. 성년후견의 종료청구 기각 심판 : 「민법」 제11조에 규정한 자
2. 성년후견인·성년후견감독인의 변경청구 기각 심판 : 「민법」 제940조에 규정한 자
3. 한정후견의 종료청구 기각 심판 : 「민법」 제14조에 규정한 자
4. 한정후견인·한정후견감독인의 변경청구 기각 심판 : 「민법」 제959조의3제2항, 제959조의5제2항에 따라 준용되는 같은 법 제940조에 규정한 자
5. 특정후견인·특정후견감독인의 변경청구 기각 심판 : 「민법」 제959조의9제2항, 제959조의10제2항에 따라 준용되는 같은 법 제940조에 규정한 자

6. 임의후견감독인의 변경청구 기각 심판 : 「민법」 제959조의16제3항에 따라 준용되는 같은 법 제940조의7에 따라 다시 준용되는 같은 법 제940조에 규정한 자

7. 임의후견인의 해임청구 기각 심판 : 「민법」 제959조의17제2항에 규정한 자

[전문개정 2013. 6. 5.]

제37조 삭제 〈2013. 6. 5.〉

제38조(정신상태의 감정) 가정법원은 성년후견 종료 또는 한정후견 종료의 심판을 할 경우에는 피성년후견인 또는 피한정후견인의 정신상태에 관하여 의사에게 감정을 시킬 수 있다.

[전문개정 2013. 6. 5.]

제38조의2(후견사무등에 관한 지시) 가정법원이 성년후견인·한정후견인·특정후견인·성년후견감독인·한정후견감독인·특정후견감독인·임의후견감독인을 선임한 때에는 그 후견인 또는 후견감독인에 대하여 그 후견사무 또는 후견감독사무에 관하여 필요하다고 인정되는 사항을 지시할 수 있다.

[본조신설 2013. 6. 5.]

제38조의3(격리치료등의 허가와 지시) ① 가정법원이 다음 각 호의 허가를 하는 때에는, 성년후견인·성년후견감독인 또는 한정후견인·한정후견감독인에게 피성년후견인 또는 피한정후견인의 신상보호 또는 재산관리에 관하여 필요하다고 인정되는 사항을 지시할 수 있다.

1. 「민법」 제947조의2제2항(같은 법 제959조의6에 따라 준용되는 경우를 포함한다)에 따른 피성년후견인 또는 피한정후견인의 격리에 대한 허가
2. 「민법」 제947조의2제4항(같은 법 제940조의7, 제959조의5제2항 및 제959조의6에 따라 준용되는 경우를 포함한다)에 따른 피성년후견인 또는 피한정후견인에 대한 의료행위의 동의에 대한 허가
3. 「민법」 제947조의2제5항(같은 법 제940조의7, 제959조의5제2항 및 제959조의6에 따라 준용되는 경우를 포함한다)에 따른 피성년후견인 또는 피한정후견인이 거주하는 건물 또는 그 대지에 대한 매도 등에 대한 허가

② 가정법원은 필요하다고 인정한 때에는 언제든지 제1항 및 제38조의2의 허가 기타 지시를 취소하거나 변경할 수 있다.

[본조신설 2013. 6. 5.]

제38조의4(특별대리인의 대리권 제한) 가정법원이 성년후견인 또는 한정후견인에 대하여 「민법」 제949조의3에 따라 준용되는 같은 법 제921조(같은 법 제959조의3제2항의 규정에 따라 준용되는 같은 법 제949조의3에 따라 다시 준용되는 경우를 포함한다)에 의하여 특별대리인을 선임할 때에는, 제68조 및 제68조의2의 규정을 준용한다.

[본조신설 2013. 6. 5.]

제38조의5(재산관리등) 제41조부터 제52조까지의 규정은 「민법」 제956조에 따라 준용되는 같은 법 제918조에 따른 재산관리인의 선임 또는 개임과 재산관리에 관한 처분 및 「민법」 제954조(같은 법 제959조의6, 제959조의12에 따라 준용되는 경우를 포함한다)에 따른 성년후견사무·한정후견사무·특정후견사무에 관한 처분에 이를 준용한다.

[본조신설 2013. 6. 5.]

제38조의6(후견사무등의 감독) ① 법 제45조의4 및 제45조의7에 따라 가정법원으로부터 사무의 실태 또는 재산상황을 조사하거나 임시로 재산관리를 할 수 있는 권한을 부여받은 사람은 그 업무 처리를 위하여 가정법원의 허가를 얻어 그 후견인 또는 후견감독인에게 그 후견사무 또는 후견감독사무에 관한 자료의 제출을 요구하거나 제출한 자료에 대한 설명을 요구할 수 있다.

② 제1항에 규정한 사람은 업무를 수행함에 있어 그 후견인 또는 후견감독인을 변경할 필요가 있거나 「민법」 제954조에 따른 조사 또는 처분의 필요가 있다고 판단한 때에는 즉시 이를 가정법원에 보고하여야 한다.

③ 제2항의 보고에 대하여는 제11조의 규정을 준용한다.

④ 가정법원은 법 제45조의4제1항에 따라 임시로 재산관리를 하는 사람에 대하여 그 재산관리에 필요하다고 인정되는 사항을 지시할 수 있다.

[본조신설 2013. 6. 5.]

제3절 부재자의 재산관리

제39조(부재자 재산관리 사건부의 작성) ①부재자의 재산관리에 관한 사건의 심판을 청구받은 재산소재지의 가정법원은 그 부재자의 최후주소지를 관할하는 가정법원(최후주소가 없거나 이를 알 수 없을 때에는 대법원 소재지의 가정법원, 이하 같다)에 그 청구의 내용과 심판의 요지를 통지하여야 한다.

② 부재자의 최후주소지를 관할하는 가정법원은 부재자의 재산관리 사건에 관하여 부재자별로 심판의 청구와 그에 대한 심판의 요지를 기재한 사건부를 작성, 비치하여야 한다.

③ 부재자의 재산관리에 관한 사건의 심판을 청구받은 재산소재지의 가정법원은 심판에 앞서 그 부재자의 최후주소지를 관할하는 가정법원에 제2항의 규정에 의한 사건부의 존부와 심판의 내용에 관하여 조회하여야 한다.

제40조(사건의 이송) 부재자의 재산관리에 관한 사건의 심판을 청구받은 가정법원은 제39조제3항의 규정에 의한 조회 기타의 방법으로 다른 가정법원이 이미 동일한 부재자의 재산관리에 관한 사건을 심판을 하였음이 밝혀진 경우에는, 그 가정법원으로 사건을 이송하여야 한다. 그러나 긴급을 필요로 하는 경우에는 그러하지 아니하다.

제41조(관리인의 선임·개임) ①가정법원이 재산관리인을 선임하거나 개임할 경우에는 이해관계인의 의견을 들을 수 있다.

② 부재자가 정한 재산관리인을 개임할 때에는 그 재산관리인을 절차에 참가하게 하여야 한다.

제42조(선임한 관리인의 개임) ① 가정법원은 언제든지 그 선임한 재산관리인을 개임할 수 있다.

② 가정법원이 선임한 재산관리인이 사임하고자 할 때에는 가정법원에 그 사유를 신고하여야 한다. 이 경우, 가정법원은 다시 재산관리인을 선임하여야 한다.

제43조(심판의 고지) 재산관리인의 선임, 개임 또는 해임의 심판은 당사자 및 절차에 참가한 이해관계인외에 그 재산관리인에게도 고지하여야 한다.

제44조(재산상황의 보고와 관리의 계산) ①가정법원은 그 선임한 재산관리인에게 재산상황의 보고 및

관리의 계산을 명할 수 있다.

② 가정법원은 「민법」 제24조제3항의 경우에는, 부재자가 정한 재산관리인에게도 제1항의 보고 및 계산을 명할 수 있다.〈개정 2006. 3. 23.〉

제45조(담보의 증감ㆍ변경ㆍ면제) 가정법원은 재산관리인이 제공한 담보의 증감ㆍ변경 또는 면제를 명할 수 있다.

제46조(저당권설정등기의 촉탁) ①가정법원이 재산관리인의 담보제공방법으로서 그 소유의 부동산 또는 선박에 저당권을 설정할 것을 명한 때에는 그 설정등기의 촉탁을 하여야 한다.

② 제1항의 촉탁에는 저당권의 설정을 명한 심판서의 등본을 첨부하여야 한다.

③ 제1항 및 제2항의 규정은 설정한 저당권의 변경 또는 해제를 명하는 경우에 이를 준용한다.

제47조(재산목록의 내용) ①「민법」 제24조제1항 또는 제2항의 규정에 의하여 재산관리인이 작성할 재산목록에는 다음 각호의 사항을 기재하고 재산관리인과 참여인이 기명날인 또는 서명하여야 한다. 〈개정 2002. 6. 28., 2006. 3. 23.〉

1. 작성의 일시, 장소와 그 사유
2. 청구인의 성명과 주소
3. 부동산의 표시
4. 동산의 종류와 수량
5. 채권과 채무의 표시
6. 장부, 증서 기타의 서류

② 재산목록은 2통을 작성하여 그 1통은 재산관리인이 보관하고 다른 1통은 가정법원에 제출하여야 한다.

③ 이해관계인은 가정법원의 허가를 얻어 재산관리인의 재산목록 작성에 참여할 수 있다.

제48조(공증인에 의한 재산목록의 작성) ①가정법원은 재산관리인이 작성한 재산목록이 불충분하다고 인정하거나 기타 필요한 때에는, 재산관리인에게, 공증인으로 하여금 재산목록을 작성하게 할 것을 명할 수 있다.

② 제47조의 규정은 공증인이 재산목록을 작성할 경우에 이를 준용한다.

제49조(부재자재산의 매각) 가정법원이 부재자의 재산을 매각하게 할 경우에는 「민사집행법」 제3편, 「민사집행규칙」 제3편의 규정에 의하여 매각하게 할 수 있다. 〈개정 2002. 6. 28., 2006. 3. 23.〉

제49조의2(부재자에 대한 조사 등) ① 가정법원은 재산관리인에게 부재자의 생사 여부, 재산관리의 가능 여부 등의 조사를 명할 수 있다.

② 가정법원은 재산관리인에게 부재자에 대한 실종의 선고를 관할 가정법원에 청구할 것을 명할 수 있다.

[본조신설 2016. 12. 29.]

제50조(처분의 취소) 사건본인이 스스로 그 재산을 관리하게 된 때 또는 그 사망이 분명하게 되거나 실종선고가 있는 때 또는 관리할 재산이 더 이상 남아 있지 아니한 때에는 가정법원은 사건본인 또

는 이해 관계인의 청구에 의하여 그 명한 처분을 취소하여야 한다. 〈개정 2016. 12. 29.〉

제51조(즉시항고) 부재자가 정한 재산관리인을 개임하는 심판에 대하여는 그 재산관리인이 즉시항고를 할 수 있다.

제52조(비용의 부담) ①가정법원이 부재자의 재산관리에 관하여 직권으로 심판하거나 청구에 상응한 심판을 한 경우에는, 심판전의 절차와 심판의 고지 비용은 부재자의 재산의 부담으로 한다. 가정법원이 명한 처분에 필요한 비용도 같다.

② 제1항의 규정은 항고법원이 항고인의 신청에 상응한 재판을 한 경우에 있어서의 항고절차의 비용과 항고인의 부담이 된 제1심의 비용에 관하여 이를 준용한다.

제4절 실종

제53조(공시최고) 실종을 선고함에는 공시최고의 절차를 거쳐야 한다.

제54조(공시최고의 기재 사항) ① 공시최고에는 다음 사항을 기재하여야 한다. 〈개정 2007. 12. 31.〉
  1. 청구인의 성명과 주소
  2. 부재자의 성명, 출생년월일, 등록기준지 및 주소
  3. 부재자는 공시최고 기일까지 그 생존의 신고를 할 것이며, 그 신고를 하지 않으면 실종의 선고를 받는다는 것
  4. 부재자의 생사를 아는 자는 공시최고 기일까지 그 신고를 할 것
  5. 공시최고 기일
② 공시최고의 기일은 공고종료일부터 6월이후로 정하여야 한다.

제55조(공시최고의 공고) 공시최고의 공고는 제26조의 규정에 의한다.

제56조(사망간주일자의 기재) 실종선고의 심판서에는 부재자가 사망한 것으로 간주되는 일자를 기재하여야 한다.

제57조(즉시항고) 실종을 선고한 심판과 실종선고의 취소청구를 기각한 심판에 대하여는 사건본인 또는 이해관계인이, 실종선고를 취소한 심판에 대하여는 이해관계인이 즉시항고를 할 수 있다.

제58조(비용의 부담) 제52조의 규정은 실종선고의 심판이 있은 때의 절차비용에 이를 준용한다.

제59조(심판의 공고) 실종선고 또는 실종선고의 취소 심판이 확정된 때에는 가정법원의 법원사무관등은 지체 없이 그 뜻을 공고하여야 한다.

[전문개정 2013. 6. 5.]

제5절 성과 본에 관한 사건
〈신설 2007. 12. 31.〉

제59조의2(관계자의 의견의 청취) ① 가정법원은 「민법」 제781조제5항의 규정에 의한 자의 종전의 성과 본의 계속사용허가 청구가 있는 경우, 부, 모 및 자가 13세 이상인 때에는 그 자의 의견을 들을 수 있다. 〈개정 2013. 6. 5.〉

② 가정법원은「민법」제781조제6항의 규정에 의한 자의 성과 본의 변경허가 청구가 있는 경우, 부, 모 및 자가 13세 이상인 때에는 그 자의 의견을 들을 수 있다. 자의 부모 중 자와 성과 본이 동일한 사람의 사망 그 밖의 사유로 의견을 들을 수 없는 경우에는 자와 성과 본이 동일한 최근친 직계존속의 의견을 들을 수 있다. 〈개정 2013. 6. 5.〉

[본조신설 2007. 12. 31.]

제6절 부부재산약정의 변경에 관한 사건

〈개정 2007. 12. 31.〉

제60조(청구) 「민법」제829조제2항 단서의 규정에 의한 부부재산약정의 변경을 허가하는 심판은 부부쌍방의 청구에 의하여야 한다. 〈개정 2006. 3. 23.〉

제61조(즉시항고) 제60조의 심판에 대하여는 이해관계인이 즉시항고를 할 수 있다.

제7절 친생부인허가와 인지허가에 관한 사건

〈신설 2017. 12. 27.〉

제61조의2(즉시항고) 친생부인을 허가하는 심판과 인지를 허가하는 심판에 대하여는 민법 제854조의 2제1항에 규정한 자가 즉시항고를 할 수 있다.

[본조신설 2017. 12. 27.]

제8절 입양ㆍ친양자입양 또는 파양에 관한 사건

〈개정 2007. 12. 31., 2017. 12. 27.〉

제62조(심리검사의 촉탁) ① 재판장 또는 가사조사관은 입양사건의 심리를 위하여 필요한 경우에는 의사, 심리검사전문가 등에게 당사자 또는 관계인의 심리검사를 촉탁할 수 있다. 〈개정 2016. 12. 29.〉
② 제1항의 심리검사에 관한 비용의 예납에 관하여는 「민사소송법」제116조, 「민사소송규칙」제19조, 제20조의 규정을, 예납하여야 할 비용의 범위와 액 및 그 지급에 관하여는 「민사소송비용법」및 「민사소송비용규칙」의 규정을 각 준용한다. 〈개정 2016. 12. 29.〉

[전문개정 2013. 6. 27.] [제목개정 2016. 12. 29.]

제62조의2(친양자 입양의 청구) 친양자 입양의 청구에는 다음의 사항을 명백히 하여야 한다.
  1. 친양자가 될 사람의 친생부모가 친양자 입양에 동의한 사실 또는 그 동의가 없는 경우에「민법」제908조의2제1항제3호 단서 및 같은 조 제2항 각 호에 해당된다는 것을 나타내는 사정
  2. 친양자가 될 사람에 대하여 친권을 행사하는 사람으로서 부모 이외의 사람의 이름과 주소와 친양자가 될 사람의 부모의 후견인의 이름과 주소
  3. 「민법」제908조의2제1항제4호에 따른 법정대리인의 동의 또는 같은 항 제5호에 따른 법정대리인의 입양승낙, 그 동의 또는 승낙이 없는 경우에는 「민법」제908조의2제2항 각 호에 해당된다는 것을 나타내는 사정
  4. 「사회복지사업법」에 의한 사회복지법인의 입양 알선에 의한 청구인 경우에는 해당 사회복지법인의 명칭 및 소재지와 친양자가 될 사람이 보호되고 있는 보장시설의 명칭 및 소재지

[전문개정 2013. 6. 27.]

제62조의3(관계자의 의견의 청취) ① 가정법원은 친양자 입양에 관한 심판을 하기 전에, 친양자가 될 사람이 13세 이상인 경우에는 친양자가 될 사람, 양부모가 될 사람, 친양자가 될 사람의 친생부모, 친양자가 될 사람의 후견인, 친양자가 될 사람에 대하여 친권을 행사하는 사람으로서 부모 이외의 사람, 친양자가 될 사람의 부모의 후견인의 의견을 들어야 한다.

② 제1항의 경우에 친양자가 될 사람의 친생부모의 사망 그 밖의 사유로 의견을 들을 수 없는 경우에는 최근친 직계존속(동순위가 수인일 때에는 연장자)의 의견을 들어야 한다.

[전문개정 2013. 6. 27.]

제62조의4(심판의 고지 등) ① 친양자 입양을 허가하는 심판은 제25조에서 정한 자 이외에 친양자가 될 사람의 친생부모와 친양자가 될 사람의 법정대리인에게도 고지하여야 한다. 〈개정 2016. 12. 29.〉

② 가정법원은 청구인 아닌 사람에게 심판문 정본을 송달하여 고지하는 경우 심판문 정본상의 청구인의 주민등록번호, 주소, 등록기준지 등 개인정보의 전부 또는 일부를 삭제하는 등의 조치를 하여 송달할 수 있다. 〈신설 2016. 12. 29.〉

[전문개정 2013. 6. 27.] [제목개정 2016. 12. 29.]

제62조의5(즉시항고) 친양자 입양을 허가하는 심판에 대하여는 제62조의3에 규정한 자(양부모가 될 사람은 제외)가 즉시항고를 할 수 있다.

[전문개정 2013. 6. 27.]

제62조의6(사회복지법인 등에 대한 통지) 친양자 입양에 관한 심판 이 확정된 때 법원사무관등은 지체 없이 해당 친양자 입양을 알선한 사회복지법인에 대하여 그 내용을 통지하여야 한다. 해당 친양자 입양에 대해서 가정법원으로부터의 촉탁에 응하여 조사를 한 보장시설에 대하여도 마찬가지이다.

[본조신설 2007. 12. 31.]

제62조의7(입양의 청구) ① 미성년자 입양의 청구에는 다음의 사항을 명백히 하여야 한다.
1. 양자가 될 사람의 부모가 입양에 동의한 사실 또는 그 동의가 없는 경우에는 「민법」 제870조제1항 각 호 및 같은 조 제2항 각 호에 해당된다는 것을 나타내는 사정
2. 양자가 될 사람에 대하여 친권을 행사하는 사람으로서 부모 이외의 사람의 이름과 주소와 양자가 될 사람의 부모의 후견인의 이름과 주소
3. 「민법」 제869조제1항에 따른 법정대리인의 동의 또는 같은 조 제2항에 따른 법정대리인의 입양승낙, 그 동의 또는 승낙이 없는 경우에는 「민법」 제869조제3항 각 호에 해당된다는 것을 나타내는 사정
4. 「사회복지사업법」에 의한 사회복지법인의 입양 알선에 의한 청구인 경우에는 해당 사회복지법인의 명칭 및 소재지와 양자가 될 사람이 보호되고 있는 보장시설의 명칭 및 소재지

② 피성년후견인 입양의 청구에는 「민법」 제873조제1항에 따른 성년후견인의 동의, 「민법」 제871조제1항에 따른 부모의 동의 또는 그 동의가 없는 경우에는 「민법」 제873조제3항에 해당된다는 것을 나타내는 사정을 명백히 하여야 한다.

[본조신설 2013. 6. 27.]

제62조의8(준용규정) ① 미성년자 입양을 허가하는 심판 및 피성년후 견인이 입양을 하거나 양자가 되는 것에 대한 허가 심판의 고지에 관하여는 제62조의4제1항를 준용한다. 이 경우 "친양자 입양"은 "입양"으로, "친양자"는 "양자"로 본다. 〈개정 2016. 12. 29.〉

② 미성년자 입양을 허가하는 심판 및 피성년후견인이 입양을 하거나 양자가 되는 것에 대한 허가 심판에 대한 즉시항고에 관하여는 제62조의5를 준용한다. 이 경우 "친양자 입양"은 "입양"으로, "제62조의3"은 "법 제45조의8제1항 각 호"로 본다. 〈개정 2016. 12. 29.〉

③ 미성년자 입양에 관한 심판에 관하여는 제62조의6을 준용한다. 이 경우 "친양자 입양"은 "입양"으로 본다.

[본조신설 2013. 6. 27.]

제62조의9(미성년자 양육에 관한 교육 등) 가정법원은 친양자 입양에 관한 심판 및 미성년자 입양을 허가하는 심판을 함에 있어서 필요한 경우 양부모가 될 사람에 대하여 미성년자 양육에 관한 교육을 실시하거나 입양기관, 사회복지기관 등에서 실시하는 미성년자 양육을 위한 교육을 받을 것을 명할 수 있다.

[본조신설 2016. 12. 29.]

제9절 친권과 미성년후견에 관한 사건

〈개정 2007. 12. 31., 2013. 6. 5., 2017. 12. 27.〉

제63조 삭제 〈2006. 3. 23.〉

제64조(친권행사방법의 결정) 민법 제909조제2항 단서의 규정에 의하여 친권행사방법을 결정함에는 청구인이 아닌 친권자를 절차에 참가하게 하여야 한다.

제65조(미성년후견인, 미성년후견감독인의 선임·변경) ① 미성년후견인·미성년후견감독인을 선임함에는 미성년후견인·미성년후견감독인이 될 자의 의견을 들어야 한다.

② 미성년후견인·미성년후견감독인을 변경할 때에는 그 변경이 청구된 미성년후견인·미성년후견감독인을 절차에 참가하게 하여야 한다.

③ 가정법원이 미성년후견인·미성년후견감독인을 선임한 때에는 미성년후견인·미성년후견감독인에 대하여 그 후견사무 또는 후견감독사무에 관하여 필요하다고 인정되는 사항을 지시할 수 있다.

④ 가정법원은 미성년후견인·미성년후견감독인의 선임과 변경 심판을 하는 경우 그 미성년자가 13세 이상인 때에는 그 미성년자의 의견을 들어야 한다. 다만, 미성년자의 의견을 들을 수 없거나 미성년자의 의견을 듣는 것이 오히려 미성년자의 복지를 해할만한 특별한 사정이 있다고 인정되는 때에는 그러하지 아니하다.

[전문개정 2013. 6. 5.]

제65조의2(친권자의 지정 등) 친권자의 지정 또는 미성년후견의 종료 및 친권자의 지정에 관한 심판을 하는 경우 제65조제4항을 준용한다.

[본조신설 2013. 6. 27.]

제66조(교정기관에의 위탁등의 허가와 지시) ① 가정법원이 다음 각 호의 허가를 하는 때에는, 친권자 또는 미성년후견인·미성년후견감독인에 대하여, 미성년자의 교육과 신상보호 및 재산관리에 관하여 필요하다고 인정되는 사항을 지시할 수 있다. 〈개정 2013. 6. 5.〉

1. 「민법」제915조 및 제945조(제948조에 따라 위 각 조항이 준용되는 경우를 포함한다)에 따른 감화 또는 교정기관에의 위탁에 대한 허가

2. 「민법」제940조의7에 따라 준용되는 같은 법 제947조의2제4항에 따른 피미성년후견인에 대한 의료행위의 동의에 대한 허가

3. 「민법」제940조의7에 따라 준용되는 같은 법 제947조의2제5항에 따른 피미성년후견인이 거주하는 건물 또는 그 대지에 대한 매도 등에 대한 허가

② 가정법원은 필요하다고 인정한 때에 언제든지 제1항의 허가 기타 지시를 취소하거나 변경할 수 있다.

제67조(즉시항고) ① 법 제2조제1항제2호가목 및 이 규칙 제2조에 정한 심판사항 중 다음의 각 호에서 정하는 심판에 대하여는 해당 각 호에서 정하는 자가 즉시항고를 할 수 있다. 〈개정 2013. 6. 27.〉

1. 미성년후견인의 선임 심판 : 미성년자, 미성년자의 부모와 친족, 이해관계인, 검사, 지방자치단체의 장

2. 미성년후견인·미성년후견감독인의 변경 심판 : 변경 대상 미성년후견인·미성년후견감독인

3. 감화 또는 교정기관에 위탁하는 것에 대한 허가, 피미성년후견인에 대한 의료행위의 동의에 대한 허가 및 피미성년후견인이 거주하는 건물 또는 그 대지에 대한 매도 등에 대한 허가 심판 : 미성년자, 미성년자의 부모와 친족, 미성년후견인, 미성년후견감독인, 검사, 지방자치단체의 장

4. 친권자의 지정 심판 : 미성년자, 미성년자의 부모와 친족

5. 미성년후견종료 및 친권자 지정 심판 : 미성년자, 미성년자의 부모와 친족, 미성년후견인

② 미성년후견인·미성년후견감독인의 변경청구를 기각한 심판에 대하여는 제27조에서 정한 자 이외에 「민법」제940조에 규정한 자도 즉시항고를 할 수 있다.

[전문개정 2013. 6. 5.]

제68조(특별대리인의 대리권 제한) 가정법원이 「민법」제921조(미성년후견인에 대하여 같은 법 제949조의3에 따라 준용되는 경우를 포함한다)에 따라 특별대리인을 선임할 때에는, 그 특별대리인의 대리권행사에 관하여 필요한 제한을 가할 수 있다. 〈개정 2006. 3. 23., 2013. 6. 5.〉

제68조의2(특별대리인의 개임) 가정법원은 언제든지 법 제2조제1항제2호가목16)에 따른 특별대리인을 개임할 수 있다. 〈개정 2013. 6. 5.〉

[본조신설 1998. 12. 4.]

제69조(재산관리등) 제41조 내지 제52조의 규정은 「민법」제918조(제956조의 규정에 의하여 준용되는 경우를 포함한다)의 규정에 의한 재산관리인의 선임 또는 개임과 재산관리에 관한 처분 및 「민법」제954조(제948조의 규정에 의하여 준용되는 경우를 포함한다)의 규정에 의한 미성년후견사무에 관한 처분에 이를 준용한다. 〈개정 2006. 3. 23., 2013. 6. 5.〉

제69조의2(후견사무의 감독) 미성년후견인 또는 미성년후견감독인에 대하여 제38조의6의 규정을 준용한다.

[본조신설 2013. 6. 5.]

제10절 삭제 〈2013. 6. 5.〉

제70조 삭제 〈2013. 6. 5.〉

제71조 삭제 〈2013. 6. 5.〉

제72조 삭제 〈2013. 6. 5.〉

제73조 삭제 〈2013. 6. 5.〉

제74조 삭제 〈2013. 6. 5.〉

제11절 상속에 관한 사건

〈개정 2007. 12. 31., 2017. 12. 27.〉

제75조(한정승인ㆍ포기의 신고) ①상속의 한정승인 또는 포기의 신고는 법 제36조제3항에 규정한 사항외에 다음 각호의 사항을 기재하고, 신고인 또는 대리인이 기명날인 또는 서명한 서면에 의하여야 한다. 〈개정 2002. 6. 28.〉

　　1. 피상속인의 성명과 최후주소
　　2. 피상속인과의 관계
　　3. 상속개시 있음을 안 날
　　4. 상속의 한정승인 또는 포기를 하는 뜻

② 제1항의 신고서에는 신고인 또는 대리인의 인감증명서를 첨부하여야 한다.

③ 가정법원이 제1항의 신고를 수리할 때에는, 그 신고의 일자 및 대리인에 의한 신고인 경우에는 그 대리인의 주소와 성명을 기재한 심판서를 작성하여야 한다.

제76조(한정승인ㆍ포기의 취소) ① 상속의 한정승인 또는 포기의 취소는, 제75조제3항의 심판을 한 가정법원에 신고인 또는 대리인이 기명날인 또는 서명한 서면으로 신고함으로써 한다. 〈개정 2002. 6. 28.〉

② 제1항의 신고서에는 제75조제1항제1호 및 제2호의 사항외에 다음 각호의 사항을 기재하여야 한다.

　　1. 상속의 한정승인 또는 포기신고가 수리된 일자
　　2. 상속의 한정승인 또는 포기를 취소하는 원인
　　3. 추인할 수 있게 된 날
　　4. 상속의 한정승인 또는 포기의 취소를 하는 뜻

③ 제75조제2항 및 제3항의 규정은 제1항의 신고 및 그 수리에 이를 준용한다.

제77조(상속재산의 분리) 상속재산과 상속인의 고유재산의 분리를 명한 심판에 대하여는 청구인 또는 「민법」 제1045조제1항에 규정한 자가 즉시항고를 할 수 있다. 〈개정 2006. 3. 23.〉

제78조(상속재산의 관리와 보존) 제41조 내지 제52조의 규정은 「민법」 제1023조(제1044조의 규정에 의하여 준용되는 경우를 포함한다), 제1040조제1항, 제1047조 및 「민법」 제1053조의 규정에 의한 상속재산의 관리와 보존에 관한 처분에 이를 준용한다.

[전문개정 2008. 6. 5.]

제79조(상속재산관리인의 공고) 「민법」제1053조제1항의 공고에는 다음 각호의 사항을 기재하여야 한다. 〈개정 2006. 3. 23.〉

1. 청구인의 성명과 주소
2. 피상속인의 성명, 직업과 최후주소
3. 피상속인의 출생과 사망장소 및 그 일자
4. 상속재산관리인의 성명과 주소

제80조(상속인 수색의 공고) 「민법」제1057조의 공고에는 다음 각호의 사항을 기재하여야 한다. 〈개정 2006. 3. 23.〉

1. 제79조제1호 내지 제3호의 사항
2. 상속인은 일정한 기간 내에 그 권리를 주장하라는 뜻의 최고

제81조(공고비용의 부담) 제79조 및 제80조의 공고에 필요한 비용은 상속재산의 부담으로 한다.

제82조(감정인 선임등의 비용의 부담) 「민법」제1035조제2항(제1040조제3항, 제1051조제3항, 제1056조제2항의 규정에 의하여 준용되는 경우를 포함한다) 및 「민법」제1113조제2항의 규정에 의한 감정인의 선임과 그 감정인의 감정에 소요된 비용은 상속재산의 부담으로 한다. 〈개정 2006. 3. 23.〉

제83조(상속재산의 분여) 「민법」제1057조의2의 규정에 의한 상속재산 분여의 심판에 대하여는 「민법」제1057조의2제1항에 규정한 자가 즉시항고를 할 수 있다. 〈개정 2006. 3. 23.〉

제12절 유언에 관한 사건

〈개정 2007. 12. 31., 2017. 12. 27.〉

제84조(유언집행자의 선임·해임) ①유언집행자를 선임한 심판에 대하여는 이해관계인이 즉시항고를 할 수 있다.

② 유언집행자를 해임할 때에는 그 유언집행자를 절차에 참가하게 하여야 한다.

③ 제2항의 심판에 대하여는 그 유언집행자가 즉시항고를 할 수 있다.

제85조(구수증서에 의한 유언의 검인) ①「민법」제1070조제2항의 규정에 의하여 유언을 검인함에 있어서는 유언방식에 관한 모든 사실을 조사하여야 한다. 〈개정 2006. 3. 23.〉

② 유언검인의 심판에 대하여는 이해관계인이, 유언검인의 청구를 기각한 심판에 대하여는 「민법」 제1070조제2항에 규정한 자가 즉시항고를 할 수 있다.〈개정 2006. 3. 23.〉

제86조(유언증서, 녹음의 검인) ① 「민법」제1091조제1항의 규정에 의한 유언의 증서 또는 녹음의 검인을 청구함에는 그 유언의 증서 또는 녹음대를 제출하여야 한다. 〈개정 2006. 3. 23.〉

② 봉인한 유언증서를 개봉하고자 할 때에는 미리 그 기일을 정하여 상속인 또는 그 대리인을 소환하고, 기타 이해관계인에게 통지하여야 한다.

③ 유언의 증서 또는 녹음을 검인함에 있어서는 유언방식에 관한 모든 사실을 조사하여야 한다.

제87조(조서작성) ① 유언증서의 개봉과 검인에 관하여는 조서를 작성하여야 한다.

② 조서에는 다음 각호의 사항을 기재하고, 판사, 법원사무관등이 기명날인하여야 한다.〈개정 1998. 12. 4.〉

  1. 제출자의 성명과 주소

  2. 제출, 개봉과 검인의 일자

  3. 참여인의 성명과 주소

  4. 심문한 증인, 감정인, 상속인, 기타 이해관계인의 성명, 주소와 그 진술의 요지

  5. 사실조사의 결과

제88조(불출석한 자등에 대한 고지) 가정법원이 유언증서의 개봉과 검인을 한 때에는 출석하지 아니한 상속인 기타 유언의 내용에 관계있는 자에게 그 사실을 고지하여야 한다.

제89조(부담있는 유언의 취소) ①「민법」제1111조의 규정에 의한 부담있는 유언의 취소의 심판을 할 때에는 수증자를 절차에 참가하게 하여야 한다. 〈개정 2006. 3. 23.〉

②제1항의 심판에 대하여는 수증자 기타 이해관계인이 즉시항고를 할 수 있다.

제90조(비용의 부담) ①가정법원이 유언에 관한 청구에 상응한 심판을 한 경우에 심판 전의 절차비용과 심판의 고지비용은 유언자 또는 상속재산의 부담으로 한다.

②제1항의 규정은 항고법원이 항고인의 신청에 상응한 재판을 한 경우의 항고절차의 비용과 항고인의 부담이 된 제1심의 비용에 관하여 이를 준용한다.

제3장 마류 가사비송사건

제1절 총칙

제91조(상대방의 지정) 마류 가사비송사건의 심판청구서에는 상대방의 성명, 생년월일, 등록기준지 및 주소를 기재하여야 한다. 〈개정 2007. 12. 31.〉

제92조(상대방의 반대청구) 상대방은 제1심의 절차종결시까지 청구인의 청구와 견련관계에 있는 마류 가사비송사건으로서 금전의 지급이나 물건의 인도, 기타 재산상의 의무이행을 구하는 반대청구를 할 수 있다.

제93조(심판의 원칙등) ①가정법원은 가정의 평화와 사회정의를 위하여 가장 합리적인 방법으로 청구의 목적이 된 법률관계를 조정할 수 있는 내용의 심판을 하여야 한다.

②금전의 지급이나 물건의 인도, 기타 재산상의 의무이행을 구하는 청구에 대하여는, 그 청구의 취지를 초과하여 의무의 이행을 명할 수 없다. 다만, 가정법원이 자의 복리를 위하여 양육에 관한 사항을 정하는 경우에는 그러하지 아니하다.〈개정 2010. 3. 30.〉

제94조(즉시항고) ①심판에 대하여는 청구인과 상대방이 즉시항고를 할 수 있다.

②청구인과 상대방 이외의 제3자는 특별한 규정이 있는 경우에 한하여 즉시항고를 할 수 있다.

③즉시항고의 기간은, 특별한 규정이 있는 경우를 제외하고는, 즉시항고를 할 수 있는 자가 심판을 고지 받는 경우에는 그 고지를 받은 날부터, 심판을 고지받지 아니하는 경우에는 당사자에게 심

판이 최후로 고지된 날부터 진행한다.

제95조(비용부담액의 확정) ①가정법원이 수액을 정하지 아니하고 절차비용 부담의 재판을 한 경우, 그 비용액의 확정에 관하여는 「민사소송법」 중 소송비용액확정결정에 관한 규정을 준용한다. 〈개정 2006. 3. 23.〉

② 제1항의 규정은 항고심과 재항고심의 절차비용에 이를 준용한다.

제95조의2(재산명시신청) ① 법 제48조의2제1항에 따른 당사자의 재 산명시를 요구하는 신청은 신청취지와 신청사유를 적은 서면으로 하여야 한다.

② 가정법원은 제1항의 신청서를 상대방에게 송달하여 의견을 표명할 기회를 주어야 한다.

[본조신설 2009. 11. 4.]

제95조의3(재산명시명령 등) ① 가정법원이 법 제48조의2제1항에 따른 결정(다음부터 "재산명시명령"이라 한다)을 할 때에는 재산목록을 제출할 상당한 기간을 정하여야 한다.

② 재산명시명령은 재산명시명령을 받은 당사자(다음부터 "재산명시 대상 당사자"라 한다)에게 송달하여야 하고, 명령에 따르지 아니할 경우 법 제67조의3에 따른 제재를 받을 수 있음을 함께 고지하여야 한다. 〈개정 2016. 12. 29.〉

③ 재산명시명령을 재산명시 대상 당사자에게 송달함에 있어서는 「민사소송법」 제187조 및 제194조에 따른 방법으로는 할 수 없다.

④ 재산명시명령이 재산명시 대상 당사자에게 송달되지 아니한 때에는 가정법원은 상대방에게 상당한 기간을 정하여 재산명시 대상 당사자의 주소를 보정하도록 명하여야 한다.

⑤ 상대방이 제4항의 명령을 받고도 이를 이행하지 아니한 때에는 가정법원은 재산명시명령을 취소하고, 재산명시신청을 각하하여야 한다.

[본조신설 2009. 11. 4.]

제95조의4(재산목록의 제출) ① 재산명시 대상 당사자는 제95조의3제 1항의 기간 이내에 자신이보유하고 있는 재산과 다음 각 호의 사항을 명시한 재산목록을 제출하여야 한다. 다음 각 호의사항을 명시하는 때에는 양도나 처분을 받은 사람의 이름·주소·주민등록번호 등과 그 거래내역을 함께 적어야 한다.

  1. 재산명시명령이 송달되기 전 2년 이내에 한 부동산의 양도

  2. 재산명시명령이 송달되기 전 2년 이내에 배우자, 직계혈족 및 4촌 이내의 방계혈족과 그 배우자, 배우자의 직계혈족과 형제자매에게 한 부동산 외의 재산으로서 권리의 이전이나 행사에 등기·등록 또는 명의개서(다음부터 이 조문 안에서 "등기등"이라 한다)가 필요한 재산의 양도

  3. 그 밖에 가정법원이 정하는 재산의 처분행위

② 재산목록에 적어야 할 재산은 다음 각 호와 같다. 다만, 당사자 및 당사자와 같이 사는 친족(사실상 관계에 따른 친족을 포함)의 생활에 필요한 의복, 침구, 가구, 부엌기구 등 생활필수품과 그 밖의 공동생활용품은 제외한다.

  1. 부동산에 관한 소유권·지상권·전세권·임차권·인도청구권과 그에 관한 권리이전청구권

  2. 등기 또는 등록의 대상이 되는 자동차·건설기계·선박·항공기의 소유권, 인도청구권과 그에 관한

권리이전청구권

3. 광업권·어업권, 그 밖에 부동산에 관한 규정이 준용되는 권리와 그에 관한 권리이전청구권

4. 특허권·상표권·저작권·디자인권·실용신안권, 그 밖에 이에 준하는 권리와 그에 관한 권리이전청구권

5. 100만 원 이상의 금전과 합계액 100만 원 이상의 어음·수표

6. 합계액 100만 원 이상의 예금과 보험금 100만 원 이상의 보험 계약

7. 합계액 100만 원 이상의 주권·국채·공채·회사채, 그 밖의 유가 증권

8. 100만 원 이상의 금전채권과 가액 100만 원 이상의 대체물인도 채권(같은 채무자에 대한 채권 액의 합계가 100만 원 이상인 채권을 포함한다), 저당권 등의 담보물권으로 담보되는 채권은 그 취지와 담보물권의 내용

9. 정기적으로 받을 보수·부양료, 그 밖의 수입

10. 「소득세법」상의 소득으로서 제9호에서 정한 소득을 제외한 각종소득 가운데 소득별 연간합계액 100만 원 이상인 것

11. 합계액 100만 원 이상의 금·은·백금·금은제품과 백금제품

12. 품목당 100만 원 이상의 시계·보석류·골동품·예술품과 악기

13. 합계액 100만 원 이상의 사무기구

14. 품목당 100만 원 이상의 가축과 농기계를 포함한 각종 기계

15. 합계액 100만 원 이상의 농·축·어업생산품(1월 안에 수확할 수 있는 과실을 포함한다), 공업생산품과 재고상품

16. 제11호부터 제15호까지 규정된 유체동산에 관한 인도청구권·권리이전청구권, 그 밖의 청구권

17. 제11호부터 제15호까지 규정되지 아니한 유체동산으로 품목당 100만 원 이상인 것과 그에 관한 인도청구권·권리이전청구권, 그 밖의 청구권

18. 가액 100만 원 이상의 회원권, 그 밖에 이에 준하는 권리와 그에 관한 이전청구권

19. 그 밖에 가정법원이 범위를 정하여 적을 것을 명한 재산

③ 가정법원은 재산목록에 기재할 재산의 종류와 하한이 되는 액수를 제2항 각 호와 다르게 정할 수 있다.

④ 재산명시 대상 당사자는 합계액 100만 원 이상의 금전채무, 합계액 100만 원 이상인 목적물에 대한 인도·권리이전 채무, 재산명시명령을 송달받은 날부터 6개월이 경과한 날 이후까지 정기적으로 지출이 예상되는 비용을 재산목록에 기재할 수 있다.

⑤ 제1항부터 제3항까지의 규정에 따라 재산목록을 적는 때에는 다음 각 호의 기준을 따라야 한다.

1. 제2항에 규정된 재산 가운데 권리의 이전이나 그 행사에 등기 등이 필요한 재산으로서 제3자에게 명의신탁 되어 있거나 신탁재산으로 등기 등이 되어 있는 것도 적어야 한다. 이 경우에는 재산목록에 명의자와 그 주소를 표시하여야 한다.

2. 제2항제8호 및 제11호부터 제18호까지 규정된 재산의 가액은 재산목록을 작성할 당시의 시장가격에 따른다. 다만, 시장가격을 알기 어려운 경우에는 그 취득가액에 따른다.

3. 어음·수표·주권·국채·공채·회사채 등 유가증권의 가액은 액면금 액으로 한다. 다만, 시장가격이 있는 증권의 가액은 재산목록을 작성할 당시의 거래가격에 따른다.

4. 제2항제1호부터 제4호까지 규정된 것 가운데 미등기 또는 미등록인 재산에 대하여는 도면·사진 등을 붙이거나 그 밖에 적당한 방법으로 특정하여야 한다.

⑥ 가정법원은 필요한 때에는 당사자에게 재산목록에 적은 사항에 관한 참고자료의 제출을 명할수 있다.

⑦ 당사자는 가정법원에 제출한 재산목록에 형식적인 흠이 있거나 불명확한 점이 있는 때에는 가정 법원의 허가를 얻어 이미 제출한 재산목록을 정정할 수 있다.

[본조신설 2009. 11. 4.]

제95조의5(준용규정) 재산조회에 관하여는 법 및 이 규칙에 특별한 규정이 있는 경우를 제외하고는 성질에 반하지 않는 한 「민사집행규칙」·「재산조회규칙」의 규정을 준용한다. 다만, 「민사집행규칙」 제38조, 「재산조회규칙」 제13조, 제14조제2항, 제15조의 규정은 그러하지 아니하다.

[본조신설 2009. 11. 4.]

제95조의6(재산조회신청 등) ① 법 제48조의3제1항에 따른 당사자 명의의 재산에 관한 조회를 요구 하는 신청은 다음 각 호의 사항을 적은 서면으로 하여야 한다.

1. 조회의 대상이 되는 당사자(다음부터 "조회대상자"라 한다)
2. 조회할 공공기관, 금융기관 또는 단체
3. 조회할 재산의 종류
4. 과거의 재산보유내역에 대한 조회를 요구하는 때에는 그 취지 와 조회기간
5. 신청취지와 신청사유

② 제1항의 신청을 하는 때에는 신청의 사유를 소명하여야 한다.

[본조신설 2009. 11. 4.]

제95조의7(재산조회비용의 예납 등) ① 법 제48조의3제1항의 재산조회를 신청하는 당사자는 재산조회 에 필요한 비용으로서 가정법원이 정하는 금액을 미리 내야 한다. 가정법원이 부족한 비용을 미리 내라고 명하는 때에도 또한 같다.

② 가정법원이 직권으로 재산조회를 하는 때에는 그 재산조회로 이익을 받을 당사자에게 제1항의 비 용을 내게 할 수 있다. 재산조회로 이익을 받을 당사자가 분명하지 아니한 때에는 조회대상자의 상대방을 재산조회로 이익을 받을 당사자로 본다.

③ 가정법원은 제1항, 제2항의 당사자가 비용을 내지 아니하는 경우에는 신청을 각하하거나 재산조 회결정을 취소할 수 있다.

[본조신설 2009. 11. 4.]

제95조의8(과태료사건의 관할) 법 제67조의3 및 제67조의4에 따른 과태료 재판은 재산명시명령, 재 산조회를 한 가정법원이 관할한다. 〈개정 2016. 12. 29.〉

[본조신설 2009. 11. 4.]

제2절 부부관계에 관한 사건

제96조(당사자) 「민법」 제826조, 제833조의 규정에 의한 부부의 동거·부양·협조 또는 생활비용의

부담에 관한 심판, 「민법」 제829조제3항의 규정에 의한 재산관리자의 변경 또는 공유재산의 분할의 심판 및 「민법」 제839조의2제2항(제843조의 규정에 의하여 준용되는 경우 및 혼인취소를 원인으로 하는 경우를 포함한다)의 규정에 의한 재산분할의 심판은, 부부중 일방이 다른 일방을 상대방으로 하여 청구하여야 한다. 〈개정 2006. 3. 23.〉

제97조(이행명령) 제96조에 규정된 청구에 관한 심판을 함에 있어서는, 금전의 지급, 물건의 인도, 등기 기타의 의무이행을 동시에 명할 수 있다.

제98조(부부재산의 분할) 「민법」 제269조제2항의 규정은 「민법」 제829조제3항 및 「민법」 제839조의2제2항(제843조의 규정에 의하여 준용되는 경우 및 혼인의 취소를 원인으로 하는 경우를 포함한다)의 규정에 의한 재산분할의 심판에 이를 준용한다. 〈개정 2006. 3. 23.〉

제3절 친권자의 지정과 자의 양육에 관한 사건

〈개정 2006. 3. 23.〉

제99조(당사자) ①자(子)의 양육에 관한 처분과 변경 및 친권자의 지정과 변경에 관한 심판은 부모중 일방이 다른 일방을 상대방으로 하여 청구하여야 한다. 〈개정 2006. 3. 23., 2017. 2. 2.〉

② 면접교섭권의 처분 또는 제한·배제·변경에 관한 심판은 다음 각 호의 자들 상호간에 일방이 다른 일방을 상대방으로 하여 청구하여야 한다.〈신설 2017. 2. 2.〉

　1. 부(父)와 모(母)

　2. 자를 직접 양육하지 아니하는 부(父) 또는 모(母)의 직계존속과 자를 직접 양육하는 부(父) 또는 모(母)

③ 제1항의 심판을 청구함에 있어, 부모 아닌 자가 자(子)를 양육하고 있을 때에는, 그 자를 공동상대방으로 하여 자(子)의 인도를 청구할 수 있다.〈개정 2006. 3. 23., 2017. 2. 2.〉

제100조(자의 의견의 청취) 제99조제1항 및 제2항에 규정한 청구가 있는 경우에, 자(子)가 13세이상인 때에는, 가정법원은 심판에 앞서 그 자(子)의 의견을 들어야 한다. 다만, 자(子)의 의견을 들을 수 없거나 자(子)의 의견을 듣는 것이 오히려 자(子)의 복지를 해할만한 특별한 사정이 있다고 인정되는 때에는 그러하지 아니하다. 〈개정 1998. 12. 4., 2013. 6. 5., 2017. 2. 2.〉

제4절 친권의 상실등에 관한 사건

제101조(상대방) ①「민법」 제922조의2의 규정에 의한 친권자의 동의를 갈음하는 심판, 「민법」 제924조, 제924조의2, 제925조의 규정에 의한 친권의 상실, 일시 정지, 일시 정지에 대한 기간 연장, 일부 제한 및 법률행위 대리권과 재산관리권의 상실 선고의 심판은 그 친권자를 상대방으로 하여 청구하여야 한다. 〈개정 2015. 7. 28.〉

②「민법」 제926조의 규정에 의한 실권회복선고의 심판은, 청구 당시 친권 또는 친권의 일부, 법률행위대리권, 재산관리권을 행사하거나 이를 대행하고 있는 자를 상대방으로 하여 청구하여야 한다.〈개정 2006. 3. 23., 2015. 7. 28.〉

제102조(대행자의 지정) ① 제101조제1항에 규정한 심판청구가 있는 경우에, 법 제62조의 규정에 의한 사전처분으로서, 친권자의 친권, 법률행위대리권, 재산관리권의 전부 또는 일부의 행사를 정지하여 이

를 행사할 자가 없게 된 때에는, 심판의 확정시까지 그 권한을 행사할 자를 동시에 지정하여야 한다.

② 제1항의 권한대행자에 대하여는 미성년자의 재산중에서 상당한 보수를 지급할 것을 명할 수 있다.

제103조(즉시항고) 친권자의 동의를 갈음하는 심판, 친권의 상실, 일시 정지, 일시 정지에 대한 기간 연장, 일부 제한 및 그 실권 회복의 선고 또는 법률행위의 대리권과 재산관리권의 상실 및 그 실권 회복의 선고 심판에 대하여는 상대방 또는 「민법」 제925조에 규정한 자가 즉시항고를 할 수 있다.

[전문개정 2015. 7. 28.]

제5절 삭제

⟨2013. 6. 5.⟩

제104조 삭제 ⟨2013. 6. 5.⟩

제105조 삭제 ⟨2013. 6. 5.⟩

제6절 부양에 관한 사건

제106조(이해관계인의 참가) 「민법」 제976조 내지 제978조의 규정에 의한 부양에 관한 심판청구가 있는 경우에, 그 심판이 당사자 이외의 부양권리자 또는 부양의무자의 부양의 순위, 정도 및 방법에 직접 관련되는 것인 때에는, 가정법원은 그 부양권리자 또는 부양의무자를 절차에 참가하게 하여야 한다. ⟨개정 2006. 3. 23.⟩

제107조(부양의 정도, 방법의 결정과 지시) 가정법원이 부양의 정도 또는 방법을 정하거나 이를 변경하는 심판을 하는 경우에는, 필요하다고 인정되는 지시를 할 수 있다.

제108조(이행명령) 제97조의 규정은 부양에 관한 심판에 이를 준용한다.

제109조(즉시항고) 부양에 관한 심판에 대하여는 당사자 또는 이해관계인이 즉시항고를 할 수 있다.

제7절 상속에 관한 사건

제110조(당사자) 「민법」 제1008조의2제2항, 제4항의 규정에 의한 기여분의 결정 및 「민법」 제1013조제2항의 규정에 의한 상속재산의 분할에 관한 심판은 상속인 중의 1인 또는 수인이 나머지 상속인 전원을 상대방으로 하여 청구하여야 한다. ⟨개정 2006. 3. 23.⟩

제111조(기여분의 결정) 기여분의 결정을 구하는 심판청구서에는 제75조제1항제1호 및 제2호에 규정한 사항외에 다음 각호의 사항을 기재하여야 한다.

1. 기여의 시기, 방법, 정도 및 기타의 사정
2. 동일한 상속재산에 관한 다른 기여분결정 청구사건 또는 상속재산분할 청구사건이 있는 경우에는 그 사건 및 가정법원의 표시

제112조(사건의 병합) ① 동일한 상속재산에 관한 수개의 기여분결정 청구 사건은 병합하여 심리, 재판하여야 한다.

② 기여분 결정 청구사건은 동일한 상속재산에 관한 상속재산분할청구사건에 병합하여 심리, 재판하여야 한다.

③ 제1항 및 제2항의 규정에 의하여 병합된 수개의 청구에 관하여는 1개의 심판으로 재판하여야 한다.

제113조(청구기간의 지정) ① 상속재산 분할 청구가 있는 때에는, 가정법원은 당사자가 기여분의 결정을 청구할 수 있는 기간을 정하여 고지할 수 있다. 그 기간은 1월이상이어야 한다.

② 가정법원은 제1항의 규정에 의하여 정한 기간을 도과하여 청구된 기여분 결정 청구는 이를 각하할 수 있다.

제114조(상속재산의 분할청구) 상속재산 분할의 심판청구서에는 다음 각호의 사항을 기재하여야 한다.

　　1. 이해관계인의 성명과 주소
　　2. 공동상속인중 상속재산으로부터 증여 또는 유증을 받은 자가 있는 때에는 그 내용
　　3. 상속재산의 목록

제115조(상속재산 분할의 심판) ① 가정법원은 제1심 심리종결시까지 분할이 청구된 모든 상속재산에 대하여 동시에 분할의 심판을 하여야 한다.

② 가정법원은 분할의 대상이 된 상속재산 중 특정의 재산을 1인 또는 수인의 상속인의 소유로 하고, 그의 상속분 및 기여분과 그 특정의 재산의 가액의 차액을 현금으로 정산할 것을 명할 수 있다.

③ 제97조의 규정은 상속재산분할의 심판에 이를 준용한다.

제116조(즉시항고) ① 기여분 결정의 심판과 상속재산분할의 심판에 대하여는 당사자 또는 이해관계인이 즉시항고를 할 수 있다.

② 제112조제3항 또는 제115조제1항의 규정에 의한 심판이 있는 경우에, 즉시항고권자 중 1인의 즉시항고는 당사자 전원에 대하여 그 효력이 있고, 심판의 일부에 대한 즉시항고는 심판 전부에 대하여 그 효력이 있다.

제4편 가사조정

제117조(준용규정) ① 가사조정에 관하여는 법 및 이 규칙에 특별한 규정이 있는 경우를 제외하고는 「민사조정규칙」의 규정을 준용한다. 〈개정 2006. 3. 23.〉

② 제16조, 제17조 및 제20조의 규정은 가사조정사건에 이를 준용한다.

제118조(조정장소) 조정위원회 또는 조정담당판사는 필요하다고 인정한 때에는 법원외의 적당한 장소에서 조정할 수 있다.

제119조(격지조정) ①조정위원회 또는 조정담당판사는 당사자가 동시에 출석하여 조정할 수 없는 사정이 있다고 인정한 때에는, 서면으로 조정안을 작성하여 각 당사자에게 제시할 수 있다. 이 경우, 조정안에는 그 조정으로 인한 효과를 기재하여야 한다.

② 당사자가 제1항의 조정안에 동의한 때에는, 조정위원회 또는 조정담당판사가 지명한 조정위원의 면전에서 조정안에 기명날인 또는 서명하여야 한다. 〈개정 2002. 6. 28.〉

③ 당사자 전원이 제2항의 규정에 의한 동의를 한 때에는 조정이 성립된 것으로 본다. 이 경우, 조정조서에는 격지조정에 의하여 조정이 성립되었음을 기재하고, 각 당사자가 기명날인 또는 서명한 조정안을 첨부하여야 한다. 〈개정 2002. 6. 28.〉

제120조(조정장의 기명날인) 조정위원회가 작성하는 조정안, 결정서, 조서, 의견서등에는 조정위원회를 대표하여 조정장이 기명날인한다.

제5편 이행의 확보

제1장 양육비 직접지급명령

〈신설 2009. 11. 4.〉

제120조의2(준용규정) 양육비 직접지급명령에 관하여는 법 및 이 규 칙에 특별한 규정이 있는 경우를 제외하고는 성질에 반하지 않는 한 「민사집행규칙」의 규정을 준용한다.

[본조신설 2009. 11. 4.]

제120조의3(양육비 직접지급명령의 관할) ① 법 제63조의2에 따른 양육비 직접지급명령에 관한 사건은 미성년자인 자녀의 보통재판적이 있는 곳의 가정법원의 전속관할로 한다. 〈개정 2016. 12. 29.〉
② 제1항의 가정법원이 없는 경우 소득세원천징수의무자의 보통재판적이 있는 곳의 가정법원의 전속관할로 한다.

[본조신설 2009. 11. 4.]

제120조의4(양육비 직접지급명령신청의 방식) 양육비 직접지급명령신청서에는 다음 각 호의 사항을 적고 집행력 있는 정본을 붙여야 한다. 〈개정 2016. 12. 29.〉
  1. 양육비채권자·양육비채무자·소득세원천징수의무자와 그 대리인, 미성년자인 자녀의 표시
  2. 집행권원의 표시
  3. 2회 이상 양육비가 지급되지 않은 구체적인 내역과 직접지급을 구하고 있는 기한이 도래하지 아니한 정기금 양육비 채권의 구체적인 내용
  4. 집행권원에 표시된 양육비 채권의 일부에 관하여만 직접지급명령을 신청하거나 목적채권의 일부에 대하여만 직접지급명령을 신청하는 때에는 그 범위

[본조신설 2009. 11. 4.]

제120조의5(양육비 직접지급명령 취소의 관할) 법 제63조의2제3항에 따른 양육비 직접지급명령 취소에 관한 사건은 양육비 직접지급명령을 발령한 가정법원의 전속관할로 한다.

[본조신설 2009. 11. 4.]

제120조의6(즉시항고) 법 제63조의2제5항에 따른 즉시항고는 재판을 고지 받은 날부터 1주 이내에 항고장을 그 재판을 행한 가정법원에 제출하여야 한다.

[본조신설 2009. 11. 4.]

제2장 담보제공명령 · 일시금지급명령

〈신설 2009. 11. 4.〉

제120조의7(신청에 의한 담보제공명령 및 일시금지급명령의 관할) ① 법 제63조의3제2항 및 제4항에

따른 담보제공명령 및 일시금지급명령에 관한 사건은 미성년자인 자녀의 보통재판적이 있는 곳의 가정법원의 전속관할로 한다. 〈개정 2016. 12. 29.〉

② 제1항의 가정법원이 없는 경우 대법원소재지의 가정법원의 전속관할로 한다.

[본조신설 2009. 11. 4.]

제120조의8(담보제공의 신청) 법 제63조의3제2항에 따른 채무자의 담보제공을 요구하는 신청은 다음 각 호의 사항을 기재하고 신청인 또는 대리인이 기명날인 또는 서명한 서면으로 하여야 한다. 〈개정 2016. 12. 29.〉

    1. 신청인, 피신청인과 그 대리인, 미성년자인 자녀의 표시

    2. 집행권원의 표시 및 내용

    3. 채무자가 이행하지 아니하는 금전채무액 및 그 기간

    4. 신청취지와 신청사유

[본조신설 2009. 11. 4.]

제120조의9(즉시항고) ① 법 제63조의3제3항에 따른 즉시항고는 재판을 고지 받은 날부터 1주 이내에 하여야 한다.

② 즉시항고는 집행을 정지시키는 효력을 가진다.

[본조신설 2009. 11. 4.]

제120조의10(일시금지급의 신청) 법 제63조의3제4항에 따른 일시금 지급을 요구하는 신청은 다음 각 호의 사항을 기재하고 신청인 또는 대리인이 기명날인 또는 서명한 서면으로 하여야 한다. 〈개정 2016. 12. 29.〉

    1. 신청인, 피신청인과 그 대리인, 미성년자인 자녀의 표시

    2. 집행권원의 표시 및 내용

    3. 법 제63조의3제1항 및 제2항에 따른 담보제공명령의 표시 및 내용

    4. 신청취지와 신청사유

[본조신설 2009. 11. 4.]

제3장 이행명령

〈개정 2009. 11. 4.〉

제121조(이행명령의 관할) ① 다음 각 호의 의무위반을 이유로 한 법 제64조의 규정에 의한 이행명령 사건은 미성년자인 자녀의 보통재판적이 있는 곳의 가정법원의 전속관할로 한다. 다만, 관할 가정법원이 없는 경우에는 대법원소재지의 가정법원의 전속관할로 한다.

    1. 법 제64조제1항제1호 중 신청 당시 미성년자인 자녀에 관한 양육비 지급의무

    2. 법 제64조제1항제2호·제3호의 의무

② 제1항 각 호 이외의 의무위반을 이유로 한 법 제64조의 규정에 의한 이행명령 사건은 의무자의 보통재판적이 있는 곳의 가정법원의 전속관할로 한다. 다만, 관할 가정법원이 없는 경우에는 대법원소재지의 가정법원의 전속관할로 한다.

[전문개정 2016. 12. 29.]

제122조(가사조사관에 의한 조사등) 가정법원은 권리자의 신청이 있는 때에는, 이행명령을 하기 전이나 후에, 가사조사관으로 하여금 의무자의 재산상황과 의무이행의 실태에 관하여 조사하고, 의무이행을 권고하게 할 수 있다.

제123조(이행명령의 범위) 이행명령은 그 명령을 하기까지 의무자가 이행하지 아니한 의무의 전부 또는 일부에 대하여 이를 할 수 있다.

제4장 금전임치

〈개정 2009. 11. 4.〉

제124조(금전임치의 관할) ① 법 제65조제1항의 규정에 의한 금전임치의 신청에 대한 허가 사건은 그 의무이행을 명한 판결, 심판, 조정을 한 가정법원(고등법원이 판결, 결정을 한 경우에는 제1심 가정법원)의 전속관할로 한다.

② 금전임치의 허가에 임치할 가정법원을 따로 정하지 아니한 경우에는 그 금전임치를 허가한 가정법원에 금전을 임치하여야 한다.

제125조(임치의 신청 및 납부) ① 금전임치의 신청은 다음 각호의 사항을 기재하고 신청인 또는 대리인이 기명날인 또는 서명한 서면으로 하여야 한다. 〈개정 2002. 6. 28.〉

   1. 의무자와 권리자 및 대리인의 표시
   2. 집행권원의 표시 및 내용
   3. 의무자가 이행하여야 할 금전채무액 및 임치할 금액
   4. 임치사유
   5. 반대의무 또는 조건이 있을 때에는 그 내용

② 제1항의 신청에 대한 가정법원의 허가가 있는 때에는 가정법원의 법원사무관등은 지체없이 의무자에게 납부지시서를 발부하여야 한다.

③ 제2항의 납부지시서를 발부받은 신청인은 세입세출외 현금출납공무원에게 임치금을 납부하여야 한다.

제126조(보관표) 제125조제3항의 규정에 의하여 임치금을 수납한 세입세출외 현금출납공무원은 신청인에게 영수증을 교부하고, 그 수납에 관한 사항을 기재한 보관표를 작성하여 가정법원의 법원사무관등에게 송부하여야 한다.

제127조(통지) 제126조의 보관표를 송부받은 가정법원의 법원사무관등은 지체없이 임치금사건부에 등재하고 권리자에게 금전임치사실을 통지하여야 한다.

제128조(권리자에의 지급) ①임치금의 지급절차에 관하여는 「법원보관금취급규칙」의 규정을 준용한다.
〈개정 2002. 6. 28., 2006. 3. 23.〉

② 임치금의 수령에 조건이 붙거나 반대의무의 이행이 있어야 할 경우에는, 권리자는 그 조건의 성취 또는 반대의무의 이행을 증명하는 서면을 제출하여야 한다.

제129조(위임규정) 임치금사건의 처리에 필요한 문서양식 기타의 사항은 대법원예규로 정한다.

제6편 감치의 재판

제130조(준용규정) 법 제67조제2항 및 법 제68조의 규정에 의한 감치에 처하는 재판절차 기타의 사항에 관하여는, 법 및 이 규칙에 특별한 규정이 있는 경우를 제외하고는 성질에 반하지 아니하는 한 「법정등의질서유지를위한재판에관한규칙」의 규정을 준용한다. 다만, 「법정등의질서유지를위한재판에관한규칙」 제3조 내지 제5조, 제12조 내지 제14조, 제20조, 제21조제5항, 제23조제8항, 제25조제3항, 제4항 및 제26조의 규정은 그러하지 아니하다. 〈개정 2006. 3. 23., 2019. 8. 2.〉

제131조(관할) 감치에 처하는 재판은 수검명령·이행명령 또는 일시금지급명령을 한 가정법원의 전속관할로 한다. 〈개정 2009. 11. 4.〉

제132조(감치재판의 신청) 법 제68조제1항의 규정에 의한 권리자의 감치재판의 신청은 다음 각호의 사항을 기재하고, 권리자가 기명날인 또는 서명한 서면에 의하여야 한다. 〈개정 2002. 6. 28., 2009. 11. 4.〉
  1. 의무자의 성명과 주소
  2. 집행권원의 표시
  3. 법 제64조의 이행명령 또는 법 제63조의3제4항의 일시금지급명령이 의무자에게 고지된 일자
  4. 의무자가 이행하지 아니한 의무의 내용
  5. 감치의 재판을 구하는 뜻

제133조(신청각하의 재판) ① 가정법원은, 제132조의 규정에 의한 권리자의 신청이 부적법하다고 인정한 때에는 그 신청을 각하하는 결정을 하여야 한다.

② 제1항의 결정에 대하여는 불복하지 못한다.

제134조(재판기일의 지정등) ① 가정법원이 직권으로 위반자 또는 의무자를 감치에 처하고자 할 때 또는 제132조의 규정에 의한 권리자의 신청이 이유있다고 인정한 때에는, 재판장은 재판기일을 정하여 위반자 또는 의무자를 소환하여야 한다.

② 제1항의 소환을 받은 위반자 또는 의무자가 정당한 사유없이 재판기일에 출석하지 아니한 때에는, 재판장은 위반자 또는 의무자를 구인할 수 있다.

제135조(감치의 재판등) ① 감치에 처하는 재판에는 위반자가 위반한 수검명령의 내용 또는 의무자가 이행하지 아니한 의무의 내용, 감치의 기간, 감치할 장소 및 감치의 기간이 만료되기 이전이라도 수검명령에 응하거나 의무를 이행한 때에는 감치의 집행이 종료된다는 뜻을 명확히 하여야 한다.

② 가정법원은, 위반자 또는 의무자를 감치에 처함이 상당하지 아니하다고 인정하거나 위반자 또는 의무자가 재판기일까지 그 의무이행사실을 증명한 때에는 불처벌의 결정을 하여야 한다.

③ 제2항의 결정에 대하여는 불복하지 못한다.

제136조(즉시항고) ①법 제67조제3항 또는 법 제68조제2항의 규정에 의한 즉시항고는, 위반자 또는 의무자가 재판의 고지를 받은 날부터 3일이내에 하여야 한다.

② 즉시항고는 이유를 기재한 항고장을 재판법원에 제출함으로써 한다.

③ 즉시항고는 집행정지의 효력이 없다.

제136조의2(감치의 집행기간) 법 제67조제2항 또는 법 제68조의 규정에 따른 감치에 처하는 재판은 그 선고일부터 6개월이 경과된 후에는 이를 집행할 수 없다.

[본조신설 2019. 8. 2.]

제137조(의무이행에 의한 감치집행의 종료) ① 법 제67조제2항의 규정에 의한 감치의 재판을 받은 자가 그 감치의 집행 중에 수검명령에 응할 뜻을 표시한 때에는, 재판장은 지체없이 그 위반자에 대하여 혈액채취 기타 검사에 필요한 조치를 취한 후 위반자가 유치되어 있는 감치시설의 장에게 위반자의 석방을 명하여야 한다.

② 법 제68조제1항의 규정에 의한 감치의 재판을 받은 자가, 그 감치의 집행 중에, 의무를 이행하고 이를 증명하는 서면을 제출한 때에는, 재판장은 지체없이 의무자가 유치되어 있는 감치시설의 장에게 의무자의 석방을 명하여야 한다.

③ 제1항 및 제2항의 석방명령은 서면으로 하여야 한다. 다만, 긴급을 필요로 하는 경우에는 그러하지 아니하다.

제138조(위임규정) 감치의 재판절차에 필요한 문서양식 기타의 사항은 대법원예규로 정한다.

부칙
〈제2856호, 2019. 8. 2.〉

제1조(시행일) 이 규칙은 공포한 날부터 시행한다.

제2조(적용례) 이 규칙은 이 규칙 시행 당시 가정법원에 계속 중인 사건에도 적용한다. 다만, 종전의 규정에 따라 발생한 효력에는 영향을 미치지 아니한다.

가사소송수수료규칙

[시행 2016. 7. 1.] [대법원규칙 제2639호, 2016. 2. 19., 일부개정]

제1조(목적) 이 규칙은 가사소송법(이하 "법"이라 한다) 제5조의 규정에 의하여 가사사건에 있어서 당사자가 납부하여야 할 수수료의 범위와 액을 정함을 목적으로 한다.

제2조(가사소송절차의 수수료) ① 가류 및 나류 가사소송사건의 소의 제기의 수수료는 1건당 20,000원으로 한다.

② 다류 가사소송사건의 소의 제기의 수수료는 「민사소송 등 인지법」 제2조에 따라 계산한 금액의 2분의 1로 한다. 〈개정 2016. 2. 19.〉

③ 항소제기의 수수료는 사건의 종류에 따라 제1항 또는 제2항 규정액의 1.5배액으로 하고, 상고제기의 수수료는 그 2배액으로 한다. 〈개정 1997. 12. 20.〉

④ 제1심에서의 반소제기의 수수료는 사건의 종류에 따라 제1항 또는 제2항 규정액으로 하고, 항소심에서의 반소제기의 수수료는 그 1.5배액으로 한다. 〈개정 1997. 12. 20.〉

⑤ 재심청구의 수수료는 사건의 종류 및 심급에 따라 제1항, 제2항, 제3항 또는 제4항 규정액으로 한다.

제3조(가사비송절차의 수수료) ① 라류 가사비송사건의 심판 청구의 수수료는 1건당 5,000원으로 하고, 마류 가사비송사건의 심판 청구의 수수료는 1건당 다음 각 호의 금액으로 한다. 〈개정 2016. 2. 19.〉

    1. 법 제2조제1항제2호 나목 4) 사건: 「민사소송 등 인지법」 제2조를 준용하여 계산한 금액의 2분의 1

    2. 법 제2조제1항제2호 나목 10) 사건: 해당 심판 청구를 공유물분할청구의 소로 보아 「민사소송 등 인지법」 제2조를 준용하여 계산한 금액

    3. 제1호, 제2호 외의 사건: 10,000원

② 항고 및 재항고 제기의 수수료는 사건의 종류에 따라 제1항 규정액의 배액으로 한다. 다만, 제1항 후단 제1호·제2호 사건에 관한 항고 제기의 수수료는 그 규정액의 1.5배액으로 한다. 〈개정 2016. 2. 19.〉

③ 반대청구의 수수료는 사건의 종류에 따라 제1항 규정액으로 한다. 이 경우 반대청구가 본래의 청구와 그 목적이 같은 때에는 본래의 청구의 수수료를 뺀다. 〈개정 2016. 2. 19.〉

④가사비송사건의 재판에 대한 준재심 청구의 수수료는 사건의 종류 및 심급에 따라 제1항, 제2항 또는 제3항 전단 규정액으로 한다. 〈개정 2016. 2. 19.〉

제4조(그 밖의 신청수수료) 이 규칙에 규정된 것을 제외하고, 가사소송절차, 가사비송절차, 가사조정절차 및 가사신청절차에서 그 밖의 신청수수료의 범위와 액은 대법원예규로 정한다.

[전문개정 2013. 1. 8.]

제5조(병합청구의 수수료) ① 법 제14조제1항의 규정에 의하여 수개의 가사소송청구 또는 가사소송청구와 가사비송청구를 병합청구하는 경우에는 수개의 청구 중 다액인 수수료에 의한다. 다만, 다류 가사소송청구와 법 제2조제1항제2호 나목 4)의 가사비송청구를 병합청구하는 경우에는 그 소송목적의 값과 청구목적의 값을 더한 금액에 관하여 1개의 다류 가사소송청구를 한 것으로 보아 제2조제2항에 따라 수수료를 계산한다. 〈개정 2016. 2. 19.〉

② 가사소송규칙 제20조의2의 규정에 의하여 수개의 가사비송청구를 병합청구하는 경우에는 수개의

청구의 수수료를 합산한다.

③ 가사비송청구의 개수를 정하는 기준은 다음 각호와 같다.〈개정 2007. 12. 31., 2015. 7. 28.〉

   1. 법 제2조제1항제2호가목, 나목 내의 각 번호를 달리하는 청구는 수개의 청구로 본다.

   2. 라류 가사비송청구중 법 제2조제1항제2호가목의 1)부터 6), 8)부터 9), 11)부터 24)의8은 사건본인마다, 31), 33)부터 38)은 피상속인마다, 30)은 기간연장의 대상이 되는 상속인마다, 32), 39)는 청구인마다, 40)은 검인의 대상이 되는 구수증서마다, 41)은 검인의 대상이 되는 유언서·녹음대마다, 42)는 봉인된 유언서마다, 43)부터 47)은 유언집행자마다, 48)은 부담 있는 유언마다 각 1개의 청구로 본다.

   3. 마류 가사비송청구 중 법 제2조제1항제2호나목의 3), 5), 6), 7)은 사건본인마다, 8)은 부양권리자마다, 9)는 청구인마다 각 1개의 청구로 본다. 다만, 7)의 청구중 부모 쌍방에 대한 청구는 2건으로 본다.

[전문개정 1998. 12. 4.]

제6조(조정절차의 수수료) ①가사조정신청의 수수료는 5,000원으로 한다.

② 민사사건의 청구를 병합하여 조정신청하는 경우에는, 그 민사상의 청구에 대하여 「민사조정법」 제5조제4항에 따른 수수료와 제1항 규정액중 다액을 수수료로 한다.〈개정 2013. 10. 11.〉

③ 제1항 및 제2항에 규정된 것을 제외하고, 조정절차에 있어서의 기타 신청의 수수료에 관하여는 제4조의 규정을 준용한다.

④ 법 제49조 및 법 제60조의 규정에 의하여 준용되는 민사조정법 제36조의 규정에 의하여 조정신청을 한 때에 소의 제기 또는 심판의 청구가 있는 것으로 보는 경우에는, 조정신청인은 소를 제기하거나 심판을 청구하는 경우에 납부하여야 할 수수료액으로부터 제1항 또는 제2항의 규정에 의하여 납부한 수수료액을 공제한 액의 수수료를 추가로 납부하여야 한다.

제7조(수수료의 납부) ① 수수료는 수입인지로 납부하여야 한다. 다만, 법원은 따로 대법원규칙으로 정하는 바에 의하여 이를 현금이나 신용카드·직불카드 등으로 납부하게 할 수 있다. 〈개정 2015. 7. 28.〉

② 이 규칙이 정한 수수료를 납부하지 아니한 신청은 부적법하다. 다만, 법원은 신청인에게 보정을 명할 수 있고, 신청인이 그 명령에 의하여 상당한 수수료를 납부한 때에는 그러하지 아니하다.

제8조(전자소송에서의 특례) ① 「민사소송 등에서의 전자문서 이용 등에 관한 법률」 제8조에 따라 등록사용자로서 전산정보처리시스템을 이용한 민사소송 등의 진행에 동의한 자가 전자문서로 제출하는 소장, 항소장, 상고장, 반소장 및 재심소장에는 제2조에 따른 수수료의 10분의 9에 해당하는 수수료를 납부하여야 한다.

② 제1항은 제3조, 제5조 및 제6조의 경우에 준용한다.

[본조신설 2013. 1. 8.]

부칙

〈제2639호,2016. 2. 19.〉

제1조(시행일) 이 규칙은 2016년 7월 1일부터 시행한다.

제2조(경과규정) 이 규칙은 이 규칙 시행 전에 법원에 접수된 사건에 대하여는 적용하지 아니한다.

편 저

◼ 이종성 ◼

前 대한법률콘텐츠연구회 회장

· 각종 손해배상 청구·해결 쉽게 하는 방법
· 자동차 교통사고 이렇게 해결하라
· 자동차사고의 법률적 해법과지식
· 사례로 살펴보는 교통사고 해결방법
· 자동차사고로 인한 손해배상의 책임과 보상
· 법률서식총람
· 가압류가처분
· 법조문에 따라 해설, 판례, 서식과 함께하는 민사소송!
· 해설,양식,작성례와 함께 살펴본 가사소송사건 쉽게 해결하기

해설, 양식, 작성례와 함께 살펴본
가사소송사건 쉽게 해결하기

정가 90,000원

2023年 9月 15日 1판 인쇄
2023年 9월 20日 1판 발행

편   저 : 이 종 성
발 행 인 : 김 현 호
발 행 처 : 법문 북스
공 급 처 : 법률미디어

08278
서울 구로구 경인로 54길4
TEL : 2636-2911-2, FAX : 2636-3012
등록 : 1979년 8월 27일 제5-22호
Home : www.lawb.co.kr

❙ ISBN 979-11-93350-02-7 (93360)
❙ 파본은 교환해 드립니다.
❙ 이 책의 내용을 무단으로 전재 또는 복제할 경우 저작권법 제136조에 의해 5년 이하
  의 징역 또는 5,000만원 이하의 벌금에 처하거나 이를 병과할 수 있습니다.